北师大高教评论

(2013—2014)

执行主编：洪成文　刘慧珍
　　　　　杜瑞军　方　芳

学苑出版社

图书在版编目(CIP)数据

北师大高教评论.2013~2014／洪成文等主编.—北京：学苑出版社，2014.12（2016年12月重印）

ISBN 978-7-5077-4695-2

Ⅰ.①北… Ⅱ.①洪… Ⅲ.①高等教育－文集 Ⅳ.①G64-53

中国版本图书馆CIP数据核字（2014）第309916号

责任编辑	任彦霞
出版发行	学苑出版社
社　　址	北京市丰台区南方庄2号院1号楼
邮政编码	100079
网　　址	www.book001.com
电子信箱	xueyuanpress@163.com
销售电话	010-67601101（销售部）、67603091（总编室）
印 刷 厂	北京京华虎彩印刷有限公司
开本尺寸	787×1092　1/16
印　　张	32.5
字　　数	476千字
版　　次	2014年12月第1版
印　　次	2016年12月第3次印刷
定　　价	89.00元

编委会

主　　任：钟秉林
副主任：王英杰　王善迈　周作宇
委　　员：毛亚庆　洪成文　刘慧珍
　　　　　李　奇　刘宝存　姚　云
　　　　　周海涛

序 言

高等教育历来是学术界关心的重点。当高等教育还在"精英教育"阶段，大学追求学术高深，似乎问题还不是太突出。但等到进入"大众教育"阶段，问题就多起来了。高等教育的目标如何设定、结构如何构建、人才如何选拔都需要重新考虑。

我国高等教育自1999年扩招以来，很快就迈进了"大众教育"阶段，2012年高等学校毛入学率已达30%，于是各种矛盾凸显出来。这就给高等教育理论界提出了挑战。高等教育理论界应该迎接这个挑战，为高等教育的发展服务，为领导部门科学决策服务，同时也在研究中不断提高高等教育研究的水平。如何加强高等教育研究，提升高等教育研究水平呢？北京大学汪永铨先生撰文指出，队伍建设是关键。因此，培育高教研究人才、建立好一支高教研究队伍就成为当务之急。同时，高教研究队伍的建设也只有让他们投入到实践的研究之中才能达成。

在高等教育研究中，首先需要我们放眼全球，汲取高等教育成功发展的国际经验。世界各国高等教育发展有起有落。为何有些学校很快就发展起来，有些学校却墨守成规，停滞不前？我们可以从中吸取什么经验教训？这些问题都值得我们深思。当今世界，虽然不能说教育全球一体化，但教育国际化程度越来越强，任何国家的高等教育改革都会影响到各国。我们要密切关注国际高等教育改革的动向和发展趋势。例如美国推出网络课程，这种新的动向值得我们认真研究。

高等教育研究，必须以回答本国高教发展实践问题为本。当前，我国高等教育正处在重要转变时期，即由数量发展向内涵发展的转变。如何实现高等教育的内涵发展？《国家中长期教育改革和发展规划纲要（2010—

2020年)》提出，高等教育要全面提高教育质量，即要提高人才培养质量、提升科学研究水平、增强社会服务能力；要优化结构和办出特色。如何落实？高等教育理论工作者应该研究这些问题，从理论上予以回答。

《北师大高教评论（2013－2014）》是北师大教育学部全体教师及部分学生的集体努力，集2013年一整年的时间，从多个理论视角，试图探讨高等教育发展中的理论问题。能在一年时间内有如此丰富的成果，这是可喜的事。从论文的选择来看，理论篇为重点，反映了北师大科学研究的传统和特色。这些成果的结集出版，必将促进北师大人在高教研究和探索方面的热情，推进高教研究发展，促进知识流动，在政策和实践服务方面产生良好影响。

当然，因为这是一部论文集，且又受制于作者的范围和时间的限定，论文难免不很整齐。作者研究经历不同，选取研究视角不一，各自的观点可能不太一致。尽管如此，我们还是要坚持求真精神。百家争鸣，学术才能繁荣。

最后，祝愿并希望北师大的学者继续秉承优良科研传统，坚持"守正出奇"，在"守正"和"出奇"中求平衡。

顾明远

（作者现为中国教育学会名誉会长）

目　录

第一章　高教理论新探索 / 1
引　言 / 3
第三次工业革命与高等教育改革　　　　　顾明远 / 6
协同创新：集体知识创价行动　　　　　　周作宇 / 18
高等教育未来发展的蓝图、指标与实现途径
　　——兼论高等教育发展与中国梦
　　　　　　　　　　　　　　　洪成文　刘慧珍 / 38
高等教育扩张背景下的劳动力市场变革　　赖德胜 / 47
高等教育管理方式转型的知识解读　　　　毛亚庆 / 58
建设充满自信的中国高等教育的价值、途径及效益
　　——学习党的十八大精神有得　　　　洪成文 / 68
论大学的学术品格及其基本功能　　　　　苏君阳 / 78
知识价值视角下的高等教育质量与课程设计
　　　　　　　　　　　　　　　胡咏梅　唐一鹏 / 87

第二章　高教政策分析 / 97
引　言 / 99
加强综合改革　平稳涉过教育改革"深水区"　　钟秉林 / 102
协同创新政策的理论分析　　　　　　　　周作宇 / 112

中国博士后科学基金发展及资助政策改革设想
………………………………………………… 姚 云 / 135
我国大学和产业合作的战略选择和制度安排
　　——协同创新中高等教育宏观政策的调整和创新
………………………………………………… 薛二勇 / 146
高等教育入学机会地域不公平研究
………………………………………… 王少义　杜育红 / 160
异地高考制度风险分析及规避机制研究
………………………………………… 伍　宸　洪成文 / 170
中国博士后日常经费资助的改革设想 ……… 姚 云 / 180
政府在高等教育入学机会分配中角色的厘定
　　——国际比较的视角 ……………………… 杜瑞军 / 187
财政支持民办高等教育的必要性和可行性 ……… 方 芳 / 200

第三章　高校治理探索 ……………………………… / 211

引　言 ……………………………………………………… / 213
大学校长：伦理的领袖，道德的楷模 ……………… 王英杰 / 215
推进高等教育国际化是高校内涵建设的重要任务
………………………………………………… 钟秉林 / 229
基于"双因素"模型的大学创新机制研究
………………………………………… 马健生　黄海刚 / 237
教学管理视角下的大学生考试作弊成因探析
　　——以北京某高校为例
………………………………………… 王　林　李　奇 / 248
新制度主义视角下的同行评议制度
………………………………………… 郑玲玉　刘慧珍 / 259
试论 M 型结构在现代大学组织中的应用 ………… 乔锦忠 / 268

哈佛大学章程溯源 ·················· 李子江　李卓欣 / 277

第四章　学生、教师专业发展 ················ / 287

引　言 ······························· / 289

人才培养模式改革是高等学校内涵建设的核心

·································· 钟秉林 / 292

国际领袖型人才的培养：大学领导人的视角

························ 洪成文　李湘萍　燕　凌 / 302

大学生能力水平和影响因素分析

——基于18所大学的实证研究

························ 周海涛　景安磊　李曙光 / 312

硕士研究生科研自我效能感的实证

··························· 王树涛　毛亚庆 / 327

通识教育在中国：大学教育理念与人才培养制度变迁

··························· 刘慧珍　洪成文 / 336

增值评价与高等教育质量保障研究：理论与方法述评

························ 李湘萍　周作宇　梁显平 / 349

中国大学离世界一流大学还有多远

——以本科学生的全球化知识和经验为例

··························· 常桐善　杜瑞军 / 359

大学教师发展的模式探析 ············ 周海涛　李　雯 / 378

第五章　国际高教研究 ···················· / 387

引　言 ······························· / 389

美国大学区域研究：发展、影响及争论

··························· 刘宝存　孙　琪 / 392

加州大学平权法案危机的政策分析与组织模型
………………………………………………………… 林 杰 / 402
战后日本历史教育中的逆流及其牵制因素
………………………………………………………… 高益民 / 422
全球化与高等教育的国际化——国际大学协会的立场、
　价值关怀与政策倡导 ………………… 曾晓洁　沈雪松 / 435
德国高等教育机构的分类与办学定位 ……………… 孙　进 / 445
由均质转向分化？
　——德国高等教育的发展趋向分析
………………………………………………………… 孙　进 / 459
反思欧美等国高等教育质量保障体系改革的成因及启示
………………………………………………… 姜星海　杨　驹 / 472
美国新生入学指导专业化评估探析
………………………………………………… 魏　红　梁会青 / 481
埃利奥特与吉尔曼大学思想比较
………………………………………………………… 刘春华 / 490
智库如何影响教育政策的制定
　——以美国"教育政策中心"为例 ………… 谷贤林 / 502

感　谢 ………………………………………………………… / 511

第一章
高教理论新探索

引 言

本辑北师大高教评论的理论研究篇，收录了北京师范大学高教研究学者8篇相关研究论文。这8篇文章的研究主题，主要涉及对高等教育自身的认识以及高等教育需要应对的国际国内社会变化的热点问题。论文中重要概念，如第三次工业革命、协同创新、管理方式转型和中国梦等，揭示了社会变化必然会在高教领域形成理论上需要认识的新问题。所以，高等教育与社会发展的关系问题，会成为高等教育理论研究的永恒主题，结合社会背景的变化理解高等教育自身的发展，也是高教学者的使命。

顾明远教授的论文《第三次工业革命与高等教育改革》，在对第三次工业革命的主要特征做出了清晰的描述的基础上，探讨了第三次工业革命对人的社会适应能力的挑战及对高等教育人才培养目标的要求，并在深入分析之后明确指出，为适应第三次工业革命带来的社会变化，我国高等教育要必须在以下六个方面做出改革，即改革现有的人才培养目标、树立质量第一的教育原则、强化通识教育、转变学生培养方式、加强教育国际化和创业教育。

实现中华民族伟大复兴这一中国梦，是我国社会发展的中长期目标，此目标与高等教育自身发展密切相关。洪成文在《高等教育未来发展的蓝图、指标与实现途径》一文中指出，高等教育的发展是中国梦得以实现的基础。该文对高等教育支持民族复兴的必要标准进行了分析界定：到新中国成立100周年时，我国的高等教育应在科学论文数量等八个方面有确定的提升。高等教育要成为国家发展和民族复兴的基础或动力，自身的品质和发展是先决条件。在《建设充满自信的中国高等教育的价值、途径及效益》这篇论文中，洪成文指出，充满自信的高等教育，在科学研究、大学排名和国际交流合作方面，必备品质高和影响力大两个重要特征。论文对建设充满自信的高等教育的路径和举措做出了进一步的分析讨论。

《协同创新：集体知识创价行动》一文，是周作宇对"协同创新"概念及其对高等教育发展影响问题做出的深刻解读。该文认为"创新"是通过知识操作，"实现在思想、技术、组织、行动和产品等方面的突破和超越，满足特定群体需要的创价行动"。所以，"价值"是创新的目标和最后的检验标准。协同创新是集体知识创价行动，集体形成的路径与"合力"直接影响知识创价的效率。高等教育在国家创新体系中的作用，除了创造知识本身的价值外，还肩负着影响更大的知识育人价值实现的任务。所以，高校知识操作行动是否有利于知识增长，有利于人的发展，有利于经济社会发展，成为高教知识价值的基本判据。

毛亚庆的文章《高等教育管理方式转型的知识解读》，从追求知识的理智特征与强化市场的理智特征的逻辑冲突中，解析了高等教育管理方式转型与高等教育发展和社会之间诸多基本关系的急剧变化以及由此所引发的对知识诉求的变化和高等教育管理转向关注社会责任与效率的转变。追求绩效管理与评价成为大学管理转型后的主要价值标准。文中还对高等教育管理转型过程中产生的各种问题进行了分析，并明确指出若解决转型所带来的问题，就要坚持大学的基本社会功能："大学应该是实现年轻一代社会化的场所，它不仅是批判性文化传统得以延续的场域，是社会得到建设性批判的学园，也是追求思想和智慧的家园。"

在《论大学的学术品格及其基本功能》一文中，苏君阳揭示了大学所具有的自由性、独立性、尚真性与价值性四项基本的学术品格。进而阐述了这些学术品质的合法性，源自于大学履行传递知识、生产知识、培养人才、服务社会等社会责任的必然性要求。所以，捍卫与坚守大学的学术品格，不仅仅是大学组织自身生存和发展需要，同时也是保障社会和国家发展的必要条件。

胡咏梅教授等在其文章《知识价值视角下的高等教育质量与课程设计》中，从经济学视角入手，讨论了传统的以投入、产出与过程为基础的质量观之片面性和表面化的问题，进而提出了以知识价值为基础的新型质量标准以及满足新质量观的课程设计原则。文章指出，高等教育本身是一个知识转移的过程，学生获取"待交易"的知识需要支付成本，却只能在当期贴现部分收益。因此，提高学生当期和预期的知识转移效用，能够有效提高知识转移效率、提升高等教育质量。因而，高校的课程设计要体现知识转移这一本质特征，奉行符合学生与市场的多元需求、在教学方法和教学内容提供方面引入竞争机制等原则。

高等教育与社会发展的关系，不仅仅局限于适应变化一个方面，同时，高等教育也是促进社会发展的重要动力源。在《高等教育扩张背景下的劳动力市场变革》一文中，赖德胜教授明确指出："高等教育与劳动力市场是相互促进的关系"，劳动力市场通过提供激励、资源配置和质量评价标准，引领高等教育的变化；而高等教育则通过改变供求关系、影响收入分配和制度变革来推动劳动力市场的改变。扩招后人力资本的积累，引发了劳动力市场的十大变化。但劳动力市场依然存在一些问题，限制了教育所培育人力资本的合理配置和释放更多潜能。如市场的制度性分割，对大学毕业生就业和职业流动具有负面影响。我们还需要提高人才培育质量和改善劳动力市场现存问题，来实现二者的更好的良性互动。

第三次工业革命与高等教育改革

顾明远[①]

2012年4月,英国在《经济学人》杂志上提出3D打印机的出现标志着人类开始进入第三次工业革命时代。第三次工业革命的特点是网络化、信息化、个性化和国际化,这就要求教育要培养多样化、个性化、创新型和国际化的人才。高等教育要适应第三次工业革命,必须改革人才培养目标,把提高教育质量放在首位,加强通识教育,改变教学模式,加强教育国际化,大力发展创业教育,才能培养出适应并引领第三次工业革命发展的人才。

一、什么是第三次工业革命

第一次工业革命发生在18世纪60年代的英国,标志是蒸汽机的发明和应用,首先是棉纺织业发明了珍妮机,将手工业生产带入了机器大工业生产时代。第二次工业革命发生在19世纪末,标志是电动机、内燃机的发明和应用。第三次工业革命正扑面而来,2012年4月英国在《经济学人》杂志上提出3D打印机的出现标志着人类开始进入第三次工业革命时代。

为了解释工业革命,先要说说工业革命与科学技术革命的区别。首先,科学与技术不是一回事,科学革命是指人类认识世界的一种飞跃,科学是靠发现而不是发明出来的,比如万有引力、反粒子、反物质、黑洞等,这都是科学家发现的规律和真理。而技术革命是指生产工具和生产工

---

① 作者简介:顾明远,北京师范大学教育学部国际与比较教育研究院教授。

艺过程发生的重大变革。技术则是可以发明的，比如科学革命发现了电，技术革命就发明了电动机、飞机、电话、汽车等。其次，工业革命与科技革命又有所不同。工业革命不仅仅具有科学技术方面的变革，而且带来了经济和社会性质的变革。笔者认为，科学革命是技术革命的基础，技术革命又是工业革命的基础，工业革命则是科技革命的延续与拓展。

科学的原理要转变为技术要经过一个漫长的历史时期。但随着科学技术的迅速发展，技术从发明到应用的时间也越来越缩短了。如蒸汽机的发明到应用经过了 80 年的时间，电动机的发明到应用也经过了 65 年的时间，电话经过了 50 年，飞机第一次飞跃大西洋到真正的应用经过了 20 年的时间……自从爱因斯坦提出了 $E = mc^2$ 这一理论到发现核裂变，制造第一颗原子弹只用了 6 年的时间，而激光从发明到制造只用了 1 年的时间。关于技术革命自古以来发生了很多次，说法不一。我国的四大发明就是中国最早的科技革命，近代科技革命一般认为是从蒸汽机开始，到现在也经过了无数次的科技革命。原中科院院士卢嘉锡在 1995 年参加教育部组织的自然科学和人文科学论坛时就指出，现代科学技术的发明是加速度的发展，最近十年的知识相当人类知识的总和；科学技术的发展越来越综合，越来越分化；技术革命差不多每十年进行一次，第二次世界大战后，世界先后经历了五次科技革命。（见表1）

第一次科技革命是 1945 - 1955 年，以核能的释放与利用为标志，人类开始了利用核能的新时代。核能不光用来制造原子弹，不光是发电，还包括治病、化疗等。第二次科技革命是 1955 - 1965 年，以人造地球卫星成功发射为标志，人类开始摆脱地球的引力向外层空间进军，苏联发射第一颗人造地球卫星，脱离地球的引力，飞行速度达到每秒 11 公里。第三次科技革命是 1965 - 1975 年，以 1973 年的人类重组 DNA 实验的成功为标志，人类进入了可以控制遗传和生命过程的新阶段。当时中国成功合成了胰岛素，在 DNA 重组方面占据世界领先地位，但可惜当时正处于"文化大革命"时期，错过得诺贝尔奖的时机。第四次科技革命是 1975 - 1985 年，以微处理机的大量生产与广泛使用为标志，揭开了扩大人脑能力的篇章。第一台计算机发明于 1946 年，但当时的运算速度很慢，每秒钟是 10 万次，而且是一个庞大的机器，用了 14000 个真空管，到 80 年代美国就出现了微处理机。第五次科技革命是1985－1995年，以软件开发和大规模产业化为标志，人类进入了信息革命的新纪元。1993年时任美国总统克林顿提出了建设"信息高速公路"的计划，当时我们的学术界还有很大的争论，说中国要不要建？有没有能力建立？话音刚落，信息高速公路就已经走到我们面前了，这不以人的意志为转移。

表1　第二次世界大战后五次科技革命

次序	时间	内容指标
1	1945－1955	以核能的释放和利用为标志，人类开始了利用核能的新时代。
2	1955－1965	以人造地球卫星的发射成功为标志，人类开始摆脱地球引力，向外层空间进军。
3	1965－1975	以1973年重组DNA实验的成功为标志，人类进入了可以控制遗传和生命过程的新阶段。
4	1975－1985	以微处理机的大量生产和广泛使用为标志，揭开了扩大人脑能力的新篇章。
5	1985－1995	以软件开发和大规模产业化为标志，人类进入了信息革命的新纪元。

资料来源：卢嘉锡：《当代科技发展与高等教育的教学改革》，载《当代科学技术发展与教学改革》，高等教育出版社1995年版。

从1995年到2013年又过去了18年的时间，这18年来信息化发展的速度非常快。第三次工业革命就是以信息化为标志，包括新能源、新材料的开发、纳米技术。2011年，前欧盟委员会主席顾问、华盛顿特区经济趋势基金会主席杰里米·里夫金在《第三次工业革命》中为我们描述了一个宏伟的蓝图：数以亿计的人们将在自己家里、办公室里、工厂里生产出自己的绿色能源，并在"能源互联网"上与大家分享，这就好像现在我们在网上发布、分享消息一样。可再生能源的转变、分散式生产、储存（以氢的形式）、通过能源互联网实现分配和零排放的交通方式，构成新经济模式的五大支柱。[1]2012年4月，英国《经济学人》也发表了保罗·麦基里的专题文章，指出人类已进入第三次工业革命时代，标志是3D打印技术，关注点是数字化制造和新能源、新材料的应用。尽管人们对"第三次工业革命"的界定不一，但人们普遍认同第三次工业革命，实质就是以数字制造技术、互联网技术和再生性能源技术的重大创新与融合为代表，从而导致工业、产业乃至社会发生重大变革，这一过程不仅将推动一批新兴产业诞生与发展以替代已有产业，还将导致社会生产方式、制造模式甚至生产组织方式等方面的重要变革，最终使人类进入生态和谐、绿色低碳、可持续发展的社会。[2]

第三次工业革命的特点是什么呢？第一次工业革命、第二次工业革命是以机器代替人的体力，过去是用人力纺纱，后变成用机器纺纱；电动机、蒸汽机的出现更是提高了人的生产能力。电子计算机的出现，代替了人的部分脑力，正如卢嘉锡讲的扩大了大脑的功能，互联网将大众的智慧连接起来，极大地拓展了人的脑力。第三次工业革命以互联网、新材料、新能源的结合为标志，其特点就是网络化、信息化、个性化、国际化，特别是3D打印机强调个性化的设计，国际之间信息的流通和交往也越来越频繁。

二、第三次工业革命对教育有什么要求

第三次工业革命对教育有什么影响？

第一，第三次工业革命要求人才培养的多样化。过去人才培养是一个模式、一个计划，比如中小学，我们学习苏联时有教学计划、教学大纲、教科书，这三套全国一样。现在变成了课程标准了，稍微灵活一点了，但总体来讲还是统一的。这是工业化的一个结果。我们的课堂教学是班级授课制，班级按照年龄来分段，这是工业社会的产物。我们知道，在手工业时代，教育采取的是一对一的教学方法。如过去的私塾，四五个小孩子跟老师上课，但是课程也不一样，有的读的是《大学》，有的读的是《孟子》，年纪小的读《三字经》，虽然高度个性化，但效率很低。资本主义工业发展后，西方社会出现了班级授课制，一个班一个教师可以教40个学生。但现在又反过来了，现代社会需要的是多样化的人才。过去封建社会的人才，要不就是人上人，要不就是人下人；要不就是统治阶级，要不就是劳动人民。现在社会有几万种职业，中产阶级是多数。新的工业革命来了，人才更要多样化了。

第二，第三次工业革命要求人才培养的个性化。第三次工业革命带来

的是个性化的消费时代，现在的生产方式是大规模标准化的机器生产，而新的生产方式是以互联网为支撑的智能化大规模定制的方式，根据消费者需要进行生产，需要什么生产什么。甚至提供体验式的生产、参与式的生产，满足个性化需求的消费。[2]人才的培养更应该注重个性的发展。从智力上讲人和人之间也有差异，单从智力的品质来看就有很多不同。有的人逻辑思维好，有的人形象思维比较强，有的人喜欢文学艺术，有的人喜欢理工科。我本来喜欢文学，你非要我去学奥数，这不是对我最大的不公平，对人才的埋没吗？我们现在采取的还是工业化的教学手段，因此，《国家中长期教育改革与发展规划纲要（2010－2020年）》（以下简称《教育规划纲要》）提出，要"为每个学生提供最适合的教育"，这才能发挥每个学生的潜能，才是最好的教育，也是最公平的教育。

第三，第三次工业革命要求培养创新人才。从江泽民到胡锦涛，再到习近平总书记都在讲创新。没有创新就要落后，落后就要挨打。我国经济发展转型过程中最需要的是技术创新、产品创新。我国经济虽然增长得很快，但缺乏自己的核心技术和品牌。例如美国转移到中国的加工产品，其品牌和技术都是美国人的，企业真正的"大脑"还在美国。而中国缺乏全球公认的品牌。最近几年评选的全球100个最有价值的品牌中，美国占据51个，而中国榜上无名。比如汽车品牌，大众、福特都是国外的，奇瑞虽然是中国的，但很多零部件还是国外的。服装品牌也是如此，意大利、法国的服装世界有名，出访俄罗斯等国时我们的第一夫人彭丽媛穿了中国的品牌，但真要打入国际市场还需要一个过程。现在许多核心技术并不在我们这里。2010年2月，美国权威市场调查机构iSupply公布了iPad的物料清单和详细成本，不同型号iPad在美国的售价从499美元至829美元不等，其物料成本分别在229.35美元到346.15美元之间。而加工成本（很多由中国的富士康完成）仅为10美元到11.2美元。物料的成本占一半，而中国人拿到的加工成本仅占1/40，其他的45%都是靠它的品牌挣的钱，所以，我们要培养创新人才。

第四，第三次工业革命要求培养国际化人才。近几年我们在国际上的地位有极大的提高，重大的国际事务，如果没有中国参加就很难解决，如反恐问题，环境问题，包括现在的金融问题，金融危机。但是在国际人才的培养上与我们的国际地位极不相称,联合国秘书处最新公布的数据显示,2010年7月1日至2011年6月30日在联合国秘书处就职的工作人员共有43747人,其中中国人为473人,属于任职人数偏低的国家。其中具有高级职位的人员仅为11人。不仅与发达国家如英美等国相去甚远,而且与一些发展中国家也有一定的差距,如作为非常任理事国的印度在联合国秘书处就职的工作人员为622人,其中高级官员为10人。(见表2)

表2 2010-2011年联合国秘书处部分国家职员分布状况[3]

国家	工作人员总数(人)	占总人数的比重(%)	高级官员(人)
中国	473	1.08	11
美国	2694	6.16	39
英国	934	2.14	17
法国	1531	3.50	18
德国	503	1.15	18
加拿大	691	1.58	11
澳大利亚	301	0.69	6
日本	258	0.59	11
韩国	114	0.26	6
印度	622	1.42	10
巴西	167	0.37	4

近年来,随着我国经济的快速发展,我国的国际地位有了极大的提升,越来越多的中国人在国际组织中担任重要的职位,如2005年10月24日,中国教育部副部长章新胜首次当选为UNESO执行局主席;2006年11月9日,陈冯富珍在瑞士日内瓦当选为世界卫生组织总干事;11月10日国际电联选举中国籍的赵厚麟为副秘书长;2007年11月27日,张月姣当选为世界贸易组织大法官,成为WTO首位中国大法官;2008年1月20日,林毅夫被世界银行任命为首席经济学家;2009年11月25日,联合国粮农组织(FAO)宣布任命何昌垂为该组织副总干事;2010年4月14日,唐虔被任命为UNESCO教育助理干事,成为迄今为止中国在联合国教科文

组织负责教育的最高官员；2011年7月26日，中国央行前副行长朱民正式出任国际货币基金组织（IMF）副总裁，成为进入该组织最高管理层的第一位中国人。但总体上我们为国际组织输送的人才仍然不足，所以《教育规划纲要》中提出要"培养大批具有国际视野、通晓国际规则、能够参与国际事务与国际竞争的国际化人才"。

三、高等教育需要进行哪些改革

2010年我国发布的《教育规划纲要》对高等教育主要提了三个方面的要求：提高学生的培养质量，提高科研水平和服务水平。现在我们要迎接第三次工业革命，首先要落实规划纲要的指导思想，在培养目标、课程实施、培养方式、教学方式上进行改革和创新。改革创新是教育发展的最大动力。《教育规划纲要》提出了人才培养模式改革、管理体制改革、学校制度改革等六大改革，其中最基本的精神就是培养人才。过去的改革只讲人事制度的改革，管理制度的改革等外围的改革；而这次改革中心的问题就是人才的培养，其他的改革都是为人才培养服务。

第一，改革人才培养目标。高等教育需要培养具有服务国家服务人民的社会责任感、勇于探索的创新精神和善于解决问题的实践能力的、德智体美全面发展的人才。这与过去有所不同，1999年全国教育工作会议提出深化教育改革，全面推进素质教育，主要讲的是培养创新精神与实践能力，德智体美全面发展。这次特别强调培养服务国家、服务人民的社会责任感，我觉得这个非常重要，我们培养的人才首先要有社会责任感，然后是要有创新与实践能力。高等学校到底是培养专才还是通才，是培养共性还是个性，这是高等教育里长期争论的一个问题。比如"培养专才还是通才"，新中国成立以前极少数人接受教育，所以我们进行精英教育培养通才；新中国成立以后我们就批判通才教育，通才教育不能培养社会主义建设的人才，特别是理工科人才极其缺乏，所以1958年我们建立了八大学院，包括地质学院、石油学院、航空学院等；现在我们又提出要培养通才。对于这个问题，我个人认为要两者结合起来，我们要加强本科生基础知识教育，时代在发展，基础是根本。我们过去学苏联培养专才，其实苏联学习的是德国模式，没有学士学位，只有专家的证书。但是专门人才的培养也在变化，如美国几个工程学院发表了一个报告，批评过去培养的是"手册式"的人才，苏联也批判他们20世纪五六十年代培养的是处方式的专家。现在，工程教育要培养设计人才，团队式的人才，培养学生的团队精神，加强基础，不是唯技术，不是唯学科至上。所以要加强基础，基础打得宽了眼界就宽了。同时，我们还得培养学生某方面的专业，化工学校毕业和北大毕业的学生在专业能力上是不一样的。

另外，共性和个性也要二者结合。如社会的责任感、思想政治品德是大学需要培养的共性，但同时也要培养学生的个性，特别是培养科学的思维方式。中国古代那么多科技发明，为什么近代科学革命没有在中国发生。有人认为原因在于长期的封建专制，思想不解放。我个人认为还是思维方式，中国人的思维方式只讲究结论不讲实证，只讲归纳不讲演绎。比如《论语》的每一句话都是断句，没有论证。长期以来，重学术轻技术，重经典轻技术，认为技术是雕虫小技。古代的青铜器技术为什么失传？就是因为这个技术掌握在工人手里，没有把它物化为知识，知识分子只念四书五经。我在编写《教育大辞典》时发现中国古代有几百本课本，其中只有十几本是有关自然科学的，如《本草纲目》《九章算术》。最近有一本书叫《中国人的思维批判》讲的是中国人的思维定式影响了我们的发展，有一定的道理。

2012年3月，经合组织曾发表了一份《为21世纪培育教师提高学校领导力：来自世界的经验》报告，介绍了21世纪技术评估和教学项目组，汇集来自世界各地60多个研究机构250多位研究者的意见。该报告指出21世纪学生要掌握的四个方面的技能：（1）思维方式：要培养学生的创造性，批判性思维，问题解决思维，决策与学习能力，现在我们教育中的一个很重要的问题是没有批判性，教师讲的都是对的，曾经有一个笑话，教师出了一个题是没有答案的，让高一学生作答，居然还有百分之五十几的人答出来了，这就是思维定式，认为教师讲的就应该有一个结果。（2）工作方式：就是要培养沟通、合作能力，前文提及的美国工程教育报告中也强调要培养工程师的合作能力和团队精神。（3）工作工具：即信息技术，信息处理能力。（4）生活技能：也就是作为一个公民应该具有的品质，会自己设计自己的生活和职业生涯，具有个人与社会责任感。20世纪80年代，美国教育署署长马兰就提出了"生涯教育"的概念，现在中国的很多中学也在开设生涯教育课程。报告提出，教师必须将21世纪的生存技能更有效地教给学生，使他们成为终身的学习者。"掌握无定式的复杂的思维方式与工作方式，这是计算机无法替代。"[4]

第二，要把提高教育质量放在首位。要牢固树立人才培养在高等教育领域的中心地位，着力培养信念执着、品德优良、知识丰富、本领过硬的高素质专门人才和拔尖创新人才，把教学工作作为考核教师的首要任务。近年来，中美高校都有一种倾向，即把科研替代教学。但是高等学校的根本任务是培养人才，应该把教学放在中心地位，尤其是本科生教学，大学的本质就是求真育人，求真就是搞科研，发现世界，发明技术，创造新的知识。育人就是培养人才，这两个都不能偏废，而育人更是大学的使命。我们跟科研单位不同，科研单位没有育人的任务，大学为了育好人，所以我们要搞科研。当然，社会的发展也需要我们为社会服务，需要我们创造知识，提高质量是首先要提高育人的质量。

20年前，卡耐基促进教学基金会的主席博耶就讲，当时美国的大学有一个弊端就是评职称靠写几篇文章，而真正搞教学工作的人就得不到承认，因此他写过一本书叫《重建本科生教育——美国研究型大学发展蓝图》，提出，大学主要是要培养学生的"从能力到责任感"。[5]243 美国许多大学在该书的启发下纷纷制定能力培养目标。阿尔费诺学院（AlvernoCollege）最早制定了学院的能力目标，包括以下八个方面的能力：培养有效的交流能力、完善与分析能力、提高解决问题的能力、培养做出正确判断的能力、完善社会交往能力、养成理解个人与环境之间关系的能力、培养理解当代世界的能力、培养理解和感受艺术和人文科学的能力。[6]

当然，博耶也指出，提高教育质量还要有一些条件。首先要提高教师本身的素质和水平，我们总是讲名师出高徒，他认为提高教育质量有三个条件：（1）学生的投入学习，投入的时间，积极性，要是学生真正投入学习中教育就有了质量保证；（2）严格要求，老师对学生要严格要求，国外都实行淘汰制；（3）评价和反馈，对学生进行评价，并反馈给他，要使学生知道有哪些缺陷。

第三，加强通识教育。通识教育是指培养人的独特的品格与个人生活能力，为他作为一个公民和共同文化的继承者能与其他社会公民在共同的领域中和睦相处做准备的那部分教育。这是翻译过来的。即人人都要受的教育，当然它跟基础教育不同。大学的通识教育要求学生选学语言历史、社会学、自然科学方面的知识，以扩大学生的视野，提高学生的素质。博耶也提出了"通识教育"的七个主题：（1）语言，是最基本的联系工具；（2）艺术，即美学素养；（3）渊源，了解生活的历史；（4）制度，了解社会结构；（5）自然，了解行星状态；（6）工作，了解职业价值和认同；（7）同一性，认识自身价值及其意义。[5]86-92哈佛大学的通识课要求学生在每一个领域内都要选一到两门。麻省理工学院虽然是工科院校，但是它的一二年级的通识教育占的比重也很大。

第四，改变教学模式。改变教学模式首先要把学生放在主体的地位，充分发挥学生的主动性和积极性，要学生自己愿意学。现在我们中小学的改革就要求把学生放在主体地位，探索性地学习，而不是教师讲、学生听，而我们大学的改革往往比较滞后。但国外基本上不是这样，前几年我在巴黎第八大学访问了一个月，上过他们几次课，教师都提前布置一些作业，看完了大家在课堂上讨论，比如讨论了一个贫困群体怎么形成与解决的，很少有教师讲。

另外，要转变教师的观念。教师已不再是知识的唯一载体，也不是知识的权威。教师的任务在于给学生设计一个适合于他学习的学习环境，如该布置什么样的书给学生看，要求学生参加什么活动；同时帮助学生学习，对学生不会的问题加以指导。教师是设计者，指导者，帮助者。正如历史学家沃尔特·拉塞尔·米德（Walter Russell Mead）所说，高等教育机构必须行动起来转变模式，从注重花了多少时间学习转变为注重实际学到了什么。这是因为这个世界越来越不在乎你知道什么。所有的知识都可以通过谷歌（Google）找到。这个世界只在乎你能利用自己的知识做什么。[7]

我们必须超越当前的传授模式——教授是"讲台上的圣人"，学生做笔记，然后再进行肤浅的评估——进入另外一种制度，要求学生，并且赋予他们能力在网上按自己的步伐掌握更多基础知识，而教室则成了和教授讨论的地方，对所学知识的运用，也可以通过实验室里的实验得到磨炼。

这就是所谓"反转式"教学。现在哈佛大学、麻省理工学院把很多课放到网上，叫 MOOC，网上可以注册、拿学分。2012 年秋天，圣何塞州立大学（San Jose State）使用了 MIT 电路与电子学的入门网络课程和互动练习。学生在家里观看 MIT 的课程并完成作业，然后再来上课。课堂上，开始 15 分钟用来向教授提问，教授做出解答，剩下 45 分钟用来解决问题，进行讨论。初步数据显示，这门课考试及格的学生人数比例从近 60% 增加到了大约 90%。[7]

美国还出现了一个可汗学院，是由孟加拉裔美国人萨尔曼·可汗创立的一家教育性非营利组织，利用网络影片免费授课。现有数学、物理、化学、生物、天文学、历史、金融等科目的内容，教学影片超过 2000 段。他曾获哈佛大学 MBA 学位，毕业后从事金融业。但为了帮助远方的亲戚学习，把有关课程录制放在网上。这个课程一出现在网络上就受到很多人的欢迎，后来他就辞职专门建立一个可汗学院。可汗学院有以下三个特点：（1）网络传送便捷且成本低，每段影片 10 分钟。（2）影片生动，引起学习者的兴趣。目前还开发了练习系统，记录学习者对每一个问题的完整的练习记录。教师可以了解学习者有哪些不懂。（3）要求学习者必须跨过一定门槛才能继续学习。让学习者弄懂每一个基础概念之后，再继续学习。我们现在的考试，考了 80 分了，可能最重要的 20 分没有掌握，等再往后学习的话，这 20 分就起作用了。可汗学院的课程就像打游戏一样，只有你全都弄懂了才能进入下一个环节。目前，可汗学院的注册人数已经有好几十万了。信息技术将对我们的教学起到革命性的作用，颠覆原来的教学模式。做课件是利用信息化最初级的阶段，真正信息化，要靠互联网互动，师生互动，学生间互动。

第五，加强教育国际化。教育国际化是必然趋势，国际交通便捷，信息交流快捷，大大降低了时间空间的距离，大量在国外学习的留学生，大量在异国工作的专家，在世界各地举行的国际会议，学术之间的信件来往等都促进了教育国际化。一国的某项改革马上会传到学术界。美国著名的教育专家克拉克认为，学习的国际化可以分为四个部分：（1）新知识的流动；（2）学者的流动；（3）学生的流动，目前中国留学生的年龄越来越小，越来越多，今年留学生人数达到 47 万人；（4）课程内容的流动，包括基本的知识课程等。教育国际化已成为教育发展的必然趋势。

　　第六，加强创业教育。学校要对学生进行生涯教育，指导学生设计职业生涯。同时创造条件和环境，帮助学生创业。现在许多学校都成立了学生创业园或孵化器。我前年到温州大学考察，看到学校专门为学生创业提供了场所，学生在那开公司，开了公司后，学校里给一定的经济的补助，高年级毕业后，移交给低年级同学，如果找不到工作，学校还可以为公司保留一年的延长期。另外温州的私营企业比较多，为学生创业提供了很多支持。所以，学校应与社会各界联手，为学生创业创造一个良好的氛围。

　　（北京师范大学国际与比较教育研究院滕珺根据顾明远先生2013年4月9日在北京石油化工学校的演讲整理，经本人审定。）

参考文献：

［1］杰里米·里夫金. 第三次工业革命［M］. 张体伟，孙豫宁，译. 北京：中信出版社，2011：31-34.

［2］芮明杰. 第三次工业革命的起源、实质与启示［N］. 文汇报，2012-09-17.

［3］UN General Assembly Secretary – General. Composition of the Secretariat: staff demographics［EB/OL］［A/66/347］http：//www. un. org/ga/search/view_ doc. asp? symbol = A/66/347&referer = http：//www. un. org/en/mainbodies/secretariat/&Lang = C. (2011-09-08).

［4］OECD. Preparing Teachers and Developing School Leaders for the 21st Century［R］. OECD. 2012，35.

［5］欧内斯特·L. 博伊. 学院——美国本科生教育的经验［M］//发达国家教育改革的动向和趋势（第二集）. 北京：人民教育出版社，1987.

［6］王斌华. 能力培养——八十年代美国本科教育的改革动向［J］. 外国教育资料，1991（1）：15.

［7］Friedman, Thomas L.. The Professors' Big Stage［N］. The New York Times, 2013-03-09, http：//cn. nytimes. com/article/opinion/2013/03/09/c09friedman/en/ (2013-03-09).

协同创新：集体知识创价行动

周作宇[①]

面对全球知识社会的新趋势、新特点和新挑战，各国纷纷调整自己的经济社会发展战略，提出或移植创新驱动的新经济思想。通过技术创新实现经济增长，成为许多国家政策的主线。面对国际竞争和环境压力，创新型国家成为建设目标，转变增长方式的呼求上升为大政方针。以创新求发展，成为一项基本国策。随着知识主权[1]在国际合作与竞争中的作用日益凸显，在我国的政策话语系统中出现了以创新为核心词生成并且还在不断扩容的"创新语族"。继国家创新体系、创新型国家、自主创新之后，2011年"协同创新"进入政策文本，这必将对高等教育系统、科学界和企业界产生深广的影响[②]。协同创新是创新语族中后生的一个概念，和已有的国家创新体系和自主创新等同为创新的复合词。创新是衍生概念界定的出发点。本文从对"创新"分析入手，在对创新和协同创新进行一般性界定的基础上，对作为政策目标的国家创新体系展开跨科学界与教育界的对话与讨论，以克服对协同创新做孤立的理解。

一、创新是基于知识的创价行动

什么是创新？法恩斯沃斯（Philo Farnsworth）1927年发明了电视机。

[①] 作者简介：周作宇，北京师范大学教育学部高等教育研究所教授。
[②] "2011计划"启动后，国内高校纷纷举办高峰论坛，发表观点，解读政策，创建中心，推动实践。2012年10月8日召开C-9高校高峰论坛，专门讨论协同创新问题。行业院校也有举办相关主题的论坛，如法学界第三届"立格联盟"高峰论坛。同时，大学校长们纷纷撰文，阐释自己或及其所长学校的"协同创新观"。随着第一批14个国家级协同创新中心的批准，大学的宣传也日益活跃起来。比较起来，以三院一校（科学院、工程院、社科院、党校）为代表的科技社科界和企业界对协同创新的讨论参与相对较少。但从政策执行的实践远景看，这些部门早晚会受到影响。

萨尔诺夫（David Sarnoff）1939年创建了电视广播，正是他将电视机带给了消费者。他们两个人哪个是创新者？哪个人的行为是创新行为？卡尔森（Curtis R. Carlson）和威尔莫特（William W. Wilmot）认为，"后者才是创新者"[2]2。发明只是"使'新'出现或发生"，而创新则是"使'新'产生了客户价值"。他们对创新的定义是："创新是一个在市场上创造和生产新的客户价值的过程"[2]1。谢德荪也提出类似的问题和界定。"对于一个企业而言，到底什么是创新？是不是做新产品便是创新？"谢德荪认为，如果不能创造价值，新产品不过是发明，而非创新。他指出："对一个国家、地区、或某个企业来说，创新的意义不在于新科技、新产品或新服务，而在于创造新价值，因为没有价值的新科技或新产品不能带来利润，只是浪费资源。"[3]按照他的分类，制造新产品属于科学创新，而不是商业创新。如何评价卡尔森和谢德荪等人的观点？如果不将提问者及其解释背景（Context）或参考框架（Frame of reference）纳入概念界定的要素，就无法做出评价。卡尔森和谢德荪将发明和创新区分开来，强调创新的"经济价值维度"，乃是从企业管理和经济学的角度做出的判断。事实上，从经济学的立场研究创新，聚焦创新的经济价值，这是创新研究的一条主线。学界对创新的界定多源于经济学家熊彼特（Joseph Alois Schumpeter）的"新组合"概念。根据熊彼特的定义，创新是"对现存生产要素组合进行'创造性破坏'，并在此基础上'实现了新组合'"，包括产品、技术、市场、资源和管理五个方面[4]。熊彼特对创新的理解不仅关注技术创新，而且还在与产品、流程和组织相关的创新和开辟新市场做了区分。一项发明如果能够成功地占领市场就是创新，否则仅仅是发明。引进和实现创新是企业家的工作和职能。企业家除了日常的管理工作之外，从人格上讲，企业家由其承担的打破常规引领行动的社会角色来界定。所以，在强调技术创新的同时，熊彼特还强调与经济并行的文化、政治和社会生活领域的社会创新的必要性。社会创新是技术创新获得经济绩效的保证。熊彼特之后，比较宽泛的创新概念在一定范围内逐步窄化为技术创新[5]。对一个概念的界定"宽或窄""广或狭"，取决于论者的"兴趣""立场""视角""视阈""视点"等个人的"心境"。对"什么是创新"的回答不可避免地会受个人的"兴趣差异"和"视界差异"的影响，也与概念的"语境差异"或"边界差异"有关。经济学所关注的当然是经济行为和经济数据。将经济价值实现作为创新的划界标准对"科学—技术—生产"的线性模式①而言,是一个重要的突破。这对在更为抽象的层面界定创新富有启发意义。但是,创新这个语词已经超出经济学的范畴。社会创新、教育创新、管理创新、体制创新、制度创新、组织创新等创新合成词的出现,虽然也可以用经济学的尺子丈量算计,用经济学的分析框架解释,但是,经济活动毕竟不是人类活动的全部,创新不等于仅仅以经济价值增值为中心的活动,经济学也不是观察社会行为的最后学问。对创新的界定可以吸收经济学的成果,但还要超越单一学科的解释框架,要从具体到抽象,从各种具体的创新活动出发概括最一般的特征。

创新是一个时间概念。无新即无创新。尤林(Ake Uhlin)指出,"创新概念本身就包含着预测的要素。当我们谈论创新的时候就是在释放一种期望。当经验空间解体的时候,过去的所有期望释放出它们的价值,新的视界或多或少得以打开"[6]。创新确实是面向未来的概念,但"是塑造未来的行动,但不是预测未来的妄语"。过去的经验固然宝贵,但历史处于"进行时"。当下"不仅仅是未来转变为过去的场所,而且是一个人们与过去的理解和认知水平进行战斗的行动空间。这里也是政治和其他利益集团设计未来的场所"。经验空间和期望视界在当下结集。经验和期望你中有我,我中有你,相互纠缠。正是通过经验空间,期望的地平线变得清晰可见。形象地讲,创新就是"过去世界、当下世界和未来世界的三国演义"。创新与"不确定性"有关。虽然新选择可能优于先前的实践,但问题解决者对这种可能性缺乏全面认识。因此,他们积极寻找旨在应对不确定性的与创新相关的信息。探寻行动从周围伙伴的主观评价开始。在这个沟通互动过程中,信息交换带动人际网络的建立。最后,创新的意义通过社会建构得以确定[7]。

创新是一种知识行动。知识具有二重性,即显性知识和隐性知识。显

---

① 二战后,在美国科技发展的"线性模式"主宰着为政府提供咨询建议的科学委员会。线性模式源于二战期间原子弹的制造模式,表现为"基础物理—大规模实验室实验—军用或 民用使用和创新"的链条。代表性文献为美国科学研究与发展局主任瓦尼瓦·布什(Vannevar Bush)于1945 年提交给美国总统的报告:《科学:没有边界的前沿》(Science:the End – less Frontier)。其基本假设是:基础研究的成果会自然转化为生产。

性知识是可以编码和客观流通的知识。隐性知识是无法编码,只可意会不可言传的知识,也叫"缄默知识"。用阿基里斯(Chris Argyris)的术语,二者还可以分别称作"声称的知识"和"使用的知识"。任何行动都不可避免地会受显性知识或隐性知识的支配。对形塑未来的决策而言,更需要有知识的牵引。当然,"知识边界"或"知识仓库"的内外活动有所不同。一切创新活动根本上说是包括知识创造、知识传播、知识应用在内的基于知识的行动。关于创新的研究和讨论,意在通过对"关于创新的知识"的建构,实现对"创新行动的指导"。创新研究的对象既关涉各种类型的具体的创新行动,也关涉作为一个对象的一般的创新行动,或创新本身。其一阶目的是为了建构"关于创新的知识",二阶目的是为了指导"具体的创新行动"。哈贝马斯(Jurgen Habermas)根据逻辑—方法的规则和知识建构的兴趣之间的联系特征区分了三类探究过程,即经验分析科学、历史解释科学和批判导向的科学[8]。经验分析科学和技术认知兴趣相联系。其认识路径是基于假设演绎的经验分析,目的是建构揭示特定规律的描述性理论。历史解释科学和实践认知兴趣相联系,基本路径是基于主体间意义融合的文本解释,目的是使特定历史情境中的行动者们获得相互理解和意义一致。批判导向的科学与解放性认知兴趣相联系,自我反思是其基本的方法,目的是超越既有的未加反思的意识,实现"意识转换"。按照哈贝马斯的三分法,从知识和兴趣的关系看,至少有三类和创新相关的知识行动:描述性的知识行动、解释性的知识行动和反思性的知识行动。将这三种类型和知识行动的三个环节配对,就会形成九种不同的组合。即描述性的(知识创造、知识传播和知识应用)、解释性的(知识创造、知识传播和知识应用)、反思性的(知识创造、知识传播和知识应用)。

价值是创新的最后检验标准。如前已述,站在企业的立场上看,不能孤立地看待技术创新或其他新组合,创新必须将市场的因素考虑在内。一项新的产品、流程和服务等能不能创造客户价值,是企业创新的最后判据。无论是既有价值链的精致化,还是"两面市场"的开发和客户欲望的引导、刺激和满足,"创造价值"是创新的根本。技术创新是企业创新的基础,但是,如果其他条件不具备,技术创新就难以创造价值。弗里曼(Chris Freeman)曾指出:"大量的事实表明,技术变革和经济增长更多地取决于有效传播和扩散，而不是创造世界第一的'激进创新'。与技术创新比较起来，社会创新也同样重要。韩国和日本是一个正面的例子，而苏联是一个反面的例子。"[9]从企业创新扩展开去，社会创新被定义为"满足社会需求和创造新社会关系或创造新社会合作方式的新观念的开发和实施"。社会创新是对不断增加的社会需求的新回应，它影响社会互动的过程。其目标是人类的幸福。从目标和过程看，社会性是社会创新的本质特征[10]。社会创新同样是针对"需要"。在最为广泛的"客户"意义上说，社会需要也是一种"客户需要"。一种社会设计称为社会创新的前提是：为了社会需要并且满足社会需要。这其实也是强调的创新的价值标准。从企业创新和社会创新这样的概念出发进一步抽象，可以将价值定义为创新的检验标准。将价值作为创新的判据，对任何旨在创新的行动都具有指导意义。知识创造的目的是切割知识的边缘，撕裂人类知识库存的口子，实现认识的飞跃。一项知识创造的行动和结果首先面向知识共同体这个特殊的"客户"。如果这样的活动不考虑知识共同体的知识状况，不关心知识共同体的"需求"，其成果在知识共同体中没有产生任何影响，知识创造就可能变成一种"自我满足"或"自娱自乐"的个人游戏。在知识的传播过程中，"客户"是所有能够因知识传播受到影响的人。专门的传播活动是不是创新，也在于是否能够为客户带来价值。一种知识能够被用户深度学习和掌握，并且转化为自己的思维能力或行动能力，就是知识传播的价值实现。知识应用包括知识创造、知识传播过程对知识的使用。不过，作为一个链条，这里的知识应用主要指在经济、政治、文化等社会实践环节对原有的或新创造的知识的应用和转化。其价值目标体现为经济收益、社会和谐、政治民主、文化繁荣和生态文明等方面。

综合以上特征，在最为抽象的意义上说，可以将创新定义为，个人、集体或人类面对特定问题情境出现不确定性、不连续性和阻断后，经过知识创造、或知识传播、或知识应用，实现在思想、技术、组织、行动、产品等方面的突破和超越，满足特定群体需要的创价行动。知识价值不等于知识创价。知识价值是一种可能的有用性，是对"知识功用"的一种静态测度。知识创价行动是突出"创造价值"这样的目标和动力而开展的知识行动。创造价值既是知识行动的目标，也是知识行动效能的测量标准。

二、协同创新是集体知识创价行动

协同创新经国家领导人使用，最后成为政策工具。从政策主体看，虽然在党中央国务院出台颁布的《关于深化科技体制改革加快国家创新体系建设的意见》也有所提及，但是从发动的政府部门看，主要是教育部。高等教育机构是协同创新的核心主体。由教育部和财政部颁布的政策文本《关于实施高等学校创新能力提升计划的意见》提及的论题包括协同创新的背景、协同创新的意义、协同创新的内涵、协同创新的类型、协同创新的目标等等。以创新能力、创新力量、创新资源、创新效率构成的"创新+X"第一类词组，以协同创新、自主创新构成的"Y+创新"的第二类词组和以知识创新、技术创新、区域创新构成的"Z+创新"的第三类词组，作为关键词编织了政策文本。协同创新的目标动词是"支撑/提高"，目标是"创新型国家和人力资源强国建设""国家经济和社会发展方式的转变""国家整体创新能力和竞争实力""经济社会又好又快发展"及"国家创新体系建设"。中间目标动词是"实现"，目标是"高校创新能力的显著与持续提升""人才培养质量和科学研究能力的同步提升"。手段动词是"发挥""联合""整合""探索""转变""突破""加快""促进""推动""形成""构建"等等。概括地说，协同创新政策的目的就是引导高校与不同部门有效合作，通过能力提升，支撑国家创新体系建设。人才、成果、"X地"（高地、基地、阵地）、阵营则是预期"结果"，核心的"抓手"就是"2011协同创新中心"。在"全面开放"的激励下，由中央到地方再到高校的"协同创新中心"建设计划方兴未艾。许多高校积极行动起来，修筑通向地区或国家的"协同中心"轨道。在校级、地方和国家几个层面的协同中心"申报论证"过程中，与以往关起门来填表有所不同的是，高校纷纷寻找合作伙伴，建立合作联盟，以期满足政策条件。在论证过程中遇到的基本问题是：如何选择领域、如何界定目标、如何选择伙伴、如何组织机构、如何开展工作、如何鉴定成果、如何分享价值。一般地看，这些要素没有特别之处。任何一个科研项目的论证都会涉及这些方面。如果说"协同创新是创新理论的新发展。协同创新的提出，是对大学办学理念、办学思路的一次更新，是对传统产学研合作的进一步深化"[11]27-29，那么它究竟新在哪里？和已有的"创新基地（'985工程'文科平台）""学科创新平台""人文社科基地""（重点）实验室"比较，由"协同创新中心"负载的理念，究竟在哪里有突破，或期望突破？经验空间和期望视界的交汇点在何处？至少从字面意义上看，协同创新之为"协同"与"创新"的组合就是对这种理念的高度概括。

创新是知识创价行动。知识行动就是围绕知识的创造、传播和使用而展开的活动。从企业的立场出发，知识创价就是通过知识创造商业价值，或经济价值。创新的方式根据不同的标准有不同的分类，如"源创新"与"流创新"；"激进创新"与"渐进创新"等等。站在高校的立场上看，知识创价同样是通过知识创造价值。不只是创造知识的价值，还包括知识传播和知识应用的价值。知识价值从性质上说是认识的价值。认识的价值对象当然首先是认知者自身。但最终价值目标乃是人类的福祉和命运。对此，苏联学者库兹涅佐夫（V. I. Kuznetsov）曾有过论述[12]1。

一方面是最普遍、最基本的存在与认识的问题，另一方面则是最现实、最基本的任务，这两方面前所未有的相互接近是现代文明的特点。真理和价值的联系，现存事物和理想事物的联系，认识论和价值论的联系，乃是存在的最根本的问题之一。从确认现存事物转向服从至高无上的理想责任，这曾经一直是摆在哲学面前的障碍。现在，认识的价值、目的、效果，以及相应地，从消极的预见转向积极地对研究工作进行规划，这些正从根本上决定着人类的命运。

价值论的范畴作为一种标准纳入到科学中来，这一标准决定着科学的预测，也决定着科学研究的规划，而科学无论是危险环生的，还是给人福祉的，都是对世界的一种积极的作用。……

生产从本质上说已经成了关于世界的各种信息的生产，而科学相应地成了关于人类掌握世界命运的学说，成了关于掌控的物理的、地理的、地质的诸过程的学说，成了关于科学与生产的、经济的、生态的和社会的后果的学说。

他还说[12]8-9：

如果理性理解存在时，深入到存在的本质之中，并且只有在这种深入的过程中才保证了真理性认识的可靠性，那么，在这种情况下，认识就不能脱离意愿、情感、道德，就不能脱离价值。

将认识论和价值论联系起来，这对我们研究创新，利用创新研究成果于创新政策和创新行动是有益的。协同创新政策特别强调"政产学研用紧密结合，支持国家经济和社会发展方式的转变"，从深层意义上理解，正是抓住了"应用价值"这个核心。但是，知识价值还包括知识自在的价值和知识对人的价值。知识的自在价值就是利用现有知识创造新知识进而不断促进知识增长或"革命"的价值。沉淀在人身上的价值是个体通过学习而获得素质或能力，表现为心智模式、动力倾向和知识技能。高校知识行动是否有利于知识增长，有利于人的发展，有利于经济社会发展，这是知识价值的基本判据。斯宾塞（Herbert Spencer）曾提出一个著名的问题："什么样的知识最有价值？"用在当今的语境，应该扩充为"谁的什么样的知识对谁的什么样的目的最有价值"？在知识创造和知识的最后使用之间，还有许多中间环节。在创造和传播、创造和应用、创造和具体价值之间还存在不可避免的"鸿沟"，有的学者也将其称为"死亡之谷"。企业界正是看到这种"有发明但无经济利益"的局限而对创新做出狭义的界定。从价值的角度出发，在对知识创价行动进行评价的时候，必须要看到各个环节内部和各个环节之间的"脱臼现象"。其中，尤其值得注意的是对"传播"的忽视和对经济价值的过分关注。前者的直接结果是将"人才培养"排除在"协同创新"的任务之外，协同创新变成了科研协同创新的同义语。后者则用企业界使用的绩效标准评价高校的工作，使具有多重使命和多元功能的高校窄化为可以通过经济指数计算的"知识企业"。这无疑会导致人们对创新的误读。"大学的最重要的功能是提供激发和释放学生的潜能的良好的学习环境，为他们创造提升创新能力的机会。""将大学的商业活动作为衡量大学重要性的一个指标是不恰当的，因为它不能反映企业使用大学研究成果的多重途径。""使用不合适的方法测量大学的绩效，潜在地扭曲了大学的运作和策略，进而损害国家利益和人民福祉。"[13]

现有研究文献多将协同创新的阐释集中到"协同"上来。长期以来，我国创新力量各成体系，创新资源分散重复、创新效率不高，所以通过政策引导促进协同就是必然选择。之所以突出"协同"，乃是因为"协同"被认为是主要矛盾。协同性差，被认为是制约创新的核心问题。"协同"

无疑是一个关键词,是对协同创新概念解读的不可绕开的"支点"。已有文献对协同的理解有不少洞见。一些大学校长们认为,不解决科研体系和大学体系存在的包括,条块分割,利益集团固化,部门之间定位重叠和混乱等问题,就难实现创新。"协同创新就是多个独立的,没有直接隶属关系的组织形成的目标趋同、知识互补、运作配合、收益共享的创新模式";"协同创新是指各组织行为主体或资源主体基于共同目标,通过复杂的非线性相互作用,进行深层互动、互补、互助、互融创造新生事物的过程和活动。与传统的科研合作相比,协同创新要求创新主体之间的核心要素要有机结合并形成长效机制,从而获得创新优势";"协同创新就是相同或相似的单元之间通过合作,产生相互作用关系和共振放大效益,形成高效有序的创新机制"[14]6;"协同创新指的是围绕创新的目标,以多元主体协同互动为基础,多种创新因素积极协助,互相补充,配合协作的创新行为"[11]27-29。"协同创新的灵魂是创新主体具有共同的价值追求和高远目标"[15];协同创新包括"学科协同、部门协同、校校协同、国际协同、校地协同"[16];协同创新强调包括"应用"和"用户"在内的"用",通过应用"打补丁"和利益共享激励用户参与。有观点甚至认为"协同创新"是与"封闭创新"相对的新概念。条块分割的现状如何?为什么如此?破解的路径如何?共同的价值追求和高远目标是什么?共有的价值和目标如何形成?协同创新就是协同的机制吗?协同主体间的核心要素如何才能做到有机结合?将高校与内外部不同单元连列的协同如何可能?诸种观点的价值就在于引发和延伸一系列有价值的问题,为协同创新的意义建构提供了参照,是进一步探索的基础。

协同性既是一种经验事实,也是人们的期望。对协同的研究当然需要有经验基础,但从理论的彻底性计,研究不能止于经验,还需要理论的建构和沉思。

尽管协同创新的提出未必基于协同学的理论框架,但是,从协同学的角度寻找分析协同的方法是有意义的。协同学旨在寻找支配着极不相同的系统的结构形成的普适规律。一个复杂系统可以从宏观、中观和微观来研究。将系统分解成各个部分,进而研究整个系统的各种性质,这是典型的还原论的分析方法。事实上,从微观过渡到宏观层次时,系统一次又一次出现微观层次所不具有的新质。宏观研究所关心的"不再是单个微观数据，而是整体的性质。处理复杂系统的一个重要步骤是建立各个宏观量之间的关系式。这些关系式是微观事件的结果"[17]13。协同是一个"组织系统"概念，具有不同的层面和能级。从微系统到巨系统表现出不同的结构和形态，发挥着不同的功能。系统分为两类，一类是人造系统，另一类是自组织系统。自组织系统是在获得空间的、时间的或功能的结构过程中，没有外界的特定干预的系统。所谓"特定"意味着结构或功能并非外界强加给系统的，即使外界对系统产生作用，那是以非特定的方式进行的。系统内的单个部分（子系统）自我排列，自我组织，似乎有一个"无形的手"在操纵着这些成千上万的子系统。另一方面正是通过这些大量的子系统的协同作用才导致了这个"无形的手"的产生。协同学将这种无形的手称为"序参量"。子系统的协同作用导致序参量的产生，而所产生的序参量又反过来支配着子系统的行为。这种"鸡""蛋"式关系的交叉、发展、放大，形成了最后的有序结构。一个宏观客体的变量数目往往是很大的甚或是无穷的。但在结构出现的临界点附近，起关键作用的只有少数几个序参量。涨落起着触发的作用。由于这时系统处于高度不稳定的状态，任何微小的涨落都会被放大，从而将系统驱于与新结构相应的态[17]6-7。政府意志、集体利益和个人意愿，乃是决定新结构形成及其特征的序参量。在计划体制背景下，政府意志是最重要的序参量。在市场体制不断建立的过程中，集体和个人的地位提升，相应地，集体行动的动力系统具有不同于计划体制时期的特点。"现在的创新和 50 年代以爱国主义和民族精神为核心动力的组织方式不同。现在是开放的世界，市场经济融入生活各个层面。"[14]6 一方面还要继续提倡爱国奉献精神，另一方面还要正视市场化的利益杠杆，这是当代组织协同的客观现实。

相对于外部力量而言，高等教育具有一定的"独立性"。但无论是在政府部门层面还是在高等教育机构层面，高等教育系统不可能不受外部力量的干预。所以，高等教育系统最多只是一种"准自组织系统"。它本身由许多子系统组成，同时又是广义的国家创新体系的子系统。高等教育系统的组织和结构化过程，既有"有形的手"在起作用，也有"无形的手"在操纵。20 世纪 90 年代中期，高教体制改革提出"八字方针"（共建、调整、合作、合并），这是政府着力解决条块分割的一次规模较大的探索"协同效应"的努力和尝试。一些因为合并而形成的高等教育中的"航空母舰"，是外部力量作用下产生新结构的结果。通过合并，新大学获得了原单体大学所不具备的学科门类和数量，与其他"小大学"比较而言，形成了体积上的"竞争优势"。但究竟内部的组织行为如何？这就不能仅仅从"加法"运算获得的数字来解释，还需要将具有个人或集体诉求的大学成员作为影响协同效应的行为主体。同时，要将包括"减法""乘法"和"除法"在内的其他运算考虑进去。"你不能用命令来经营这种组织或管理这类人。首先，因为这类工作人员经常比那些所谓的指挥官掌握更多的信息；其次，因为他们的工作责任竞争性如此强以至他们不愿听从别人的瞎指挥，他们需对自己坚定信心。"[18]高校从组织特征看不是"发号施令式组织"，在一定程度上个体具有抵御或屏蔽外部力量的作业自由。由两个或两个以上为完成一定任务而结成的"集体"，就是协同的基本分析单位，也是协同的逻辑起点。管理学的对象"组织""部门"和"系统"等，都属于规模不同的特殊集体。最小的集体可以称为"元集体"[19]。系统内部与系统之间、组织内部与组织之间、学科内部与学科之间的协同，最后都要落到"元集体"上来。

三、国家创新体系是互动的知识创价网络

协同创新、自主创新、国家创新体系和创新型国家是彼此密切联系的概念，起着政策工具的作用。国家创新体系和创新型国家是自主创新和协同创新的政策目标。自主创新是中国的本土概念。根据雷家骕的研究，他本人在博士学位论文中曾使用的"率先创新"已蕴含自主创新的意义，陈劲较早明确使用了这个概念[20]。学界在相关领域已经积累了许多成果。政府官员对此也有论及。这对深化认识和指导实践无疑具有积极价值。1997年12月，中科院提交了《迎接知识经济时代，建设国家创新体系》的报告。1998年8月6日国务院通过了中科院的报告，决定先行启动"知识创新工程项目"。2002年6月，科技部颁布了《关于进一步加强原始性创新能力的若干意见》。十六届三中全会正式提出科学发展观后，十六届五中全会提出创新型国家。2006年，《2006－2020国家科技中长期发展规划纲

要》颁布。2012 年中共中央、国务院颁布《关于深化科技体制改革加快国家创新体系建设的意见》。2013 年发改委和科技部牵头，会同教育部、工信部等多家部委和两院（中科院和工程院）研究编制了《"十二五"国家自主创新能力建设规划》（国发〔2013〕4 号）。除了在科技政策方面或启动重大工程，或出台重要文件外，政府官员和学界也就相关问题展开讨论。从时序上推断，国家创新体系是一个"外来概念"。"创新型国家"虽然国外也有学者使用，并且还有排行榜出现，但是，因其成为政策目标，在我国具有更大的影响力。虽然这些概念都起着政策工具的作用，相关问题看起来只是执行和落实的问题，但是，一方面，如果没有清晰的认识，执行政策的效率受影响，行动方向也可能会出现偏差；另一方面，从发展的眼光看，即使在政策层面，这些概念的意义也有不断丰富和建构的需要。

国家创新体系从西方国家引鉴而来。弗里曼·葛丁（Benoit Godin）、法格伯格（Jan Fagerberg）等人对该概念已做过历史梳理。尤林（Ake Uhlin）基于欧洲的经验，将国家创新体系概念与政策设计联系起来，解释了这个概念的实践影响[1]。从概念发生学上看，国家创新体系源于工业化进程中后发国家的赶超战略。按照弗里曼的研究，正是基于19世纪德国对英国追赶的宏观环境，李斯特（Friedrich List）提出了"国家生产体系"（National Systems of Production）。这是国家创新体系概念的原型，但那时还没有正式叫国家创新体系。李斯特对亚当·斯密的自由贸易和自由经济思想持不同意见。李斯特和斯密一样，都认为"心智资本"（Mental Capital）是最重要的资本。国家财富在很大程度上反映了人类世代积累起来的体现在知识和技能中的发现、发明、改进、完善和应用。20世纪80年代初，弗里曼本人和丹麦奥尔堡的 IKE 小组[21]使国家创新体系这个概念成型。尼

---

[1] 尤林指出，研究者在 80 年代中晚期为了政策设计而企图构造一个有用的概念。很快，创新体系自我生成了。20 世纪 90 年代中期，北欧各国作为一项新的政策领域引进了创新体系的概念。瑞典 2000 年成立了国家创新局，提出了"瑞典 创新战略（Ds 2004：36）"。芬兰在 80 年代末期就将这个概念应用到他们的国家增长计划之中。90 年代"芬兰经济奇迹"出现的原因被归结为是国家创新体系的建立。在丹麦，90 年代末出现了大量的研究创新体系的研究，DISCO 工程就是其中的一项。在挪威，长期以来一直强调地方创新体系，2004 年在几个小机构整合的基础上成立了"创新挪威（Innovation Norway）"的新机构。

尔西（Jorge Niosi）曾收集了对国家创新体系的七种界定[22]。这些界定的表述虽有不同，但国家、机构网络及其互动、知识和技术创新是概念界定的共同构成要素。

在国家创新体系概念的引介和发展过程中，伦德维尔（Bengt Ake Lundvall）做出了突出贡献。1992年推出这个概念的时候，他断言，最重要的经济资源是知识，最重要的过程是学习。当初，知识和学习还处于"黑箱"之中，但它对后续研究起到了路标作用。2005年，当再次论及和分析这个概念的时候，他提出了七个假设[23]。比之于早期的思想来，这七个假设从关系视角出发，对围绕知识展开的"互动过程"予以了更多关注。依据学习和知识的性质和特点，他认为存在两种不同的创新模式：基于科学的"科技创新模式"（STI模式 – Science Technology and Innovation）和基于经验的"做用互动模式"（DUI模式 – Doing Using and Interacting）。前者的知识是可编码的显性知识，后者的知识是不可编码的隐性知识。客观上讲，在科学知识方面的投入容易测量，而员工做中学、用中学、互动中学的知识不容易测量；在正式教育中的投入容易测量，而员工和消费者在工作场所的学习投入不容易测量。因此，整体上看，创新政策对STI比较支持，对DUI却多有忽略。在对创新的测量中，存在以偏概全的倾向。创新指标偏于诸如R&D花费和专利产出。知识指标则偏于显性知识。这也正是科学实力和经济表现弱相关的"欧洲悖论"的原因。欧洲的科学虽然很发达，但是经济增长比较缓慢。欧洲在科学中投入甚巨，但是组织内部和组织之间的组织学习能力比较弱，同时没有太多关注用户需求，结果对创新和经济增长的积极影响相对较小。吉本斯（Robert Gibbons）等人的模式II（Mode2）和埃茨科威兹（Hemry Etzkowitz）等人的"螺旋三角"理论，都旨在强调科学和大学在创新中的作用。前者主张面对具体的现实问题采取跨学科联合攻关的策略，后者则关注大学、企业和政府之间的关系。他们的观点不是作为分析亚系统的工具，而是作为创新体系方法的全部而被政策制定者接受。当政策制定者和学者以狭窄的意义使用这个概念的时候，出现了所谓的"创新悖论"。即"高研发经费投入和低投资回报"现象[24]。与许多基于创新的经济表现相关的关键要素没有得到解释。如果没有更宽泛的国家创新概念，不能将个体学习、组织学习和组织间学习纳入创新系统，要确立创新和经济增长的关系就是不可能的。因此，"不光要重视'科学基础设施'，还要重视劳动力市场、教育和工作生活中的'能力建设'"。[25]伦德维尔通过对国家创新体系概念演进过程的梳理，揭示学界对这个概念的"窄化"倾向。从国家体系所负载的语意上看，起到了正本清源的作用。其最大的贡献就是将知识和学习看作国家创新体系的核心要素。知识和学习性质和类型的多样性和复杂性，决定了国家创新体系的复杂性和全面性。而学习从本质上说是促进个人和集体知识、能力和素质发生变化的社会互动过程。伦德维尔的观点对于纠正过分聚焦高科技研发而忽视行动知识和行动学习的倾向，具有重要的政策意义。

国家创新体系不是若干部门或机构的静态构成。无论有多么完备的旨在服务国家创新的组织机构，如果没有机构之间指向创新的互动学习，没有基于"客户价值"的联合行动，国家创新体系就仅仅是一种可能性结构。价值性、网络性、互动性和行动学习性是国家创新体系的基本特性。概括地说，国家创新体系就是互动的国家知识创价网络。

四、社会资本存量是国家创新体系的重要基础

创造财富与效率的市场，需要创造文明的同情心加以平衡。同情心和适度关心他人才是文明社会的基础[26]。硬实力固然是硬道理，软实力同样是国家创新体系应该考虑的重要组成部分。忽视软实力的国家创新体系，是残缺的体系，也是无法实现的体系。

如何理解软实力在国家创新体系中的地位和作用？前科技部长徐冠华先生对自主创新和创新型国家的思考较多[27]，他曾论及国家创新体系、自主创新与引进技术的关系、知识产权、队伍建设、国际合作、创新资源、国家创新环境、创新政策和管理、科技体制等内容，论述较为全面。他认为，国家创新体系是技术创新体系、知识创新体系、国防科技创新体系、区域创新体系和科技中介服务体系构成的系统；企业是技术创新的主体，技术创新首先是一个经济活动过程，它是技术、管理、金融、市场等各方面创新的有机结合；技术创新能力决定国家竞争力，引进技术不等于引进技术创新能力，核心技术引进不了；政府在引进消化吸收再创新方面起关键作用；知识产权是国家和企业竞争力的一个核心要素。这些观点是我国

科技政策的理论支撑，对指导科技实践具有重要意义。

《经济学人》旗下的《中国经济评论》有一篇《创新型国家?》的评论[28]，从局外人的立场揭示我国存在的问题，虽以偏概全，但对反思我国创新实践有"苦口"效果。该评论一方面称我国是一个"山寨国"（Copy-cat）。另一方面还认为我国是一个面向未来思维的社会。在生命科学和清洁能源方面投入巨大，专利巨丰。中国的科学家常常努力以"吾亦模式"（我也一样 Me-toos）创造生物药品，复制西方用来治疗癌症和糖尿病及其他疑难病症的药品。不止于此，由于有机化合物的易变性，研发人员采取"吾优模式"（我更好 Me-betters），在逆向工艺过程中以排序不同的方式生产出疗效更好的药品。引进吸收再创新无可厚非，是包括美国在内的许多国家在经济发展和技术创新阶段的有效策略。事实上，"创新扩散（Innovation Diffusion）"和"吸收能力（Absorptive Capacity）"[29]本身就是创新研究中的重要领域。作为创新的基本类型，原始创新、集成创新和引进吸收再创新都需要鼓励。关键是，究竟如何解释创新乏力？《快速前进中的中国：技术、绿色工业和创新驱动的大陆未来》作者汤森（Bill Dodson）指出，中国"缺乏自由的思想交流，缺乏向小企业投入资金，缺乏知识产权保护，缺乏鼓励学生挑战权威的教育体制"[30]。显然，如此概括有失偏激。但这样的观点至少从一个侧面为我们反思自身的创新体系提供了参考。国家创新体系之所以是体系，就不是局部创新，也不是部分的简单相加。将企业排除在创新体系外，当然有问题。但是，即使从政策上确立企业为"创新主体"，企业就必然成为主体了吗？谁又能保证企业不造假呢？行业管理部门的个别官员是不是造假的共谋者呢？2007年，药监局郑筱萸等人落马就深值反思[31]。据中国医药工业科研开发促进会执行会长的统计，2006年新药进口审批360种，仿制药5958种，新药审批1803种，合计8121种。经整顿后，2007年的数据分别是：新药进口183种，仿制药776种，新药审批176种，合计1135种。但是2008和2009年度新药进口回升到329种和320种，仿制药回升到1826种和1623种。2010年全面收紧，进口药控制在95种，仿制药640种，新药审批103种，总计838种。药监局高层事发和新药审批乱象时间正好吻合。我国医药行业的乱象首先是企业的逐利行为，同时，有关管理部门监管乏力当然难辞其咎。为了"提高就业率",在高等教育界存在毕业生和企业通过橡皮图章"合法化"的"虚假协议"式的共谋默契,怎能保证不在科技界和企业之间发生?深究原因,社会资本贫乏才是"假汉芯"和"医药乱象"等"假创新"现象的根源。

什么是社会资本?社会资本是社会的无形资产,是"一种充满信任的自发的网络、自愿的联合"。"参与和信任是相互依赖的。信任来自于丰富的联合生活,同时又有助于自发地产生新的交往并形成联合。"[32]社会资本反映了内部信任的水平、外部关系的质量以及利益相关人的参与深度,它通过人际网络关系表现出来,通过这些网络的深度理解而得到强化。社会资本涉及公共生活中的社会网络和社会参与,是在社会互动过程中大家共享的规范、价值观、文化、惯习、信任和知识。正是这些要素促进群体内部和群体之间在追求共同目标过程中的合作。社会信任度越高,合作水平越高,社会资本就越高。在某种意义上说,信任和社会资本是同等程度的概念。知识界的欺诈虽然在形式上和其他领域的欺诈有所不同,但是本质上都以牺牲信任为代价。正是在这个意义上可以说社会资本存量是国家创新体系的重要基础。

索罗斯(George Soros)曾说:"知识并不是我们不可企及的东西,但当涉及我们所参与的环境时,我们就不能完全依据知识做出决策。知识是与事实相联系的,但我们的决策所涉及的事件并不等于事实。事件潜伏于未来,取决于我们现在的决策。即便它们发生了,也有别于构成自然科学主要内容的事实,因为它会受到我们思想的影响。我们现在所思考的,是我们不得不思考的事情的一部分。这就是我们的困难所在。"[33]现实中存在许多未加界定的具有创新特质的事件,或称"创新事件",这是行动者通过行动使一种有形或无形的新事物产生的过程。协同创新以国家创新体系为政策目标,是集体的知识创价行动。我们关于协同创新的思想影响我们的创新行动。但我们不能等到生产出完备的"协同创新"知识后才能采取有效行动。协同创新还只是一个刚刚开发的知识矿场。协同创新行动无疑也是一个意义建构的过程。我们对协同创新的思考,不得不是协同创新的一部分。从知识建构的立场上看,作为利益相关者的"客户"之理性批评乃是必要的前提。

参考文献：

[1] 知识主权和知识产权不同。姜奇平在《新知本主义》中对知识主权有所提及。知识主权包含知识消费者的主权和知识生产者的主权。前者是一种左派思想，强调知识共享和知识自由（非版权 Copyleft＊著作中使用了 copylift，从上下文和作者的左右用法看，应该是 copyleft）。后者是右派思想，强调知识产权（Copyright 版权），知识产权走到极端便是知识霸权。参见：姜奇平. 新知本主义［M］. 北京：北京大学出版社，2004：138－146.

[2] 卡尔森·K.，威尔莫特·W. 创新：变革时代的成长之道［M］. 蒋怡，黄水平，译. 北京：北京师范大学出版社，2007.

[3] 谢德荪. 源创新［M］. 北京：五洲传播出版社，2012：14－16.

[4] 熊彼特·J. 经济发展理论［M］. 邹建平，译. 沈阳：中国书画出版社，2012：69－70. 译者使用的语词是"发展"。

[5] Howaldt, J. U. & Schwarz, M. Social Innovation：Concepts, Research Fields and International Trends［EB/OL］. International Monitoring.（s. d.）［2013－07－10］. http：//www. sfs－dort－mund. de/odb/Repository/Publication/Doc％5C1289％5CIMO Tren－dstudie＿Howaldt＿Schwarz＿englische＿Version. pdf.

[6] Uhlin, A. The Idea of Innovation Systems and the Need for a New Horizon of Expectation［EB／OL］.（s. d.）［2013－07－10］. http：/ /bildanden. se/Filer/the＿idea＿of＿innovation＿systems. pdf.

[7] Rogers, E. M. Diffusion of Innovation［M］. 4th ed. New York：Free Press, 1995：xvii.

[8] Habermas, J. Knowledge and Human Interests：A General Per－spective［M/OL］. Jeremy, J. S. trans. Boston：BeaconPress, 1971：301－317.（s. d.）［2013－07－10］. http：//www. wlu. ca/documents/25372/Habermas, ＿％5C＿KHI％5C＿. pdf.

[9] 转引自：Feinson, S. National Innovation Systems Overview and Country Cases. Knowledge Flows, Innovations, and Learning in Developing Countries［EB/OL］.（s. d.）［2013－07－10］. http：/ / www. cspo. org / products / rocky / Rock－Vol1－1. PDF.

[10] European Commission. Guide to Social Innovation［M/OL］.（s. d.）［2013－07－09］. http：//S3platform. jrc. ec. europa. eu / documents /10157 /47822/ Guide％20to％20Social％20Innovation. pdf.

[11] 蒋庆哲. 服务国家重大战略需求有效推进产学研协同创新［J］. 中国高等

教育，2013（3/4）．

[12] 库兹涅佐夫·V. I. 认识的价值［M］．孙慕天，等译．北京：中国人民大学出版社，1987．

[13] Group of Eight. Role of Universities in the National Innovation System［EB/OL］.（s. d.）［2013 – 07 – 09］. http：//www. go8. edu. au/_ documents/go8 – policy – analysis/2011/ /innova – tionpaper_ 25feb. pdf.

[14] 潘怡蒙，张鹫．协同创新：相互作用中的共振和放大［N］．中国教育报，2012 – 10 – 29（06）．

[15] 侯建国．加强协同创新，实现人才质量和科研能力双提升［J］．中国高等教育，2013（3/4）：16 – 18．

[16] 法制日报．华东政法大学校长何勤华提出协同创新提升法学教育质量．［EB/OL］．法制网．（2012 – 07 – 18）［2013 – 07 – 10］. http：//www. legaldaily. com. cn/bm/content/2012 – 07/18/content_ 3717150. htm? node = 20737. ?

[17] 哈肯·H. 信息与自组织［M］．第2版．郭志安，译．成都：四川出版社，2010．

[18] 汉迪·C. 非理性的时代［M］．王凯丽，译．北京：华夏出版社，2012：155．

[19] 这里的"元"（Element）是在元件、组成部门的意义上讲的，不是"元认知""元理论"意义上的"元"（Meta –）。

[20] 雷家骕等．中国自主创新：理论与案例［M］．北京：清华大学出版社，2013：1．

[21] IKE Group，丹麦奥尔堡大学"创新（I）、知识（K）、经济动力学（E）研究小组"。设在奥尔堡大学商业管理研究系。AAL – DORGUNIVERSITY. （s. d.）［2013 – 07 – 11］. http：//www. ike. aau. dk.

[22] Niosi, J. National Systems of Innovations Are "X – efficient"（and X – effecitve）Why Some Are Slow Learners［J/OL］. Research Policy. 2002（31）［2013 – 07 – 12］. http：//www. er. uqam. ca/nobel/r21010/articleseng. htm. 七种界定包括：1. 由公立和私立部门的机构组成的网络。这些机构之间的活动和互动过程发动、输入、调整和传播新技术（Freeman，1987）。2. 由要素和要素之间的相互关系构成。在对经济发展有用的新知识的生产、传播和使用过程中，这些要素相互作用。它们根植于，或限制在民族国家的范围内（Lundvall，1992）。3. 机构的集合体，它们的互动决定了国营公司的创新表现（Nelson and Rosenberg，1993）。4. 国家创新体系由机构和经济结构组成，它

们影响一个社会的技术变革程度和方向（Edquist and Lundvall，1993）。5. 国家创新体系是公立和私营公司（无论大小）、大学、政府机构为了在国家边界内生产科学技术而结成的系统。系统诸要素互动的内容包括技术的、商业的、法律的、社会的、金融的等方面；互动的目的是"开发、保护、融资和管制新科学技术"。（Noisi et al.，1993）。6. 国家机构，它们的激励结构和能力，决定了一个国家技术学习的水平和方向（或刺激变革行动的构成和强度）（Patel and Pavitt，1994）。7. 一群特别的机构，它们独立地并且联合起来为新技术的开发和传播做出贡献。他们还提供了一个政府制定和实施政策以影响创新过程的框架。因此，国家创新体系是由相互联系的机构形成的旨在创造、储存和转移知识、技能和手艺的系统（Metcalfe，1995）。

[23] 伦德维尔的七个假设是：第一，知识要素对经济表现而言非常重要。但知识要素是地方性的，很难从一个地方搬到另外一个地方。第二，重要的知识要素蕴藏在个体的身体和心灵里，在公司的日常程序里，在人们和组织之间的关系里。第三，学习和创新是互动的过程和结果。创新体系最基本的特征就是"互动主义"。第四，互动学习深植于社会之中，所以，单从经济学分析是不够的。第五，学习与创新是一个密切联系的过程。第六，在生产贸易专门化和在知识基础方面不同的国家体系之间存在差异。第七，国家体系之所以是系统性的，乃是因为不同的要素之间是相互依存的。对于创新表现而言，相互联系非常重要。参见：Lundvall, B. National Innovation Systems – Analytical Concept and Development Tool（2005）[EB/OL]. (s. d.) [2013-07-11]. http://www.druid.dk/conferences/Summer2005/Papers/Lundvall.pdf.

[24] 埃茨科威兹·H. 国家创新模式：大学、产业、政府"三螺旋创新战略"[M]. 周春彦，译. 北京：东方出版社，2006：10.

[25] LundLall, B. Innovation System Research and Policy: Where It Camefromand Where It Might Go [EB/OL]. (s. d.) [2013-07-11]. http://www.cas.uio.no/research/0708innovation/Lundvall_ 041207.pdf.

[26] 汉迪·C. 超越确定性 [M]. 周旭华，译. 杭州：浙江人民出版社，2012：22.

[27] 徐冠华分别在《深入贯彻十六大精神，加速国家创新体系建设，为全面建设小康社会做出贡献》（《科技日报》，2003年1月6日），《关于自主创新的几个重大问题》（《科技日报》，2006年4月7日）和《关于建设创新型国家的几个重要问题》（《科技日报》，2006年9月30日）中阐述了我国建设国家创新体系和创新型国家的主张。2006年6月16日在接受中央电视台《决策者说》栏目组采访时，他还阐述了关于"科技体制改革"的观点。

[28] Anon. Innovation Nation? China Scores Miserably on Some Types of Innovation But Does Surprisingly Well on Others [EB/OL]. CHINAECONOMICREVIEW. (2013-04-18) [2013-07-11]. http://www.chinaeconomicreview.com/innovation-nation.

[29] Cohen, M. & Levinthal, D. Absorptive Capacity: A New Per-spective on Learning and Innovation [J]. Administrative Science Quarterly. 1990 (35). 文章认为，吸收能力指"企业确认外部新信息的价值，并将其吸收消化，应用于商业目的的能力"。Maria Abreu 等人将其界定为"吸收和管理知识的能力，其目的是促进创新绩效和竞争优势的提升。"吸收能力高，则公司内部和公司之间的知识溢出水平就高。知识溢出发生在公司之间和公司与其他机构之间的知识转移。包括"潜在的吸收能力"（知识获得和同化）和"现实的吸收能力"（转化和利用）。前者取决于知识的可获得性，即现有的可以接触的合作伙伴的合作类型和源泉；后者取决于相应技术的适恰度。参见：Abreu, M. et al. Absorptive Capacity and Regional Patterns of Innovation (2006). Department for Innovation, Universities & Skills. (s. d.) [2013-07-11]. http://www.bis.gov.uk/assets/BISCore/corpo-rate/MigratedD/ec_ group/13-08-IN_ on.pdf。

[30] Dodson, B. China Fast Forward: The Technologies, Green Industries and Innovations Driving the Mainland's Future [M]. Singapore: John Wiley & Sons Singapore Pte. Lte. 2012: 1-18.

[31] 佚名. 人民利益高于一切 [N]. 人民日报：2007-05-31 (2).

[32] 本文取普特南（Putnam）的界定，转引自彼得·什托姆普卡. 信任：一种社会学理论 [M]. 程胜利，译. 北京：中华书局，2005：19.

[33] 索罗斯，J. 开放社会——改革全球资本主义 [M]. 王宇，译. 北京：商务印书馆，2001：25.

高等教育未来发展的蓝图、指标与实现途径

——兼论高等教育发展与中国梦

洪成文　刘慧珍[①]

高等教育事业在实现中国梦的过程中应该做何贡献，不仅是一个政策问题，也是一个重大理论问题。以党的十八大提出的中国梦为思考的起点，以高等教育发展与中国梦的实现具有互动关系为假设，展望了我国未来高等教育发展蓝图，探讨高等教育发展蓝图及其原动力，提出未来发展的四项特点和八项指标，据此分析我国高等教育事业发展的过程和可能性挑战，并在此基础上，提出了目标实现的路径思考。

一、中国梦：展望高等教育发展蓝图的原动力

习近平同志指出，全党要"继续为实现中华民族伟大复兴的中国梦而努力奋斗"，"不能丝毫自满"，必须"再接再厉"，要"心往一处想"，要"牢记使命"[1]，而"使命"的本质就是中华民族的伟大复兴，伟大复兴就是"中国梦"。

"中国梦"的内涵概言之，就是"实力""和谐""文明""价值"四项指标：①综合国力进一步跃升的"实力特征"，与高等教育发展密切相关的是：科技进步对经济增长的贡献率大幅上升；中国进入创新型国家行列；文化软实力（国际影响力）显著增强。②社会和谐的"幸福特征"，与高等教育发展相关的主要是幸福感的研究；幸福感受力的培养；正确、

---

① 作者简介：洪成文，北京师范大学教育学部高等教育研究所教授；刘慧珍，北京师范大学教育学部高等教育研究所副教授。

积极向上的价值观的导引。③中华文明进一步演进的"文明特征",与高等教育相关的主要是文明思想的创造、文明行为的践行和文明制度的国际传播。④促进人全面发展的"价值特征",与高等教育直接相关的是,培养全面发展的中国公民和能够活跃在世界舞台上的中国人;建构人力资源强国与高等教育发展的互动相关。习近平同志指出,要用两个百年将中国建设成为中等发达国家,为赶上甚至超越最发达的国家奠定基础。第一个百年目标是要建成小康社会(2021年);第二个百年目标是要建设富强民主的现代化强国(2049年)。何谓现代化强国,大致有两个参照:一是从国际比较的视角看发展,二是以历史的辉煌为参照。[2]

从国际上看,现代化强国可概括为政治稳定、经济发达、科技原创和教育影响力大幅提升四项指标。以高等教育为例,中国将初步建成世界高等教育强国,强国的基本特征是要在借鉴与输出影响力两个方面至少达成平衡,甚至输出力大于借鉴力。以历史为参照,就是要回眸中华历史上最辉煌的时期。历史上,我国在部分朝代居于世界文明的高端,本质特征有三个:疆域版图辽阔;对世界文明的贡献巨大;文化教育特别发达。

文明贡献率与教育密切相关,教育是文明建设的基础,教育本身也是文明贡献的重要因子。历史的经验和国际的借鉴无不表明,建设文明富强的现代化强国,高等教育的建设是基础性、先导性的。没有高等教育持续和稳步的发展,中国梦是不可想像的。没有高等教育影响力的极大提升,世界文明的贡献率也很难提高。因此,探讨高等教育发展与中国梦的实现之间的关系,不仅重要,而且十分紧迫。高等教育的发展是"中国梦"的基础,换言之,是先导和基石。高等教育系统要把提高质量作为核心任务,把优化结构作为战略支撑,把深化改革作为根本出路,把促进公平作为迫切要求,把加强党建作为重要保证,在实现"中国梦"的伟大进程中推动高等教育内涵式发展[3]。

二、高教强国:中国高等教育辉煌发展的蓝图(2013-2049)

如果实现中国梦与高等教育辉煌发展之间具有高相关,那么就很有必要释放我们的思考力和想象力,展望2049年的中国高等教育的发展蓝图,比较一下,我们在世界高等教育棋盘上的位置。

2049年，我国高等教育的蓝图的基本特征是高教强国。高教强国无外乎四项指标：有影响世界的思想（理念、知识、科技成果、科学发现）；有影响世界的制度；有影响世界的学者自然人[4]；有服务世界的意愿和能力。沿此思路，我们再进行一定的细化，逐渐展开，然后分解为若干个要素，并以显著性和可量化作为要素筛选的基本依据，最后选择出2049年中国高等教育蓝图的八项要素指标，即科学论文数、国际组织任职、中文国际影响力、大学排行、来华留学、中国学者海外影响力、公共外交、海外就业。这八项要素，将成为引领高等教育未来发展的主攻方向。

三、八项要素：引领高等教育未来发展的主攻方向

由上文所示，未来高等教育发展蓝图可以表现在四个"有影响"和八项要素指标上。

1. 科学论文数。依据当前我国科学论文的现状及发展趋势，到2049年，我国科学论文总量将稳居世界第一，论文的影响力（引用率）以及对国际知识的贡献率将跻身全球前三。从21世纪前十年的发展速度可以看到这一预测的可能性。2003－2007年，我国科学论文总数第一次超过日本，跃居世界第二位[5]。近五年，我国科学论文总量呈稳步增长状态，少数学科已经超过美国，成为世界第一。即便未来可能出现一定时期的发展波动，但是中国学术论文数跃居世界第一，将成为一种必然。随着论文总量的增加，我国的学术影响力也将继续提高。尽管这一预测有一定的风险，但是要成为世界三强，还是有实现的可能性。当我们的学术论文总量稳居第一，影响力跻身世界三强，也就表明，我们将在两大方面为高等教育强国奠定了基础，即有影响他国的思想，且思想是丰富的；有影响他国的学者自然人，规模和素质都有发展。

2. 国际组织任职。可以预测，未来任职国际组织的中国人将成倍增加。国际组织可简要分为两个部分：一是国际组织，主要是指联合国及其下属的相关国际组织及其他国际组织；二是学术组织，主要是指国际或跨国学术性组织。前者体现的是行政影响力，后者体现的是学术影响力。任职数量增加，影响力增加；任职的级别越高，影响力越强。未来国人任职国际组织将大幅增加的主要原因：其一是中国对于国际组织的财政贡献率

将随着我国经济发展水平的提高而增大，经济比重大，职数分配多；其二，中国将有更多具有国际任职的官员、专家和学者。如何实现国际组织任职人数和级别的改善，有三大问题需要考虑：①有必要更加关注国际组织和机构的人选变动，早做工作，善做工作，巧抓机会，抓住机会；②有必要加强培养和培训，为国际组织机构选送称职的候选人[6-7]。③发挥在职高级国际雇员中国人的影响力，为发现和推荐更多中国学者竞聘国际组织创造基础。

3. 中文国际影响力。中文的语言和文化影响力将实现历史性的突破。具体标志有四个方面：①中文成为仅次于英语的世界经济和文化往来的两大语言之一。②中文将进入世界大部分国家的中小学外语必修课程之列。③中文成为年轻人最为青睐的小语种。④中文学术期刊和文献，将成为世界学术库的重要组成部分。预计到2049年，我国将培养出数以十万计的外向型教育专家，他们精通中国教育，熟悉当地国（援助国）文化，具有涉外沟通能力。具体为①语言类人才（中文教师和中文语言学家）；②教育管理类人才（大、中、小学校长和幼儿园园长）；③测量类专家（教育质量检测与教育评价学者）；④教育政策类人才（擅长教育改革与发展战略谋划的专家）。只要他们走出国门，承载民族的嘱托，在世界各地传播中国教育经验，中国教育经验就有可能在世界各地生根开花，并对他国教育产生深刻、久远的影响。

4. 大学排行。在世界主要大学排行中，中国大学的表现越来越受到关注。以过去十年的发展速度为预测基准，以我国政府支持高等教育发展的基本国策不变作为条件，到2049年，我国成为世界三大高等教育强国，基本成定局。仅以《泰晤士报》世界大学排行为例，我国连续7年有6所大学排行世界200强。其中北京大学和清华大学稳定在前70名之内[8]。再过二三十年，我国高等教育发展即便只能小幅提升，其未来发展也将令世界瞩目。到2049年，我国大陆地区进入前200强的大学达7-9所，跻身前50名的大学2-3所是有可能的。若将港澳台地区的大学与大陆地区大学一起计算，那么，中国有9-10所跻身世界50强的大学，并不是不可逾越的鸿沟。一旦此目标实现世界将展现出一幅中、美、英三足鼎立世界高等教育之顶端的发展蓝图。

5. 来华留学。来华留学将成为个人和国家双重关注的事项。个人，因为精通中文，而提高了就业力和发展的可能。外国政府，因为需要拓展与中国的关系，必然要重推"留学中国计划"。以最近20年来华留学发展的速度作为推测基础，未来30年，来华留学人数将创历史新高，将出现三个十年翻番的可能。以1996年为例，来华留学规模为4.1万人，中国进入世界八强[9]。2011年，来华留学人数29万人次，15年时间，增加到7倍多[10]。《教育规划纲要》将来华留学的规模确定为50万人（尽管这一数据不是指学历生），如果按照学历生来换算，大致为1:3。因此，《教育规划纲要》提出的50万人中，学历生可达到15万-18万人。到2049年，笔者认为来华学历生的规模有可能逼近60万人。即便遇到经济危机，或者遇到中美关系恶化等，来华留学的规模也可能稳定在40万-50万人之间。如此，我国的高等教育贸易逆差将缩小，中国将成为世界两大留学生输入国之一（尽管仍然是留学生第一输出国）[11]。

6. 中国学者海外影响力。学者海外影响力，就是在履行高校基本职能的前提下，发挥国际影响力。学者的国际影响力与三个基本条件相关：①中国学者知识生产量巨大，科学论文（含社会科学论文）居世界前列；②任职国际学术组织的数量大幅提升；③参与国际援助和建设项目的学者人数显著增加。尽管这些条件，我们当前都没有具备，或者具备得还不充分，但是假以时日，这一目标很有可能实现。只要我国政府和人民进一步认识到国际学术任职及国际援助的巨大价值；只要我们真诚反思我们的既定国际援助政策，重构我们的国际组织官员选派制度；只要我们加大高校的培养力度以及非高校系统的培训力度，中国学者的国际影响力一定会有较大的上升。做一大胆估计2049年，我国学者（年度）应邀去他国提供政策咨询和技术援助的人数至少达50万人次，预测的基础主要依据高校教师的贡献。若高校教师规模达200万人，10%的教师得到各种途径的动员，仅高校就有20万人之多。再加上企业的贡献和政府部门的技术专家，为世界提供服务的专家人数将数倍增加，具备可预测性。中国学者走向国际，便是中国国家影响力的提升，便是中国软实力和中国梦的体现。

7. 公共外交。公共外交，虽不同于政府外交，但却是政府外交的重要补充[12]。随着我国高等教育职能的扩展，高等院校将通过BOT形式，多角度、多学科、多层面承接我国政府外包出来的国际援助目标和任务，高校参与公共外交，并成为公共外交主角的时代，即将到来。因为随着国际影响力的提升，我国政府的涉外经济、外交活动将成倍增加，很多外交事务，非政府单方面所能完成。因此，倚重高等院校的学术资源，将可分包出去的政府职能，委托给高等院校，可收到两大功效：解决政府想做却无力可做的事项；解决政府想做，但却不便于做的事项。因此，未来我国高等教育将继续秉承传统高校社会服务的职能，并将在社会服务职能中，凸显其公共外交的功能，高校将成为实现民族伟大复兴的中坚力量之一。

8. 海外就业。所谓海外就业，是指学生就业的国际化。就业国际化有内外两大推力：一是国内就业竞争日趋剧烈，二是从业者就业视野拓展、国际就业能力显著增强。未来有可能出现两大变化：非国际学位（中国学位）持有者国外就业比例明显升高；就业当地化的比重减小。如此变化，将带来高等教育的三大调整：人才培养目标的多样化；培养手段和课程的适切性；多元文化和实习的国际化。保守的估计，未来我国高校毕业生海外就业的总量，年度将逾百万。就业国际化的目的，不是简单地缓解国内就业的矛盾，而是表明我国人才培养方式的改变和国际影响力的提升。当然，中国人海外就业还将与外国人在中国就业出现同步发展的景象。

四、中国教育蓝图实现的挑战与应对策略

中国建设高教强国的过程十分艰难，挑战巨大。

（一）面临的挑战

就世界高等教育发展的经验来看，一个国家实现高等教育跨越发展的三大基础是制度、人才和资金，三者互为依存，缺一不可。

1. 制度创新问题。制度创新涉及三个基础问题：大学能否获得充分的自主发展权；学者能否人尽其才；学术是否自由，外界约束降低到合理程度。制度能否创新，不仅制约发展速度的问题，而且事关我国高等教育强国梦的最终实现。

2. 人力问题。高等教育人力资源的充分开发，是我们追赶世界先进国

家高等教育的关键。人力资源充分开发的理想是：让学者专心于学术事务；让学者的待遇，能确保其体面的生活；让学者参与国际学术交流，手续能删繁就简，达到随心（或随事）。

3. 资金持续保障问题。资金保障的最大问题是高等教育的资金投入能否持续获得强有力的支持。

（二）应对策略

1. 资金的持续保障。持续保障，是大学实现代际发展的基础。所谓代际发展，是指一个大学，甚至一个高等教育系统的未来经济问题。高教经费投入如此庞大，任何政府，无论如何富裕，都无法为高等教育的长期发展做好经费预留。唯一的解决办法是在富裕的时候预留发展基金。发展基金来自两大渠道：一是大学自身筹措的资金；二是政府在正常拨款以外，将挤出来的财政拨款，以特别形式拨付给大学，留作大学基金所用。当我们有一天能够为高等教育预留足够的基金时，我们就有了未雨绸缪的经济基础。美国高等教育发展的一个成功经验是：让大学培育自己的财政自主能力。大学不仅拥有巨额基金，而且还会通过基金投资，确保基金增值。假如我们的大学拥有3-5倍于其年度预算的大学基金，并培育了大学自身的基金投资能力，且年度投资回报若能达到12%-15%，这所大学就可以自行解决财政困难，这或许可以成为我国大学代际发展的一个梦想。

2. 人力资本问题。人力资源的有和无是高校人力资源开发的基础；有了资源，是否得到最大程度的开发，则是人力资源开发的关键。就高校教师服务而言，如果对成功一流大学的人力资源管理进行提炼，可发现一个异常简单的"三心"原则，即对教师"放心"，不让教师"分心"，能让教师"开心"，遵循这"三心"原则，大学就可获得最大的人力资源开发效益。我们的大学能不能依"三心"原则，设计教师管理和服务制度，值得反思。

3. 制度创新问题。制度创新是确保以上两大问题解决的基础。要实现我国高校教师人尽其才，根本的是人事制度问题。人事制度问题主要有三个方面：一是高校教师工资制度的改革，因为一个靠工资外收入来激励教师的办法，显然让工资制度本身失去意义。二是解决教师聘任中的灵活性与稳定性的问题。高校在引进人才中各显神通，促进了制度的灵活性。如何在提高灵活性的同时，不对已有人才的稳定性造成毁灭性的打击，也是值得注意的问题。三是制度创新问题要突破两大僵化思维倾向：一是只要是外国的经验，就不能改变；二是只要是中国特色的东西，也不能变。单方面看，两种观点都有道理，但是，却不全面，甚至有害而少利。因为如果对外国经验持不变态度，那么就会导致食洋不化。如果坚持中国特色不变，那么又容易造成故步自封。因此，我们必须遵循有效性和超越性原则，能够有效服务我国高校发展的，要支持，要鼓励；能够让我国高等教育事业超越发达国家的事，要鼓励，要支持。因此，必须在考量2049年的八大目标设想的基础上，去确定我们的政策，去评估我们的制度，去决定制度改革的方向。

参考文献：

[1] 习近平. 继续为实现中华民族伟大复兴的中国梦而努力奋斗 [J]. 党建，2013（4）.

[2] 石仲泉. 伟大的中国梦 [N]. 文汇报，2012-12-01.

[3] 杜玉波. 高等教育内涵式发展助推"中国梦"实现 [N]. 中国教育报，2013-03-26.

[4] 洪成文. 高等教育强国的内涵、特征及建设策略 [J]. 徐州工程学院学报：社会科学版，2012（5）.

[5] 余波. 蓬勃发展的中国科学论文数量与影响力迅猛上升 [J]. 评价与管理，2008（12）.

[6] 吴长峰等. 中科院加强国际组织任职及后备人员培训 [N]. 科技日报，2011-08-07.

[7] 樊丽萍. 上外首届国际公务员班毕业生无人进入国际组织和跨国机构 [N]. 文汇报，2011-07-20.

[8] 周锣莹. 英国世界大学排名对我国建设高等教育强国的启示 [J]. 行政事业资产与财务，2012（8）.

[9] 周满生，滕珺. 走向全方位开放的教育国际合作与交流 [J]. 教育研究，2008（11）.

[10] 李轶群. 关于发展我国来华留学生教育的几点思考 [J]. 中国高教研究，

2012 (9).

　　[11] 李立国等. 来华留学教育发展趋势与战略选择 [J]. 复旦教育论坛, 2010 (1).

　　[12] 洪成文. 发挥高校公共外交事业潜能 [N]. 光明日报, 2013-04-27.

高等教育扩张背景下的劳动力市场变革

赖德胜[①]

中国自20世纪90年代末期开始,高等教育发生了大规模扩张,毛入学率从1998年的9.8%上升到了2011年的26.9%。同时,近十多年来劳动力市场也发生了诸多变革,这些变革既受到高等教育快速扩张的巨大影响,也反映了劳动力市场主动适应高等教育发展所作出的努力。从这个意见上讲,处理好高等教育与劳动力市场的关系,特别是配置好和使用好大学毕业生,将关系到我国新时期经济发展方式的转变和创新型国家的建设。

一、高等教育与劳动力市场是相互促进的关系

高等教育和劳动力市场是两个相对独立的系统,有各自的发展演变规律。但二者又相互引领和适应,关系密切。劳动力市场对高等教育发展的引领主要体现在三个方面。

1. 激励。教育是一种引致性需求,人们之所以愿意花时间和金钱去学校读书,是因为上学读书能带来更好的工作和更高的收入。但教育的这种经济性回报是要通过劳动力市场来实现的,因此,劳动力市场的状况决定着人们投资教育的动力,从而也决定着教育的发展状况。美国大学毕业生与高中毕业生之间的工资溢价曾一度下降,然而,20世纪50年代特别是80年代以后,高等教育的工资溢价又呈上升趋势,其中的根本原因是,劳动力市场的需求结构发生了重要变化,即具有技能偏好型的企业越来越多,

---

[①] 作者简介:赖德胜,北京师范大学经济与工商管理学院教授。

它们需要更多的受过高等教育的劳动力。用诺贝尔经济学得主丁伯根的话来说，在教育与技能需求之间存在着竞赛，劳动力市场的变化吸收了更多的高教育程度者，而这反过来又拉动着教育的发展。中国在80年代，由于劳动力市场改革顺序不一，对人力资本价值的评价存在两种不同的机制，这使得脑体收入存在着相对倒挂，即高等教育的工资溢价很低。劳动力市场的分割扭曲了教育的经济回报，也在一定程度上抑制了人们对教育的需求。当前不时有读书无用论抬头，与大学毕业生就业难和农民工招工难并存的格局是有很大关系的。

2. 配置。高等教育具有人才培养、科学研究、服务社会和文化传承的功能，但最主要的功能是人才培养。大学培养的毕业生如何配置，不仅关系到优质人力资源是否能够各尽所能，还关系到优质人力资源是否能够各得其所。经济学一般将资源配置方式区分为计划和市场两种，中国过去60多年先后实践了这两种资源配置方式。改革开放前，大学毕业生作为高端人才，其配置是严格按计划来进行的，甚至可以说是以销定产，用人单位没有自主性，大学毕业生也没有自主性。不仅如此，初始配置后还不能根据变化了的条件而调整和流动，即所谓的一次分配定终生。改革开放后，市场逐渐成为了资源配置的基础方式，供需双方的自主性不断增强，不仅初始配置是市场化的，劳动力的流动和再配置也主要通过市场来完成。从前后两段的历史来看，通过市场来配置劳动力资源要比通过计划来配置更好有效率，这也是近30多年来，教育收益率不断提高的根本原因，也是人们投资高等教育的热情不断高涨的重要原因。

3. 评价。教育的规模和结构是否合理、教育的质量是否令人满意，终归要通过劳动力市场来评价。比如，2011年中国的高等教育毛入学率为26.9%，这是高还是低？若拿欧美等发达国家的数字来参照，这是比较低的，但若结合中国劳动力市场的状况来判断，则会得出不同的结论。因为欧美的劳动力市场比较均质，大学毕业生的去处在空间上也比较均匀，而中国由于存在劳动力市场的制度性分割，毕业生的就业主要集中在城镇和沿海发达地区。也就是说，生源是全国性的，但就业是城镇和发达地区偏向的，结果，在劳动力整体受教育程度不高的情况下，大学毕业生就业遇到了较大困难。从这个意义上说，26.9%的高等教育毛入学率又不算低。

当下用人单位对毕业生多有抱怨，说明人才培养的质量与用人要求之间存在着一定的差距。因此，教育发展得好与坏，最根本的评价来自劳动力市场和用人单位。同时，劳动力市场将评价的结果反馈给学校，学校依此做出调整，从而达到二者良好的衔接和互动。

但是，高等教育不总是被动地适应劳动力市场的变化，而是会成为劳动力市场变化的引领者，这种引领主要体现在三个方面：

1. 供求关系。高等教育发展最直接的影响是减少了青年人的劳动参与率，增加了高素质劳动力的供给，从而改变了劳动力的供给结构。从短期来看，由于劳动力市场来不及调整，大学毕业生大量增加，在满足市场需求的同时，会增加不同层次劳动力的就业难度，既导致局部地区和行业的知识失业和过度教育，大学生就业难现象难以避免，也会导致大学毕业生对高中毕业生就业的挤压，使低层次劳动力处于更加不利的地位。从长期来看，由于劳动力市场的调整，大学毕业生供给的增加，还会导致对大学毕业生更多的需求，即供给创造需求。这是因为大学毕业生的增加，会导致其价格即工资的相对下降，这降低了企业雇用大学毕业生的相对成本，因此，企业倾向于雇用更多的大学毕业生，这会推动高等教育的更快发展。同时，由于高等教育扩张之初伴随有就业难，有些毕业生倾向于自我创业，而创业会带动就业，这也会吸纳更多的不同层次的劳动力。

2. 收入分配。教育是影响收入分配的重要力量，据雅克布·明瑟的估算，美国收入不平等中的1/3要归因于教育，中国的数据也表明，教育不平等是解释收入不平等的重要因素。高等教育扩展是个动态的过程，它对收入分配的影响也是动态的，根据我们的研究，在教育扩展过程中，收入分配不平等会经历先扩大后缩小的倒"U"形曲线变化。其背后的逻辑是，在高等教育发展之初，当劳动力队伍中只有很低比例大学毕业生时，他们无论工作岗位还是工资收入，都处于比较有利的位置，高等教育的工资溢价会比较高，这时高等教育发展成为扩大收入差距的力量。但随着高等教育的不断扩展，大学毕业生比例越来越高，其优势地位会相对降低，高等教育的工资溢价也会下降，这时，高等教育的发展就会成为缩小差距的力量。当然，这个变化的实际过程要比理论逻辑复杂得多，因为现实的劳动力市场远不是理想状态，而且科技的进步也会改变教育与技能之间的竞赛力量。

3. 制度变革。诺贝尔经济学奖得主西奥多·舒尔茨认为,由于教育等人力资本投资,人的经济价值是不断提高的,这种提高产生了对新的制度的需求,政治、经济、法律等制度为满足这种需求而不断作出调整和改革,于是制度发生变革。高等教育作为重要的人力资本投资,其扩展毫无疑问会极大地提升人们的经济价值。这样一来,与原来人力资本状况相适应的劳动力市场及相关制度就可能变得不适应了,必须做适当变革,才能包容新增的人力资本,人力资本潜能也才能得到释放。比如,人力资本之所以能够促进经济的增长和收入水平的提高,是因为它能提高人们的配置能力和生产能力,但配置能力发挥作用的前提是经济的非均衡和市场半径的扩大。中国是典型的经济非均衡国家,但由于种种原因,劳动力市场是分割的,这缩小了市场的半径,也抑制了人力资本功能的发挥。在这种情况下,人力资本会为自己开路,推动着劳动力市场的变革。在某种意义上,中国最近30多年来的劳动力市场及相关制度的改革,是顺应了人力资本积累的客观现实的。

二、高等教育扩张背景下劳动力市场的十项变革

自高校扩招以来,中国的劳动力市场经历的诸多变革,可概括总结为十个方面。

变革一,劳动参与率逐渐下降。劳动参与率反映的是在全部劳动年龄人口中经济活动人口所占的比例,是衡量劳动力市场变化的重要指标。统计数据显示,在2000-2010年间,经济活动人口保持了稳定增长,但劳动参与率却不断下降,从2000年的77.99%降到了2010年的70.96%,下降的幅度达到7.03个百分点。导致这种下降的原因主要有四个:一是入学率特别是高等教育毛入学率的提高,推迟了年轻人进入劳动力市场的平均年龄;二是人口年龄结构的变化,特别是老龄化趋势的加速,提高了劳动参与意愿比较低的人口的比例;三是收入水平的提高,影响了家庭的劳动供给决策,一些家庭成员因为家庭总收入比较高而选择退出劳动力市场;四是劳动受挫,那些由于种种原因而长期找不到工作的劳动者,也会选择退出劳动力市场,在中国,典型的劳动受挫群体是国有企业改制过程中的

40－50 岁年龄段的下岗职工。劳动参与率下降说明劳动力资源的使用不是很充分，这在"刘易斯拐点"来临和老龄化加速的当下，需要引起决策部门的高度重视。

变革二，劳动者平均受教育程度提高。由于每年有几百万的大学毕业生涌向劳动力市场，这无疑会提高全社会就业人员的平均受教育程度。比如大专及以上学历者在总体就业人员中所占的比例，1999 年为 3.6%，2010 年则提升到 10.1%。由于扩招主要发生在年轻人身上，因此，大专及以上学历者占比例最高的是 25－29 岁年龄组，到 2010 年达到了 20.6%。与此同时，职业教育和职业培训得到大力发展，劳动者的技能水平也大幅度提高。由于人力资本存在自增强机制，即更多教育水平的人倾向于在未来的时间里进行更多的人力资本投资，因此，劳动者受教育程度和技能水平的提高，为全社会人力资本总量的进一步提升，为促进产业结构的升级和经济结构的转型，奠定了坚实的基础。

变革三，大学生"就业难"和农民工"招工难"并存。中国人口众多，就业压力一直很大。改革开放之初，安置知青返城就业是当时最大的难题，由此而提出了"三结合"方针，并开启了劳动力市场的多方面改革。后来随着农村经济体制改革和城镇国有企业改革的深化，农村剩余劳动力转移就业和下岗职工再就业先后成为了就业工作的重点和难点。但实施扩招政策以来，大学毕业生就业成为了国家就业工作的重点和难点，甚至被放到了就业工作的首位。这非常容易理解，因为最近十几年来大学毕业生的初次就业率一直维持在 70% 左右，2011 年达到了最高值，为 77.8%。但因为一年毕业生高达 670 万人左右，这意味着有近 200 万毕业生不能及时找到工作。这无论对学生个人和家庭，还是对大学和社会，都是重大而棘手的问题。与此几乎同时，受教育水平比较低的农民工却是另外一番景象，种种迹象表明，从 2004 年以来，农村劳动力转移的"刘易斯拐点"逐渐来临，农民工招工难成为了很多企业面临的难题，而且这一现象从东部沿海地区逐渐蔓延到了西部地区。对大学生"就业难"和农民工"招工难"并存的现象，有很多的理论探讨，我们认为主要原因是劳动力市场的分割和产业结构的偏差，前者提高了劳动力流动的成本，强化了大学毕业生的就业地选择偏向；后者抑制了对高层次劳动力的需求而扩大了低层次劳动力的需求。这种看似矛盾的现象在转型阶段是不可避免的。

变革四，大学毕业生区域和行业配置不均衡。虽然中国经济增长速度很快，但地区和行业之间的差异也很大，城强乡弱、东强西弱的格局仍然没有根本性改变。这使得具有更多人力资本的大学毕业生在选择就业的区域空间上时，表现出了明显的城镇倾向和东部地区倾向，作为这种选择的结果，大学生的空间配置出现了明显的不均衡状态。在城乡分布上，2002－2009年间，在城镇就业的大专以上受教育程度者占全部大专以上受教育程度者的比例一直在88%左右，其中大专生占84.04%，本科生占92.57%，研究生占99.75%。如果以从业人员中大专以上受教育程度者所占比例来看，2002－2009年，城镇是农村13倍左右。在区域分布上，2001年以来，大专以上受教育程度在东部地区的配置比例一直呈上升趋势，从41.59%上升到了2009年的54.70%。相应地，中西部地区的配置比例则不断下降，中部地区从32.98%下降为24.95%，西部地区从25.43%下降为20.35%。在行业分布上，配置差异同样是明显的。从业人员中大专及以上受教育程度者所占比例最高的行业是教育，为68.2%，其次是公共管理和社会组织业，为48.4%，再次是制造业，为39.4%。而在农、林、牧、渔业，这一比例仅为3.1%，住宿和餐饮业为3.2%。大学毕业生分布的这种不均衡，既加剧了他们就业难的程度，也可能成为未来城乡、区域经济发展差距进一步拉大的源泉。

变革五，部分地区和行业出现过度教育现象。一个人所受的教育水平与他所从事工作所需要的教育水平之间存在着某种关系，当前者大于后者时，就出现了所谓的过度教育，当前者小于后者时，就出现了所谓的教育不足。由于高等教育的快速扩展、区域发展不平衡以及劳动力市场的制度性分割等原因，中国教育在整体不足的情况下，出现了局部的过度教育。过度教育是一种浪费，说明资源没有得到优化配置。同时，如果过度教育长期化，还会有很多负面的效应，特别是会增加劳动者对工作和收入的不满情绪，不利于人力资本潜能的发挥。因此，在发展高等教育的过程中，如何减少教育过度现象，降低过度教育的程度，是需要加以正视的新课题。

变革六，劳动力流动规模不断扩大。教育的扩展和人力资本的增加，内在地要求增强劳动力市场的流动性。最近十年是中国打破限制劳动力流动的制度性障碍进展最为显著的时期，因此，也是城镇化最快的时期。2000 年的城镇化率为 36.2%，到了 2010 年，城镇化率则提高到了 49.68%，城镇化率年均增长 1.35%。结果，人口和劳动力流动达到了前所未有的规模。根据"六普"数据，中国总人口中，31 个大陆省市区中的人户分离人口达到了 26139 万，其中流动人口 22143 万。与 2000 年的"五普"数据相比，流动人口增长了 11968 万人，占全国总人口的比重从 8.19% 增加到了 16.53%。劳动力流动是为了追求更高的回报和更好的发展，因此，中国的劳动力和人口流动表现出比较强的区域特征，即东部地区人口规模稳步上升，占全国人口的比重从 38.92% 上升到 41.26%，而中西部地区的人口规模持续下降，占全国人口的比重下降到 58.74%。同时，城乡人口结构也发生了明显变化，而且城镇人口增长中，65.36% 来自城乡劳动力的流动。当然，劳动力流动不仅表现为地理空间上的迁移，还表现在企业间、职业间的流动，"一次分配定终身"早已成为历史，现在的大学毕业生有将近一半毕业三年内就转换了工作。

变革七，就业质量稳步提高。就业工作包括就业规模的扩大、就业结构的优化和就业质量的提高。由于人口多，就业压力大，在相当长的时期内，人们更多地关注了就业规模和就业结构，对就业质量未予以足够重视。自 1999 年国际劳工组织总干事胡安·索马维亚提出"体面就业"的概念和理念以来，很多国家都把提高就业质量列为议事日程。从 21 世纪初开始，中国政府强调了科学发展、包容性增长的执政理念，在《国民经济和社会发展第十二个五年规划纲要》和《促进就业规划（2011 - 2015 年）》更是明确提出要提高就业质量。《2011 中国劳动力市场报告》对中国 2007 年和 2008 年的就业质量进行了测算，结果表明，就业质量总体上并不算高，但事实上，最近十多年来，中国的就业质量是在稳步提高的。根据我们用就业环境、就业能力、就业状况、劳动者报酬、社会保护、劳动关系六个维度测算的就业质量指数，2000 年为 0.43，但 2010 年提升到了 0.81，增长了约一倍。如果说前述就业质量指数偏宏观和主观，那么，用微观和主观数据测算的结果也表明，就业质量是处于不断提升之中的。比如，在我们2011年就业质量调查的样本中,68.73%的人认为工作是稳定的,57.21%的人认为有足够时间和精力平衡工作和家庭生活之间的事务,51.85%的人认为在工作中有参与改善工作环境、条件、待遇等问题讨论的机会等。这些指标虽然还有很大的提升空间,但与十年前相比,进步还是要肯定的。

变革八,收入差距面临缩小的拐点。收入不全来自劳动力市场,但大部分人的收入主要来自工资及相关福利待遇,因此,收入差距能在很大程度上体现劳动力市场的状况。根据世界银行的估计,中国改革开放之初的1982年,基尼系数仅为0.3左右,收入差距非常小,属于典型的平均主义分配。那时教育的个人收益率也非常低,普遍存在着"脑体相对倒挂"的现象。随着市场化改革的推进,收入差距不断扩大,2002年的基尼系数达到了0.45,2007年更是达到了0.47。与此同时,教育的个人收益率也不断提高,1988年为3.8%,1995年提高到了5.8%,2005年更是高达12%,个人教育收益率的不断提高成为了推动收入差距持续扩大的重要因素。但这种情况最近几年发生了初步的逆转,收入差距正面临着缩小的"库兹涅茨拐点"。导致这一拐点来临的原因,除劳动者工资大幅度上涨、城乡收入差距连续缩小、向低收入群体倾向的再分配政策效果开始显现等之外,高等教育的工资溢价开始下降也是个重要原因。利用CHNS数据进行测算,我们发现从1989年以来,教育溢价经历了先上升后下降的过程,从1989年的1.73上升到了1997年的2.32,到21世纪初到达2.51的最高值。此后不断下降,2011年仅为1.37。显然,最近十年教育溢价不断下降,与高等教育的扩招是有内在联系的,这也成为了推动中国收入差距拐点来临的重要原因。

变革九,劳动力市场法治化程度加强。高等教育扩展所带来的总体人力资本水平提升,提高了劳动者的经济价值,也提高了劳动者的谈判能力。这要求有关制度安排做出相应的调整,以加强对劳动者权益的保护。最近十多年,中国劳动力市场的法治化进程明显加快,制定、修订了一系列与劳动力市场运行相关的法律法规,特别是2007年以来,中国先后颁布实施了《劳动合同法》《就业促进法》《劳动争议调解仲裁法》《社会保险法》《劳动合同法实施条例》《就业促进规划(2011-2015)》等,从而使劳动力市场的灵活性和稳定性保持一个比较好的平衡有了更多的法律保障。如果用经济合作与发展组织（OECD）的就业保护立法指标（Employment Protection Legislation，EPL，取值在 0 - 6 之间，0 表示最灵活，劳动者获得的工作安全性最低；6 表示最严格，劳动者获得的工作安全性最高）来衡量，中国的就业保护程度达到了 2.65，高于 OECD 国家的平均水平（1.94）。与此同时，各地还大幅度提高了最低工资标准，最近几年涨幅年均在 20% 以上；社会保障体系不断健全，覆盖面不断扩大，水平不断提高；劳动者的维权意识不断加强，和谐劳动关系建设进入了一个新的阶段。

变革十，劳动力市场受经济全球化的影响越来越明显。2000 年中国加入世界贸易组织，经济全球化进程加快，与世界经济更加深入而全面地融合在一起。中国自然从中受益，虽然有金融危机的不利影响，但经济增长速度年均仍高达 9%，成为了第二大经济体，经济总量占世界的份额由 2002 年的 4.4% 提高到 2011 年的 10% 左右。与此同时，中国对世界经济增长的贡献也不断增大，根据国家统计局的数据，贡献率超过了 20%，是世界经济复苏和发展的重要引擎。经济全球化必然会影响到劳动力市场的运行，中国的劳动力供需、工资水平、就业结构、劳动关系等明显地受经济全球化的影响。有更多的境外人员来华就业，也有更多的留学人员学成后回国工作，还有更多的国人特别是受过高等教育的人流向海外，出现了发展中国家发展过程中普遍遇到的"智力外流"现象。高等教育的扩展顺应了经济全球化进程中劳动力需求结构的变化，而且成为了经济全球化的重要推动力量。

三、通过完善劳动力市场促进人力资本潜能的释放

高等教育的快速扩张持续了十多年，已经积累起了巨大的人力资本。这对一个发展中国家来说，是挑战，更是机遇。说是挑战，是因为每年有几百万的大学生毕业，如果就业问题解决不好，太多的毕业生找不到工作，或太多的毕业生找不到比较理想的工作，而且相关措施又跟不上，则有可能成为社会不稳定的因素。说是机遇，是因为人力资本与创新密切相关，更多的人力资本会导致更多的创意和创新，但这有个前提，那就是人

力资本应该得到合理配置和使用,如果能够人尽其才,才尽其用,已经积累起的人力资本就会成为经济可持续增长和建设创新型国家的源泉。如何变挑战为机遇,是当前促进高等教育与劳动力市场良性互动所面临的重要课题。

在这方面,美国和印度的例子也许能为我们提供些许借鉴。这两个国家在20世纪50年代后都经历了高等教育的大规模扩张,也都经历过大学毕业生就业难问题。美国、印度早期的高等教育快速扩张与它们今天各自成为创新强国和软件大国有因果关系吗?答案是肯定的。美国经济学家德龙·阿西莫格鲁(Daron Acemoglu)认为,高等教育扩张意味着大学毕业生供给的增加,这会导致大学毕业生相对工资的下降,进而鼓励企业雇用更多的大学毕业生。这样的话,劳动者中大学毕业生的比例将会提高。有更多的受过高等教育的劳动者,无论是企业还是整个国家,都将会有更多的创新。但人力资本快速积累到创新的爆发,要经历消化、吸收、发挥作用等环节,要有个过程,这通常需要10-20年。也就是说,今天的高等教育扩张,其创新性效果也许需要在10-20年甚至更长的时间才能显现出来。

每个国家都有自己的国情,应该走自己的道路。但美印的经验至少表明,人力资本是创新的重要源泉。党的十八大报告提出,到2020年,中国要全面建成小康社会,进入创新型国家行列。这是一项十分艰巨的任务,需要进一步解放思想、深化改革,配置好、使用好已经积累起来的人力资本,使人力资本的潜能得到最大限度的释放。

当前人力资本在释放过程中遇到了一些问题,很多人将这些问题归因于人力资本本身。比如,有人认为,大学毕业生"就业难",是高等教育扩招的结果;也有人认为,"就业难"是高等教育结构不合理的表现。但我们认为,相比较而言,阻碍人力资本潜力充分释放的因素更多地来自劳动力市场,若招聘、流动、评价、激励等机制不改革,不调整,仅强调教育存在的问题,是难以解决大学毕业生就业难和创新型人才短缺等问题的。因此,我们要深化对教育的改革,提高高等教育的质量,但更要深化对劳动力市场的改革,使它能更好地包容、激发人力资本的潜能。

打破劳动力市场的制度性分割。这其中主要是要减少依附于户籍、编制等制度上的福利待遇,从而减少劳动力流动的成本。一旦流动性增强,大学毕业生的就业选择空间就会大为拓展，他们就可能会选择先在农村、西部、非正规部门等就业，等条件成熟时再流动，即所谓的"骑驴找马"，进而缓解大学毕业生就业难现象。

提高就业质量。就业有数量和质量之分，现在大学毕业生就业难，在某种意义上，不是难在有无工作，而是难在有无高质量的工作。党的十八大报告提出，要推动更高质量的就业，实施就业优先战略。高质量就业需要政府、工会、企业和劳动者等各方协同努力，但在当前情况下，政府的作用可能更为关键，特别要通过有关法律法规和制度建设，使人们的就业更体面，更有保障。

改革评价和激励机制。人力资本潜能的激发需要有宽松的环境，同样一个人，在不同的体制机制环境下，所爆发出的能量可能会差别很大。中国已经和即将积累起的巨大人力资本，能否成为创新和可持续发展的源泉，使中国从制造大国转变为创造大国，评价和激励机制是关键。我们要积极为各类人才干事创业和实现价值提供机会和条件，鼓励引导人们干中学，只有这样，全社会的创新智慧才能竞相迸发。

高等教育管理方式转型的知识解读

毛亚庆[①]

高等教育自产生之日起，其存在与发展的合法性都来自追求知识的理智特性。这种理智特性本质上是一种运用知识所进行的观察、质询、推理、解释、批判和想象的活动，是大学不同于其他社会机构的特质。高等教育在其不同的发展阶段表现出不同的对知识追求的理智特性。如今，高等教育的理智特性正在发生新的变革，它强调的是知识对市场的迎合，这是一种强调高等教育市场论的理智特性。在此背景影响下，20世纪后半期高等教育走上了追求效率的带有市场化和商业化倾向的发展道路。这种转型是与高等教育发展和社会之间诸多基本关系的急剧变化所引发的对知识诉求的变化有着密切关系，这种诉求的变化导致了高等教育在社会中角色的变化，从而导致高等教育管理取向的变化，如何认识以及应对这种变化，需要理性的思考。

一、高等教育管理方式转型的表现

在世界高等教育发展的转型时期，高等教育的管理体制面临着巨大的变革。在西方国家，这一时期高等教育经历了"高校管理革命"后，走上了市场化和商业化的道路。[1] 高等教育组织在竞争的重压之下为了变得更有效率，不管是出于自愿还是迫不得已，都借鉴并运用了企业和商业组织的管理体系和流程对高等教育组织进行了重塑和再造。1960—2000年的40年间，高等教育在进行的管理变革中，先后借鉴了规划、设计、预算法

---

① 作者简介：毛亚庆，北京师范大学教育学部教育管理学院教授。

(PPBS)、零基预算（ZBB）、目标管理（MBO）、战略规划（Strategic Planning）、标杆管理（Benchmarking）、全面质量管理/连续质量改进（TQM/CQI）、流程再造（BPR）等诸多企业和商业组织的管理理论。[2]这次再造的目标指向是以最低的成本生产出顾客所期望的商品，使高等教育变得更像一个企业。

在这样的背景下，高等教育管理中充斥着商业词汇，人们对高等教育管理中呈现出这样的现象评论道："如今很难找到一所大学声称自己能够免受这样方法的评价或避免被这样的管理体系和流程所改造"[3]。出现这样的评论并不奇怪，尤其是自20世纪70年代以来，随着大学获取公共资金额度的逐渐减少，寻求更为有效的管理方式和经营方法以促进大学的发展成为改进大学管理模式的重要手段。1972年，美国市场学的Richard Krachenherg教授在《高等教育月刊》上发表了题为《给高等教育带来市场营销的理念》的研究文章，强调高等教育要进入市场，要接受市场竞争的考验，认为在当时的时代背景下"不管以什么名义、由谁实施或者发生在机构的哪个部分，总之大学正在进入市场"[4]。

我国自20世纪80年代开始的市场经济改革，也极大地改变了高等教育运行的外部环境。面对市场经济的冲击，高等教育面临着调整适应性的问题：一方面是高等教育经费的国家投入严重不足；另一方面是高等教育自身运行的效率低、现有教育资源利用不充分、对市场需求变化反应迟钝等问题。在复杂、变化和不断增强的市场经济环境中，高等学校如何通过人、财、物的创新组合，提高组织运行效率，更好地满足社会日益增长的人才培养、知识创新以及服务社会需求，实现高等组织的社会价值最大化，成为高等教育管理需要解决的问题。特别是1985年中共中央作出《关于教育体制改革的决定》，明确提出了我国高等教育管理体制的弊端之一就是"在教育事业管理权限的划分上，政府有关部门对学校主要是对高等学校统得过死，使学校缺乏应有的活力；而政府应该加以管理的事情，又没有很好地管起来"。在这个决定中第一次明确提出了"扩大高等学校的办学的自主权"。此后，随着我国经济体制改革的目标确定为建立社会主义市场经济体制，高等教育的改革发展也进入了新阶段。1993年，《中国教育改革和发展纲要》明确指出，"在政府与学校的关系上,要按照政事分开的原则,通过立法,明确高等学校的权利和义务,使高等学校真正成为面向社会自主办学的法人实体……建立起主动适应经济建设和社会发展需要的自我发展、自我约束的运行机制"。因此,为适应市场经济体制而建立的具有自我定向、自主运动、自我发展和自我约束的高等教育发展的机制在我国开始启动,绩效管理、项目管理、工程计划、质量问责、量化指标、成本效益等也成为我国高等教育管理中使用频率非常高的词汇。

由此可见,世界高等教育的发展正在经历着市场化和企业化的洗礼已经是一个不争的事实,难怪就连诺贝尔经济学家都如此评价高等教育的性质,"高等教育是一个竞争性行业——是一个庞大的、应当比较繁荣的竞争性行业"[5]。世界高等教育的管理变革把竞争机制、效益观念、企业化经营以及顾客导向的服务意识等市场因素引入到了高等教育的发展之中。在这样的背景下,中外高等教育管理体制运行机制的转换,使高等学校在管理上转而对其运作所依赖的环境变化以及自身运行的结果更为关注。这种追求的结果使今天的大学正变得越来越像公司,越来越具有企业的性质。高等教育在现实的管理运行中越来越呈现出准市场化的特性、更关注绩效与质量的问责、课程设计日趋职业化、"国家—高校—企业"的关系也在发生着深刻的改变。这一系列的变化概括起来,就是要增强高等教育管理的效率与责任、强调职业化、密切与外在世界尤其是与企业的联系,要关注外在客户的需求。其基本的发展理念,就是要"根据企业的重建原则,建立高绩效的学校组织和管理模式"[6]。"教育不应该是政府提供的一项服务,而应该是自由市场体系中的一部分"。[7]尽管人们对高等教育管理呈现的市场化取向存在着很大的争议,但高等教育管理变革和发展中的市场化、企业化趋势却日趋凸显。

二、高等教育管理方式转型的原因

高等教育管理转型对高等教育在社会发展中扮演着主要角色的判定、高等教育的定位乃至以学术为取向的认识以及高等教育在文化传承中起的不可替代作用提出了空前的挑战。这种挑战在高等教育与知识、社会之间的关系上得以充分彰显,导致高等教育管理的知识重点发生了急剧的变化。

从高等教育发展的历史来看，高等教育所涉及的活动主要是学术活动以及这种活动的专业化过程，基于此，学科和专业为学术思想所独有的理念成为大学的主要取向，大学的产生就是适应保存知识和学术成就孕育而生的制度性安排。因此，高等教育通过围绕知识的特性所进行的学科分工和制度安排；通过学术组织所遵循的学术信念和价值观所具有的与众不同的、强有力的象征性作用；通过在高等教育系统中所从事的学科以及伴随而生的学术信念而产生的学术权力等，所有这些使高等教育成为了控制高深知识和方法的社会机构。由于它所传承的是各个国家以及各个民族文化中较为深奥的思想和相关的技能，从而使生活在高等教育组织中的教师的活动主要就是发现、保存、提炼、传授和应用知识。因此，自中世纪大学诞生以来，学科和专业为学术思想所独有的理念在大学里大行其道，人们遵从大学的本质是发展纯学术的大学发展理念。由此，大学是保存和传授普遍知识的场所，大学存在的目的不是为了追求功利，而是为了传播永恒的真理，大学的核心是知识的发现，这也成为人们的普遍认识。

但这种大学发展的理念在现实生活中越来越成为"只是代表一种对理想化了的过去的回忆，一种并不能阻止现实向另外方向发展的怀旧观念"[8]。在人们看来，在知识型社会到来之前，知识的生产和传播是小规模的，是艰深的，社会能够赋予这些数量不多的拥有极大自主权和特有权利的大学履行这些职责，大学扮演的角色仅仅是社会的点缀物与装饰品，其发挥的社会作用只是传播高深的知识，高等教育扮演的角色定位仅仅是"社会中的高等教育"，在高等教育、知识、社会三者的关系中其所凸显出的地位和作用是相对独立的，是游离于社会发展之外的，是无须更多地了解社会需要的。高等教育可以通过研究强化人们的理解，通过教学满足人们求知的欲望，高等教育扮演着传授知识给社会的角色，它有着自己的知识定义，并把自己所理解的知识通过所培养的学生和通过研究成果的传播来影响社会的发展。而现今一切都被颠倒了过来，社会、知识、高等教育三者之间的关系进行着重构，高等教育在社会中扮演的角色已从"社会中的高等教育"转化为"社会的高等教育"，它已难以游离在社会的现实需要之外独善其身，它须满足、适应社会发展变化的需求。

这种需求的变化导致对知识概念的扩展。传统的知识观受到人们的质疑，以学科为基础的知识已不能囊括所有的知识，传统的知识范式需要转换，从以学科为基础的知识转换到以关注解决实际问题的操作主义知识，合法知识的边界已被扩展到包括知道怎样（Knowing - how）和知道那样（Knowing - that）的知识。[9]由于这种关注操作能力提升的知识日益被人们所推崇，"一个辽阔的操作能力市场展现出来了。不论现在还是将来，这种知识的占有者都是收购的对象，甚至是政治引诱的赌注。从这个角度看，知识的末日不仅没有来临，而且正相反"。[10]随着知识范式的转换，知识的生产性也日益受到人们的重视，知识在生产领域中的地位变得越来越重要。知识的这种生产性具体表现在两个方面：一是知识变成资本，知识资本可用于投资，人们对待知识的态度从闲暇的好奇变成资本的投资，从"爱智慧"变成"求回报"。社会发展的诉求从物质资本到人力资本再到知识资本的变化轨迹，生动地体现了这一点。二是知识变成商品，可以自由交易，知识从无产权变成有产权，从装饰门面变成流通商品，从交流思想变成交易知识。由此，知识的评估从内在价值转变为外在价值，从智慧的价值变成金钱的价值（Value for Money），从理论的价值变成实践的价值，高等教育相应地也就从"社会中的高等教育"变成"社会的高等教育"。[11]

这种转变使高等教育要越来越满足国家、政府、企业、社会的诉求，而且现今从事知识生产的机构却不是高等教育机构独此一家。各种各样的政府研究机构、大公司大企业的研发机构、各种社会组织的研究机构等如雨后春笋般不断出现，成为在知识生产上与大学竞争的对手，大学沦为众多知识生产机构中的一家且正逐渐丧失作为知识生产者的垄断者的地位。在这样的竞争环境中，高等教育也开始对自身的管理诉之于绩效，回应现实社会的实际需求。由此，规划、数量、成本、收益、绩效、产品的提供能力以及对社会的贡献率变成高等教育管理中最常见的口号，追求绩效管理与评价成为大学谋求发展与质量高低的主要尺度。

三、高等教育管理方式转型的缺陷

在全球经济竞争的背景下，现代国家都在构建着自己明确的发展旨趣和意向，都在思考如何在激烈的竞争中能够立于不败之地，都在致力于如何提升经济和产品的竞争能力。这种竞争导致人们在对知识的诉求上呈现出一种实用主义的取向，现代社会所盛行的技术思想在很大程度上就是这种实用主义取向的具体表现。现代社会往往将技术看成社会文化发展的决定性因素，决定着现代社会人们的生活秩序以及现代社会生活自身的意义。在技术与文化之间的相互条件关系中，技术的发展是自变量，而社会文化的发展是因变量，技术的利用与发展决定着社会的自由程度与发展，人与社会都被"技术形态化"。这种文化上的技术决定论的社会发展理念在高等教育的发展中也必然有所反映，作为现代社会这些旨趣反映的就是"操作主义"的取向在高等教育中日益占据了主导地位，现代社会召唤着高等教育发展所有的学生有效操作的能力，否则高等教育就没有适应社会的发展需要。

在现代社会的发展中，社会的旨趣已不仅仅是对学术的追问，随着市场化的取向，人们日益把在劳动力市场中具有可操作的、可计算性质的，具有使用价值的知识类型置于优先考虑的地位，这导致在对高等教育的描述和对学生质量的诉求上，直觉、理解、反思、智慧和批判被淡化了，取而代之的是技巧、能力、输出、信息、技术和灵活性。因此，在高等教育中把知识仅仅视为来自学科的观点，把知识视为"给予"的观点，把知识解读为关于知识的理解的观点，在操作主义的眼中都是可怀疑的，都是虚妄的。在操作主义看来，学生应是具有运用知识的能力个体，应是展现操作能力于实际工作中并高效工作的个体，因为只有掌握了这样知识的学生才会在激烈的就业竞争中立于不败之地。对此，在高等教育管理的现实中，金钱进来，质量出去，是一种回应，所以赫钦斯写道："当一所大学决定要挣钱的时候，它必须要放弃它的精神。"[12] "盈亏底线的暴政"[13]是另一种回应，大学为了达成在市场中的收支平衡，形成了以收益为中心的独霸专权的大学管理，通过密谋商议预算和升降个人的待遇，导致了校长办公室成为"克里姆林宫"[14]，大学里一切都有了它的价格，但人们却忘却了它的价值。大学的管理者不再有吸引人们的伟大思想，有的只是自己与大学存在的需要。对学生而言，世俗化的追求也成为必然。

这种取向引发了人们对大学发展定位的争论。为此，大卫·科伯分析描述了美国大学在面对市场的残酷性与保持市场中的竞争力时所采取的管理变革措施与"美国大学一直期望想成为学者和自由思想的园地""市场不能超越它的领地"的大学发展理念之间的摇摆不定、内在纠结与矛盾冲突。但不管怎样，市场竞争成为大学不可回避的现实问题。竞争导致不管什么样的大学在学科发展的规则上都追求"胜者通吃"的原则，都希望在每一门重要的学科上强大起来。"专业化的教育机构以它们在这个领域的不足感到羞耻：科技学科的大学，比如麻省理工学院，则因为它们在社会科学和人文学科领域不断强盛而沾沾自喜。"[15]但现实情景却是没有任何一所大学，即使最富有的大学也没有足够的资金和能力来雇用传统艺术和科学的每个领域里最杰出的六个人之一，"世界上最富有的博物馆，也不能得到举世闻名的荷兰画家伦布朗的全部画作；同样，世界上最富有的大学，也不能雇用所有的精英"[16]。因此，乔治·斯蒂格勒给芝加哥大学的建议是，努力保持在最经久不衰和最基础性的学科上居于领先地位，同时在其他基础学科保持至少是值得尊重的地位。[17]

  竞争一方面导致专业化程度越来越高，另一方面也使专业人士越来越局限于自己狭隘的研究领域，其结果使人们被迫需要承认一个悲哀的事实，即使一人最精通一门专业知识，也不能排除他在其他专业领域里出洋相。即便是在专业领域里的知名人士，一旦他们走出了自己的专业领域，他们的逻辑能力和证据标准就崩溃了。专业化没有造成他的缺陷，相反，专业化只是倾向于把他局限在某个领域，在这个领域他的缺陷没有表现出来。[18]竞争也使高等教育管理要像企业一样更加关注效率，追求同样的效率，但这种效率的追求忽视了不同组织之间的差异性。对此，有学者幽默地分析道：公鸡指着一只鸵鸟蛋对母鸡说："我并不是埋怨你，我只是提醒你注意，亲爱的，你看看人家外国，看看人家是怎样干活的。"[19]这则幽默对于大学的管理者而言有着现实的意义，要向企业学习，追求效益，将大学视为企业加以管理。为此，罗伯特·伯恩鲍姆对于美国的大学"母鸡"在20世纪50年代到90年代的三四十年里为了更好地学习企业"鸵鸟"的管理经验，提高大学的生产效率，而将企业的管理创新理论运用到大学管理实践而发起的七次学术管理运动做了条分缕析地分析[20]。读后使人意识到大学与工商企业的组织结构是不同的，用美国人的话说，大学和公司实在是两只不同的"动物"[21]。在管理理论的借鉴上不能忽视差异，同类而语。

这种以关注效率而建构设计的高等教育管理模式使大学组织更关注对产出结果数量化、工具性、程序化的评价标准的建构，它挪走并取代了道德标准，尽管它给大学组织带来了效率。因此，英国哲学家齐格蒙·鲍曼认为，在现代组织中的角色被要求承担的只是技术责任，而不是自然的类似家庭中的角色，这种角色同时具有道德品质的要求。在这样的组织中所承担的角色与生命历程并无内在的逻辑一致性，角色彼此可能冲突。这样，个体在社会角色的流变中自我摇摆不定，出现碎片化及分裂化的状态。[22]在追求效率的大学组织中，管理者将管理过程演变成了按照量化标准进行评价的技术操作过程，在操作的过程中，管理者天然的情感减少了，自己的道德本性削弱了，大学组织的管理中出现了实现最终目标的具体手段被演变为目标本身的"目标的替代特征"现象，导致"目标—手段"发生了置换，在这种置换的过程中，大学发展目标中原有的价值取向被遮蔽、被抛弃，使得整个组织的行动链缺失了价值缰绳的牵引，行为者自身的道德意识与道德意志也悄然隐退与消失，失去道德约束的行为主体只被组织的效率所驱使，导致学术违规的现象不断呈现。因此，失去道德约束的行为主体一旦行动的方向发生偏差，管理过程中的行为者就有可能踏上恶的历程，且效率越高，速度越快，罪孽越深。[23]

四、高等教育管理方式转型的改进

对于现实中的高等教育发展来说，虽然高等教育扮演的角色和定位已从"社会中的高等教育"转化到"社会的高等教育"，高等教育在与社会的关系已不能只是凸显高等教育自身的地位和作用，只是强调自身的相对独立性，它必须更多地了解社会发展的实际需要，而且已经难以游离在社会的现实需要之外独善其身以适应社会发展变化的需求。但高等教育的发展不是简单地满足社会无所不包的需求，对急切变化和盛行一时的事物持反对态度，要比全盘接受它们所冒的风险更小，大学必须坚持毫不妥协的高标准，大学不能因为要适应社会的需求，就丧失了所扮演的社会良知的指示器的角色。

我们希望的大学是这么一个地方：你选择一个你最喜欢的东西，看看你干自己最喜欢的事情能干得多么出色。这才是检验你才能的一把尺子，也是最好的训练。[24]大学的根本，就是这种心灵的自由。如果你老盯着什么是"热门"，盘算着什么"有用"，你的心灵就会像一个总盯着老板脸色的雇员一样唯唯诺诺。[25]大学是一个让探索和哲学开放精神自行其是的地方，它旨在鼓励人们对理性本身的非工具性运用，它提供一种气氛，使统治者意志的道德优势和自然优势不至于吓跑哲学上的怀疑。而且，它维护着滋养这种怀疑的伟大行为、伟大人物和伟大思想的丰富宝藏。[26]

现代大学的核心使命在于对知识的责任，对知识的发现、创新、传承，最基本的责任应该是对知识的发现责任，既包括对"真"的发现的追求，也包括对"善"的思索和探究。人类社会赋予现代大学许多责任，但责无旁贷的无疑是用理性的知识揭示真实的世界，用理性的知识指引良性有序社会的建构。诺斯·怀特海在论述大学的作用时说，大学之所以有理由存在，是因为它使老少两代人在富于想象力的学习中，保持了知识与生活热情之间的联系。[27]大学提供信息，但它是富于想象地提供信息。一所大学如果做不到这一点，就没有理由存在。大学的任务就是要使想象和经验融为一体。因此，大学的正确作用就是通过想象创造性地获取知识。一所大学不具有想象力，不说一文不值——至少也是没什么用处的。

罗伯特·伯恩鲍姆在其专著《大学运行模式——大学组织与领导的控制系统》的中文译序中引用英国诗人约翰·曼斯菲尔德充满诗情的语言歌颂过大学："世间再无堪与大学相媲美的事物。在国破家亡、价值沦丧之时，在大坝坍塌、洪水肆虐之时，在前途暗淡、了无依赖之时，无论何地，只要有大学存在，它就巍然屹立，光芒四射。只要有大学存在，人的自由思想、全面公正探索的冲动仍能将智慧注入人们的行为之中。"[28]进而义无反顾地认为，"我坚信，技术不能也不会取代伟大的大学"[29]。因此，大学应该同时是实现年轻一代社会化的场所，是批判性文化传统得以延续的场域，是社会得到建设性批判的学园，是追求思想和智慧的家园。

参考文献：

[1] Keller G. Academic Strategy: The Management Revolution in American Higher Education [M]. Baltimore: The Johns Hopkins University Press, 1983: 15.

[2][3] 罗伯特·伯恩鲍姆. 高等教育中的管理时尚 [M] 北京：北京师范大学出版社，2008：25，3.

[4] A. R. Krachenberg, Bring the Concept of Marketing to Higher Education [J]. Journal of Higher Education, 1972 (5).

[5][15][16][17][18] 乔治·斯蒂格勒. 诺贝尔经济学奖获奖者学术精品自选集：知识分子与市场 [M]. 北京：首都经济贸易大学出版社，2001：53，54，56，59，18.

[6] 雷·马歇尔等. 教育与国家财富：思考生存 [M]. 北京：教育科学出版社，2003：4.

[7] 罗伯特·G. 欧文斯. 教育组织行为学（第7版）[M]. 上海：华东师范大学出版社，2001：493.

[8] 伯顿·克拉克. 高等教育系统——学术组织的跨国研究 [M]. 杭州：杭州大学出版社，1994：12.

[9][11] Ronald Barnett. The Limits of Competence [M]. SRHE and Open University Press, 1994：47, 21.

[10] 利奥塔尔. 后现代状态 [M]. 北京：生活·读书·新知三联书店，1997：107.

[12][13][14] 大卫·科伯. 高等教育市场化的底线 [M]. 北京：北京大学出版社，2008：33, 47, 123.

[19][21] 程星. 细读美国大学 [M]. 北京：商务出版社，2007：209.

[20] 罗伯特·伯恩鲍姆. 高等教育中的管理时尚 [M]. 北京：北京师范大学出版社，2008.

[22] 齐格蒙·鲍曼. 生活在碎片之中——论后现代道德 [M]. 上海：学林出版社，2002：304.

[23] 汉娜·阿伦特. 耶路撒冷的艾希曼：伦理的现代困境 [M]. 长春：吉林人民出版社，2003.

[24][25] 薛涌. 北大批判——中国高等教育有病 [M]. 南京：凤凰出版传媒集团，江苏文艺出版社，2009：10, 11.

[26] 艾伦·布卢姆. 美国精神的封闭 [M]. 南京：凤凰出版传媒集团，译林出版社，2007：204.

[27] 诺斯·怀特海. 大学和大学的作用 [J]. 中国大学教学，2002 (11).

[28][29] 罗伯特·伯恩鲍姆. 大学运行模式——大学组织与领导的控制系统 [M]. 青岛：中国海洋大学出版社，2003：6-7，7.

建设充满自信的中国高等教育的价值、途径及效益

——学习党的十八大精神有得

洪成文

党的十八大精神之一就是将我们党建设成道路自信、理论自信和制度自信的党。"三个自信"不仅是党的新时期发展的指导方针，也将为我国高等教育事业的发展提供思想武器。我国要不要建设充满自信的高等教育，如何建设以及建设好后有哪些效益，能否在建设之前对此加以预判，都是值得深思的关键问题。本文试图结合党的十八大精神，论述充满自信的高等教育的本质特点，并在此基础提出我国建设充满自信的高等教育的现实基础、建设目标和实施途径。

一、充满自信的中国高等教育的提出

党的十八大精神将是未来十多年我国高等教育发展与改革的总体指导方针和思想武器。如何领会好党的十八大精神，并将其联系高等教育实际，抓好落实，是我国高等教育界当前最重要的研究课题。十八大在建党方面提出了很多战略新思维，值得我们关注和领会。就教育发展的指导思想而言，党的十八大精神可概括为三大方面：一是将科学发展观第一次上升到党的指导思想层面；二是提出了建设"学习型、服务型和创新型的马克思主义政党"的新思路；三是提出了道路自信、理论自信和制度自信的"三个自信"的要求[1]。如果将建设善于学习的党、服务的党和创新型的党作为目标，将科学发展观作为方法论来理解，那么，一个更为重要的课题，就是我们的党会以什么样的气质出现在世界政坛之上。党的十八大提

出用"充满自信"来展望我们党新时期发展的目标和状态，不仅丰富和发展了马克思主义理论，而且也第一次清晰地表达了中国共产党带领全国人民走向幸福未来的发展信心。高等教育界学习贯彻落实党的十八大精神，关键是领会和关联。笔者认为可以从三句话来理解：一是有一定规模基础的高质量的高等教育；二是有质量的就业；三是建构和发展具有中国特色的高等教育新特点。这就是说，建设充满自信的中国高等教育的发展新模式。那么，什么是"自信"的中国高等教育，充满自信的高等教育具备哪些特点，如何建设充满自信的中国高等教育以及充满自信的高等教育将会带来哪些历史性变化，都是高等教育界必须研究的课题。

二、建设充满自信的中国高等教育的价值和现实基础

建设充满自信的中国高等教育，需要回答三个基本问题，即什么是充满自信的高等教育？为什么要建设充满自信的高等教育？我国在建设充满自信的高等教育方面有无足够的现实基础？

（一）何谓充满自信的高等教育

这可以从品质和影响力来分析。

1. 品质。一个自信的高等教育，一定是以品质为基础的。品质，对于高等教育来说是生命线。没有品质的高，就不会有自信。品质的外显特征之一是科学研究，而科学研究的水平则是看多大程度上为全人类的知识大厦做出贡献。而影响力，则是高等教育自信的最直接的内涵反映。

2. 影响力。影响力的大小从总体上讲，取决于我们对外国同行高校的影响的程度。当我们对外国同行高校的影响力大于外国同行（所谓外国，不是外国的全部，而是外国的单体国家，或指任何单个国家）对于我国高校的影响力，则为正影响；否则，则为负影响。自信与正影响呈高相关。影响力，具体分为三因素：思想、制度和自然人。一个自信的高等教育必然有影响他人（他国）的高等教育的办学思想、办学制度以及活跃在世界高等教育舞台上的学者和专家[2]。因此，要建设充满自信的中国高等教育，我们就必须努力准备好三件事：有越来越多的思想走出国门，影响他人（他国）；有越来越多的办学制度，为他人（他国）所借鉴；有越来越

多的中国专家为外国同行高校出谋划策和建言献策。这就是自信的高等教育最集中的浓缩。

（二）为什么要建设充满自信的高等教育

归纳起来，有如下三大理由：

一是落实党的十八大精神的需要。党的十八大报告强调，全党要坚定道路自信、理论自信、制度自信。有"三个自信"，我们党就会有行动上的自觉，就能做到理想信念持久、政治立场坚定，前进道路上不懈怠、不动摇。道路自信、理论自信、制度自信源于伟大的科学实践、辉煌的建设成就和不懈的探索创新。自信的党，将会坚定不移地高举中国特色社会主义伟大旗帜，这是"道路自信"；自信的党，体现在理论的先进性和不断发展上；自信的党，"体现了中国特色社会主义建设事业根本保障的坚定性"，即"制度自信"[3]。建设自信的党，为我们建设充满自信的高等教育提供了理论指导，也为我们提供了发展的目标源泉。我们要不要建设充满自信的高等教育，似乎是无须论证的问题，我们要做的，应该是如何建设。

二是落实《国家中长期人才发展规划纲要（2010－2020年）》和《国家中长期教育改革和发展规划纲要（2010－2020年）》的需要。胡锦涛曾指出，"加快建设人才强国"，是确立我国"人才竞争比较优势、增强国家核心竞争力的战略选择"，同时指出，我国要尽快实现由人口大国向人才大国的转变，尽快进入世界人才强国行列[4]。与此相似的是，《教育规划纲要》提出了"优先发展、育人为本、改革创新、促进公平、提高质量"的教育发展原则；确定了"基本实现教育现代化、基本形成学习型社会，进入人力资源强国行列"的战略目标[5]。《教育规划纲要》还指出了到2020年，让中国高等教育的结构更加合理，特色更加鲜明，"建成一批国际知名、有特色、高水平的高等学校，若干所大学达到或接近世界一流大学水平，高等教育国际竞争力显著增强"[6]。总之，两大规划纲要，互为支撑，目标具有高度相关性。强国人力资源，强国高等教育，一脉相承。而这一切的基础就在于高等教育能否自信起来。当我国的高等教育充满了自信，我国进入人力资源强国行列的目标，才有希望实现中国要建设世界一流大学，中国要建设人才强国，归结其根本，就是我国高等教育，要出思想，要多出思想，要多出影响全球的思想；要更多创新和探索，要形成有中国特色的办学制度，要有更多影响世界同行的办学制度；要有更多的自然人，身在国内，却能活跃在世界高等教育的舞台上。这不仅是落实两大规划纲要中的高等教育的发展目标，更是充满自信的中国高等教育未来发展的使命所使然。

三是高等教育更好地服务于我国公共外交事业发展的需要。高等教育一直是公共外交的主要力量，主要体现在三方面：一是高等学校拥有规模最大的理论水平和思想水平"双高"的专家队伍；二是高等学校的教师在发挥公共外交作用方面具有更强的隐蔽性；三是高等学校因为广招国际学生而存在着密切的"师徒"关系，这些非官方的情感纽带，往往能够起到政府外交所难以替代的作用。结合"自信"的高等教育的三个主要特点来谈，自信，意味着有思想影响他人（他国），有制度供他人（他国）借鉴，有专家为他人提供智力服务（自然人流动）。那么，公共外交职能的更好发挥，不仅可以依靠高校，而且必须依靠高校。因为世界上从来没有一个国家仅仅依靠政府的力量就能做好公共外交的全部工作，世界上也从来没有一个国家愿意或舍得浪费高校所拥有的丰富的公共外交资源。一个充满自信的高等教育，必然对公共外交职能的发挥起到非常积极的作用。

（三）建设充满自信的高等教育

有没有足够的现实基础我们姑且从知识生产、大学排行、合作交流三个视角做一分析。

1. 科学研究。我国过去十年的科技论文数已经跻身世界前二，论文引用率稳步提升，位居世界前列。从知识生产的角度看，我国科技工作者的知识创造已经具备了较为强劲的实力，自信有了较大的提高。据中国科学技术信息研究所的相关统计：2001－2011年（截至2011年11月1日）我国科技人员年共发表国际论文83.63万篇，排世界第二位；论文共被引用519.14万次，排世界第七位；高被引论文数量增加到585篇，排世界第六位；热点论文数为196篇，排世界第五位[7]。

2. 大学排行中我国大学的进步快。相比之下，世界大学排行中我国高校的排名情况变化较大。首先是中国（两岸三地）进入世界大学排行前200名的大学数量在稳步增加。2009年和2012年间，在《泰晤士报》的排行中，中国大学进入前200名的，由6所增加到了13所。同期，在上海交通大学的排行中，中国大学也由1所增加到了7所（见注释）。其次，中国大学在世界大学排行的位次，也在逐年递升。同时，在世界大学排行中还出现了一个特别的现象：居于400－500名的排名变化是，每当美国一个高校出局，则往往由中国的大学补充上[8]。

3. 国际交流与合作范围广且有深度。近十年来，世界著名大学校长几乎没有未来到过中国的。他们与中国同行的交流之频繁、探讨之深刻，是历史上少见的。一些著名大学校长对中国建设世界一流大学，纷纷支招。对中国大学的未来发展，这些一流大学的掌门人几乎异口同声，充满信心。斯坦福大学亨利森校长称，中国将在未来20年出现世界一流大学[9]，耶鲁大学莱文校长则称，"越来越多的顶尖学者将会被北京、上海等地的职位所吸引"；相比之下，以英国为代表的老牌高等教育大国却不得不削减高教经费[9]。同样，这些年来中国访问的国际一流学者，可谓车水马龙。他们或来参加评估，或提供讲学，或指导合作科研，访问的频繁程度也是历史上少见的。我国大学国际合作交流的丰富与深化，也体现在留学生规模的增长上。2011年，来华留学生规模创造了历史新高，总人数达29万人[10]，留学生规模已跃居世界前列。以上三方面，固然不能反应我国高等教育事业发展的全局，但是至少由此可以看到一些端倪，即我国高等教育已经具备自信的基础。

三、建设充满自信的中国高等教育的举措与对策

建设充满自信的中国高等教育，一是需要解决目标和方向问题；二是需要解决途径和保障问题。

（一）充满自信的中国高等教育的目标

简单地说，就是要从亚洲阵营中冲出去，跻身世界高等教育的第一方阵。进入世界高等教育第一方阵的条件有三个：有一流水平的学者队伍；有一流水平的知识产出；有高等教育的辐射力，即影响别人的意愿和能

力。三者互为关联,没有一流学者队伍,则没有一流水平的知识产出。没有一流学者、没有一流知识产出,影响他人、他国的能力也就是奢谈了。如果加上有能力影响,再加上有服务他人(他国)的意愿,那么,进入世界高等教育一流方阵的基础也就具备了。

(二)建设充满自信的中国高等教育的途径

建设充满自信的中国高等教育的主要途径有三个方面:要为"凤凰"筑好巢;要为大学车轮前进添好油;要为制度创新培好土。

1. 要为"凤凰"筑好巢。大学是大师荟萃之地,没有大师的荟萃,资金再充裕,也堆不出充满自信的高等教育。大师有可能荟萃吗?目前,我国大学的学术氛围怎样?具不具备荟萃一流大师的条件?这些问题,都需要我国高教界同行回答。英国从事国际大学排行的专家,感叹中国大学在国际位次上的上升。他们认为,之所以中国的高校进步如此之快,原因之一是政府的强力投资。为什么这样说?问题是最近十年英国高教拨款不增而减。他们的意图也许只是要影响英国政府如何切蛋糕,他们也许没有看到中国的实力,中国为大师提供了英国大学所给予不了的尊重和条件。条件相等情况下,尊重是一重要的砝码。在这一方面,我国有特殊优势。回到那句老话"筑好巢,方能引来凤",就目前而言,我们的工作虽然可圈可点,但也有不尽如人意之处。在吸引国际学者和大家方面,我们确实做得不错,这得益于我们的制度灵活。然而,我们在留住人才的方面,也还有很多需要改进之处。今后的努力方向是要确保大师们"来得了,留得住"。与充满自信的高等教育相关的还有,我们也要关注我们的学者和专家如何走出去的问题。今后的努力方向是努力让我们的本土专家学者"出得去,回得来"。

2. 要为大学之车添好油。这实际是一个财政投入问题。大学财政按自主方式可分为两类:一类是非自主性的(如拨款等);另一类是自主性的(募捐和基金投资收益)。大学发展从来都离不开政府的支持,包括私立大学,如二战时期及以后一段时间 MIT 的腾飞与联邦政府的资金投入。然而,不可否认的是,政府的财政拨款受财税和市场经济的影响。市场好的时候,政府财政宽裕,大学可能获得更多拨款;市场不好的时候,政府财政紧缩，大学也有可能受到影响。因此，世界一流大学的经验告诉我们，一个大学能否持续辉煌，或者说能否追赶上一流，关键是大学的财政自主能力。财政自主能力强，是大学千秋万代持续辉煌的根本。那么，财政自主能力的核心是什么？就是大学经年累月所积累下来的大学基金（募捐所得）。有人称，拥有多少基金与大学排名呈高相关[11]。而对大学基金的投资以及因投资所产生的回报，是大学财政自主能力的秘密武器。当大学基金规模到达一定程度后，大学的基金效应就会显现出来。试想哈佛大学拥有基金300亿美金之多，年投资收益率为16%以上[12]。因此，当美国大学拥有中国国内的基金投资权（QFII）时，我们的大学何时获得？应不应该获得？

3. 要为制度创新培好土。浇水培土是园丁的基本职责。而园丁长就是政府。中国高校孕育着丰富的创新思想。固然在产生新思想的时候，也有不成功的教训，甚至付出过惨痛的代价。但是，我们若不鼓励新制度的探索，就无法形成我们的高等教育的制度特色。我们的现代大学制度，不能完全照抄照搬国外，这些舶来品做出过历史贡献，但离建设充满自信的高等教育还有距离。在追赶一流高等教育时，我们采取的措施是"与狼共舞"。但我们在跻身世界一流高等教育的时候，就必须"狼豹共舞"，即你是狼，我是豹，你有你的实力，我有我的爆发力。如此，才有特色；如此，才能最终不被"狼"所看轻。一句话，我们的高等教育发展，应该以狼为参照，却不能跟在狼后面亦步亦趋。园丁长即政府，应该做什么呢，那就是要创造条件，允许大学主动探索，放手让他们探索，让他们探索无忧虑，让他们探索过后有积极回报。

四、建设充满自信的中国高等教育的效益预判

建设充满自信的中国高等教育，效益是难以穷尽的，择其要者大致可以有三，即因为要研究和探讨高等教育的自信，有可能为我国未来高等教育发展确立远景目标提供哲学思路；有可能为提炼、包装和输出我国高教发展模式提供理论依据；有可能为服务国家政治外交做出贡献。

第一，发展标杆。对于我国来说，高等教育未来的发展有两大标杆：一是亚洲标杆（以东亚为主，但不局限于东亚）；二是英美（不仅仅指英

国和美国两个国家）标杆。无论我们的发展速度有多快，我们必须从亚洲的方阵中脱颖而出。超越了亚洲方阵，意味着进入了世界高等教育的第一方阵。进入第一方阵以后，是否能够持续留在此方阵，或者说，在亚洲第一方阵中是否能够进入有利地位，则又要看天时、地利和我们的努力等多种因素。如此思考，我国高等教育发展的路线图也就基本清晰了。路线图既表明方向，也确定阶段性目标；有方向，有阶段性目标，远景目标就已经被置于可操作性的层面。一句话，冲出亚洲方阵是自信的开始，进入并持续留在英美第一方阵之中，毫无疑问，是充满自信的基础。

第二，由借鉴到输出。世界高等教育从来都不是独守其善的，大学发展的你中有我，我中有你，是历史的必然，更是未来的趋势。我国改革开放35年，从来没有在"借鉴"上松懈过。尽管不能说我们已经学到，且已经学好了世界上高等教育的最优秀的经验和做法，但是我们学习先进的方向依然不变，我们的学习热情依然不减，即便是当代我国的重要立法和重大规划纲要，无不在吸取世界高等教育发展的经验基础之上而综合研究通盘考量后做出的。可以说，我国的高等教育发展重大目标的确定和《教育规划纲要》等顶层设计，无不体现着当代世界高等教育发展的影子。然而，我们要不要为世界高等教育的发展做贡献，我们已经为世界高等教育做出了哪些贡献，甚至追问，我们应该以何种方式，更好地为世界高等教育的发展做贡献，都是我们需要认真考虑的另一层面的重要问题。假以时日，如果我国的高等教育能够冲出亚洲，进入世界第一方阵；如果我国的高等教育当代的实践和探索，能够成为我国，乃至于国际组织和机构援助发展中国家或者欠发达国家主要的参考模式；如果我国的高等教育能够为部分或者很多国家提供高等教育发展的睿智思想和可操作性制度；如果我国的学者和专家能够为其他国家建言献策，那么，这是不是我国高等教育自信的展现呢？当然是。当充满自信作为一种"气质"形成以后，我国高等教育发展的"气场"就会出现，这就是自信，准确地说，是充满了自信。

第三，服务政治外交的主要推力。我国高等教育的发展有可能成为我国国家政治外交的一枚重要棋子。当然是否能成为，需要看态度的不同。

概括而言,有两个态度,一是意识"被引导",二是"自然而然"。所谓被引导,就是说,当政府发现了高等教育的外交功能而巧妙利用之,高等院校被推着走,有外部"驱力",但主动性不求强。所谓"自然而然",则是指大学愿意且主动将自身的外交功能加以充分发挥。大学拓展其外交功能,说得保守一点,就是社会服务功能的拓展;说得积极一点,就是大学展现自信的重要途径。当大学的公共外交功能成为大学的自然追求,就是国家外交与大学发展的一次辉煌的交汇。如此,可以设想,我国的公共外交将会自然而然地解决三大问题:实现政府外交与民间外交的融合;调动公共外交最庞大的人力资源群(高校教师);让高校有机会介入我国的国际援助事业上。这也就是说,为我国政府的对外援助,特别是经济援助的发展的可持续,找到了信得过的智力基础。一言以蔽之,高等教育发展服务于国家政治外交,高等教育在服务国家政治外交中获得自信。

参考文献:

[1] 琪琪. 学习宣传十八大精神当以"三个自信"为纲. [EB/OL]. [2012 - 11 - 23] http://forum.home.news.cn/thread/109875848/1.html.

[2] 洪成文. 建设影响世界的高等教育 [N]. 中国教育报, 2012 - 02 - 20.

[3] 本报评论员. 坚定道路自信、理论自信、制度自信:二谈认真学习宣传贯彻十八大精神 [EB/OL]. (2012 - 11 - 23) http://yndaily.yunnan.cn/html/2012 - 11/23/content_ 647033.htm? div = - 1.

[4] 李亚杰,谭浩. 全国人才工作会议举行,胡锦涛、温家宝发表重要讲话[EB/OL]. (2010 - 05 - 27) http://news.xinhuanet.com/politics/2010 - 05/26/c_ 12145780.htm.

[5] 郑树山. 以提高质量为核心,全面提升高等教育发展水平 [J]. 国家教育行政学院学报, 2010 (8).

[6] 蒋凯. 提高质量:高等教育发展的核心任务——对《教育规划纲要》"高等教育"部分的分析 [J]. 大学:学术版, 2011 (3).

[7] 赵永新. 国际论文发表数全球第二 [EB/OL]. (2011 - 12 - 03) http://paper.people.com.cn/rmrbhwb/html/2011 - 12/03/content_ 970994.htm.

[8] 洪成文. 外国同行如何看中国高教 [N]. 光明日报, 2012 - 10 - 30.

[9] 斯坦福大学校长:中国建成世界一流大学还需20年 [EB/OL]. (2010 - 05 - 04) http://edu.ifeng.com/news/detail_ 2010_ 05/04/1481169_ 0.shtml.

[10] 教育部.2011年全国来华留学生数据统计 [EB/OL]. [2012-02-28] http://www.moe.gov.cn/publicfiles/business/htmlfiles/moe/s5987/201202/131117.html.

[11] 佟婧,洪成文.耶鲁大学捐赠基金成功运作之道 [J]. 高教探索,2012 (3).

[12] 燕凌.洪成文.美国一流大学捐赠基金管理的特征 [J]. 比较教育研究,2012 (1).

论大学的学术品格及其基本功能

苏君阳[①]

大学组织在人类社会发展过程中扮演着极其重要的角色。一方面，大学通过高端人才的培养以及科学的发明与创造对社会生产力的提高起到了极大促进作用；另一方面，大学也是人类社会思想生产的重要场所，其对一个社会生产关系的建构与发展有着不可忽视的作用与影响。当前社会是一个高度功利化的社会，功利主义、实用主义与管理主义思想的滋生与蔓延，导致了大学组织出现了一些与学术理念、学术精神要求渐行渐远的现象与问题，如学术浮躁、学术剽窃、学术贿赂、学术泡沫、学术垃圾、学术阙魅等等。为有效地克服上述问题的存在，正确地定位大学组织的学术精神与理念，有效地发挥大学组织学术品格的作用与功能，有必要对大学组织的学术性及其功能进行深入地讨论与研究。

一、大学组织学术性的主要来源

大学是在由学生群体与教师群体组成的行会组织基础之上分别发展起来。"大学开始时是作为一个单一的群体——教师和学生的群体而出现的。"[1]后来，为了更有效地促进知识的传播，教师与学生群体不再以单独的组织孤立存在，逐渐地结合在一起从而形成了现代意义上的大学。学术乃为大学立身之本，脱离了学术，虽有大学之存在，但其很容易丧失获得发展的动力与根基。学术在大学组织的存在主要有以下几个方面的来源。

---

① 作者简介：苏君阳，北京师范大学教育学部教育管理学院教授。

1. 基于人才培养的来源

大学具有科学研究的功能，但它不是一个纯粹的研究机构。大学与其他研究机构最重要的区别就是把人才培养作为自己的首要使命。"对学生负责，是大学的主要使命，也是教师的主要学术职责。"[2] 由于大学传授的是高难度的知识以及大学资源存在着结构性的稀缺，因此，凡是进入大学学习的学生必须要经过严格的筛选。筛选的目的不只是让进入大学学习的人具备知识学习与接收的基础，而且更是为了充分发挥每一个大学受教育机会与资源的价值，使得大学受教育机会与资源能够分配给那些最有能力以及对社会发展最有可能做出重大贡献的人。

"从历史上看，'大学'一词与知识领域的普遍性并无联系；它仅仅表示一个团体的全体成员，不管是理发师、木匠还是学生团体都无关紧要。"[3] 但是随着大学的发展，它与知识间已经形成了一种非常紧密的难以割舍的联系。大学教学过程就是一个对知识的客观性、确凿性进行证明的过程，而不是一个对真理进行传递与接受的过程。为了更好地培养人才，也为了培养出更好的人才，就必须要把学术性的理念引入到大学的人才培养过程之中。学术性寓于大学人才培养过程之中，既是大学立身之本，更是大学培养人才之需。

2. 基于科学研究的来源

科学研究并非是大学原初具有的一种功能。大学最初只是教师与学生群体为权利斗争而成立的行会组织。后来随着社会发展对知识增长与创新需求的不断增加以及大学中的教师与学生本身对知识所持有的超乎常人的渴望，使得大学逐渐地承担起了一项非常重要的职责——科学研究。在现代社会中，科学研究活动已经成为了大学一项无可避免的职责，尤其是研究型大学。

科学研究本身就是学术研究活动的重要组成部分，学术性寄生于大学教师与学生所从事的科学研究活动之中。自从大学拥有科学研究的功能以后，大学组织的学术性特征就不断地得到了一步步的强化与彰显，并被逐渐地嵌入到大学的理念与精神之中，成为当前大学组织得以独立存在与发展的重要资本。

3. 基于社会服务的来源

"为大学所制定的三项主要目标为：（1）向学生传授知识。这主要是通过教学职能来完成的。（2）创造和推进知识。这项任务是通过各系的科研活动和专门人员完成的。（3）服务于社会。这个任务与前两项目标相联系。知识的创造与传播必须是有用的，这一准则即是由这一目标产生出来的。"[4]大学社会服务功能有广义与狭义之分。从广义说，大学所做的一切事情与活动都具有社会服务的性质，因为其从事的每一种活动都具有广泛的与潜在的社会影响。从狭义说，大学的社会功能是指大学在针对政府与社会机构开展的专门性活动中表现出的一种作用与影响。大学对政府与社会提供的服务是在契约的理念与精神指导下而形成的，虽然是自愿的但却是必须承担的。一个大学如果其没有很好地发挥它的社会服务功能，就会遭到人们的诟病与指责。

大学所提供的社会服务不能完全依靠市场机制进行调节，它具有一定的志愿性与公益性。大学为社会提供的服务，是一种具有高科学与技术含量的智力性劳动。"如果大学要完成这项目标，它就必须保持传播发表不同于普通观点的意见所不可缺少的学术自由的气氛。同时，也还得具备探索新知识的自由。从历史上看，大学曾经常是各种不同观点的集中地。不但大学内部群体的矛盾很明显，而且，也经常与外部的环境发生矛盾。由于大学追求的目标是知识的创新与传播，那么，与已建立的社会文化准则和价值观发生矛盾则是不可避免。"[5]赋予大学学术性的品格，亦是保障大学更好地发挥社会服务功能的需要。

二、大学学术品格的基本特征

1. 自由性

学术是人类社会的一种创造性的认识活动，自由是创造性产生的基础与前提。自由作为学术活动的一种特性，其是在16世纪后逐步产生与形成的。[6]学术自由有两种形态：一种是观念或思想形态，另一种是权利形态。作为观念或思想形态的学术自由，其存在是必然性的，而作为权利形态的学术自由，其存在则是必需性的。学术自由这两种形态之间可以相互转化。权利形态的学术自由转化成观念或思想形态常常会受到公共权力的干涉。学术自由作为一种权利形态需要满足以下几个方面的要求：其一，发展性要求。即赋予学术研究活动以自由的权利是为促进学术自身的发展，并在此基础之上能够更好地促进一个社会的发展。其二，正当性要求。学术自由成为人们吁求的一项权利是以正当性为前提的，如果学术研究活动失去了它本身的正当性，那么，这项自由就必然会受到限制。所以，任何一种自由权都不是无限的，而是有限的。其三，自律性要求。学术自由的另一种含义就是学术自律。"自由不是被动地服从被人为他制定的法律，而是服从他自己制定的法律。"[7]学术自由的正当性是建立在真理探究的基础之上。

作为权利形态存在的学术自由，其重要目的与存在的理据之一就是为促进大学自身发展，进而更好地促进与服务于社会的发展。学术自由是保障与促进学术自身、大学以及社会发展所必需的一种权利。对自由进行限制的原因与方式是多种多样的，只有那些为了实现另一种自由而对自由进行限制才是合理与正当的。这种正当性与合理性表现在以下方面：其一，遵守国家法律的规定；其二，能够实现更大的公共利益。其三，能够使自己与他人实现更加充分与广泛的自由。

2. 独立性

学术独立来源于大学自治的传统。大学自治传统发端于中世纪时期，当时城市中的学者仿照手工业行会组织成立了自己的社团，制定内部法规，依照法规实行自我管理。尽管在中世纪，大学组织这种自治权力受到了教会、世俗王权、城市当局的挤压，但是，大学组织通过与教会、世俗王权以及城市当局的斗争，最终，获得了一系列的特权。因此，大学自治的传统在中世纪就已经形成了。"不论在任何社会发展阶段，一个明智的社会都需要有大学这样能够适当地超越功利，有独立、批判意识的自治机构，来自觉地承担起人类文化保留、发掘、传承和创造的伟大使命。"[8]

学术独立具有以下几个方面的内涵：第一，不受到政党、宗教教派的干预与影响。"教育事业应该完全交与教育家，保有独立的资格，毫不受各派政党或各派教会的影响。"学术如同教育事业一样，亦不应该受政治与宗教势力的控制与干扰。第二，学术研究本身应保持其有独立的见解。学者应该尊重学术传统，但应勇于突破传统，积极进行学术创新。如果学术研究不能够突破学术传统，那么学术自身就很难获得发展。第三，学术活动应与世俗活动保持合理的关系与距离。毫无疑问，学术研究应该回应与关注世俗问题，但并不等于把学术活动本身世俗化。学术活动世俗化是学术研究与发展隐性的潜在顽疾，在学术研究过程中如果处理不好其与世俗活动之间的关系，那么学术研究世俗化必然产生，一旦如此，学术的独立性也就会因此而被大大削弱。

3. 尚真性

"大学旨在寻求真理和人类的进步，它的目的是代表人类品性的精华。"[9]哈佛大学作为世界科学研究之重镇，它的校训是"与柏拉图为友，与亚里士多德为友，更要与真理为友"。亚里士多德说过一句名言，"吾爱吾师，吾更爱真理"，把真理的追求作为自己的一种价值信仰。笛卡儿把真理的追求作为自己毕生的学术理想。他说："把我一生用来培养我的理性，按照我所规定的那种方法尽全力增进我对真理的认识。"[10]大学承担着诸多的任务与使命，这些任务与使命皆需要大学对真理怀有一种敬畏精神。大学只有怀着对真理敬畏的精神才能更好地实现它的任务与使命。"大学是这样的一处所在，在这里，凭着国家与社会的认可，异端特定的时光被专门腾出来最大可能地培养最清晰的自我意识。人们处于寻求真理的唯一目的而群居于此。因为这是一项人权：即在个人地方人们可以不受任何限制地追求真理，并且是为了真理而真理。"[11]科学研究的过程本身就是一个求真的过程，大学只有把真理的探究作为自己的目的，才能够很好地实现自身的价值，才能更好地服务于国家与社会。

真理的探究包括几个方面的含义：其一，证明事物的客观存在；其二，探究事物之间的本质联系；其三，探明事物发展的方向；其四，为事物存在的意义寻求与建构合理性与正当性的基础与依据。由于人的认识具有非彻底性，所以，人类对事物客观性的认识必然会产生与存在一定的局限。又由于事物之间的联系总是处在不断变化与发展之中以及事物存在的正当性与合理性是相对的，所以，通过认识活动所发现的任何一种真理都是相对的。终极真理是不存在的，一切认为真理是终极性的观点不仅会犯严重的认识论上的错误与导致学术霸权的产生，而且更为严重的是它会极大地阻碍人类认识能力的发展与科学技术的进步。

4. 价值性

价值性是学术活动一项非常重要的品性，学术价值性的表现是多方面的，如学术的经济价值、学术的政治价值与学术的文化价值等等。无论是学术活动自身的价值，还是它的经济价值、文化价值与政治价值都是不能用金钱与价格来进行衡量的。并且，学术活动是不能作为商品在市场上进行出售的，那些在市场上被出售的学术产品，准确地说，不是学术活动本身，而是它的附属品。在当前这样一个高度物质化的社会与时代，"商业性企业原则以各种各样的影响力从各个方面作用于大学全体教职员的生活和工作"。[12]商业原则与商业精神在大学中的存在，对大学发展以及大学功能的发挥产生了极大的危害，其突出表现之一就是把学术作为商品而在市场上进行出售。把学术作为商品在市场上进行出售，一方面进一步导致了商业原则与商业精神在大学中肆意地滋生与蔓延；另一方面也导致了大学学术精神、学术气质的蜕化。在当下的学术领域中所产生的学术泡沫、学术危机、学术腐败、学术造假等等，都是与学术的精神要求背道而驰的，但不能不说与商业原则、商业精神对大学精神的影响与钳制密切相关。

学术价值可以通过学术产品的价值表现出来，但学术产品价值与价格是不同的。学术产品价值是在学术活动过程中表现出来的，而学术产品价格则是在学术活动过程以外表现出来的。一个具有高价值的学术产品在市场上未必卖得很高的价格；相反，那些在市场上卖得很高价格的学术产品却未必具有很高的学术价值。如果不能够区分出学术产品价值与价格之间的关系，那么就容易导致学术研究活动中以次充良以及劣币驱除良币的现象与问题发生。学术活动被商品化以后，其直接会导致学术产品价格的提升，但同时带来的另一种影响就是学术活动及其产品的贬值。

三、捍卫与坚守大学学术品格的意义与功能

1. 之于大学自身发展的意义与功能

大学作为一个社会组织，有其独立存在的必然性与合理依据。这种必

然性一方面来源于大学组织所具有的功能,另一方面来源于大学组织本身所具有的特性。大学组织所具有的特性不是表现在人才培养过程之中,中小学也是一个人才培养的重要机构;不是表现在科学研究工作开展过程之中,社会上有很多专门从事科学研究的机构;不是表现在社会服务提供过程之中,在社会上几乎所有的机构都具有社会服务的功能。大学组织与其他组织的不同之处是同时兼具上述三种功能。

大学组织的特性及其发展是通过大学的学术研究得以建构与保障的。大学的人才培养是通过大学教师创造性的教学活动与科研活动来实现的。大学培养的人才不单纯是一个知识的接受者,其同时也应该是一个知识的发现者。若想使大学能够培养出知识的发现者,就必须树立学术在大学组织中的地位与权威。大学的科学研究是通过大学教师个体或团队秉承学术的理念与精神而开展的,如果一项科学研究失去了学术理念、精神与理想的支持,那么,这项科学研究就会失去它存在的意义与价值。大学提供的社会服务与其他社会机构不同,大学提供的社会服务是以科学研究来保障的。大学提供的社会服务不是低端性的,而是一种高端性的,在高端性社会服务提供过程中如果不能够融入学术性的理念,那么它的质量与生命就难以得到有效的保证与发展。

2. 之于国家发展的意义与功能

大学一方面可以为一个国家培养社会发展所需要的人才,同时,由于大学是一个知识生产的场所,它所生成的不适时宜的思想与观点可能会违背政府的愿望与要求,所以,政府对大学并非采取漠然视之的态度。"在任何时候,只要政府想对高等教育负起某些责任,某些机关就会成为行政管理的执行机构。"[13]

大学学术性之于国家发展的意义是双重性的:一是之于国家组织存在的合理性提供一种学术上的辩护与证明,二是之于国家存在的正当性与合理性所给予的一种批判性的质疑与解构。学术之于国家发展所产生的建构意义,是在承认与维护国家现实合理性基础之上产生的。大学的学术既可以对现存生产关系的正当性与合理性进行有效辩护,同时也可以为促进与增进生产力水平的提高提供智力支持。学术性对于国家发展所产生的解构意义不是一种对国家合理性的彻底解构与终结，而是对当下国家发展过程中所存在的不合理性进行的一种批判反思与重构，目的是使国家去建构一种新的合理性。因此，国家对大学的学术不应采取抵制与摧毁的态度，而应赋以其充分的自由，保障大学更好地发挥它的聪明才智，促进自身的建设与发展。赋予大学学术以充分的自由，并不等于国家不对大学的学术采取任何的限制，但需要我们清楚地认识到国家对大学学术采取的任何一种限制，都不应是一种对学术活动本身进行限制，而是在如何协调好两者之间的关系更好地发挥学术研究成果的作用而进行的限制。

3. 之于社会发展的意义与功能

大学的发展需要得到社会的支持，为此大学就必须为社会的发展贡献出自己的智慧与才干。大学与社会发展之间是相互促进，相互支撑的。在过去，大学得到教会的部分支持，是由于它们是为了对世界的高级层级的正确理解而从事培养活动的机构或由于它们对教会的服务，这种理解是基督教文明的核心。大学得到王公贵族的部分支持，是因为它们培养律师、公务员、医师，为国家、社会和教会服务的神职人员——后来又为高级中学培养教师——所有这些都是王公贵族及其政府为了良好的社会秩序所需要的。在当前，大学与社会之间这种关系更加密切。大学不仅需要与科学长期、永久的接触，否则就会萎缩退化；而且，也需要和公共生活、历史事件以及现实环境保持接触。所有这一切根本上都只能作为一个整体加以处理，而不是使之称之为故意删改、消减的局部内容。大学必须对其所处时代的整个现实环境开放，必须投身于真实的生活，必须整个地融入外部环境。而且，所有这一切不仅仅因为生活在快速变化的历史与现实环境中符合大学的目的。同样，人民的生活也确实需要大学的参与，需要大学发挥其作用。

参考文献：

[1] 克拉克·克尔. 大学的功用 [M]. 陈学飞, 等译. 南昌：江西教育出版社, 1993：1.

[2] 唐纳德·肯尼迪. 学术责任 [M]. 阎凤桥, 等译. 北京：新华出版社, 2002：75.

[3] 查尔斯·哈斯金斯. 大学的兴起 [M]. 王建妮, 译. 上海: 上海世纪出版集团, 2007: 7.

[4][5] 弗里豪特·E. 卡斯特, 詹姆斯·E. 罗森茨韦克. 组织与管理——系统方法与权变方法 [M]. 李柱流, 等译. 北京: 中国社会科学出版社, 1985: 609, 610.

[6] 金耀基. 大学之理念 [M]. 北京: 生活·读书·新知三联书店, 2001: 174.

[7] 以赛亚·伯林. 自由论 [M]. 胡传胜, 译. 南京: 译林出版社, 2003: 321.

[8] 阎光才. 识读大学——组织文化的视角 [M]. 北京: 教育科学出版社, 2002: 42.

[9][11] 卡尔·雅斯贝斯. 大学之理念 [M]. 邱立波, 译. 上海: 上海世纪出版集团, 2005: 190, 20, 68.

[10] 笛卡儿. 谈谈方法 [M]. 王太庆, 译. 北京: 商务印书馆, 2004: 22.

[12] 索尔斯坦·凡勃伦. 学与商的博弈——论美国高等教育 [M]. 惠圣, 译. 上海: 上海人民出版社, 2009: 159.

[13] 约翰·范德格拉夫等. 学术权力——七国高等教育管理体制比较 [M]. 王承绪, 等译. 杭州: 浙江教育出版社, 1989: 184.

知识价值视角下的高等教育质量与课程设计

胡咏梅　唐一鹏[①]

近年来，世界各国都不同程度地出现了高等教育人才培养难以适应市场需求的现象[1]，这一点在我国尤其明显。不少学者认为，中国近十几年高等教育扩展速度过快，但是各级政府在办学经费、基础设施建设等方面的投入不足[②]，使得高等教育质量明显下降。不仅如此，各种大学排名造成了高校间的恶性竞争，迫使高校将教师评价和晋升标准向科研倾斜，从而导致教师将工作重心移至科研，对于教学投入的精力锐减，这进一步恶化了高校扩招带来的质量问题[2]。

从国家层面来说，建设人力资源强国和创新型国家等重大战略目标的实现，都迫切需要加强高等教育质量建设。为贯彻落实胡锦涛同志在清华大学建校100周年上的讲话精神，教育部于2012年颁布了《关于全面提高高等教育质量的若干意见》（简称"质量30条"）和《关于实施高等学校创新能力提升计划的意见》。这些纲领性文件，为深化我国高等教育改革与发展提供了重要支撑。但是从高校理论工作者的角度来说，这些条例并没有回答什么是高等教育质量问题。如果概念尚不清晰，那么所谓的建设也只能是无的放矢。本文就试图从知识价值的视角对高等教育质量进行阐

---

① 作者简介：胡咏梅，北京师范大学教育学部教育经济研究所教授；唐一鹏，北京师范大学教育学部教育经济研究所博士研究生。

② 根据《中国教育经费统计年鉴》和《中国统计年鉴》数据分析，1996 - 1999年，我国普通高校教育经费收入和预算内拨款的年增长速度均高于普通高校在校生年增长速度，到2000 - 2002年，后者增速已经高于前两项指标增速。而且，从2000年开始，生均预算内公用经费支出开始逐年递减（来自1995 - 2003年《全国教育经费统计公告》）。

释，探讨在知识经济时代高等教育质量的内涵与外延，并提出基于课程设计提升高等教育质量的路径。

一、高等教育质量的传统观点

大体上，学术界的高等教育质量观主要集中在如下几个方面[3]：（1）成本越高的学校，质量越高；（2）规模越大、综合性越强的学校，质量越高；（3）入学门槛越高的学校，质量越高；（4）资源越充足的学校，质量越高；（5）少数重点大学（如"985"高校），质量较高。对于这几种观点，赞同和反对的声音同时存在。这里不妨将大学教育生产过程视作一个古典经济学中的"黑匣子"，那么上述五种观点便可较为简洁地归纳成"投入说""产出说"和"过程说"三种。

所谓投入说，是指高等教育的质量主要由其投入，或者说获得资源的多寡来决定。这也在一定意义上反映了为什么在英国、美国等国出现高等教育金字塔结构的原因。投入说中最为明显的例子是以哈佛大学为代表的世界一流大学。作为美国私立大学的翘楚，哈佛大学各项财务指标都位居世界大学排行榜前列。2011年，哈佛大学的净资产总额为370亿美元，各项经费支出高达39亿美元。按照该年度的统计数据进行换算，学校生均经费高达8.8万美元，而将教师的薪酬和各种福利加在一起，人均接近77万美元[4]。

所谓产出说，主要是针对学校的规模和毕业生的质量而言的。不少学者坚持认为，综合性大学培养出来的学生要比专业性大学培养出来的学生具有更高的质量和社会适应性。他们不赞成大学早早分流，而是提倡像美国那样在本科生阶段实施通识教育。也有学者认为，根据劳动力市场供求原则，规模越大的高校，其教育质量也越高，这一点在西方市场经济国家是基本正确的。但是考虑到我国大学毕业生劳动力市场的特点，这一点似乎受到更多学者的质疑[6]（所谓的"内涵发展"与"外延发展"之争）。

所谓过程说，主要是从教育过程的师生互动来看待高等教育质量，尤其是教师的教育教学水平是决定高等教育质量的关键因素。我国近代不少关于大学的论述中，充满了过程说的思想色彩。比如梅贻琦的"大学之大，不在乎大楼，而在乎有大师之谓也"。而人们之所以缅怀抗战岁月中的西南联大,正是因为有一批杰出学人在艰苦卓绝之中所凸显出的治学精神和教学实绩[7]。而在西方,作为英语世界最古老的牛津大学,则一直以其特有的导师制和学院传统著称[8]。为了维持1:5的黄金师生比,学校每年都要投入大量经费,仅2010-2011学年度就高达7.9亿英镑,收入中有54.2%需用于支付人员费用[9]。

显然,这些假说都仅是从某个侧面来观察质量,比如把质量的生成仅局限在规模、成本或名师上。与上述传统高等教育质量观不同,菲利普·克罗斯比(Philip Crosby)从顾客需求的角度来界定质量:"质量是对要求的顺应。"[3]对要求的顺应能被用来更清楚地定义那些产品或者服务交付中的期望。可以认为,对要求的顺应包括一些有关顾客接受度和满意度的规范。这一质量概念启发我们从消费者期望的角度构建新的高等教育质量观。

二、知识价值视角下的高等教育质量

在高等教育质量研究领域负有盛名的亚历山大·奥斯汀(Alexander Austin)提出一个基于发展性的质量观:"从经济学家所说的增加最多价值的观点来看,最卓越的学校是那些对学生的知识和个人发展,以及对教师的学术能力、教学能力和教学产出施加最大影响力的学校。"[3]他认为在评估学校质量时,需要思考这样一个问题:"我们使学生的知识、能力和态度发生了怎样的改变?"[3]奥斯汀的卓越质量观启发我们从高等教育知识转移的角度来思考高等教育对学生的效用。

知识转移是教育的基本功能。在知识经济时代,各国更加重视对人力资本的投资,其根源在于知识所具有的经济价值已经远远超过任何其他有形资产。在产业经济时代,商人需要积累大量的初始物质资本才能扩大再生产,并逐渐在行业中占据领导地位。进入现代社会,特别是网络化、信息化的今天,虚拟经济已经不再是实体经济的附庸,而成为整个经济的命脉。与此相伴的是,知识再也不是物质的附庸,它可以超越物质去创造价值。最经典的例子莫过于谷歌的创始人拉里·佩奇和谢尔盖·布林。他们起步时仅仅是一个虚拟的搜索引擎,却创造了巨大的商业价值。他们之所以能够运用知识创造价值,与其所接受过的高等教育密不可分。不少学者曾提出：为什么中国人口占世界人口总量的六分之一，却没有出现一个乔布斯？这就要问，我们的高等教育系统到底将多少可以创造价值尤其是巨大经济价值的知识（即对科技进步具有推动作用的知识）转移给了学生？学生所获得的这些知识能够被运用到创造性和生产性的活动中去吗？如果高校设计课程、传授知识的同时没有充分考虑这些因素，那么高等教育只是生产文凭的"企业"，并不能实际提高毕业生的劳动生产率，更不会使得毕业生借助特殊专业知识去创新科技，带来技术进步与变革。

其实，学生选择某种教育就是选择某一门类的专业知识。虽然现在高校强调通识教育，但那只是针对个别顶尖大学的一小部分学生而言的。大部分学生仍然是进入某个学院里面，去接受专业知识的教育。于是，对于高中毕业生来说，选择某个大学的某种专业，就是选择了具有某种经济价值的知识①。由于这些知识的传授和再生产需要一个长时间的内化和再生过程，因此，大学学习在很大程度上就具有了某种投资性质，其具体的投资品就是一种"待交易"的知识。需要指出的是，这种投资行为的发生与大部分物质产品的购买有着很大区别——不仅需要支付高昂的成本，其收益也是在短期内无法兑现的②。知识投资的成本主要包括两大部分：一是学生直接购买知识产品所需要花费的高昂费用，包括上学所支付的各项学杂费用；二是学生在学习过程中的"自投入成本"，包括由于上学而造成的机会成本（比如直接进入劳动力市场所可能挣得的收入）。

大学生的投资收益也由两个部分组成：一是学生对于所学知识的现时效用评价；二是学生对于待交易知识的期望评价。显然，前者侧重于当下学生对于高等教育的体验，侧重于对知识本身的感知以及获取知识的过程所带来的满足感，这主要取决于学生自身的主观感受。后者则与"待交易知识"在整个知识系统中的比较优势有关，也涉及劳动力市场对该知识的期望价值。试想，如果高等教育所提供的当期效用和预期效用之和不能弥补学生所耗费的成本，那么必然让学生流露出"知识无用论"的感叹。这

---

① 当然，这种价值不应该，也不可能仅仅停留在经济上，但是考虑到本文所侧重的是经济价值，因此只针对这一点展开分析。

② 提及成本，这主要是高等教育成本分担（或补偿）理论中讨论的问题，但由于本文论述的中心是知识转移，所以也略有不同。

不仅大大降低了知识转移的效率，更降低了知识利用的效率，造成了高等教育资源的极大浪费。因此，有必要从知识价值的角度来审视高等教育质量，要让学生体会到高等教育带来的效用，增强他们对于知识价值的正确感知。

从知识价值的角度界定高等教育质量，更能体现高等教育服务的本质。我们认为，高等教育质量是满足以学生为主体的教育投资者的效用程度。由于接受高等教育服务是一个长期过程，只有在此过程中才能感知以及服务结束后才能评估服务质量，因而高等教育质量既包括学生在高校学习中对获得的知识价值的感知，也包括他们在毕业后对接受高等教育获得的知识价值的评估。

三、基于课程设计提升高等教育质量的路径

根据上述高等教育质量观，高等教育应当重视专业课程设计，这不仅仅因为课程是学校教育传授知识的载体，更因为教育和课程在功能上具有某种耦合性[10-11]。众所周知，教育的功能是多样的，包括政治、经济、文化等方面，但是这些教育功能的实现，都需要以课程作为主要依托。学校课程，作为教育的直接载体，其使命就是为学生的各种实践提供必要的知识准备。由此，课程设计的优劣对于学生在知识价值感知上的作用，显得至关重要。课程能否成为一个良好的知识载体，能否体现其应有的知识价值，能否让学生学以致用、学有所成，这些都成为高校课程改革和高等教育质量提升的关键问题。

面对不断进步的社会和日新月异的科技，课程的内涵和外延都在不断变化。从知识价值的视角来看，课程中所包含的价值是未经过"贴现"的，是"待交易"的。这就意味着它需要通过学生在校园生活和日后工作中的反复实践来进行物化。正是由于课程的这种特性，使得在现代语境下，大学生对于高等教育课程的感知以及对知识价值的感知问题在实用性上显得矛盾重重[12]。

一直以来，国内的高等教育过分重视专业知识的讲授，缺乏对大学生实践能力的培养，导致我国在创新拔尖人才的培养方面一直落后于主要发达国家。面对高等教育大众化过程中无法避免的高校扩招问题，高等教育

质量越来越引起学者们的关注，高校教学和课程改革的呼声也不断高涨。面对不断变化的经济形势，高校在人才培养和整个经济结构上存在不一致的现象也时有发生，很多高校强行上马诸如"经济""管理""信息技术"等热门课程，最后却导致劳动力市场的严重失衡。这些都引发了我们对于课程设计和高等教育质量提升的关系的进一步思考。

课程设计决定着学生对知识价值的感知，进而决定着高等教育的质量。基于前面的讨论，本文认为，高校在进行课程设计的时候，不能孤立地从知识本身出发，而应当遵循一定的路径（见图1），重视知识的经济价值，以及学生对知识价值的感知度。

如图1所示，高校在进行专业设置和课程设计的时候，必须同时考虑到作为教育产品"消费者"的学生的需求以及作为人力资源市场"需求方"的企业的需求。只有将高等教育课程与学生需求和企业需求紧密结合，才能给学生提供具有知识价值的教育产品，也才能及时对劳动力市场变化做出反应。而只有知识价值以及教育投资价值得到了提高，我国的高等教育才能更加具有国际竞争力，才能培养出社会所需要的人才。

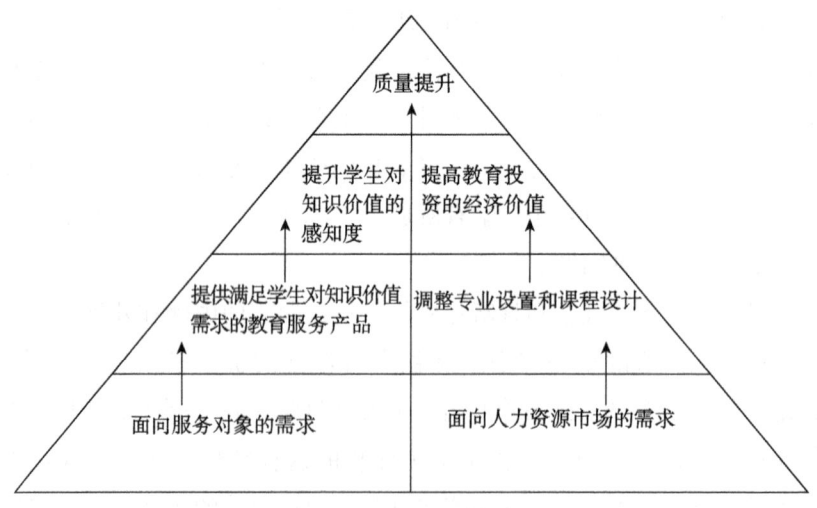

图1　基于课程设计提升高等教育质量的有效路径

然而，目前我国高校过分注重大学排名和一流大学、一流学科的建设。上海交大的大学排行榜造成我国高校对于 SSCI、SCI、ESI 等指标的盲目崇拜和比拼，而 QS 排行榜促使高校更加注重学术声誉和科研成果的影响力，却忘记了大学教书育人的本质，无法让学生真正体会到自己是校园的主人，他们在这里所应该获得的是什么。当然，我国也进行过一些自上而下的课程改革，也采取了包括精品课程建设在内的各种措施来提升教学质量，但其结果显然不甚理想。究其原因，是因为大学课程被过分局限于知识体系本身，很少能够紧密结合社会实际，缺乏对学生效用感的考虑。这种知识本位的课程，不但在提高学生特殊人力资本上的作用有限，更无法提升学生的一般人力资本。在未来社会，后者显得尤为重要。眼下在中国，产业升级、结构转型的步伐非常快，不少学者认为，大学里刚学的知识，一进入工作单位就已经过时了。因此，良好的综合素质（包括沟通能力、团队合作能力、决策能力、应变能力等）是大学毕业生日后兑现知识价值所必需的储备。为保证提升高等教育质量的目标实现，我们建议高校在课程设计与课程管理方面遵循以下原则。

（一）高校的课程设计必须与课程所对应的知识需求紧密结合

一方面，课程设计必须基于高校对人力资源市场、对学生知识需求的充分考察。人力资源市场是学生回收高等教育投资的渠道，人力资源市场越健全，就越能发挥信号作用，引导高校办学。另一方面，科学的课程设计可以实现知识的结构化和标准化，对于排除教学过程的信息失真、保证知识转移的质量至关重要。为了应对市场竞争和学生需求的变化，高校的课程结构和课程内容还需要不断更新，以保证学生获得教育效用的最大化。

（二）高校在专业设置和课程开发上进行差异化定位

高校之间的产品竞争使得学校的课程设计必须差异化定位，和竞争对手的目标市场有所区别，寻求特色教育服务产品供给，才能吸引优秀生源，确保学生获得高效用的教育服务，从而提升其对知识价值的感知度。

（三）高校需要根据课程特性设计合理的教学方法，推进教学创新

提升质量要求高校将知识创新和学生满意作为工作重点，把学术贡献、教学创新、学生满意度等指标作为考评教师的重点，以保障学生在读期间获得良好的课程体验。

（四）引入竞争机制，确保高校课程的吸引力

伴随学习过程，学生对知识效用的估计、对自投入成本的估计都会发生变化，有些学生甚至会选择退学或转校①。比如美国两大电子产业巨头比尔·盖茨和乔布斯，他们都以优异的成绩进入了美国最顶尖的大学，但又都选择了中途退学来创办自己的企业。和自由择校相比，学生退学或者转校给学校带来更大的压力——高校不仅要设法吸引学生，更要设法留住学生。这要求高校不断创新，使自己在同行中具有竞争优势。

总之，为了提升高等教育质量，高校在课程设计时应当充分考虑教育服务对象对知识的需求，洞察人力资源市场的变化，及时调整专业设置和课程设计，快速适应人力资源市场对高校毕业生的需求。同时，高校不仅要开设目前市场需求较高的课程，还应当引领市场需求，基于对产业结构调整的预测，对未来市场需求做出前瞻性的反应，设置未来市场需要的专业课程。提升高等教育质量不仅要重视科学合理地设置各类专业课程，还应强调通识教育与专业教育并重，以培养具有较高综合素质和灵活应变能力的毕业生，确保高等教育对毕业生具有长期的教育投资回报。此外，保障学生具有良好的课程体验，要求高校加强课程的质量监控，采取有力措施防止教师忽视课堂教学，而将精力和时间更多地投入到科研或其他工作中。

参考文献：

[1] 田永坡. 高等教育扩展与"知识失业"：国外的研究和经验 [J]. 高等教育研究，2006（7）：103－108.

[2] 王占军. 大学排行对院校的组织决策、行为与文化的影响 [J]. 中国高教研，2012（2）：25－28.

[3] E. 格威狄·博格，金伯利·宾汉·霍尔. 高等教育中的质量与问责 [M]. 毛亚庆，刘冷馨，译. 北京：北京师范大学出版社，2008：5－10.

[4] HMC. Harvard Management Company Endowment 2012 Final Report [EB/OL].

---

① 当然，目前在我国高校，转校还几乎不可能，但校内转专业的学生比例在逐年增加，因而校内院系之间的竞争在增强。

(2002 – 10 – 01) [2012 – 08 – 01]. http：//hmc. harvard. edu / dots / Final _ Annual _ Report – 2012. pdf.

[5] 王英杰, 刘宝存等. 世界一流大学的形成与发展 [M]. 太原：山西教育出版社, 2005：67.

[6] 马陆亭. 高等教育内涵发展迫切需要制度攻坚 [J]. 中国人民大学教育学刊, 2011 (1)：106 – 112.

[7] 李洪涛. 精神的雕像：西南联大纪实 [M]. 昆明：云南人民出版社, 2009：41 – 67.

[8] 大卫·帕尔菲曼. 高等教育何以为"高"：牛津导师制教学反思 [M]. 冯青来, 译. 北京：北京大学出版社, 2011：34 – 36.

[9] Oxford University. Facts and Figures January 2012 [EB/OL]. (2002 – 07 – 02) [2012 – 06 – 09]. http：/ /www. admin. cam. ac. uk/offices/planning/information/statistics/facts/poster2012. pdf.

[10] 丛立新. 课程论问题 [M]. 北京：教育科学出版社, 2002：98 – 99.

[11] 潘懋元. 高等学校教学原理与方法 [M]. 北京：人民教育出版社, 1995：34.

[12] 王一军. 大学课程：发展学生"个人知识"的必要与可能 [J]. 高等教育研究, 2011 (4)：64 – 75.

第二章
高教政策分析

引 言

政府对高等教育的政策调控，是高等教育发展变化的重要因素，且自20世纪晚期始，政府对高等教育发展的作用越来直接、越来越大。国际上的主要高教改革趋势，如新管理主义、新公共管理和问责制度等等，在很大程度上都代表着政府的高等教育价值观和发展要求。我国的高等教育体制改革、高教扩招、高等教育质量工程等等，也都反映着政府对高等教育发展的控制能力。本编汇集了九篇与高等教育政策研究相关的分析文章。

钟秉林教授的文章《加强综合改革 平稳涉过教育改革"深水区"》认为，在经历了30年的改革后，我国高教教育改革已经步入"深水区"。原有的局部改革和问题倒逼式局部改革，已经不能适应更为复杂的高等教育内外部环境。因此，加强高教科学研究和政策研究，对高等教育改革进行系统性和综合性政策引导，是平稳涉过教育改革"深水区"的必然选择。该文在深入和全面分析"深水区"环境条件的基础上，提出了确保高教改革平稳渡过"深水区"的综合改革政策与对策建议。

在《协同创新政策的理论分析》一文中，周作宇对协同创新政策的意义做出了深刻的分析，即协同创新政策的落实和实施"涉及与社会契约有关的整个知识生态、场域和惯习的改造问题"。因为组织和个人的协同意愿与创新能力都受到文化和制度约束，制度激励就是协同创新的重要的驱动源。该文将"社会契约"引入协同创新政策的分析框架，在兼顾集体行动逻辑和个体行动逻辑的基础上，提出以选择性激励为基础的制度设计主张。

姚云的论文《中国博士后科学基金发展及资助政策改革设想》，对我国博士后科学基金制度的发展和作用做出了细致的梳理，阐述了该基金会的发展过程,历年资助金的规模变化和资助博士后数量发展,资助金的资助效益等。同时,作者也对博士后科学基金在实施资助过程中存在的问题进行了深入的分析讨论,进而提出了具有针对性的问题解决策略,即"固定政府资助比例""调整资助类别与等级"和"改进评审制度"的资助政策改革措施。其另一篇相关政策分析论文《中国博士后日常经费资助的改革设想》指出,博士后日常经费是保障博士后从事科学研究和生活的基本经费。在博士后制度建立的近30年间,虽然政府对其进行了五次调整,但目前还存在着一些需要解决的问题,如科研补助经费在日常经费中比例太低、资助规定对市场因素反映不足和资助经费偏低等。基于问题分析,该文提出了博士后日常经费的资助改革的具体政策建议。

在论文《我国大学和产业合作的战略选择和制度安排——协同创新中高等教育宏观政策的调整和创新》一文中,薛二勇指出,我国高校存在单纯追求学术性成果,对有实践价值的技术性研究不够重视的问题。大学和产业合作中利益相关者之间的利益划分和协调机制尚未建立,企业、大学、政府的协作不够,科技中介机构、风险投资发展滞后,信息不对称。为此,要明确大学和产业合作科研成果权利归属,建立利益分配机制;增强大学和产业合作动力和合作积极性,建立利益协调机制;设立大学和产业合作组织管理协调机构,建立利益保障机制;积极推进科技中介和风险投资机构发展,建立外围发展机制。

王少义与杜育红的《高等教育入学机会地域不公平研究》指出,高等教育入学机会地域不公平是高等教育发展中非常重要的问题之一。该研究以当年入学率作为衡量高等教育机会的标准,测量了高等教育入学机会在各地域间的差异。实证分析发现,高等教育入学机会地域不公平仍然存在,而且不同层次高等教育均存在地域不公平。作者认为,在分省招生制度下,如何消除地域不公平成为政府的重要责任。尽管随着教育扩展,地域不公平程度逐年下降。但是,消除高等教育入学机会地域不公平仍然是今后高等教育发展的重要任务之一。

伍宸与洪成文的论文《异地高考制度风险分析及规避机制研究》,指出解决"异地高考"问题的核心要义在于完善、成熟的制度设计。由于"异地高考"问题的复杂性以及"制度"作为一个客观事物本身具有的一些基本特征导致"异地高考"制度在实施过程中难以避免地会出现"制度风险",该文基于对"制度风险"发生机制的揭示,结合具体实践提出相应规避机制以降低"制度风险"所带来的负面效应,以此尽大程度地发挥"异地高考"制度对问题解决的效力。

杜瑞军的研究《政府在高等教育入学机会分配中角色的厘定——国际比较的视角》,揭示了在现代社会,高等教育越来越被看作推进社会平等的工具,保障高等教育入学机会公平是政府的基本责任。该文梳理和分析了欧美一些国家的政府在高等教育入学机会分配中的作用,在此基础上概括出政府所扮演的三种主要角色:标准制定者、供给者以及资助和补偿者。作者同时指出,由于各国政治经济、文化以及历史传统不同,各国政府在高等教育机会分配中的角色既有一般性,也有特殊性。鉴于我国高等教育入学机会和社会环境实际,该研究从改革和完善高校招生考试方式,加快高等教育结构体系调整,完善学生资助体系等方面对我国政府推进高等教育公平提出了意见和建议。

对于政府是否应该对民办高等教育给予财政资助问题,在学界同时存在肯定与否定两种见解。方芳的文章《财政支持民办高等教育的必要性和可行性》,从民办高等教育的准公共性特征、财政支持的法律基础及政府在民办高等教育的社会价值中的责任方面,论证了政府应该给予民办高等教育财政支持的必要性。并进一步从政府财政稳定增长、国家对高等教育财政的政策法规支持以及国际趋势和民办高等教育自身发展现实等层面,推断了政府对民办高等教育实施财政的支持的可行性。

加强综合改革 平稳涉过教育改革"深水区"

钟秉林[①]

教育作为社会事业的重要组成部分和重要的民生问题，一直受到社会各界的高度重视和广泛关注。当前，我国的教育改革已经步入"深水区"，教育发展的内外部环境更加复杂，教育决策的复杂性增大，改革举措实施和创新探索的难度增加。深入分析教育改革步入"深水区"的原因，探索平稳涉过教育改革"深水区"的对策，对于进一步深化教育改革，促进我国教育事业的健康可持续发展具有重要意义。

一、教育改革步入"深水区"的原因探析

教育改革发展过程中众多矛盾和热点难点问题的产生，有着多方面和深层次的原因。概而言之，教育主要矛盾的转化和发展方式的转变、教育发展内部和外部环境的变化、教育诸影响因素之间的相互作用和相互制约，以及不同教育利益相关者的博弈，使得教育决策的难度明显增加，教育政策的出台和教育改革实践的推进更为艰难。

（一）教育主要矛盾转化，发展方式转变，质量和公平问题凸显

20世纪末以来，我国教育事业取得了令人瞩目的发展成就。免费义务教育全面实现，高中阶段教育加快普及，学前教育和职业教育快速发展，高等教育进入大众化发展阶段，2012年高等教育毛入学率达到30%，高考

[①] 作者简介：钟秉林，北京师范大学教育学部高等教育研究所教授。

录取率超过75%。数据表明,"上学难"的问题得到根本缓解,入学机会已不再是社会稀缺资源,中国已经在规模上成为名副其实的教育大国。与此同时,"上好学校难"的矛盾日益凸显,经济社会发展和人民群众对高质量教育的迫切需求与优质教育资源的严重短缺,已经成为当前我国教育领域的主要矛盾,并由此引发了培养质量、教育公平、学生就业、自主办学等一系列社会高度关注的热点和难点问题。[1]

显然,为了破解教育改革和发展的难题,必须面对和解决三个重大现实问题:一是如何在规模适度扩大的同时努力拓展优质教育资源,重在提高教育质量,尤其是提高人才培养质量;二是如何在提高教育质量的长期过程中科学合理地配置有限的优质教育资源,大力促进教育公平,尤其是保证入学机会均等;三是如何不断增强中国教育在国际上的话语权,尤其是提高在国际学术界的影响力,积极推进教育国际化。因此,提高教育质量、促进教育公平、推进教育国际化,将成为今后一个时期我国教育发展的时代任务。而教育发展重心的调整必然导致我国教育发展方式发生根本性的转变:从以规模扩张和空间拓展为特征的外延式发展,转变为以提高质量和优化结构为核心的内涵式发展。[2] 在此背景下,学生、家长、学校举办者和社会公众等教育利益相关者更加关注教育质量和教育公平问题,公共问责的重点也指向了学校的人才培养质量和办学水平。

(二)学校内涵发展任务繁重,建设周期较长,与社会期盼形成强烈反差

毋庸置疑,缓解教育发展主要矛盾的根本途径是拓展优质教育资源,提高各级各类学校的办学水平和人才培养质量。但教育发展和学校建设有其自身的规律性,其特点之一就是更需要长期积累。经费充足、规划得当,硬件条件(如基础设施、仪器设备、图书资料等)可以很快得到改善;学校重视、认真探索,软件管理水平(如教学管理规范化、制度化等)亦可在不太长的时期内得到提高。但是,仅有硬件、软件条件的改善还远不足以办好一所高水平学校。国内外学校的发展实践表明,教师队伍整体水平的提升,优良办学传统、校风学风、学校文化以及鲜明办学特色的形成,都需要经过几代师生的努力,需要长期的积淀和社会的认可,不可能一蹴而就,也不可能用钱堆砌。从这个角度而言,长期积累、厚积薄发,是教育发展和学校建设进程中一条不可逾越的规律。这就决定了这一矛盾将在相当长的时期内存在,而且当前在某些方面愈加凸显。社会广为诟病的办班热、辅导热、择校风、条子生、考试移民、考试舞弊等现象之所以屡禁不止,其背后深层次原因之一就是学生和家长对于优质教育资源的追求和非理性的竞争。

随着教育体制改革的不断深化,学校的办学自主权进一步扩大,各级各类学校作为质量建设和质量监控的主体地位正不断得到强化,教育质量尤其是人才培养质量越来越成为学校办学声誉的载体和生存发展的生命线。当前,各级各类学校内涵建设和特色发展的任务十分繁重,需要遵循教育规律和人才成长规律逐步探索、稳步推进,而改革和发展的成效则需要在若干年后才能得以显现。显然,这与当前社会公众对于高质量教育的急切期待以及部分学校和地方政府急功近利的教育绩效观形成了强烈反差,导致在教育政策制定和改革举措实施过程中往往容易发生违背教育规律、干涉学校办学自主权的现象,且容易招致社会公众和媒体对教育改革的种种不满和非议,使改革的难度进一步加大。比如,实现规模、结构、质量、效益、速度(节奏)协调发展,是教育事业健康可持续发展的关键,如何克制动辄通过扩张规模、增加经费收入的冲动,把发展重心真正放到优化结构、提升质量和改善效益上来,并且坚持循序渐进、保持合理的发展速度,是学校在内涵建设过程中不可回避的重大现实问题,也是对地方政府和学校领导班子驾驭教育发展全局能力的考验和检验。

(三) 教育利益相关者增多,利益诉求呈现多元化的价值取向

随着教育规模的不断扩张和教育体制改革的逐步深化,教育利益相关者增多,不同利益群体强烈地表达自身的利益诉求,其价值取向呈现出多元化趋势,有的价值取向甚至是相悖的。客观地讲,社会各界对教育问题的关注之广泛、抨击意见之尖锐、观点建议之多样、价值冲突之激烈,为其他领域所鲜见,这无疑会影响到教育改革的社会环境和舆论环境。教育决策的形成过程和教育改革举措的出台过程,往往体现为不同利益群体的"博弈"过程,也必定会触动某些利益相关者的切身利益;面对不同价值取向的激烈冲突,决策者和实施者不得不有所取舍,求得妥协和平衡,而

这又往往招致各方的不满和非议。

比如，作为国家教育制度重要组成部分的高考招生制度，为维护教育公平和社会公正做出了历史性贡献，但由于不能完全适应经济社会发展和教育改革的现实需求（如基础教育课程改革、高等教育大众化发展等），且其公平性遇到新的挑战（如高考移民、考试加分等），近年来要求改革的呼声日趋强烈。由于涉及不同群体和千家万户的利益，在分类考试、多次考试、自主招生、综合评价和多元录取等改革方案的调研过程中，利益冲突激烈，观点众说纷纭，这一方面增强了改革高考招生制度的驱动力，另一方面也增加了改革的复杂性和艰巨性。[3]

（四）教育体系内部改革关联度增加，系统改革已成为必然要求

随着教育改革的不断深化，改革张力逐步加大，系统性不断增强。一方面，对某一层次或类型教育的内部改革而言，单项改革往往难于深化和实质性推进，迫切需要加强顶层设计和系统改革。如高等学校的人才培养模式改革，不仅与人才培养目标、内容、方式和条件等直接关联，而且与高校发展定位、学术治理结构和管理体制机制等密切关联，必须举全校之力，从教育观念、制度建设、教师队伍、培养方案、教学过程和质量保证等方面统筹设计和系统改革，才能取得实质性的效果，切实提高人才培养质量。再如，基础教育课程改革的推进，不仅要求中小学校转变观念，按国家课程标准开出相应课程，也要求学校在教师专业化能力提升、课堂教学模式创新和校本教材建设等方面进行系统的改革。

另一方面，教育体系内部不同层次、不同类型教育之间的内在联系更加紧密，一项教育发展政策或改革举措的出台，往往涉及学前教育、基础教育、高等教育、职业教育等相关教育领域的改革和发展，需要各教育领域之间统筹协调和系统推进。比如，培养创新型人才既需要高等学校改革人才培养模式，不断提高教育教学质量，亦需要中小学校乃至学前教育发挥启蒙性和基础性的作用，从小培养孩子们的学习兴趣和学习习惯，保护他们的好奇心和求知欲，养成他们的综合素质和创新意识。[4]再如，中小学实施素质教育，既需要深入推进基础教育课程改革，也需要平稳推进高考招生制度改革；幼儿园教育"小学化"倾向的纠正，亦需要幼儿园教育和小学教育的协同配套改革。

(五) 教育与经济社会联系更加紧密，内外部协同改革已是大势所趋

在大学从社会边缘步入社会中心的进程中，教育发展与经济社会发展的联系更加紧密，教育改革和学校发展往往受到教育外部制度、政策和舆论环境的影响和制约，教育政策的制定和改革举措的实施实际上已经远远超出了教育的范畴，迫切需要教育领域内部和教育领域外部统筹研究、协同改革。

比如，大学生实践能力的养成，既需要高等学校高度重视，优化人才培养方案和课程体系，加强校企合作育人；也需要企业切实承担起社会责任，在接受大学生到企业参加实习实践教学、参与大学的实验教学和创新创业教育等方面履行应尽的职责和义务。再如，大学生就业形势严峻，既要求学校提高人才培养的适应性，加强对毕业生的就业指导与服务；亦需要政府和企业积极推进经济发展，提供更加充足的大学生就业岗位；还需要用人单位转变观念，更多地吸纳大学毕业生就业。又如，民办教育的发展涉及教育、财政、民政、税务、工商等十余个政府部门的管理权限，关乎投资者、办学者、管理者和广大民办学校教师、学生的切身利益，只有加强统筹协调和系统推进，才有可能破解发展难题，吸引民间资金进入教育领域，鼓励和规范民办学校的发展。[5]

外来务工人员随迁子女在当地参加高考（俗称"异地高考"）问题，是一个教育改革步入"深水区"的典型案例。尽管除西藏之外的30个省、市、自治区已经在2012年年底先后出台了"异地高考"政策，但社会议论依然不断，尤其是针对"北上广"的方案。究其原因，一是不同利益群体的多元利益诉求发生冲突，在保证教育公平的共识下，外来务工人员关注子女的受教育权和考试权，户籍人口关注子女进入"好大学"的机会不受影响，地方政府关注支撑城市可持续发展的资源条件，有些学者则更加关注高等教育的区域供求均衡；[6]二是教育领域内部和外部改革不协调，社会管理改革不配套，尤其是户籍管理制度改革滞后，城市人口身份的"双轨制"长期存在，增加了经济发达省份和一线城市制定"异地高考"政策的复杂性；三是政策执行不到位，个别地区甚至由教育行政部门负责

甄别考生和家长身份，超出了其职能和权限范围，影响了政策执行的力度和有效性。[7]显然，"异地高考"涉及对户籍制度、社会保障体系、公共服务制度、高考招生制度等一系列制度体系的调整，是跨区域、跨领域、跨部委的综合性改革，只有加强统筹研究和协同改革，才有望从根本上解决问题。

二、涉过教育改革"深水区"的政策与对策建议

把握经济社会和教育发展的大趋势及阶段性发展特点，进一步转变教育观念，积极回应社会关切，遵循教育发展内在规律，加强系统研究和综合改革，是平稳涉过教育改革"深水区"的必然选择。

（一）加强政策研究，转变教育观念

教育改革能否平稳涉过"深水区"，首先取决于政府部门和学校是否具有新理念，即所谓的观念创新。教育改革和发展的实践表明，任何教育观念的创新都不是无源之水、无本之木，它是在对传统进行价值反思和对现实审时度势基础上的适时调整和应对。

教育行政部门要重视教育观念的更新，树立涵盖和统筹各级各类教育的大教育观、科学的教育政绩观和统筹协调的管理观念，在转变政府职能、探索宏观管理路径和手段的过程中，打破不同管理部门（如司局或处室）之间的壁垒，克服各自为政和部门本位主义倾向。在制定涉及不同教育领域（如高等教育和基础教育）改革和发展的重要政策时，要通过联合调研和共同论证等方式，加强沟通协调和合作研究，提高政策制定质量，从教育全局的角度推进教育改革的不断深化和各级各类学校的健康可持续发展。

学校要高度重视教育观念变革在学校改革发展实践中的重要先导作用，通过多种形式开展教育思想大讨论，树立先进的教育观与教育价值观、现代的教学观、富有时代内涵的人才观和多样化的质量观，并在达成共识的基础上将其转化为师生的改革行动。在学校改革和发展过程中，要努力践行科学的发展观，坚持育人为本、质量立校、特色强校，处理好规模、结构、质量、效益和速度之间的辩证关系，抓住重点、加强综合、彰

显特色。在发展规划和政策设计、改革举措制定和实施等方面,要切实增强统筹协调、综合改革和系统推进的意识,扎实推进学校的内涵建设和特色发展。

(二) 加强教育研究,促进科学决策

教育系统内部的复杂性和外部发展环境的约束性,使得教育规律愈来愈隐蔽和复杂,仅靠纯粹思辨与经验判断已经难以全面准确地把握教育发展的规律和特点,迫切需要教育科学研究提供有效的理论支撑和决策咨询。因此,加强教育科学研究,为教育决策提供科学依据和参考,是平稳涉过教育改革"深水区"的重要前提。

教育行政部门要加强对教育科研工作的宏观指导和信息服务。一是加强对教育科研的统筹规划和规范管理,稳步加大研究经费投入,引导广大教育科研工作者紧密结合教育改革和发展的实践诉求开展研究;二是在加强数据信息系统建设的同时,有选择地对学校和科研机构开放统计数据信息,提高数据资源的使用效益;三是加强项目评估和经验总结,促进研究成果的辐射和推广;四是重视教育学术社团功能的发挥,有计划地将有关管理职能或项目逐步转移、下放到教育学术社团,从政策设计、资金安排、项目实施和管理监督等方面加强对教育学术社团的管理和支持力度。[8]

学校和研究机构的教育科研工作者要增强问题意识和实践意识,高度关注我国教育改革和发展进程中的重大理论和现实问题。要善于从教育实践中发现和提炼"真问题",重视研究方法和手段的创新,从理论研究与实证研究、定性分析与量化分析相结合的角度进行深化研究;力求发现规律、升华理论;要不断提高科学咨政和指导实践的水平,增强教育科学研究的针对性和决策服务的实效性,在推动教育综合改革、促进教育科学民主决策、服务学校内涵建设和特色发展等方面做出贡献。

(三) 加强制度建设,建立协调机制

完善教育综合改革的相关制度,建立健全统筹协调机制,加强相关管理部门之间和各级各类学校之间的沟通协调与协同规划,稳步推进教育综合改革,是平稳涉过教育改革"深水区"的重要保障。

建议教育行政部门研究梳理、调整和制定相关政策与规定，从制度和机制上保证教育改革发展的协调性与延续性，引导教育内部各领域和各级各类学校加强沟通交流，促进相互之间的理解和支持，协同进行改革探索。一是建立有关职能部门（如高等教育管理部门和基础教育管理部门）之间的会商制度及相关文件的会签制度，提高制定相关政策的科学性、协调性和针对性；二是推动建立不同教育领域和各级各类学校（如高等学校和中小学校）之间的共同研讨机制，如召开相关工作研讨会、定期举办大中小学校长论坛等，促进观点交锋，相互启发借鉴，协调改革步伐；三是在充分论证的基础上，在中国教育学会或高等教育学会下成立相应的二级学术团体，为各级各类学校之间的相互交流和协调改革搭建平台；四是建立相关管理部门（如中央部委和地方厅局）之间的协调机制，通过设立协调工作机构、联席会议或会商制度等方式，加强在涉及教育综合改革有关政策和举措方面的沟通和协调，达成改革共识、形成推进合力，加大教育综合改革的实施力度，加快涉过教育改革"深水区"的进程。

学校要不断深化内部管理体制和运行机制改革，通过调整优化学术和行政治理结构、完善相关规章制度和程序、建立相关协调机构或协调机制等措施，切实加强职能部门之间和院系或学科组之间的相互沟通与协调，加强教育教学改革的系统研究和协同推进，形成教育教学改革的合力，加快教育综合改革的步伐。

（四）加强综合改革，探索协同创新

教育内涵发展和均衡发展的核心是提高教育质量，办好每一所学校；而加强系统研究和统筹规划，扎实推进教育综合改革，则是促进学校内涵建设和特色发展，平稳涉过教育改革"深水区"的重要支撑。

近年来，各级教育行政部门积极推动《教育规划纲要》的贯彻落实，仅国家层面就立项启动了425项综合改革项目和17个二级学院试点项目。建议政府有关部门进一步加强宏观指导，引导学校积极稳妥地进行综合改革的探索。一是在教育改革项目的立项方面，要重视顶层设计，加强项目内部和项目之间的系统性，适当增加投入或调整项目规划，设立有关高等教育与基础教育、高等教育与职业教育、教育领域内部与教育领域外部协

调改革的试点项目，建立综合改革的实践试点或实验区，避免立项上的"碎片化"。二是在教育改革项目的管理方面，要重视统筹协调，加强不同司局、处室在项目管理上的协同性，避免项目管理上的"条块化"。三是在教育改革项目的实施方面，要尊重学校的自主权和首创精神，支持学校的改革探索，加强自主性和多样性导向，避免项目推进上的"趋同化"。四是在教育改革项目的成果应用方面，要重视总结改革经验和成功案例，并适时加以宣传推广，加强教育改革项目的实效性，避免项目成果的"形式化"。

学校要密切跟踪经济社会发展、科学技术发展和教育改革发展的大趋势，紧密结合学校实际，会聚多方智慧，整合校内外资源，统筹谋划学校内部管理体制机制、人才培养模式、科学研究、社会服务和教师队伍建设等方面的协调改革，认真研究教育综合改革的思路和路径，推出综合改革的举措和项目，力争在深化教育教学改革、提高学校办学水平和效益方面有所突破。

（五）优化社会环境，平稳推进改革

教育改革关系到我国近3亿学生的前途和未来，涉及数千万家庭的幸福，社会关注度极高，政策性、政治性很强。因此，营造良好的社会氛围，把握改革的主动权，是顺利推进综合改革、平稳涉过教育改革"深水区"的重要基础。

政府和新闻媒体要加强宣传引导，优化社会舆论环境。一是要加强先进教育理念的宣传，破除陈旧思想观念束缚，使育人为本和素质教育的理念深入人心，让教师、家长和社会各界真正理解教育改革的目标，尽可能凝聚社会共识；二是要多做正面引导，多宣传教育改革成效，尤其要避免吸引眼球的"炒作"；三是要实事求是地宣传教育改革发展的艰巨性和长期性以及教育综合改革的必要性和复杂性，客观全面地分析教育改革遇到的挑战和热点难点问题，让公众对教育发展有理性的认识，对教育改革有合理的期待。

政府有关部门和学校要主动回应社会关切，通过完善公共问责制、建立信息发布和质量年报等制度措施，不断提高教育信息的透明性和对称

性，保障公众知情权和社会监督权。学校要进一步加强民主管理，认真落实校务公开，充分发挥教代会、学生会和校友会等师生代表组织在学校治理中的作用，高度重视他们的权益诉求，保证利益相关者对于学校事务的参与权，努力营造教育综合改革的良好氛围。

破解教育改革和发展难题，平稳涉过教育改革"深水区"，需要以先进的教育观念作为重要先导，以学生的全面发展作为根本目标，以有效的制度和体制机制作为根本保障，以综合改革和协同创新作为重要支撑，以优化社会氛围作为重要基础。笔者相信，在政府、学校和社会各界的共同努力下，我国教育事业的发展一定会跃上一个新的台阶。

参考文献：

[1] 钟秉林. 高等教育的时代任务：提高质量促进公平 [J]. 中国高等教育，2008（8）.

[2] 赵应生等. 转变教育发展方式：教育事业科学发展的必然选择 [J]. 教育研究，2012（1）.

[3] 陈金芳. 高考招生改革走向分析 [J]. 教育研究，2011（10）.

[4] 钟秉林. 协调改革协同探索努力培养创新型人才 [J]. 国家教育行政学院学报，2011（1）.

[5] 胡建华. 我国民办高等教育发展特殊性的若干分析 [J]. 教育研究，2007（1）.

[6] 闵琪，伊淑彪. 异地高考与税感：高等教育需求的地区差异性分析 [J]. 江苏高教，2013（3）.

[7] 李慧，杨颖秀. 如何破解异地高考政策难题 [J]. 国家教育行政学院学报，2013（2）.

[8] 钟秉林. 发挥学术社团优势繁荣教育科学研究 [J]. 中国教育学刊，2013（4）.

协同创新政策的理论分析

周作宇

继国家推出面向高等教育的"211工程"和"985工程"之后,今年又推出《教育部·财政部关于实施高等学校创新能力提升计划的意见》(教技〔2012〕6号),即"2011计划"。从政策出发点看,"985工程"是落实江泽民总书记在北京大学百年校庆时的讲话,目标是推进建设世界一流大学,"2011计划"是"为贯彻落实胡锦涛总书记在庆祝清华大学100周年大会的重要讲话精神",目标是通过协同创新"大力提升高校的创新能力"。"985工程"所及高校范围有限,只有39所高校挂名。从冠名的角度上看是一项相对封闭的政策。而"2011计划"虽然也有很高的门槛,但是面向全国所有高校,目标是搭建"中心"平台,具有广泛的开放性。这样一项政策的出台,对我国高等教育实践的整体影响将会是深广的。从时序上看,政策指向已经十分明确,目标是"面向需求、推动改革、探索模式、提升能力",概括为"一个根本出发点、一项核心任务、四类协同创新模式和八个方面的机制体制改革"。政策既明,接下来的问题主要是实践性的,似乎理论问题已经解决。但是,任何一项政策的执行首先取决于相关人的"理解与解释"。而对政策文本的理解取决于支撑政策的理论的彻底性和深刻性。没有彻底的理论,就不会有深刻的理解;没有深刻的理解,就不会有深度的"交往和沟通";没有深度的交往,就不会有有效的行动。"批判的武器当然不能代替武器的批判,物质力量只能用物质力量来摧毁,但是理论一经掌握群众,也会变成物质力量。理论只要说服人,就能掌握群众,而理论只要彻底,就能说服人。所谓彻底,就是抓住事物的根本。"① 在全国高校为落实"2011 计划"进行顶层设计、连横合纵、营建联盟的关键时期，为高校更好地理解政策意境，从理论上分析协同创新的政策基础是必要的。

一、协同创新的政策语境和历史问题

新中国成立后，举国开展社会主义改造，经院系调整，高校结构发生变化。公立、私立和教会三大类型高校合流为公。高等教育的公有性质和服务公共利益，提供公共产品（Public Good）的角色和职能得以确立。作为组织的大学和作为个体的学术人在新的结构中形成新的权力关系。在随后历次政治运动中高校无由自立，"白专"与"红专"的话语发明和任意诠释，为新型场域着色。改革开放后，"尊重知识、尊重人才"为知识界定调。随着"白猫"与"黑猫"的因色划界标准消弭，学术界纷纷在个体和组织层面入海试水，学商共谋，私利和公利的位序变得模糊。高校扩招、"一流计划"和创新工程"接力"。单从经费投入的角度上看，纵向比较，各类科研机构的经济资本总量前所未有。以高校和科研院所为主体构成的创新阵线进入经济条件最好的时期。公共财政的高投入刺激政府和社会对创新成果的高期待。创新主体"干了什么、在干什么、应该干什么、应该怎么干"的问题，为政策所聚焦。以解决重大问题和争取世界一流为目标，以协同为手段的创新政策适时启动，符合时代精神。关于协同创新政策出台的背景，政府相关负责人从世界政治、经济和社会格局与创新的密切关系做了说明，指出"创新能力不足既是我国教育、科技与世界发达国家的主要差距，也是制约我国经济社会发展的薄弱环节。长期以来，我国创新力量自成体系、分散重复、效率不高，人才培养、科学研究与经济社会发展相互脱节。"② 一方面创新和知识已成为经济社会发展的驱动力和核心要素，另一方面我国又存在创新能力不足诸多问题。因此，通过机制

---

① 马克思：《马克思恩格斯选集》第 1 卷，第 9 页。
② 教育部有关负责人就《高等学校创新能力提升计划》答记者问，教育部网站，2012 – 04 – 20。

体制改革提升创新能力，进而推进创新、创造知识，自然而然是一条必由之路。从一般性的描述看，这种推理是合乎情理的。但是历史地看，所及变量的关系十分复杂，还需要深入分析。具体地说，要从历史的和理论的立场回答三个核心问题：为什么我国的创新能力不足？为什么不能面向社会需求选择学术方向？为什么我国在创新方面缺乏合作和协同？

在当代知识社会的语境下，创新具有较科学发现和发明更为宽泛的外延，但其内核和基础是现代科学，其发展状况与社会结构、工业革命、经济增长有双向约束关系。创新能力的强弱是通过比较反映出来的，强与弱是相对的，需要一整套数据通过标杆（Benchmarking）比较来评价鉴定。目前在不同领域或整体或局部，都有一些反映能力（综合实力、竞争力、影响力）等方面的排行系统，如瑞士洛桑管理学院（IMD）的国家竞争力排行，《财富》（Fortune）杂志的世界企业排行，美国、英国、中国等国的大学排行榜，基础教育领域还有 PISA 成绩的排行。这些排行榜在一定程度上从不同的侧面反映了比较国之间的"能力差距"。虽然可资参考借鉴，但现实比排行榜反映的情况复杂得多，各色排行不足全信。新中国成立以来，尤其是改革开放迎来"科学的春天"后，中国的科学事业走上了快车道。从"两弹"爆炸到"神舟上天""蛟龙入海"，从专利数量的突进到科研文章的激增，从科研投入不足（人力和财力）到科研队伍和经费的迅速增加[1]，我国的科研投入和成就有目共睹。以 SCI 为表征的科技发展状况，从 2006 年开始我国发文收录量已经排到了世界第二位[2]。作为一项可测指标，SCI 的总量确实在一定程度上反映了我国科技发展的水平，不过这仅仅反映了数量方面的状况。此外，从发明专利的申请上看，科技发展速度也很快。2001 年我国发明专利申请 63204 件，2011 年达到 526412 件，其中本国人（含港澳台）申请 415829 件。与美国、日本、欧盟、韩国四

---

[1] 我国 R&D 占 GDP 的变化：1995 年占 0.60%，2005 年占 1.34%，2010 年达到 1.76%。2010 年北京的 R&D 更是高达 5.82%。2000 年科技人才资源总量为 2500 万人，其中本科及以上的人才为 1000 万人，每万人口中科技人才资源数为 197 人；2010 年科技人才总量达到 5700 万人，本科以上人才达到 2500 万人，每万人口中科技人才资源数达到 425 人。目前的总量超过美国，位居世界第一位。

[2] 中国科学技术信息研究所：《SCI：折射中国科技发展与现状》，《科技日报》，2007 年 11 月 22 日。

个专利局比较，第一次位居第二①。在看到成就的同时，也要看到潜在的问题。根据美国思科公司赞助的《全球最具创新力国家最新排名》的调查报告，我国创新指数在2004年到2008年之间仅排54位。与SCI的总量比较，创新指数更能反映出科技的质量。如果将科研在工业企业中的应用因素考虑在内，从科技对经济的附加值看，我国科技在产业升级、战略性新兴产业支撑和环境、资源等可持续性方面的贡献，距离期望还有很大的差距。科研体积和总量虽然庞大，质量和水平并不突出。钱学森先生关于"我们的大学为什么培养不出拔尖创新人才"的诘问，核心问题就是"质量"问题，直接诘问的是"培养"，潜在的焦虑是科技水平和创新能力。无论作为一种描述性的事实，还是作为发展的激励性因素，将"创新能力不足"作为衡量科技水平的一个基本判断，其政策意义是明显的。大而不强，多而不精，是建设创新型国家必须正视的现实。以此为认识前提，在为提升创新能力开处方的时候，还需要分析不足的历史与当下原因。

许多学者对现代科学的发端及其传承变迁进行了不同程度的研究。继任鸿隽1915年在《科学》第1卷第1期发表《说中国无科学之原因》和魏夫特1931年发表《为何中国没有产生自然科学？》提出为什么现代科学没有在中国产生的问题之后，李约瑟（Joseph Needham）提出了一个吸引他毕生研究中国科学史的问题，即所谓"李约瑟难题"：如果中国朋友们在智力上和欧洲人完全一样，那为什么像伽利略、托里拆利、斯蒂文、牛顿这样的伟大的人物都是欧洲人，而不是中国人或印度人呢？"尽管中国古代对人类科技做出了很多贡献，但为什么科学和工业革命没有在近代的中国发生？"这个问题一方面受到质疑②，另一方面吸引了许多学者的关注，求解的热情没有中断。罗斯托的解释是："17世纪和18世纪的中国所缺少的东西，看来正是一种不断增长的科学、哲学、发明和革新的激情。

---

① 数据来源为国家知识产权局官方网站：http://www.sipo.gov.cn/tjxx/。
② 席文（Sivin, Nathan）认为，李约瑟难题不是历史研究所能回答的问题。此外，根据科学史家的标准，中国在18世纪确实发生了科学革命。只是没有产生我们所想象的科学革命的历史后果。非常明显，这种假设本身就是错误的（Why the Scientific Revolution Did Not Take Place in China – or Didn't it? Chinese Science, 1982, 2005年修改）。余英时在为陈正方的著作《继承与叛逆》所做的序中甚至将李约瑟难题称为"伪问题"。

而且这种激情当时（在西方）弥漫朝廷、大学、首府和各省区的科学团体、咖啡厅和作坊。"[1] 从整个历史看，中国有许多科学发明，但是这些发明很少从经济方面得到激励，也没有用于技术的改进。此外，中国还缺少将科学技术知识代代相传的制度。如斯达克尔（Kenneth R. Stunkel）所言，"传统中国没有将技术发明和技术创新制度化（尤其是在18世纪、19世纪），这是造成中西1840年冲突后中国社会悲惨结果的原因"。此外，"中国对与技术进步和与控制自然相关的特殊价值缺乏兴趣。并非停滞和惰性使然，而是在特定历史时期关于优先事项的一贯性的、顽固的表达。这种表达与当时西方欧洲居主流思想有极大的不同"。① 埃里克·琼斯（Eric Joans）辩道，"中国的经验证明科学发现和技术发展之间的纽带真的非常弱。中国缺少严格的实验方法，而这正是导致技术进步的根本"。艾尔文（Elvin）推想，鼓励创新和创造的权力掌握在保守的官僚手里。默克（Mokyr）则认为："公元1400年前，因为拥有大量土地的贵族和受过良好教育的精英们对这些事物不感兴趣，所以政府在推动创新及其成果的传播中具有重要的作用。可是当政府的支持减弱之后，没有别的力量替代政府的角色，创新的动力便随之减弱。"在知识精英的命题性知识（Proposition Knowledge）和工匠们的规定性知识（Prescriptive Knowledge）之间存在着巨大的差距②。李约瑟本人的回答是，儒家思想抑制了人们对探究自然的兴趣，"中国的官僚体系重农抑商，因而无法把工匠的记忆与学者发明的数学和逻辑推理方法相结合是中国未能自发产生科学革命的原因"。钱文源则认为"尽管中国在诸如造纸术、印刷术、指南针和火药等方面的硬件出现较西方早，但是国家从来没有提供支持创造发明、技术创新的文化多元主义软件，即政治——意识形态的条件"。"帝国的统一和意识形态的统一不容异说，阻碍了现代科学理论方法的发展。"③ 林毅夫不满足于李约瑟

---

① Kenneth R. Stunkel. Technology and Values in Traditional China and the West: I, Comparative Civilizations Review.

② Eric、Elvin 和 Mokyr 的观点转引自 Ting Xu. A Cultural and Institutional Study of Useful and Reliable Knowledge: the Case of Traditional China.

③ Qian Wenyuan. The Great Inertia: Scientific Stagnation in Traditional China. London: Croom Helm Ltd. 1985.

和钱文源的观点,对这个难题另有解释。他指出:"科学革命没有在中国发生,原因不在于恶劣的政治环境抑制了中国知识分子的创造力,而在于中国的科举制度所提供的特殊激励机制,使得有天赋、充满好奇心的天才无心学习数学和可控实验等,因而,对自然现象的发现仅能停留在依靠偶然观察的原始科学的阶段,不能发生质变为依靠数学和控制实验的现代科学。"① 对李约瑟难题的解释上观点各异,但前提一样,都承认中国曾经有一段成就辉煌的历史。此外还有一个条件,就是中西方人在智力上是不分伯仲的。既然智力条件相当,在西方能够产生和发生科学的革命而没有在中国产生,就说明一定是个体和群体外部的力量在发生作用。不存在没有社会影响的科学,也不存在没有科学史的科学②。离开科学赖以存在的社会环境,无法回答李约瑟难题。假如李约瑟难题为真,就人类对历史了解的有限性来看,要么如席文所言,这个问题无法通过研究历史找到答案;要么,即使能够提供解答,所有的解释都是不完备的。于是,我们不能不"苟且"于盲人摸象式的"有限理性"水平。将各种解释缝补起来,可以看到更多的侧面,即使不是全部。综合上述各种观点,至少可以得出这样的共同结论:就外部因素而言,科学的产生和发展是激励的结果。不管是观念性的、政治性的、经济性的还是文化性的,一个拥有足够智力的个体或群体,是不是致力于探究自然法则并用于"改造自然",主要受外在制度性因素的激励。

陈正方先生没有循着李约瑟难题的路线去探讨历史上某一国家或地区没有发生科学革命的原因,而是探讨科学革命为什么能够在某一国家或地区发生的原因。为此提出了解释中西方科学状况的"基因说"。陈正方先生认为"西方与中国科学的真正分水岭不在近代,而远在公元前四五世纪之间甚或更早,譬如说孔子和毕达哥拉斯在世的'轴心时代'"。"自然科学的起源不是在中国,而是在西方,这是很早就由各自文化基因的不同所

---

① Justin Yifu Lin. The Nedham Puzle: Why the Industrial Revolution Did Not Originate in China. Economic Development and Cultural Change, Vol. 43, No. 2 (Jan., 1995), 269 – 292. 林毅夫:《李约瑟难题和韦伯的疑问:中国科技落后于西方的原因》,《北京大学学报》,2007 年第 4 期。

② Patrick Petitjean, The Joint Establishment of the World Federation of Scientific Workers and of UNESCO after World War I. 13.

决定的。西方人在很早的时候就对自然现象发生一种很根本的、很有理论性的、很神秘的兴趣,而中国人对此始终就只有一种实用的兴趣,没有理论性,没有学术传统,所以后来的发展就不一样。"在谈到当代中国的科学发展时他指出:"中国人这30年来向西方确实学习了很多,可是这并不表示我们很了解西方。""中国人到现在为止,并没有花力气去了解西方。我们去学西方的科学、引进西方商业运作的系统和办法以及西方的一些法律观念,这是学习。可是他们所有这些东西到底是怎么来的,我们一向没有人很注意。"① 陈正方此处的观点有两个重要的判断:一是文化基因是现代科学产生和发展状况的解释;二是中国在当代科学发展以及其他方面"向西看"的学习过程中,还只触皮毛,不得要领,是一种表浅学习。通过文化基因着力要解释的是中西方现代科学产生或没有产生的远古原因,而表浅学习则是对时下状况的鉴定与解释。即使文化基因具有相当的说服力,那也是在回答科学发端的问题上有效。如果将文化基因延伸到解释当下的状况,即"当代中国科技落后和创新能力之所以不足,乃是因为远古时代形成的文化基因使然",就会陷入科学发展中的"文化基因决定论"。假如文化基因是不变的,那么从古到今,落后的科学就是落后的不断重复。若如此推理,必然会导致后发外生的地方科学发展中的悲观论调。事实上,假使有文化基因存在,这种基因也是有可能变异的。这已被日本明治维新的历史后果证明。文化基因论的积极意义恰恰在于通过彻底地深度学习实现对"基因"的改造,这是创新能力提升的重要条件。科举制度于20世纪初"废科举、兴学校"运动而废除。林毅夫对李约瑟难题的归因从那个时候应该画上了句号。现代科学从西方嫁接过来之后,经历了一个多世纪的积累进化。发展到今天,中国科学业已成为国际科学版图中一个重要的组成部分。科学共同体内的规范日益建立,"无形学院"已经形成。如果说创新能力仍显不足,而不足又源于文化基因,那就需要创造条件,促进基因的突变。不过,基因是一种比喻。要改造的,乃是关涉现代科学蕴含其中的场域和惯习。这恰恰是解释为什么创新能力不足的一个重要原

---

① 陈正方、李纯一:《陈正方教授谈中西方文明》,《文汇报》:2012-05-14。陈正方著有《继承与叛逆:现代科学为何出现在西方》生活·读书·新知三联书店,2009年版。

因。场域是否崇尚科学的权威和理性的力量，是否确立求真求善的价值地位，惯习是否遵从科学的规律和法则，无不影响着一个国家的整体创新能力。"只有从和外部环境的相互作用中，机体的特性才能够得到理解。机体必须很好地适应外部环境才能生存。在变动不居的世界里，即使是由科学家构成的机体也莫不如此。"① 当大学毕业生中趋之若鹜地投入到"公考"的大军②，你会发现如林毅夫所言抑制科学发展的没有根绝的科举制度"基因"。当"饶施之剑"引发科研管理激辩的时候③，你会看到，庞大的科学系统存在着一定的公信力迷局。而当公众质疑高校和其他科研机构获得高投入之后究竟提供了怎样的公共物品的时候，高校和科研系统与政府的社会契约问题便浮出水面。高校承担着教学、科研和社会服务三大任务。协同创新是三大功能共同的使命。但是，三种功能之间本身就存在着资源配置上的矛盾甚至冲突，故内部就存在着协同的需要。高校因功能的不同而与社会建立的契约关系也有所差异。其中，科研因其活动对象、过程、成果和影响的特殊性，构成和社会之间建立契约的特殊部分，在科学成为一种制度化了的系统存在的背景下，具有相对独立的主体地位。科学研究在创新系统中也是最为核心的活动，为讨论方便，此处先将其他功能搁置，重点论及社会契约的科研之维。

---

① Radford Byerly Jr. Roger A. Pielke Jr. The Changing Ecology of United States Science, Science, Vol. 269, 15Sept, 1995.

② "公务员考试热"引起许多学者的思考。如，吕慧芳《公务员报考热引发的思索》（《人才开发》，2003年第4期）；高静《关于公务员考试热的冷思考》（《党政干部论坛》2006年第6期）；宋慧杰《公共管理视角下对"公务员热"现象的剖析》（《长春理工大学学报（社会科学版）》2006年第2期）；《"考公务员现象热"现象存在的问题及其对策分析》（《吉林广播电视大学学报》，2006年第2期）；张昌羽《大学生报考公务员热的思考》（《当代青年研究》，2006年第12期）；李国梁《公务员考试热现象的批判与反思》（《产业与科技论坛》，2008年第9期）；王坚铭《科学理性对待应届高校毕业生考公务员的热潮》（《杭州科技》，2008年第3期）；韩勇、廉永杰，钟铁铮、盖志毅《公务员热背后的理性思考》（《内蒙古农业大学学报（社会科学版）》，2008年第3期）；冯睿《"公务员热"的社会学分析》（《邢台学院学报》，2010年第4期）；王英《对大学生"公务员报考热"的社会学分析》（《长春工业大学学报（高教研究版）》2011年第2期）；张明杰《从"公考热"探析大学生择业渠道的缺失》（《青春岁月》，2012年第2期）。

③ 《饶施之剑——论科技体制改革》，人民网科技频道，http://scitech.people.com.cn.

二、社会契约与创新的价值原理

科学研究、技术发明、市场开发、经济增长、人类福祉形成一个基于科学发现的创新价值链。没有科学研究，一切价值便无从谈起，失去根基。科学活动本身是一项非常专业化的人类实践。没有专门的训练，没有个体无法遏制的激情和持续专注的投入，没有同行不留情面的理性论辩和批判，不可能有科学的进步和突破。科学家的职业活动目的、课题选择偏好和研究行动策略，是内外两种力量互动的结果。心理的与理性的价值取向是内部驱动力，社会需要、社会价值与社会目的是外部影响力量。研究活动是智力活动，首先是个人的价值选择，但又不可能游离于社会，所以遵循特定的社会规范。这种规范根据活动的场域空间变化，呈现出不同的特点。"国家急需与世界一流"是将社会需要和学术价值结合起来的政策性动员。将其转化为行动中的科学，必然要经过"组织沟通"和"个人解释"。在这个过程中，场域结构与习惯发挥作用。场域是社会位置的系统，以权力关系构成其结构，是人们争取各种资本的竞技场。个人的位置是场域规则、个人习惯和其社会、文化以及经济资本互动的产物。习惯是身处一定场域中的人的性向、训练获得的能力、结构化了的思维、感受和行动选择偏好。习惯既非自由意志的产物，也非被社会结构所决定，而是个体自由意志和社会互动的建构结果。习惯的形成受特定种类和数量的资本的影响。场域和习惯不是一成不变的，而是可以改变的。场域是多维立体存在，其变化有整体和局部之别，也有深度和表浅之别。场域即使不是决定，也在相当大的程度上影响着个体、群体和组织（有正式组织，也有非正式组织）的行动。高等教育系统自身构成独特的场域，其中的权力关系与其他组织不同。为一般场域所具有的政治资本、经济资本、社会资本和文化资本，也为高等教育机构（除非特别指明，本文"高等教育机构"与"大学"混用）所拥有。但高等教育机构还具有其他非专业机构所不具备的学术资本。大学组织的身份边界正是由其学术资本所界定的。也恰恰在这点上，大学和政府具有一种契约关系。

社会契约是场域的重要构成。在原初意义上，社会契约指个人和政府之间通过相互同意而建立起来的一种关系，据此，个人走出"自然状态"，自愿放弃其自然的自由，拥有公民身份和相应的权利，获得政治秩序赋予的各种利益。科学学研究人员将社会契约移植到科学与政府的关系上来，随之开启了科学的社会契约的讨论。科学的社会契约是科学与社会互动所遵循的一套范式。一方面，政府对科学予以支持，科学家享受自治权（Autonomy）；另一方面，研究人员有义务和责任生产和自由分享知识，通过长期的和难以详细说明的方式，为公共利益或公共物品（Public Good）服务。科学的社会契约在不同国家经历了不同的变迁。在英国，20世纪三四十年代出现了科学的社会关系运动（Social Relations of Science Movement，SRSM）。同期诞生了贝尔纳的不朽著作《科学的社会功能》。贝尔纳回答了由于世界大战和经济危机而产生的人们对科学和社会经济之间关系的质疑。他指出："自从文艺复兴以来，科学本身似乎也破天荒地第一次陷于危机之中。科学家已经开始认识到自己的社会责任。不过，如果要是科学执行传统所要求于它的功能，并且避免威胁着它的危机，就需要科学家和普通群众都进一步认识科学和当代生活之间的复杂关系。"[2]2 "科学已经不再是富于好奇心的绅士们和一些得到富人赞助的才智之士的工作。它已经变成巨大的工业垄断公司和国家加以支持的一种事业了。"[2]1 1945年11月联合国教科文组织成立。当时殖民地时代还没有结束，许多西方科学家和普通人一样，怀有殖民性的意识形态。他们没有意识到科学和殖民之间存在密切的关系。作为科学部的主任，李约瑟反对科学的欧洲中心主义思想。他认为："科学像大海，在这里，各种来自不同传统的百川会聚。"科学家有一种天然的愿意从事国际合作的倾向①。他提出了旨在促进第三世界地区科学发展的"边缘化原则"（Periphery Principle）②。于是，在科学的社会功能被强化的同时，科学也在国际范围内走出西方中心主义者所谓的"光亮区"（Bright Zone），进入边缘地带，其国际性的社会功能受到关注。20世纪80年代开始，在英国新自由主义意识形态逐步占据主导地位，

---

① Patrick Petitjean. The Joint Establishment of the World Federation of Scientific Workers and of UNESCO after World War I.

② Patrick Petitjean. The "Periphery Principle": UNESCO and the International Commitment of Scientists after World War I. M. Kokowski ed. The Global and the Local: The History of Science and the Cultural Integration of Europe. Proceedings of the 2nd ICESHS (Cracow, Poland, September 6–9, 2006).

政府开始改革高等教育体系,并对高等教育施加了更大的压力。2002 年与 2003 年之交,受财政部的委托,理查德·兰伯特(Richard Lambert)领衔对英国大学与企业界的关系予以考察。他在 2003 年 6 月提交了中期调查报告,同年 12 月本项调查的终结报告完成,《兰伯特企业与大学关系评价报告》出炉。针对中期提出的问题,该报告建议牛津大学和剑桥大学应该总结它们在治理改革方面的经验,要充分和政府沟通,商讨要想保持在世界上的领先地位应采取的措施。其基本假设是,与一些后起的新型大学相比,这两所古典大学疏离了与社会的关系,在治理结构中缺乏来自外部力量的介入。在随后政府对兰伯特报告做出的回应中表示支持牛津和剑桥进行改革,并称 3 年后,对改革的进展情况进行检查[1]。这项调查后来证明并没有收到预期的效果。剑桥大学校长阿里森将重点放在筹资上,化解了当时面临的财政危机。在治理结构改革上,并没有大刀阔斧地用力响应兰伯特报告的建议。而牛津大学按照既有程序开启的治理结构改革方案,最后在大学教师大会的表决中流产。针对英国学界的生存状况,有些学者认为大学和研究机构正经受威胁。在知识经济日益成为重要经济构成的时候,学术界正经受压力,政府对大学的产出提出更多特别的期待,他们必须将自己的工作更加紧密地和经济需要联系起来。从长远看,这样的潜在后果是有害的。这会导致大学和政府之间的"社会契约"发生根本性的变化。有人将这种转型描述为知识生产由模式 I 到模式 I。模式 I 由大学、政府和工业界组成的新型三角螺旋结构形成。针对这样的判断,马丁(Ben R. Martin)通过考察大学"种系"出现和演进过程,指出不同种类的大学在教学、科研和服务经济社会方面侧重点不同。"事实上,当前的现象并不是新生事物。大学和政府的这种社会契约在 20 世纪前半叶就已经存在。"[2] 无论大学圈子内部学术人怎样维持自己认可的"独立意象",大学

---

[1] Lambert Richard. July 2003, Lambert Review of Busines - University Colaboration: Summary of Consultation Responses and Emerging Isues. htp://www.lambertreview.org.uk. Lambert Richard, Dec. 2003, Lambert Review of Busines - University Colaboration: Final Report. htp://www.lambertreview.org.uk.

[2] Ben R. Martin. Are Universities and University Research under Threat? Towards an Evolutionary Model of University Speciation. Cambridge Journal of Economics, April 11, 2012.

和社会在政府的政策引导和干预下，彼此关系日益强化了。即使那些在治理方面对外部的强制消极抵制，它们也已经开始和企业界或其他外部机构"自由恋爱"，结成合作伙伴①。学术领域和日常生活的关系日益密切，研究项目越来越面向世界和人类的重大问题，如全球变暖、人类健康等。新社会契约强化了科研机构和社会的关系。

在美国，建国初期，联邦政府就十分重视科学发展，并从中受益。二战前，政府的科技政策以"实用知识的教条"为基础，即只资助那些能够证明对社会目标有利的研究。统治科学的这种社会契约是科学政策变革的一个障碍。该政策不能够为重要的基础科学研究提供大量经费。二战期间，因科学在重要军事和商业价值中的杰出表现而备受政治注意。战后的科学生态随之发生了变化。曾参与了曼哈顿计划领导工作的美国科学研究与发展局的主任万尼瓦·布什（Vannevar Bush）于1945年向罗斯福总统提交了《科学：没有边界的前沿》，重塑了政府和科学的关系。他指出，"实用性教条"对正在变化的现实世界而言已经过时。原子弹、雷达、喷气式发动机、火箭、医疗器械等新的发明创造表明，科学知识具有固有的用途。科学获得联邦政府的资金不需要通过实用性的测试。根据他的新"社会契约"：第一，科学进步对国家福利而言是基本性的。但必须注意，科学对个人、社会和经济疾病而言并不是万能药，它只是诸多因素的一个成员。第二，科学可以提供知识"水库"，并不断为知识水库蓄水，借此服务国家需要。基础研究是科学的重要资本。"如果科学能够不断为水库注入知识，那就不需要担心知识如何被利用。"好的科学本身就证明可以得到社会的支持。第三，科学进步源于自由知识分子的自由探索，他们出于好奇心而自由选择课题。为了科学的自由必须克服政治或其他力量的约

---

① 牛津大学于1996年在沙特富翁WaficSaid的资助下涉足商业管理，成立了萨义德商学院（Said Business School）。剑桥大学2000年和MIT合作成立了旨在"促进创新教育、促进科研中的知识融合、促进企业界对知识的分享"的超越国界和大学边界实现联合创新的新型机构——剑桥·麻省理工研究院（CMI）。剑桥大学的商业研究中心和伦敦帝国学院的商学院（Imperial College Business School）联合成立了"英国创新研究中心"（UK–IRC：UK–Innovation Research Center），商业、创新和技术部（BIS）、经济与社会研究委员会（ESRC）、国家科学、技术和艺术捐赠协会（NESTA：National Endowment for Science, Technology and Arts）以及技术战略局（TSB）是共建单位。

束。美国冷战结束后,美国的科学生态发生了很大的变化,布什的科学"社会契约论"受到挑战。公众对政府臃肿不满,期望消减赤字,增强了社会问题意识。作为对公众呼声的反应,立法委员们也对研究机构提出了新要求,希望其为社会做出更大贡献,提高本科生教育质量,研究重大现实问题。是否解决现实问题成为科学资助重要的考虑因素。拜耳利和皮尔克(Radford Byerly, Roger Pielke)认为布什的契约导致了一种将科学和社会问题解决割裂开来的范式。为适应新需要,他们提出"新新"的社会契约:首先,政府要加强科研问责,根据表现分配投入。其次,要求科学与环境保持更加密切的关系,对外部需要反应要更加迅速。最后,科学既要源于科学家的好奇心,也要关注内外部问题并为其所驱使[1]。对新的社会契约,许多科学界同行遥相呼应。美国科学促进会(AAAS)主席珍妮·卢比森科(Jane Lubchenco)也呼吁,科学家要时时把握社会的急迫需要,选择项目要和问题的重要性相适应;为了帮助个人或组织明智决策,科学家要更为广泛和有效地传播新发现的知识和认识;要养成良好的判断力、智慧和谦逊的品质[2]。在过去几十年来,美国的科学为"新契约"驱动,越来越切入社会,甚至成为社会经济的直接力量。

英国、美国两国科学的"社会契约"随社会变迁的历史表明,本来就密切联系着的科学与社会关系,在人们的解释上存在差异。无论潜在地还是现实地,任何科学都会产生特定的社会后果。科学共同体和"无形学院"就是一种社会存在。科学机构更是有形的社会实体(Social Entity)。

---

[1] Radford Byerly Jr., Roger A. Pielke Jr. The Changing Ecology of United States Science, Science, Vol. 269, 15Sept, 1995.

[2] Jane Lubchenco. Entering the Century of the Environment: A New Social Contract for Science. Science, Vol. 279, 23Jan, 1998. 美国有一个比尔·华特森(Bill Watterson)创作的卡通系列片《加尔文和霍布斯》(Calvin and Hobbes)。霍布斯是一个宠物,加尔文是它的主人。珍妮用他们俩的一段对白解释了科学与社会关系的新挑战。加尔文和霍布斯正在他们的红色四轮车上滑行。他们在倾斜着穿过树林的时候,加尔文说:"霍布斯,真的,无知是福!只要你知道事物,你就开始到处会看到问题。只要你看到问题,你就会觉得你应该想办法解决它们。解决问题常常需要个人的改变。改变意味着你要做一件不怎么好玩的事情。"这时他们开始往坡下滑去。速度开始加快。加尔文回头看了看霍布斯说:"不过如果你故意装傻,你就别想那么多事,想做什么做什么好了。快乐的秘密是短期的愚蠢的私利!"霍布斯有些担心地说:"我们就要到悬崖了"。加尔文捂着眼睛说:"我不想知道这个情况。"于是他们飞出悬崖。从地上爬起来后,霍布斯说:"我不敢肯定我能不能忍受这样的福分。"加尔文说:"当心!我们不想从学到任何东西。"

科学不独立于社会,也不独立于政治。具有内在价值(学术价值)的科学必然具有外在价值(广泛意义上的社会价值)。只不过在内在价值和外在价值之间需要起着"价值转移代理"(Value Transfer Agent)作用的制度、组织或个体。科学没有疆界,社会有特别的需要。科学工作者是国际学术场域中的公民,需要遵循国际学术规则。根据这个规则,学术权力的转移依赖于内在价值的生成与学者对本领域的贡献度,和学者持哪国的公民身份没有关系。如爱因斯坦是犹太人,德国是祖国,但是最后在美国扎根。这些背景不影响他的相对论在全世界的传播和分享,不影响他在这个领域拥有话语权。发现铀-235 和铀-238 以及钚,乃是科学家的杰出成就,但是不是用来制造原子弹,科学家是不是参与其中,就超出了科学的学术价值而进入社会价值的论域。在这个过程中,不排除科学家本人就是"价值转移代理",但是如果没有政府的介入要制造原子弹是无法想象的。于是,科学的价值(V)实际上是两种价值(学术价值 Va,社会价值 Vs)的"或运算"$V = (Va \cup Vs)$。学术价值和社会价值彼此不是相互排斥的。学术价值可以转化为社会价值。学术价值涉及特定领域的知识创造,是切割知识边缘的程度,满足的是人们的认知需要。参照标准是人类现有的认识限度,具有世界范围内的公度性。社会价值是学术成果能够为社会福利(social welfare)服务的贡献度,满足的是人们的福利需要,参照的对象是特定的社会和人群。一项研究如果有学术价值,必然有潜在的社会价值。反过来,有社会价值的研究不一定有学术价值,因为价值参照局限于特定的时空和人群,福利也是一个主观感受与客观需要的混合变量。在学术价值与社会价值之间存在时滞。或者说,时间在计算科学的价值中是一个重要的变量。在智力条件和其他资源最大化的情况下,一项研究所需要的时间越长,说明难度越大,因此学术价值就越大。对特定研究领域,在各种资源最大化的条件下,一项研究如果其服务社会福利的程度越大,并且能够实现价值转移的时间越短,社会价值就越大。科学认识的突破在时间上存在很大的不确定性,而社会的需要比较确定,满足需要的时间也有特定限制。人类的未知领域是一个无穷大的集合,而现实的社会需要则有相对确定的边界。个人、组织和国家在未知领域如何选择,既关涉对学术价值的计算,也关涉社会价值的运算,而在这个过程中,存在着学术、政府和市场的所谓"循环三角（Triple Helix）"的互动和博弈。作为公共财政和公共产品的"守门人"，政府提供怎样的制度激励，形塑着科学的社会契约和学术场域，也影响着科学相关人的职业行为，换句话说，政府行为影响着科学生态。道格拉斯认为："人们不能在真空中思维，而是制度通过人在思维。"[3]79 外部制度的废止或建立，政策的颁布或废止，或迟或早会影响到组织内部的制度和文化，进而影响到人的行动选择和行为方式的调节。科学生态是由科学家、科学组织、科学文化所构成的系统与社会环境因相互作用而结成的关系。科学生态制约着科学和社会的双重双向期望。科学期望自治与资助，社会期望基于政府资助而提供的实质性利益。只提要求没有投入的单边愿望无法使契约合法化。"不问收获，只问耕耘"式的勤勉或因个人认知兴趣驱动而令人敬佩，"不结果实的智慧之花"或因刺激人们的智力发展而显魅力，但若果然"无获""无果"，其社会价值就无法获得普遍认可，来自社会的问责就不可避免。如贝尔纳所言："一切国家的科学工作者很少不是大学、政府或企业的雇员。他们表面上的自由很少不是因为他们对自己工作的结果无能为力，或者是由于当局者对他们的工作的最后结果一无所知。"[2]137-138 要在科学和社会之间建立互信并相互支持，前提是找到"价值支点"并充分沟通，将基于绩效责任的契约和基于信任的契约结合起来。

三、协同激励与集体行动的逻辑

众所周知，科技在当代社会中地位突出，影响深广。社会的许多问题不是按照学科的逻辑呈现的。不确定性、综合性、复杂性是现代社会的写照。要应对日益复杂的科学难题和社会问题，必须克服原子思维和还原主义，靠集体的力量才有可能获得解决。如斯坦福大学 Bio-X 现任中心主任萨慈（Carla Shatz）所讲："即使我们知道基因组的所有基因的功能，我们还是不清楚身体和大脑的工作方式。也不知道它们随着年龄、训练或疾病调节和变化的规律。现在是我们超越还原主义，建构复杂生命系统的新生物学的时候了。要做到这一点，我们需要各种工具，我们还需要发明新技术和新学科。"协同创新是科学发展的必然选择，也是科学的社会契约能够彻底坚守的重要途径。协同创新作为一个政策标志，不是简单地推出了一个新概念，同时也揭示了在科研机构中存在着不能协同的现象。科学家之间的不协同，不是一个新鲜事物。不仅仅在我国知识界存在，历史上其他国家也有大量先例。贝尔纳曾对此有过专门的讨论。他指出："各个研究实验室的效率不高和组织不完善，决不是科研工作所遇到的最严重的缺陷。更严重的是不同科学研究所之间和各地科研工作者个人之间普遍缺乏协调。实际上，科学工作的全面组织和部分之间的联系一直处于原始水平。"[2]137 如果说在科学家之间能够发现一些相互合作的事例，那也是非正式的。"科学事业现有的一点点组织形式几乎都是非正式的。任何领域的科研工作者一般彼此都有私交。假如他们交情好，就可以在彼此之间安排个人打算进行的工作和彼此工作之间的关系。""一切交易，特别是同富有的施主进行的交易，在可以作为事实加以宣布之前，都严加保密。凡是获悉内情的人，都可以用一部分'账款'来收买。人们为了牺牲其他科学家的利益，从政府部门或者潜在的施主哪里获得经费，不知费了几许精力，这些精力如果组织得井井有条的话，就足以形成一种不可抗拒的压力，迫使有关方面拨出充裕的科学经费，使得大家都有钱花。"[2]139-140 "目前，非正式的合作方法，虽然在一个学科内部取得相当的成就，在各学科之间几乎就完全失灵了。不同学会会员相互之间见面的机会要比同一学会会员少得多。由于专业化程度大大提高，他们即使见面，谈话的话体也可能完全和科学无关。也许有人希望大学对这种情况加以补救，不过实际上，系与系之间的猜忌往往战胜共同的利害关系。一个物理学教授对地球另一端的一个物理实验室的了解，可能远远超过他对隔壁房子里的化学实验室的了解程度。这种现象的后果之一是：科学在最需要科学发展的地带——各门公认的学科之间的中间地带——被卡住了。"[2]140 "各学科之间缺乏联系也耽误了各学科内部的技术发展。"[2]141 贝尔纳的这番描述是20世纪30年代他观察到的英国现象。知识界个体交往中表现出的"熟悉的陌生人"在学科之间存在着的"藩镇割据"和"壁垒森严"、在和外界"施主"互动以及资源争夺战中暗流涌动的"后台运作""恶意竞争"等乱象，尽在其批评的视阈。贝尔纳所批评的科学征候，也正是我国当前政策激励中所必须面对的潜在的或现实的积弊。如教育部发言人所言，协同创新的提出就是旨在"解决创新链条和创新管理各方面存在的不协调、不适应、不配套、封闭、分散的问题"。① 在公共经费短缺，科研行动处于个体自主的准自然状态下，协同不协同似乎只是个人的自发愿望或抵制。但是，在公共经费猛增，科研机构处于"公共物品"和"公共经费"中间，成为强大需要的特定公共物品的提供者的时候，尤其是当这些公共物品无法由个体单独完成提供的时候，如果不协同，就不可能成功。而要协同，就必须对机构及其成员进行动员。与思想和舆论动员比较，制度激励就是更为直接和重要的动员手段。但是，制度是人制作的。一项旨在激励协同的制度，并不一定能够取得预期的效果，甚至可能会适得其反，南辕北辙。没有对组织行为特殊性的深刻认识，仅仅通过自上而下的直线式"命令"的政府干预手段难以保证制度激励的效果。围绕协同创新的制度设计，必须从根本上解决目的（创新）和工具（协同）的一致性问题。要解决一致性问题，需要从分析集体行动的逻辑开始。为了分析与科研机构相关的集体行动，先看一个典型案例。相对论、量子力学等新发现是20世纪上半叶物理学界最重要的成就。从科学的应用对世界格局的影响来看，"曼哈顿工程"是一项典型的协同创新工程。这项美国、英国、加拿大三国联手，动员了13万名雇员、耗资20亿美元（相当于现在的258亿美元）、厂址设于30多处、最后成功研制出第一颗原子弹的巨型工程，何以可能？哪些因素发挥了作用？简单回溯一下整个过程，对总结和概括协同创新的条件是有益的。

1939年8月，著名物理学家列奥·吉拉德（Leo Szilard）和尤金·魏格纳（Eugene Wigner）起草一份后来被称为《爱因斯坦—吉拉德来信》的信件。其内容是警告"存在着一种极具威力的炸弹被研制的潜在可能性"，并建议要尽快开始采集铀矿，加速研究核变反应。这封信由爱因斯坦签名，交给时任美国总统的富兰克林·罗斯福。罗斯福随即请国家标准局的布里格斯（Lyman Briggs）领导一个咨询委员会，调查研究这封信所提出的问题。1939年10月，布里格斯召开了一个由吉拉德、魏格纳和坦勒（Edward Teller）参加的咨询会。11月，这个委员会向罗斯福汇报，铀可以产生目前为止最具破坏力的炸弹。布里格斯建议美国国防部研究委员会

---

① 教育部有关负责人就《高等学校创新能力提升计划》答记者问，教育部网站，2012-04-20。

(NDRC)斥资167000美元用于研究铀,尤其是U-235同位素和钚。1941年6月28日,罗斯福签署了8807号行政令,决定成立科学研发局(OSRD),任命布什(Vannevar Bush)为主任。科学研发局的职责是从事大规模的工程项目开发和研究。与此同时,在英国,伯明翰大学的两位科学家奥图·费舍尔(Otto Frisch)和鲁道夫·皮埃尔斯(Rudolf Peierls)于1939年6月在研究U-235的临界物质时取得重大突破。他们俩于1940年3月份起草的备忘录建议启动原子弹工程。在其研究小组,有一个叫马克·奥布利芬特(Mark Opliphant)的澳大利亚物理学家,于1941年8月下旬飞到美国。发现他们提供给美国的数据并没有到达物理学家的手上。他访问了加州大学伯克利分校,劝伯克利物理学家劳伦斯着手研究铀。劳伦斯被说服后,转而和康南特(James B. Conant)、康普顿(Arthur Compton)以及皮格拉姆(George Pegram)沟通,让他们也知道铀的潜在威力。在众多科学家的推动下,1941年10月9日,在罗斯福、布什和副总统华莱斯(Henry A. Wallace)参加的会上,总统决定研制原子武器,并成立了一个由罗斯福总统、华莱斯、布什、康南特、战争部部长斯蒂姆森(Henry L. Stimson)和军事委员会主席马歇尔(General G. Marshall)组成的高层政策小组。1941年10月11日,罗斯福写信给英国首相丘吉尔,建议共同开发原子弹。1942-1946年,工程的总指挥是美国工程部队陆军上将格拉夫(Leslie Groves)。1943年,格拉夫从战争人事委员会那里获得临时性的人力动用优先权。1944年3月,战争生产局和战争人事委员会给了曼哈顿工程最高的优先权。当时,图尔敏(Tolman)和康南特(Conant)是曼哈顿工程的科学顾问。他们提供了一个科学家候选人的名单,供已经参加到工程的科学家评价。之后,格拉夫给这些科学家所在的大学或公司写信,请这些机构能够批准他们的假,使他们能够参加到战争所需要的武器研制工作中来。例如,威斯康星大学麦迪逊分校的乌拉姆(Stanis Ulam)对他的一个学生希尔顿(Joan Hinton)提前进行了考试,这样她可以参加战争工作。随后,乌拉姆本人又接到了比斯(Hans Bethe)的信,邀请他参加工程。再如,罗切斯特大学医学院一位X光学副教授沃伦(Stafford L. Warren)被任命为美国陆军医疗队的上校、曼哈顿工程的医疗部的主任,以及格拉夫的医学顾问。他的首要任务是招募位于三个实验室或工厂

(OakRidge，Richland 和 LosAlamos）医院的医务人员。医疗部既承担科研任务，也负责工程的健康安全工作。无论是科学后果还是国际政治后果，"曼哈顿工程"的影响是巨大的。从科学上看，它留下了一个国家实验室网①。它对国际秩序和国际政治而言，影响更为深远。这样一个巨型工程如果没有当下所谓的"协同创新"是难以想象的。

  总结一下，哪些因素决定了这项工程的成功？从工程的发动看，科学家的使命感和知识优势、国家精英的远见卓识和意志决心、公共资源和人力资源的强大支持和保证，起着关键性作用。在工程运行过程中，战时国家急迫需要是危及生存的"外部压力"，科学家自身的社会责任和"智力"兴趣是"内部动力"，切割知识边缘的"智力"资源和心无旁骛的"精力"集中，是行动效率的基本条件，科学家和政府及其他行政人员辅助人员的密切"合作"和协同配合是最终取得成功的根本保证。中国"两弹"爆炸、"神舟"上天、"蛟龙"入海，甚至包括美轮美奂的"奥运会"，这些都是鲜活的成功事例。对此的解释是，我们的制度具有"集中力量办大事"的优越性。将这种集中力量办大事的思维模式扩展到整个高等教育系统，必须明确其边界条件。在外部压力不足以危及生存的"常态时期"，面对"国家急需和世界一流"的抽象而模糊的目标，除非有非常的协同激励手段，否则特殊时期为特殊使命驱动的巨型工程所遵从的集体行动逻辑就可能会失效。协同创新是协同主体之间的合作行为，既可能是市场行为，也可能是政府行为。市场行为是组织自觉认识到通过合作能够获得比不合作更大的价值或利益，因而主动采取联合行动，是一种自发的组织间选择性互利行为，是为了提高内部效率的"技术环境"而做出的选择。其特点是行动的自主性和价值的互利性。政府行为则是通过强制推动的组织之间的合作。强制的行为分"强强制"与"弱强制"两种。强强制是没有自由选择余地必须执行的强制形式。协同创新在没有政策激励的情况下也有可能发生。许多高校早就开始了和区域、企业以及其他科研机构之间的

---

  ① Lawrence Berkeley National Laboratory，Los Alamos National Laboratory，Oak Ridge National Laboratory，Argonne National Laboratory，Ames Laboratory。战后，格拉夫又建了两个实验室：分别是位于纽约尤普顿（Upton）的 Brookhaven National Laboratory 和位于新墨西哥阿尔布克尔克（Albuquerque）的 Sandia National Laboratory。

协同攻关①。所不同的是，协同政策强化了这种"市场化"的非强制合作。一旦有了政策激励，原来双边或多边的协同就会增加新的刺激性因素。从发动上看，协同创新政策是一项开放政策，所有高校可以自愿申报设立相应中心。这种要求虽然不是强强制性的，但也是一种强制性政策，只不过是弱强制性的罢了。因为合作的发动已经不再是出于组织的意识自觉，而是通过自上而下的"国家权力"干预做出的反应②，是唤醒合作意识后的主体间"应对性"策略，是因应"制度环境"而做出的"合法性"选择。从理论上讲，对一项开放性政策而言，组织可以响应，也可以不响应。但从实践上看，没有哪个组织能够冒无视甚至蔑视政策的风险。在对大学领导没有界定明确的卓越标准的环境里，对大学领导力的评价与评价大学的硬性指标密切相关。而硬性指标无不与可计量的公共性符号有关，如"创新群体""基地""实验室""工程中心"等。一个不去竭尽全力争取公共资源的领导是不可理解的。"跑"公共资源成为评定大学领导能动性的"约定俗成"。所以，看似自愿性的市场行为，实际上是一种弱强制性的政府行为。比起"211工程"和"985工程"的数量限制来，协同创新政策没有限定数量，但是要求有牵头单位。究竟设多少中心，没有明确限定，也没有公开明确的具有操作性的标准。如果在评审时完全没有数量限制，那就看标准的标度。如果标度低，投入少，竞争强度小，获批概率大，激励作用会在大多数机构产生，从而就可能新生出大批以"协同创新中心"为名的新机构。如此，由于中心数量多，中心稀缺性低，"比较价值"也就不会高。虽然激励面广幅度大，但是对竞争力强的机构而言激励强度降低。如果标度高，门槛高，获批概率小，竞争强度大，激励幅度会随机构竞争力递减。那些基础薄弱的机构就会失去动力，创新中心成为名校竞技场。政策激励的效果如何，取决于政府投入的"激励当量"，即中心的数

---

① 江旅安主编，左铁镛、张厚英 副主编的《合作模式与利益分配》，就收集了许多这样的案例，科学出版社 1993 年版。

② 迈克·曼对两种不同的国家权力做了区分：国家的专制权力（Despotic Power）和国家的基础性权力（Infrastructural Power）。专制权力是国家精英可以在不必与市民社会各集团进行例行化、制度化讨价还价的前提下自行行动的范围。基础性权力即国家能力，它指的是国家事实上渗透市民社会，在其统治的领域内有效贯彻其政治决策的能力。张静主编：《国家和社会》，浙江人民出版社 1998 年版，第 18 页。

量和入门标准。从协同创新的实质性行动看,启动阶段的政策激励仅仅是"符号性激励",或通过将协同中心"冠名"而采取的激励措施,实施过程中所遵从的是集体行动的逻辑,它所需要的乃是"行动性激励"。

协同创新政策在组织层面对高校是一种强制性激励,但是对高校内部的个体而言,除非有一致的制度,否则不具有强制性。而任何强制性的合作行为,如果不能转化为个人的同意,都不会产生希望的行为。公共政策对组织行为具有一定激励作用。对组织已有的行为或正强化,或负强化,起着促进或抑制的作用。对组织还没有或鲜见的行为,具有指令性或指导性作用,孵化或催化其产生。借此,组织产生或强化了政策指向的行动意识,并根据激励强度做出选择。如果是已有行为,公共政策的作用在于使其获得"合法性"身份,因而享有其身份所赋予的"无形资产"以及其他"实惠",并在公共财政分配中得到"附加性"的支持。高校社会地位的获得、巩固或改变,成为其行动选择的动力。在外在政策和制度变化的驱动下,虽然在组织层面高校更倾向于对外部行政力量的响应,而对内部状况的嗅觉减弱,但是在亚组织和个体层面,即使政策动员和政策激励的信号没有衰竭,完全为其理解,也不一定得到充分响应。因为"附加身份"对大学成员而言是一种大学范围内的"公共物品",为大学里的所有成员共享。大学中的个体或小集团在促进获得这样的公共物品过程中,完全可以采取"搭便车"的选择策略。一方面,他的行动具有增加公共物品的可能性;另一方面,他的贡献的缺失又不显著影响公共物品的获得。与直接带来个人利益(经费、办公条件、生源、声望、社会地位)的行动相比,集体行动并不必然是最优先的选择。如果对个人收益与成本进行的"协同"计算中出现负数,拥有经济理性的"正常人"便会放弃集体行动。"863""973""重大攻关"等科研项目吸引的个体注意力,要远远超过大学的"附加身份"。这表明,在大学的社会责任和大学个体成员的社会责任之间,还存在一种组织责任,即大学成员对组织承担的责任。这既涉及大学成员对大学的组织承诺,也涉及大学成员的"组织公民行为"。协同创新政策的激励传递以大学组织为中介,最后到达个体。对大学组织激励的诱因和对大学内个体及小集团激励的诱因存在强度差别,也存在时间延滞。协同创新政策在实施过程必须要正视在微观层面从组织(间)到集体再到个体的激励衰竭现象。"所谓的激励问题是，在信息不完备、信息不对称的情况下，委托方无法观察到代理方的努力程度，只能通过给予激励来促使对方努力。""委托方只能观察到实际结果，而无法把努力程度和随机事件的影响区分开来。"结果往往不是在激励员工的努力程度，而是在给随机事件激励，因此毫无意义[3]195-197。可以说是一种无效激励。要克服无效激励，需要建立面向集体行动的旨在激励"努力"而非"随机事件"或"名牌效应"的制度。

传统的集体行动理论的假设是：理性的个体为追求个人利益最大化而行动；由个人组成的集体存在着共同利益。由于认识到个人的行动在增进共同利益，进而也增进个体利益，因此他们会自觉地团结起来，为集体的利益或共同的目标而努力。曼瑟尔·奥尔森认为，这种假设是错误的。"如果一个集团中的所有个人在实现了集团目标后都能获利，由此也不能推出他们会采取行动以实现那一目标，即使他们都是有理性的和寻求自我利益的。实际上，除非一个集团中人数很少，或者除非存在强制或其他某些特殊手段以使个人按照他们的共同利益行事，有理性的、寻求自我利益的个人不会采取行动以实现他们共同的或集团的利益。"[4]2他进一步指出："除非在集团成员同意分担实现集团目标所需要的成本的情况下给予他们不同于共同或集团利益的独立的激励，或者除非强迫他们这么做，不然的话，如果一个大集团中的成员有理性地寻求他们的自我利益最大化，他们不会采取行动以增进他们的共同目标或集团的目标。"[4]3奥尔森的观点简单地说就是：比起大型组织来，小集体更容易产生集体行动。对大型组织而言，理性的个体愿意为组织出力的前提条件是，要么组织对个体施加了强制性影响，要么提供了特殊的、有效的激励。前者是一种强制性激励，后者则是选择性激励。奥尔森的分析对协同创新计划的推进具有参考价值。在任何组织中，不可否认存在着利他性的组织公民行为，即使这样的行为是偶然的、随机的。但个体行动的"利他性"不能构成政策激励的假设基础。"分易合难"是大学组织重组的普遍现象。中国大学之间的合并和大学内部机构的整合源于强制性激励。大学内部的"叠床架屋现象"表明，"另起炉灶"或"另立山头"的组织分化行为乃是个体或小集团自利倾向的外溢。这既是微观性权力紧张的一种权益性解决策略，也是组织内部的一种选择性激励措施。高校是一种以学术职业为核心的高度"专业化"组织。享有相当程度的独立性，这是学术职业的基本特点。在没有认识到合作对组织和个人利益的重要意义的前提下，通过（弱）强制性的"协同激励"不会有实质性的作用，最多只能有形式性的表面效果，比如起草一份形式化的协议，盖几个橡皮图章，"拉郎配"式地捏合一段"姻缘"。从选择性激励的角度看，政策（经费）激励的强度、集团（协同中心）的容量、计划运行过程中的管理自主性和信息透明度是制度设计中必须考虑的因素。

协同创新不是"协同"与"创新"的简单的概念组合，其话语背后潜在着"不协同""非创新"的现实根据。协同创新政策为政府推动，但并不是政府首创，"民间"已经有许多协同创新的鲜活案例。协同创新政策适时推出的意义远远超出了建立几个以"协同中心"命名的符号性平台，它涉及与社会契约有关的整个知识生态、场域和惯习的改造问题。旨在促进协同政策执行的微观制度设计如果不能将宏观的科学生态和集体行动的逻辑结合起来，如果不能突破传统的组织边界限制，就难以收到预期的积极效果。

参考文献：

[1] 罗斯托. 这一切是怎样开始的——现代经济的起源 [M]. 黄其祥，等译. 北京：商务印书馆，1997：21.

[2] 贝尔纳. 科学的社会功能 [M]. 陈体芳，译. 桂林：广西师范大学出版社，2003.

[3] 周雪光. 组织社会学十讲 [M]. 北京：社会科学文献出版社，2003.

[4] 曼瑟尔·贝尔森. 集体行动的逻辑 [M]. 陈郁，等译. 上海：上海三联书店，上海人民出版社，1995.

中国博士后科学基金发展及资助政策改革设想

姚 云[①]

中国博士后科学基金与国家自然科学基金和中国哲学社会科学基金一样，是中国政府为促进科学研究与进步而创立的国家层面基金，所不同的是，前者是为博士后这一特殊群体申请科研资助的专属通道，旨在资助具有创新能力和发展潜能的优秀博士后。自1986年设立，1987年实施资助至2001年年底，累计出资，94380.1万元人民币，235.9万美元，共资助了30236人次博士后开展科学研究。随着博士后招收规模的扩大、资金需求量的持续增长以及社会环境的不断变化，中国博士后科学基金的资助政策遭遇到空前问题。了解中国博士后科学基金的发展，针对资助问题提出改革措施，才能更好地促进博士后制度健康发展。

一、中国博士后科学基金的发展

1983年3月5日和1984年5月16日，邓小平同志两次接见李政道先生，听取了对留学归国人员的发展建议以及他所设计的博士后制度。邓小平同志认真询问"博士后"等概念以及相关问题后果断决策，批示有关部委尽快建立中国的博士后制度。这是在当时我国学位制度刚建立，毕业的硕士和博士还十分少见的情况下的创建，足以说明邓小平同志的高瞻远瞩和对青年高层次科技人才的重视。1985年7月5日，国务院正式批准由原国家科委、教育部、中国科学院《关于试办博士后科研流动站的报告》，

---

① 作者简介：姚云，北京师范大学教育学部高等教育研究所副教授。

其后成立全国博士后管理协调委员会（后称为"全国博士后管理委员会"，以下简称"全国博管会"）负责具体管理中国博士后事业发展，这标志着中国博士后制度的正式建立。同年，中央政府拨付1000万元（含20%的外汇）人民币设立国家博士后科学基金的本金，以每年的利息作为当年博士后工作的活动经费和博士后科学基金的资助金额。

中国博士后科学基金是中国博士后制度的重要组成部分，李政道先生设计的中国博士后制度中就有创立国家博士后科学基金的设想。1986年10月11日，全国博管会第四次会议通过了《国家博士后科学基金试行条例》，11月12日原国家科委会发布《国家博士后科学基金试行条例》，这标志中国博士后科学基金由设想变成了现实。1987年3月27日，全国博管会第五次会议审批通过首批国家博士后科学基金获得者及资助金额的同时，通过了《博士后经费管理使用暂行规定》等文件。这些规范性文件和基金资助正式开始表明中国博士后科学基金制度的初步形成。

1988年5月21日，根据国务院机构改革的决定，博士后的管理工作由原国家科委划转国家人事部。1989年5月24日，中国人民银行批复同意成立中国博士后科学基金及其中国博士后科学基金会理事会，8月26日，中国人民银行又批复将"国家博士后科学基金会"改名为"中国博士后科学基金会（China Postdoctoral Science Foundation，CPSF）"。1990年2月2日，中国博士后科学基金会由中国人民银行准予登记注册，取得独立的法人资格。同年5月，邓小平同志题写了会名。

1993年6月4日，中国博士后科学基金会第二届理事会在对过去博士后资助评审文件汇总、修改和补充，通过了"中国博士后科学基金资助条例"。由于1994年开始，国家外汇管理局对管理规定作了调整，经征求设站单位、专家和博士后研究人员的意见，1996年11月12日，中国博士后科学基金会第三届理事会通过了"中国博士后科学基金资助条例"，全面修正了基金资助金的申请、评审和管理使用的有关规定等。

随着博士后招收人数的大幅增加，过去采用基金本金的利息对博士后实施资助的方式已不可能满足博士后人数增长的需要，资金严重不足。2002年12月，国家财政部同意以基金本金保本取息与国家年度预算拨款相结合的方式实施资助。同时，决定其财政拨款将随着博士后人数逐年递增。2003 年、2004 年和 2005 年国家财政拨款分别为 1000 万元、1500 万元和 2000 万元。从 2003 年到 2005 年，国家财政拨款累计 4500 万元。这一数目相当于中国博士后发展前 18 年国家财政对博士后科研经费拨款的总和。由于改变资助经费来源的方式，扭转了当时博士后资助面不断下降的局面。2008 年 1 月 25 日，中国博士后科学基金会第四届理事会第一次全体会议通过了"中国博士后科学基金资助规定"，对资助目的和资助强度等做了新规定，同时，财政拨款占年度博士后科学基金资助中的比例大幅上升，本金取息所占比例越来越小。

二、中国博士后科学基金的资助

（一）历年资助

1. 历年资助金的变化

自 1987 年中国博士后科学基金开始实施资助到 2011 年年底，累计金额达到 94380.1 万元人民币。从图 1 可知，中国博士后科学基金资助金额变化呈现出以下特点：第一，资助金总额基本呈现逐年走高趋势。除 1992 年比 1991 年，1998 年、1999 年、2000 年、2001 年比 1997 年略有下降外，其他年份都是比往年有所增加。从曲线整体走势上看，资助金额呈逐步走高趋势。第二，资助金总额呈现三个明显的增长波段，2003 年、2006 年和 2008 年分别为不同增长波段的起点。究其原因，一是因为它们是博士后招收人数增长幅度较快的三个时段，二是因为它们是中国博士后科学基金调整资助政策的时段。两个因素的叠加，使得曲线呈现快速增长波段。第三，资助金总额增长呈现由慢到快的特点。自 1987 年至 2011 年的 24 年间，中国博士后科学基金资助经费达到 94380.1 万元。特别是 2008 年突破 1 亿元大关后，只用了 3 年时间到了 2011 年资助经费总额翻倍到近 2 亿元。中国博士后科学基金提供资金资助博士后开展项目研究，较好地保证了博士后从事科学研究工作。

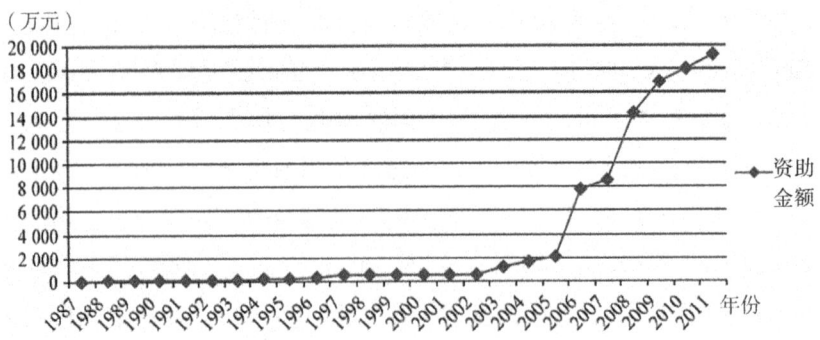

图1 1987-2011年中国博士后科学基金历年资助金额①

2. 历年资助人次的变化

中国博士后科学基金自1987年至2011年年底共资助了30236人次。根据中国博管会数据库的数据统计制作的图2可知，资助人次增长呈现不规则曲线。1993-1996年是增长的第一波段，1999年下降，随后资助人次处于基本稳定状态。2002-2004年时出现增长的第二波段。2005-2010年为增长的第三波，也是增长幅度最大的一波段。由于2002年开始确定了以国家财政年度预算拨款为主的资助，以及财政拨款将随着博士后人数逐年递增的制度，因此中国博士后科学基金的资助人次与当年招收人数有较强的相关性。

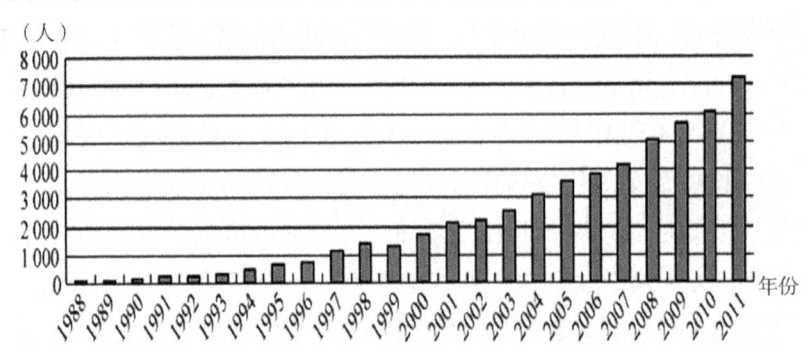

图2 1987-2011年中国博士后科学基金历年资助人数

资料来源：中国博士后科学基金会. 博士后科学基金资助情况. [EB/OL]. http://www.chinapostdoctoral.org.cn，2011-10-20.

---

① 注（中国博士后科学基金前20批有美元资助，1997年以后改为人民币全额资助，至此美元资助金额共计235.9万美元。为了不受汇率影响而保持统计的准确性，本表只显示了历年人民币资助的金额。

(二) 资助效益

博士后制度吸引了众多优秀博士到学术气氛活跃、学术科研水平较高的大学、研究机构或一些创新企业中从事科研项目研究。中国博士后科学基金的资助效益主要表现在科研成果、对博士后科研流动站和工作站的贡献、博士后素质提高和学术与社会影响等方面。[1]

从人才培养和科技成果来看，对博士后资助的效果令人鼓舞。从图3可知，从1988年第一批中国博士后出站到2011年年底，累计出站博士后54057人。特别是从2010年开始，每年有4000以上规模的博士后出站。

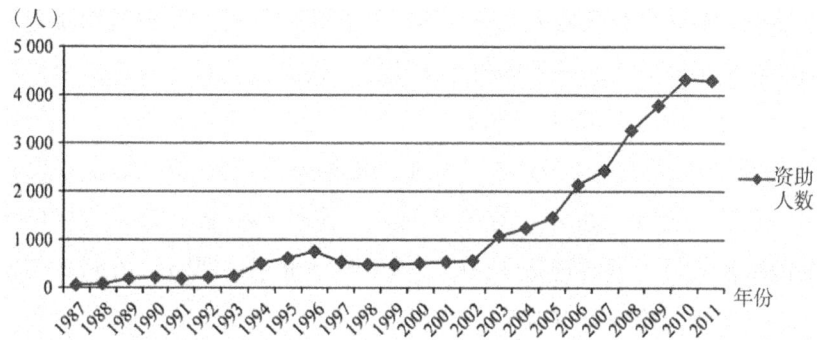

图3　1987-2011年中国博士后历年出站人数

资料来源：中国博士后科学基金会. 各年度博士后出站情况. ［EB/OL］http://www.chinapostdoctor.org.cn/V3/Program/Info_Show.aspx? InfoID=92ec9b33-f5a6-4fdl-afa0-9ad7f58c41dd, 2011-10-20.

在出站博士后中已有26位当选为中国科学院和中国工程院院士，一些人成为"长江学者"特聘教授、学术带头人，多人获得杰出青年基金，享受政府特殊津贴等，也有一些人走上了政府与大型企业的领导工作岗位。一些博士后在重大课题上取得的突破在国内外产生了重大影响。如卢炬甫在黑洞天体物理学领域取得的成果，被国际同行称为"唯一性定理"，获得中国十大青年科学家奖，郭亚军在肝癌治疗上取得的成绩，获上海市首届十大"科技精英"称号，他主持并与美国科学家合作的疫苗被称为"能为人类最终攻克癌症带来巨大希望"。[2]

一些大学的博士后群体在高校科研中成绩也非常突出。如清华大学博士后发表的被 SCI 收录的论文数约占全校的 15%，论文的质量较好，物理系出站博士后韩伟强于 2000 年以第一作者发表在 SCIENCE 的单篇论文被引用次数 62 次，排全国第二名，于 2002 年以第一作者发表在 SCIENCE 上的单篇论文被引用次数 102 次，排全国第一名；环境系出站博士后王建龙以第一作者发表于 SCI 论文 7 篇，列生物类全国第一；数学系出站博士后杨晓京以当年被 SCI 收录的 21 篇论文列 2002 年全国数学学科个人发表第一名；清华大学计算机系的博士后表现突出，"博士后在站期间，平均承担科研任务 2-4 项，发表核心期刊论文 3-4 篇，表现突出的博士后在站期间已成为 863 项目负责人，有的博士后在站期间连续获得自然基金和博士后基金资助，有的在站期间发表 SCI 检索论文十余篇……全国流动站评估统计的时间段（2002.1.1-2004.12.31）为例：本流动站在此期间招收博士后 73 人，而由博士后本人负责主持的科研项目达 80 项，其中国家级（863，自然基金等）28 项，省部级 52 项；在计算机系 2003、2004 两年获得的国家自然科学基金资助项目中，博士后获准率占 39%，在近 3 年发表的 SCI 论文中，博士后占 16%"。[3]

中国博士后制度创立以来的历史证明，"中国博士后科学基金的资助是低投入、风险小、高回报、成效显著的一项政府基金"[4]。

三、中国博士后科学基金的资助问题

随着博士后招收规模持续扩大，社会发展导致博士后制度环境变化，中国博士后科学基金的资助问题迫切需要解决。

（一）资助面较低且不稳定

资助强度和资助面可以反映出基金对某项事业发展的资助力度。资助强度是指对资助个人或类别的资助金额多少，资助面是指符合资助条件人数占到实质资助人数的比例。

从图 4 的资助面可知，从第一次实施资助的 1987 年，资助人数约占当年招收博士后人数的 50%，1989 年创下资助面历史新高，超过 75%。其后进入第一波下降通道，到 1993 年资助面为 35% 后出现了反弹，到 1994 年资助面又上升为 60%。然后进入第二波下降通道，2002 年资助面更是创

出历史新低的 15%,其后反弹到 2009 年的 40%。其后 2011 年再次进入第三波下降通道 30%。

从历年资助面的变化不难发现,中国博士后科学基金实施资助的 1987 年,设置的资助面为 50%,即符合资助条件的博士后有一半能够获得资助金的资助,而其后的资助面几乎呈现波段式下降趋势。从 1987 年到 2011 年的 25 年资助中,只有 5 个年份高于创立时的资助面,其他 20 年都低于资助面。同时反映出,中国博士后科学基金的资助面极不稳定,高的年份达到 75% 以上,最低的年份仅为 15%,两者相差 60 个百分点。由于资助金是博士后开展科研的基本经费,资助面不高,又大起大落,势必影响博士后的科研活动和博士后事业的发展。

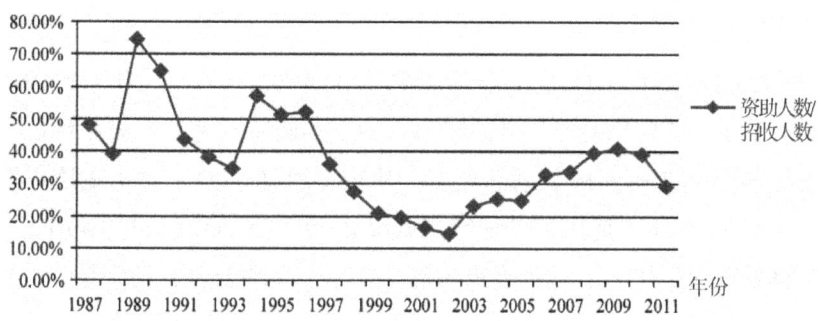

图 4 1987 - 2011 年中国博士后科学基金历年的资助人数与招收人数比例

(二) 资助金的资助类别设置不合理

中国博士后科学基金自创立以来,分别于 1986 年、1993 年、1996 年、2003 年、2006 年和 2008 年颁布了不同的资助标准与类别。2008 年的修正较大,较 2006 年的资助强度虽没调整,但在类别上修正为"面上资助"和"特别资助"两类。面上资助继续为 5 万元和 3 万元两等,而特别资助为 10 万元,见表 1[①]。

---

① 1986 年还指出,"如果有特殊需要者,资助金可适当提高"。1993 年对 1986 年作出了修正,"如果有特殊需要者,资助金可适当提高,但不得超过上述获得等级的 50%"。

表 1 中国博士后科学基金历年资助类别与标准

年份	一等	二等	其他
1986	￥1 万元和 $ 2000	￥5000 和 $ 1000	/
1993	￥1 万元和 $ 2000	￥5000 和 $ 1000	/
1996	￥2 万元	￥1 万元	/
2003	￥3 万元	￥2 万元	￥1 万元（三等）
2006	￥5 万元	￥3 万元	
2008	￥5 万元	￥3 万元	￥10 万元（特别资助）

但"特别资助"的设置，一是会造成大量的博士后失去了科研锻炼的机会。由于每年资助总经费是固定的，为了实施特别资助，只好挤占中国博士后科学基金每年的资助总经费。从表 2 可知，2008 年实施该资助以来，除 2008 年外，其他年份的特别资助占到了资助总经费的 40% 以上。二是将科研项目作为了科研奖励项目，有悖于该基金设置的宗旨。"特别资助"规定，满足下列条件之一可以优先申报："获得中国博士后科学基金面上资助，或获得国家自然科学基金、国家社会科学基金等资助的博士后；作为主要研究人员参加'863'、'973'、国家知识创新工程等重大科技项目的博士后；获得省部级以上科技奖励或学术荣誉称号的博士后；作为优秀留学人才引进的博士后。"分析其规定可以认为，一些博士后获得面上资助又获得特别资助，相对于一个博士后在站期间将同时获得一种基金中的两次资助；获得国家项目的基金优先获得，实际上是奖励了获得国家基金的项目；获得奖励或称号也给予特别资助，更是作为了奖励基金。更何况，中国博士后管理委员会早在 1993 年就设置了"中国优秀博士后奖"（最初称为"国氏"博士后基金奖励），每年对优秀博士后实施精神与经费奖励。

表2 2008–2011年中国博士后科学基金特别资助与资助总金额

单位：万元

年份	资助总金额	特别资助金额	特别资助金额占总资助金额比例（%）
2008	14243	5000	35.10
2009	16933	7000	41.34
2010	17982	7400	41.15
2011	19202	8000	41.66

四、改革设想

（一）稳定政府资助比例，保障基金经费的基本来源

中国博士后制度的建立与开展具有典型的中国特色，它有别于美国的博士后制度。虽然中国借鉴了美国博士后制度，但美国的博士后制度充分反映出市场特征，主要通过大学和科研院所自主实施。而中国博士后制度是政府主导的一种科技人才发展制度，中央政府在资金、人力资源和媒体宣传方面对中国博士后科学基金给予了很大的支持。因此，充分利用中央政府的持续支持是中国博士后科学基金改革与发展的基础，也是中国博士后科学基金战略发展中的策略之一。2011年8月26日颁布的《博士后事业发展"十二五"规划》中虽然提出了"将加大中央财政投入……保持基金资助规模平稳较快增长"的要求，但是由于没有提出具体的指标，极易造成规划在执行过程中落空。事实上，在"九五""十五"和"十一五"中也有类似表述，而对规划执行结果却难以令人满意，政府资助比例起伏不定，影响资助效果。

促进博士后人才发展和科技进步，需要博士后制度处于相对稳定的环境，要实现博士后科学基金的资助拨款平稳增长，必须使博士后科学基金拨款规模与博士后招收规模保持稳定的比例，否则会出现拨款规模相对增长，但比较招收博士后人数会出现绝对减少的状况。中国博士后科学基金会应该充分利用政府拨款的有利因素，"构建以财政为主的博士后投入保障机制"[5]的同时，促使政府拨款稳定在一定的比例，保障博士后事业能

够平稳发展。根据我国国家自然科学基金等项目的资助比例以及其他有关研究成果来推算，我国对博士后科学基金的资助比例应该占到招收人数的30% - 40%左右[6]，这样的资助比例对博士后的科研水平和博士后事业的持续发展起到有力的保障作用。

（二）调整资助类别与等级，跟踪与研究资助效益

就我国对中国博士后基金资助类别和等级的六次调整来看，2008年的调整应该是最大的，它在保持了2006年调整的5万元和3万元两个等级外，增加了新的类别，即每人十万元的特别资助，而且其资金所占当年整个资助比例的40%以上。虽然"特别资助"是对富有创新和发展科研项目的资助，但它从根本上讲属于奖励性质。因此，严格遵照中国博士后科学基金设置宗旨，重新修订博士后基金资助的类别和等级是十分必要的。根据中国博士后科学基金国家划拨经费比例相对稳定，不可能大幅提高国拨经费以及还没有取得更多的筹集资金前提下，对中国博士后科学基金修订的建议：一种办法是设置三个等级，将特别资助变为"一等"，即一等、二等和三等分别为"10万元""5万元"和"3万元"；另一种办法是设置两个等级，即一等"10万元"和二等"5万元"。这样，既能使每年的博士后资助人数稳定在30%，又不增加国拨经费，从而达到资助人数与资助效益的协调发展。

研究资助效益则是为了使基金使用效益最大化，从国内已有的研究成果来看，研究资助效益仅有纵向的统计数据，如培养人才数量、出版专著和发表论文数量、申请专利多少等。纵向的研究是必要的，但是它非常不充分且不能说明资助效益问题。当前，应该通过横向的比较性研究，如国内与国外、不同地区之间、不同学科之间、不同资助等级之间、不同性质的研究之间等等，进行横向的比较，发现采取什么样的资助才能更好地促进经济增长和社会进步。

（三）缩短评审时间，改进评审制度

中国博士后科学基金的评审工作由博士后科学基金会负责组织实施，每年进行两次评审。评审过程是由基金会向有关博士后科研流动站和工作站发出评审通知，博士后根据通知要求向站点和基金会提交申请书，基金

会将所收到的申请材料按学科专业领域进行归类分组后，将各组申请材料分别寄送五位相关学科的同行专家。专家根据择优原则对申请者进行综合评审后，将评审结果表反馈给基金会。基金会再根据专家评审结果，按事前规定的资助比例，确定获得资助金的人选及其资助金额等级。基金会向各博士后科学流动站和工作站以及社会发布公示，公示期一周后，正式通知评审结果。

博士后在站时间一般为两年，而且要求指出申请者离出站只有6个月时不能申报。换句话说，博士后的申请不到一年半时间，但从申报到得到正式评审过程至少要3个月时间。这就造成博士后在站时间较短与博士后基金评审周期较长的矛盾，影响到博士后的科研活动。由此，改进评审制度是十分必要的。首先，对专家的遴选除了学术水平、学术道德外，必须评估专家对博士后申请基金的完成质量，使专家能够准时提交评审结果。其次，缩短评审过程，将评审时间由过去的3个多月限定在1个月内。最后，尽可能通过网络平台完成评审过程，在博士后提交材料、导师签字、材料专家评审、专家评审结果反馈、公示等环节，减少基金会与博士后、博士后科研流动站与工作站等之间不必要的来来往往环节。

参考文献：

[1] 冯支越. 中国博士后制度沿革及其发展 [M]. 北京：经济科学出版社，2003：193.

[2] 庄子健，潘晨光. 中国博士后 (1985 - 2005) [M]. 北京：经济管理出版社，2006：206.

[3] 汪健，邓芳. 博采众长，擎起辉煌——清华大学博士后二十年 (1985 - 2005) [M]. 北京：清华大学出版社，2005：56, 58.

[4] 纪晓，子英，吕蕾. 中国博士后科学基金的创设、运作与改革 [J]. 高教发展与评估，2005 (5)：8 - 12.

[5] 韩东林. 论构建以财政投入为主的博士后经费投入保证机制 [J]. 中国科技论坛，2008 (5)：127 - 131.

[6] 史万兵，李倩. 博士后科学基金政策分析与改进建议 [J]. 大连理工大学学报：社会科学版，2009 (4)：49 - 54.

我国大学和产业合作的战略选择和制度安排

——协同创新中高等教育宏观政策的调整和创新

薛二勇[1]

20世纪80年代以来,我国大学和产业的合作得到了进一步加强,并取得了较大的成绩。但大学和产业合作层次较低、动力不足、效益不高,科学的合作机制尚未建立,难以适应科教兴国、创新型国家建设的需要。因此,亟须针对问题找准原因、提出对策,建立利益合作机制,促进大学和产业的合作,以迎接国际竞争的挑战,适应并引领经济的快速增长和科学发展。国家创新系统理论、三重螺旋理论、开放式创新理论以及跨组织合作理论对大学和产业合作创新的原理做出了解释,并对大学和产业合作的战略选择和制度安排做出了形式各异但宗旨一致的分析,本文结合理论工具和我国的现实条件,力图通过政策分析,基于利益相关者的利益融合,提出促进大学和产业合作的政策建议,调整和创新高等教育宏观政策,推进协同创新。

一、大学和产业合作的本质探寻和制度比较

(一)大学和产业合作的本质探寻

协同创新中,大学和产业合作关系的本质是构建大学与产业知识和技术生产、创造和流动的网络。如何提高知识和技术的可达性,使得知识和技术发挥最大的价值,从而提高知识和技术接收的有效性及转移绩效,是

---

[1] 作者简介:薛二勇,北京师范大学中国教育政策研究院副教授。

大学和产业合作的宗旨。国家创新系统理论、三重螺旋理论、开放式创新理论以及跨组织合作理论从不同的视角解释了大学和产业合作关系的实质,不同程度地隐含了对合作中知识和技术流动本源性解释的理论认同,说明大学和产业合作的终极目标是创造知识与创新技术,决定合作成败的关键在于知识和技术能否在大学和产业之间进行有效的流动,实现知识和技术在不同组织间的交融。知识和技术流动的行为贯穿于大学和产业合作的全过程,根据整个过程的关键因素和作用机理进行顶层政策设计,是大学和产业合作战略选择和制度安排的关键。

大学和产业之间的知识和技术流动为促进技术创新创造了条件,而技术创新又促进了学术研究,进而提高学术创新的水平。大学和产业之间的合作,使彼此之间不断累积自身的优势资源,形成协同创新、不断扩大效益的循环效应,促进经济和社会的发展。大学通过避免轻视实用性的研究、增进大学和企业之间的交流、申请专利权和签订研究合作协议、组建技术转移公司或技术创新企业等方法,加强其与企业之间的密切联系程度。[1]大学不但是新知识和技术的发源地,还是全球知识和技术流动的关键环节,更是地方知识和技术创新网络形成的中心,是连接知识和技术网络的最重要节点,借助于学术创新、技术创新,实现人才培养、科学研究、社会服务的有机结合。大学知识和技术转移可以分为水平式和垂直式两种形式,垂直式知识和技术转移发生在大学和当地企业之间,由于大学和地方企业的知识和技术水平的不同而发生溢出;水平式知识和技术转移发生在地区大学和研究机构之间,在人员交流、信息共享中实现知识和技术的溢出。

大学和产业基于各自的构成要素和运行机制,显示出不同的系统特性,在社会活动系统中分属不同的子系统,彼此的分工相对明确。然而,随着社会的发展,分工的壁垒阻碍了创新和发展,大学和产业掌控和拥有自身创新和发展所需的所有知识和技术资源变得越来越不可能,其合作成为社会发展的必然要求和趋势。产业主要的功能在于实现物质的再生产,同时也从事技术的开发和创新活动,从而实现知识的再生产和人才的再生产;大学主要的功能在于实现智力的再生产,同时也从事知识的传承和创新活动,从而实现技术的再生产和物质的再生产,彼此之间交叉融合的现象越来越明显。大学是人才培养、科学研究、社会服务、文化创新的综合系统,产业是产品开发、技术创新、工艺完善、人才成长的综合系统,大学以传承和创新知识为主,产业以传承和创新技术为主,同时都承担着知识和技术创新、人才培养和锻炼、文化传承和创新的职能,通过相互合作实现协同创新和发展。

大学和产业之间的合作,使得大学的科研成果通过企业运作得以产业化,不但给企业带来了创新性的技术和服务方式,提升了企业的创新能力和竞争优势,为形成企业的核心竞争力打下了坚实的基础;同时,大学的研究成果也可以在产业化、商业化过程中进行检验,发现新的问题,找到新的研究方向,形成新的知识增长点。实践是检验真理的唯一标准,科研成果转化过程中出现的效果和问题,为大学进一步开展研究活动指明了方向,成为大学学术研究和知识创新的重要源泉。基于创新性的知识和技术,大学为产业培养适用的技术人才、管理人才、服务人才等,将知识和技术融合为人才所具有的基本知识和才能,进而转化为企业本身的智力资源,实现技术的创新,促进知识的创新。与大学和科研院所协同创新的企业,其效率远高于模仿企业,协同创新企业比模仿企业的技术效率高10个百分点,协同创新是我国经济转型期企业提升效率和增强竞争力的最佳产品创新模式。[2]

(二) 大学和产业合作的制度比较

美国共有4000多所高等院校,其中200多所是研究型大学,联邦政府研究机构800多所,除少数比较专注理论研究之外,大多数高校和研究机构都不同程度地从事应用研究,与企业保持着紧密联系,大学和产业合作的范围较广、程度较深。多数政府通过政策,要求国内的高等教育机构寻找非政府的资金来源,并从事各种创业活动,许多高校已经切实有效地实现资金来源、研究基地的多样化。[3]战略和制度层面,美国建立了较为完善的法律保障体系,主要通过在大学周围建立科技工业园区,例如硅谷等;以企业为主,大学和产业开展合作研究;政府支持大学和产业建认联合研究机构,开展合作研究;大学、产业建认产学研联盟或技术战略联盟等方式,促进大学和产业的合作。

日本大学以基础研究为主，研究院所以应用研究为主，企业以开发研究为主，三者各有侧重、互相协作。目前，日本企业加强了与大学的合作研究，大学从事基础研究，开展技术研究，接受企业的委托研究或与企业合作研究，帮助企业提高技术创新水平和培养研究人员。所有为大学提供经费的方法都含有市场调节的因素，大学组织的行为很大程度上是由资源分配给该组织及该组织内部的分配方式决定，市场调节可以不断地刺激大学，使其适应不断变化的经济社会状况。[4]日本政府明确提出了加强产、学、官合作的方针，从政策上保证大学和产业合作的顺利进行，主要通过创设大学和产业合作的制度环境、加强科技信息沟通平台建设、推动产业集群及知识密集区的建设、兴建产学研研究基地、设立重大专项和计划、创办科技中介机构等方式，推动多种形式的大学和产业合作。

德国政府创新大学和产业合作的模式，一方面，充分发挥其国际化大型企业的技术创新优势，促使其与大学合作，建立产学研联盟，开展行业共性技术研究；另一方面，大力支持中小型企业和大学合作，建立或者组成各种研究联合体，调动创新研究实力强大的研究型大学积极参与，支持产业集群发展。大学作为科学发源地的思想在德国得到极大的重视，其对德国的影响从未真正减弱过。科学是解决问题的基础，是技术发展的基础，也是企业家经营企业的基础。[5]德国通过创新大型企业与高水平大学合作模式，建立合作性的工业研究机构或者协会，设立产业孵化和科技园区，鼓励人员流动和加强对员工的培训等政策，促进大学和产业开展多种形式的合作，实现知识和技术的跨组织转移。

英国政府十分重视大学和产业的合作，认为"增进高等教育与工业之间、科研之间的联系对英国经济的健康发展有很重要的意义，是一件具有长远意义的大事"[6]。强调科技界应走出实验室，并同工业界密切结合，科学家应具有工业概念，实业家应具有科学头脑。高等教育在发展和得到新的思想和新的技术，发现和训练人才并指导人才更加有用处等方面具有重大的责任。[7]英国通过理顺科技宏观管理体系、组织和实施科技计划、发展科技中介、建立科技园区等政策，以及通过设立专项资金并鼓励企业加大经费投入，保护大学科研人员从企业中应获得的收益，支持中小企业的科技创新等措施，积极推进大学和产业的合作。

不同国家的经济与科技水平、文化与历史传统影响着大学和产业合作的战略选择和制度安排。不同国家大学的功能与作用差异十分明显,一个国家的不同发展阶段,大学的功能与作用也随着社会发展需要而发生显著变化。大部分国家通常采取政策法规和行政措施等手段对大学和产业施加影响,将大学的科学研究和产业的合作创新纳入国家经济建设和社会发展的轨道。高校既是高层次创新人才培养的重要基地,又是基础研究和高技术领域创新成果的重要源泉,也是文化发展繁荣的重要驱动力。[8]只有知识与资本的结合才会产生巨大的经济回报,只有为知识型企业创设良好的发展环境,才能使投资产生更大的综合效益。[9]创新性知识只有服务于产业,才能转化为现实生产力,这种转化需要大学和产业的密切配合与协作。因此,许多国家都制定并实施了有关政策,例如设立或委派专门机构从组织管理上加强政府对大学和产业合作的领导或引导,构建大学和产业合作的新模式;形成促进大学和产业合作的产业政策、科技政策、财政政策和人才政策等,营造有利于大学和产业合作的制度环境;制定重大科技计划,确定大学和产业合作的重点领域,增加政府资助,强化宏观调控等,推动大学知识创新,推进科技成果转化。

二、我国大学和产业合作的困局及影响因素

(一)我国大学和产业合作的挑战以及问题

我国大学和产业合作的基本模式为设立大学科技园、创办校办产业、控股或参股上市公司、大学向企业转让专利、企业委托大学研究开发、大学与企业联合申请项目、大学与企业联合建立实验室、大学和产业设立合作基金、企业在大学设立研究基金、大学和产业组建产学研战略联盟等。其中,大学科技园是大学和产业合作的基本平台,校办产业是大学和产业合作的重要途径。

国家大学科技园是中国特色高等教育体系的有机组成部分,是高等学校产学研结合、为社会服务、创新创业人才培养的重要途径。2010年年底,全国共有国家大学科技园86家,涵盖了24个省、自治区和直辖市的134所高校。国家大学科技园在孵企业承担各级各类计划项目1728项,其

中国家级项目345项，在孵企业申请专利5603项，其中发明专利2333项；批准专利2857项，其中发明专利872项，购买国外专利34项；已累计毕业企业4364家，其中上市企业21家。2010年，国家大学科技园在孵企业转化科技成果4606项，在孵企业总收入为221.63亿元，毕业企业683家。[10]国家大学科技园的可持续发展面临一定困难：区域发展不平衡，国家大学科技园与高校、政府、企业等的关系尚未完全理顺，政策对国家大学科技园的引导、支持力度不够；国家大学科技园的管理模式、运营机制尚处于探索之中，办园水平有待进一步提高；国家大学科技园内的中小企业融资难等问题仍然存在，未能充分发挥出国家大学科技园的优势和潜力。2011年，科技部、教育部联合颁布《国家大学科技园"十二五"发展规划纲要》（国科发高［2011］362号）强调，探索并完善科学管理体制与高效运营机制，发挥国家大学科技园科技创新平台的综合优势，是新形势对国家大学科技园提出的新要求。

大学校办产业，尤其是科技型企业在收入总额、利润总额、净利润、人才培养中均居校办产业中的主导地位。2010年，参加全国普通高校校办企业统计工作的494所高校，共计3564家企业，23家上市公司。其中：资产公司190家，占5.33%；一级企业（指学校直接投资的全资、控股、参股及资产公司投资的全资、控股、参股企业）2007家，占56.32%；二级企业（指一级企业投资的全资、控股、参股企业）1557家，占43.67%。2010年我国高校科技型企业收入总额约占校办产业收入总额的67.92%，大约为1135.49亿元；实现净利润44.69亿元，占校办产业净利润总额的54.50%；在册职工人数共计10.86万人，约占校办产业职工人数的27.05%；接纳学生实习人数18.16万人次，约占校办企业接纳学生实习人数的16.90%，参与培养博士生、硕士生分别占校办产业培养博士生、硕士生人数总额的38.81%和47.73%。但高校校办产业在发展中也暴露出不少问题，科技型企业仍然偏少、规模不大、创新力不足。2010年，我国高校科技型企业总计1044家，仅占校办产业数量的29.30%。1999－2007年的近十年间，中国高校校办企业数量呈现逐年下降趋势，校办科技型企业年均减少106家。2010年年末，高校上市公司市值超过100亿元的只有1家，占高校上市公司的4.35%；而市值低于10亿元的有6家，占高校上市公司的26.09%。[11]

虽然高校的科研经费持续增长,来源也日益多样化,但大学科研成果的转化率却十分低下,大量的研究成果以发表学术论文为最高目的。大学申请并获得专利的比例较低,而且获得的专利应用到产业的比例也比较低。国家知识产权局调查研究表明,1999—2003年间,大学专利售出量占到授权量的22.8%。据科技部《中国科技统计数据2011》统计,2010年,大学共获得专利授权量19036项,比2009年增加4645项,增长率为32%;2009年大学理、工、农、医领域专利出售仅为1571项,约占授权量的34%。而2003—2007年间,我国大学共申请专利100102项,获得批准专利45350项,但仅有35%项专利售出或者转让,专利应用到产业的比例还不到8%。目前,我国的科技成果转化率大约在25%左右,真正实现产业化的不足5%,与欧美先进国家相比存在很大差距。[12]我国大学本身的科研能力、学术创新水平日益增强,但大学的科研成果的转化率、获准专利的应用率却并不高,二者的发展严重背离,这势必影响大学科研创新能力及企业创新能力的进一步提升,进而影响协同创新的水平和创新型国家的建设。

企业与大学合作的积极性不高。我国企业委托大学开发研究的经费虽然逐年增长,但在大学科技活动总经费中的比重却有所下降,使得合作缺乏可持续性。1998—2007年的10年间,基本维持在37%左右;2003年以后,高等学校研发资金来源逐渐形成较为稳定的结构,即政府资金占54%—58%,企业资金占35%—37%,国内其他来源资金和国外资金占7%—10%;2010年,我国高等学校研发经费来源于政府的比例有所回升,而来源于企业的比例略有下降,分别为60.1%和33.2%。[13]我国"国家高技术研究发展计划"("863计划")实施十年之后,大约1200多项高技术研究成果得到了鉴定,学术论文发表了两万余篇,但专利申请仅为200多项,大约相当于论文发表量的1%,而实际上有关科研人员通过在产业中的技术兼职,将有关科研成果进行了部分转化,出现了较为普遍的非正式知识和技术的转移现象。我国科研活动中利益相关者利益分享机制的缺失,导致大量的研究成果没有申请知识产权政策的保护,对有关成果的管理较为随意,缺乏转化和使用的意识;同时又导致知识产权政策之外的非正式和非法使用，大学的知识产权利益流失现象明显。

（二）我国大学和产业合作不畅的影响因素

1. 大学和产业合作的利益分配和协调机制尚未建立

大学和产业合作能够有效地进行，科学合理的利益分配和协调机制的建立是关键，涉及的主要利益为知识产权，以及由此所产生的经济利益。我国虽然强调"共同投入、利益共享、风险共担"的合作原则，但由于利益相关者为了获取更多自身利益，导致了矛盾的产生。我国现有的政策对知识产权利益主体的界定相对模糊，对科技奖励利益主体的划分不够明确，对知识产权和科技奖励主体的规定比较笼统，导致有关政策不能有效地调整不同利益相关者在大学和产业合作中的权利和利益关系。

大学和产业对技术创新的价值认识存在分歧，合作中的贡献往往难以准确衡量，再加上技术创新价格难以确定等，使得双方的责、权、利界定不清。大学和产业合作协议的管理不够规范，缺乏相应的法律法规监管。调研发现，大学和产业的合作最初都比较顺利，有可能获得创新成果时开始出现问题，影响进一步合作，严重时甚至由于矛盾不能化解而导致合作失败。

科技型企业倾向于大学参与设立企业研发中心，而大学则倾向于企业在大学设立研发中心，原因在于研发属地同知识产权和利益分配直接相关。大学和产业为了从合作中获得更多掌控权，再加上信任度不够，社会诚信观念某种程度上的缺失，导致双方不愿意妥协，合作积极性不高、动力不足。忽视大学和产业合作的利益分配和协调机制，双方的合作将不会获得健康、可持续的发展。

2. 大学和产业合作中企业、大学、政府的协作不够

大学看不起企业进行的应用性研究，而企业则认为大学的研究活动不切实际，过于抽象而没有真正的用处。[14] 企业是大学和产业合作的主体，应发挥主导和核心作用，主要承担技术创新失败的风险，部分企业创新意识薄弱，与大学合作时缺乏长远战略，希望大学产出能够直接商业化的技术，但这并非是大学的主要职能和核心任务；现有企业的评价指标体系存在缺陷，再加上某些大型企业对已有技术或产品工艺的垄断，致使其创新

动机较低，不愿意投资开发新产品和新技术，严重影响大学和产业合作的推进，对企业及国家创新能力的提高十分不利。

大学是大学和产业合作的主力，是创新的源泉，在产出创新成果和培养创新人才中发挥重要作用。我国大学的科学研究存在原创性不足、研究选题不当等问题，研究成果离实际使用距离较远，即使是应用研究，其成果用于商业化生产也仍然需要进行转化；对应用研究的重视程度不够，改变长期形成的重理论轻实践、重论文轻应用的观念尚需较长时间；对教师的业绩考核评价机制存在缺陷，缺乏鼓励教师从事为生产、企业服务的机制，降低了大学和产业合作的可能性，加重了大学和产业的分离。

政府推动大学和产业合作的作用十分明显，但尚未充分发挥。对我国大学和产业合作政策性问题研究不够深入，缺乏规范性的利益分配协调政策和措施；对政府支持的大学和产业合作项目选择、评估不够，没有发挥应有的指导作用；对获得政府经济资助的合作项目违规行为缺乏监管，鼓励企业加大合作投入的引导性政策不足；对企业或大学创新研究开发平台的监督不力，相关科研成果离国家发展的要求尚有差距；对研发人员的鼓励、奖励政策和措施不足且不规范，不利于充分调动研发人员的积极性和创造性，政府在大学和产业合作中强有力的推动与引领作用发挥不够。

3. 信息不对称，科技中介机构、风险投资发展滞后

大学和产业之间学术、技术交流不够，人员交流更少。企业缺乏了解科学技术发展的最新趋势、方向和创新成果，大学缺乏对实际问题、技术难题的科学把握，信息不对称造成了合作机会的缺失，限制了科研成果在产业的应用。

国外大学和产业合作中，科技中介机构发挥了十分重要的作用。国内科技中介机构发展滞后，缺乏明确的鼓励发展及规范经营、合法营利的政策。大学科技园等科技开发、中介机构定位不明确，责、权、利关系尚未理顺，同时缺乏高水平专业化的科技开发、中介人员，影响了重要科研成果的转化。

风险投资可以使科技成果尽快地转化成现实生产力，有利于科技成果的市场化。其不仅可以带来资金，更重要的是科学地实施成果筛选、评价

和转化，企业化生产及市场化运作，分配资金、利益等。我国的主要问题不在于缺乏风险投资基金，而是缺乏优秀的风险投资机构和高水平的专业化风险投资人才，从而影响了科研成果的孵化和产业化。

三、促进我国大学和产业合作的战略和政策

（一）明确大学和产业合作科研成果权利归属，建立利益分配机制

知识产权制度是对大学和产业合作创新性科研成果权利归属进行界定，并决定利益分配机制的政策安排。应制定知识产权制度的政策实施细则，对政府部门或者国家财政性经费资助的科研项目产生的知识成果的权利归属、转移转让、利益分配等做出明确的规定，特别是对专利所有人的权利和义务关系、职务发明中的利益分配和调节机制、科研人员的知识权益和分配办法等做出具有可操作性的规定，对大学科研人员取得的专利成果的转让和使用等做出强制性的规定。美国、欧盟、日本等发达国家和地区，新加坡、巴西等新兴的工业化国家和地区，国家职务专利申请量和授权量中大学专利的申请量和授权量都比较低，大约为10%，我国相关比例比较高，大约为20%－35%，因此，对于经技术评估后学校不予申请专利的发明，建议发明所有权在不违反国家有关规定的情况下，由大学教师或发明人自由申请专利，以鼓励高校教师创新的积极性。

制定专门的管理办法，规范合作创新中企业、大学、中介机构和金融（风险）投资机构等的利益关系。明确利益分配关系，由专门的组织管理协调机构负责公证和监督。通过合作，支持企业获得研发成果的核心技术并提高创新及人才培养能力，其经济利益应体现为新产品、新技术的商业化生产；支持大学利用合作经费进行学术创新和学科建设，在研发项目的经济利益分配上对大学予以照顾，增强原始创新能力。制定科学的合作流程，由大学、产业双方取得一致意见后严格执行，必要时政府发挥协调、推动作用。明确研发项目成果的质量标准，在企业实际生产活动中检验研发成果的质量，进行质量控制。

大学应采取更为开放、灵活的方式放权让利，在保障学校基本利益的前提下，尽可能鼓励科研人员采用知识产权形式转移技术成果，通过

专利非排他性许可方式扩散相应的技术创新成果，释放蕴含于大学科研人员中的巨大创新能量。建议由教育部、科技部和国家知识产权局成立联合小组，制定我国大学知识产权战略行动计划，进行知识战略规划和部署，特别是针对有可能产生基础专利的基础研究提前布局，将公共财政设立的大学和纵向科研项目，通过大学和产业的合作形成技术创新的良性循环，真正转变为科技创新的原始动力，提升科技财政投入与产出的效益。

（二）增强大学和产业合作动力和合作积极性，建立利益协调机制

对于大型企业，推动其与大学建立研究开发合作关系，如设立联合研究基金，引导企业投入合作基金，组成战略合作伙伴，进行实质性的合作，提高企业自主创新能力；对于中小型企业，设立技术创新计划，在政府的支持或资助下引导和推动合作，建立企业（行业）、大学联合体，促进具有产业化前景科技成果的进一步开发、转化和产业化。中小型企业是推进大学和产业合作的重点，可以为提高我国科技创新能力做出更大的贡献。

明晰大学和产业合作的研发目标和任务，其应该主要由企业进行确定。企业根据本企业（行业）发展现状和需要或者技术创新的基础研究需求，提出研发任务，听取大学意见，了解国内外相关领域研发、生产状况后，形成合作项目。合作过程中，企业不干预具体研发工作，但可以随时了解研发情况，以评估合作研发的进展，保证研发的问题导向。企业应充分保证研发经费，从国家和社会获得的研发经费应全部用于项目开发，并按规定足额分配落实。

大学要在与产业合作中充分重视企业的需求，并将其与自身的科学研究密切联系起来。以知识创新为目标之外，研发任务均以技术创新为主，不能过分强调知识创新成果的产出，不以发表论文作为合作的主要目标。大学应考虑企业使用研发成果的可能性，在与企业人员的共同努力下实现技术创新，体现预期经济效益，推动企业提高创新能力；同时提高学术研究水平，推进学科建设，获得创新性知识。改进大学评估体系，加强引导，鼓励科研人员与企业合作，将技术开发、技术转移、合作研发等合作创新的工作和效果作为绩效考核和职称评定的重要指标。

（三）设立大学和产业合作组织管理协调机构，建立利益保障机制

建议由教育部、科技部、工业和信息化部等部委设立专门的组织管理协调机构，制定合理的推动大学和产业合作的考核指标及办法，对大学、产业相关机构及主要负责人进行考核。提高企业、大学对大学和产业合作的认识，大学和产业合作的宗旨和目的应是知识创新和技术创新，提高企业的创新能力。合作中，应该坚持企业是核心，发挥主体作用；大学是主力，发挥创新源泉作用；政府是主导，发挥指导和引导作用。

我国政府应充分发挥主导作用，为大学和产业合作创造良好的环境和条件，设立组织管理协调机构，建立利益保障机制；深入研究并制定推动大学和产业合作的关键政策、配套措施和重大计划，充分调动大学、产业合作的积极性；对重大合作项目和行业共性技术等，政府可直接介入并发挥组织、协调、支持等作用；密切大学和产业之间的联系，加强学术、技术和人员交流。企业、科技中介机构应经常参加大学举办的学术讲座、研讨会等，及时了解大学的研究方向、动态等，从中发现具有应用前景的研究项目，以发现合作机会；大学应经常前往相关企业了解有关生产与发展的问题及行业发展方向，使研究工作更好地为企业、生产服务。

教育部、科技部、国家知识产权局等相关政府管理部门制定并颁布政策性文件，在科研能力比较突出的大学设立知识产权管理和技术转让办公室，对大学技术转移工作，包括技术评估、发明公开、专利申请、市场转化等方面的业务工作制定评价标准，对有关行政费用进行补偿或者按照绩效进行奖励；对已经分别成立知识产权管理办公室和技术转让办公室的大学，鼓励将两个机构合并，增强知识产权创造、技术专利申请和许可转让工作的衔接程度；至于暂时无法设立知识产权管理和技术转让办公室的大学，如确有需要，应鼓励其通过购买专业的知识产权管理机构或者技术转让机构的服务等来开展工作。

（四）积极推进科技中介和风险投资机构发展，建立外围发展机制

制定科技中介机构管理办法，提高国家大学科技园等科技中介机构的社会地位及合法介入大学和产业合作项目的机会。尽快地培育和发展优质科技中介服务机构,包括企业、高校、研究机构设立的科技中介机构和社会民营中介机构等。科技中介机构应规范经营、合法盈利,在科技成果转化、应用和产业化方面发挥更大作用。扶持、指导、推进大学和产业建立合作联盟,可以分为两类进行建设:一类由行业或特大型企业牵头、联合有关企业和高水平大学组成战略联盟,重点合作解决重大课题或行业共性技术;另一类由同行、水平相近或优势互补的企业与专业相近的大学组成合作联盟,重点合作解决具体课题或企业技术难题。

采取科学、适当措施,鼓励建立规范、优质的科技风险投资基金和机构。充分重视引进和培养高水平的复合型人才,即科技型企业家或有现代企业家精神的科学家;积极培养、大胆引进专业管理人才,大力培养和训练从事风险投资业务的高水平专业人才,推动科技成果的聚集、转化、孵化,促进科技项目的投资、融资,提高科技型企业的运营水平。吸取国外在实践中有效的经验,保证科技中介机构、风险投资基金和机构的利益,推动科技成果的商业化应用。

参考文献:

[1][14] 德里克·博克. 走出象牙塔——现代大学的社会责任 [M]. 杭州: 浙江教育出版社, 2001: 172 - 192, 157.

[2] 吴延兵, 米增渝. 协同创新 VS 模仿: 谁更有效率 [N]. 经济日报, 2012 - 01 - 04.

[3] 弗兰斯·F. 范富格特. 国际高等教育政策比较研究 [M]. 杭州: 浙江教育出版社, 2001: 422.

[4] 伯顿·克拉克. 高等教育新论——多学科的研究 [M]. 杭州: 浙江教育出版社, 2002: 92 - 93.

[5] 亚伯拉罕·弗来克斯纳. 现代大学论——美英德大学研究 [M]. 杭州: 浙江教育出版社, 2001: 304.

[6] 刘力. 走向"三重螺旋": 我国产学研合作的战略选择 [J]. 北京大学教育评论, 2004 (4).

[7] 克拉克·克尔. 高等教育不能回避历史——21 世纪的问题 [M]. 杭州: 浙江教育出版社, 2001: 233.

[8] 本报评论员.高校在建设社会主义文化强国伟大事业中大有可为[N].中国教育报,2012-01-14.

[9] 薛二勇等.创新型国家科技园发展的战略模式——欧洲国家科技园发展的典型模式研究[J].科学学研究,2010(1).

[10] 耿战修等.国家大学科技园发展的成就与经验[R].科技部,2012:22.

[11] 教育部科技发展中心,中国高校校办产业协会.2010年度中国高等学校校办产业统计报告[Z].北京:北京理工大学出版社,2011:1-59.

[12] 本报评论员.再论积极推动协同创新[N].科技日报,2011-09-26.

[13] 科技部发展计划司.科技统计报告(第23期)[Z].2012-01-20.

高等教育入学机会地域不公平研究

王少义　杜育红[①]

关于高等教育入学机会是否存在地域不公平，必须回答两个问题：第一，录取率是否可以准确反映各省份的高等教育入学机会？第二，如何判断高等教育入学机会是否存在地域不公平，是否用最低录取率与平均录取率的比较就可以呢？为了回答这两个问题，本研究探讨了当前理论和实践研究的现状，并为促进高等教育入学机会地域公平提出相应的改进建议。

一、录取率与高等教育入学机会

录取率等于高等教育录取人数与高考报名人数之比，常被用于衡量高等教育入学机会。但是录取率并不能很好地反映高等教育入学机会，因为高考报名人数存在两个重要的问题：第一，往届考生的问题。高考复读生在很大程度上会降低录取率。如果两个省份的应届考生规模相当，高考录取人数也相当，但是当一个省份往届考生规模较大，另一个省份较小时，就会产生录取率的差异。根据《中国教育统计年鉴2010》可知，浙江省的往届考生比例最低只有4.79%，录取率则达到了75.70%；甘肃省的往届考生比例最大，达到了33.98%，但录取率只有54.34%，排在全国的倒数第二位。所以说，往届考生的规模将严重影响录取率的高低。第二，普通高中规模的问题。普通高中的普及程度越大，参加高考的适龄人口比例就越大。在使用录取率测量高等教育入学机会时，高中普及率高的省份占有

[①] 作者简介：王少义，北京师范大学教育学部教育经济研究所博士研究生；杜育红，北京师范大学教育学部教育经济研究所教授。

优势，而普及率低的省份虽然可能有较高的录取率，但是在高等教育入学机会方面并不占优势。以录取率最高的海南省为例，录取率达到了87.76%，但是高中的升学率只有32.94%，说明只有28.91%的适龄人口能够接受高等教育；相反，北京市的录取率为75.97%，低于海南省11个百分点，但是高中升学率达到了65.87%，说明至少有50.05%的适龄人口可以接受高等教育。录取率忽略了普通高中规模的省际差异。

综合以上两点，高考录取率不能很好地反映高等教育入学机会。能够较好地测量各省份的高等教育入学机会的指标是当年入学率，即录取人数与18周岁人口数之比。它的优势在于能够反映适龄人口（18周岁）的高等教育入学机会。通常情况下，人在18周岁时开始接受高等教育。在本研究中，将使用18周岁人口计算当年入学率。由于各种官方统计中无法获得各个省份的18周岁人口数，因此使用了滞后三年的初中毕业生数作为18周岁人口替代变量。

二、高等教育入学机会地域不公平测量

1. 级差率证明高等教育层次越高，入学机会地域不公平越大

使用录取率最小值与录取率平均值的比较虽然可以得出"地域没有不公平"的结论。但是这样的方法并不能反映高等教育入学机会的整体差异。表1分别计算了当年入学率的最小值与均值之差和最大值与均值之差。显而易见，最大值与均值的绝对差异大于最小值与均值的绝对差异。那么是存在还是不存地域不公平呢？这样的比较无法得到可靠的结论。

表1 高等教育当年入学率的省际差异

	高等教育入学机会		专科		普通本科		211大学（不含985大学）		985大学	
	2010年	2012年	2010年	2012年	2010年	2012年	2010年	2012年	2010年	2012年
平均值	35.93	40.94	16.65	18.21	16.91	20.22	1.22	1.24	1.15	1.26
最小值	18.57	24.68	4.87	8.62	7.78	11.32	0.33	0.34	0.41	0.50
最大值	57.20	60.90	29.97	29.16	34.11	37.19	4.12	4.02	3.66	4.64
标准差	9.73	9.23	4.35	4.17	6.29	6.09	0.92	0.88	0.84	0.94

续表

	高等教育入学机会		专科		普通本科		211 大学 (不含985 大学)		985 大学	
	2010 年	2012 年	2010 年	2012 年	2010 年	2012 年	2010 年	2012 年	2010 年	2012 年
最小值与平均值之差	-17.36	-16.26	-11.79	-9.59	-9.13	-8.91	-0.89	-0.89	-0.74	-0.76
最大值与平均值之差	21.27	19.96	13.32	10.95	17.20	16.97	2.90	2.78	2.51	3.38
极差	38.63	36.22	25.10	20.54	26.33	25.87	3.79	3.68	3.25	4.14
极差率	3.08	2.47	6.16	3.38	4.38	3.29	12.67	11.87	9.01	9.36
变异系数	0.27	0.23	0.26	0.23	0.37	0.30	0.75	0.71	0.73	0.75

资料来源：各省份公布的招生计划；中国教育统计年鉴；各央属211 大学本科招生网站。

注：211 大学是指中央各部门直属的211 大学；普通本科是指不包括央属211 大学和985 大学在内的其他大学本科；高等教育入学机会等于专科、普通本科、211 大学（不含985 大学）和985 大学入学机会的综合。

计算高等教育入学机会地域不公平的最简便指标是极差率，即当年入学率最大值与最小值之比，可以反映两者之间的倍数关系。表1 呈现了高等教育及其各个层次高等教育当年入学率的极差率。可以发现，不仅存在地域不公平，而且不公平程度很大。在2010 年和2012 年，总体高等教育入学机会地域不公平程度分别为3.08 和2.47。其中，普通本科地域不公平程度最小，2010 年和2012 年极差率分别为4.38 和3.29；211 大学的地域不公平程度最大，极差率分别达到了12.67 和11.87。总体高等教育入学机会地域不公平程度小于不同层次高等教育的地域不公平程度。

同时，比较2010 年和2012 年的极差率可以发现，高等教育地域不公平程度有所下降。高等教育入学机会的极差率减少了0.61，下降幅度为19.87%。专科的地域不公平程度下降幅度最大，其极差率减少了2.78，下降幅度为 45.09%；普通本科的极差率减少了 1.09，下降幅度为 25.04%；211 大学的极差率减少了 0.80，下降幅度为 6.31%；985 大学的地域不公平扩大，极差率增加了 0.35，增长幅度为 3.88%（如表 2 所示）。

表 2　2010 - 2012 年高等教育入学机会省际不平等度下降幅度

	高等教育		专科		普通本科		211 大学 (不含 985 大学)		985 大学	
	变化的绝对值	下降幅度(%)	变化的绝对值	下降幅度(%)	变化的绝对值	下降幅度(%)	变化的绝对值	下降幅度(%)	变化的绝对值	增长幅度(%)
极差率	-0.61	-19.87	-2.78	-45.09	-1.10	-25.04	-0.80	-6.31	0.35	3.88
变异系数	-0.05	-16.69	-0.03	-12.25	-0.07	-19.04	-0.05	-6.21	-0.01	1.73
基尼系数	-0.01	-3.87	-0.03	-8.55	-0.01	-2.42	-0.02	-7.53	-0.01	-6.38

极差率实际上是衡量高等教育入学机会最高的省份与最低省份的倍数关系，而损失了其他省份的差异信息，以及 31 个省份高等教育当年入学率的绝对差异及其全国当年入学率平均值信息。所以，使用变异系数测量高等教育入学机会地域不公平将更加准确。

2. 变异系数证明高等教育层次越高，入学机会地域不公平越大

变异系数等于标准差与平均值之比。变异系数一般在 0 - 1 之间，公平程度越高则越接近于 0；反之，则越接近于 1。奥登和匹克斯认为，在用变异系数来衡量教育资源配置时，只有变异系数小于 0.1 才能被认为是公平的。[1]表 1 显示，2010 年和 2012 年高等教育当年入学率的变异系数分别为 0.27 和 0.23，是变异系数标准值的 2.7 倍和 2.3 倍，所以存在地域不公平。对于不同层次高等教育来说，专科当年入学率的变异系数最小，分别为 0.26 和 0.23；普通本科次之，分别为 0.37 和 0.30；211 大学则达到了 0.75 和 0.71；985 大学与 211 大学类似，达到了 0.73 和 0.75。在 2010 年，地域不公平程度由小到大的排序是专科、普通本科、985 大学、211 大学；2012 年的排序略有不同，地域不公平程度最大的是 985 大学，211 大

学排在第二位。概而言之，各个层次的高等教育入学机会都存在严重的地域不公平。

从地域不公平的变化趋势来看，高等教育入学机会的地域不公平程度有所下降，变异系数减少了0.05，下降幅度为16.69%。具体来说，普通本科入学机会的地域不公平程度下降幅度最大，其变异系数减少了0.07，下降幅度为19.04%；专科次之，其变异系数减少了0.03，下降幅度为12.25%；211大学再次之，其变异系数下降了0.05，下降幅度为6.21%。985大学的地域不公平程度有所扩大，其变异系数增加了0.01，增长幅度为1.73%。总的来说，高等教育入学机会地域不公平程度呈现出下降的趋势。

变异系数与极差率相比，变异系数所反映的地域不公平程度更加可靠。计算变异系数的核心指标是标准差和平均数。标准差是反映离散程度的指标；平均数则是反映集中趋势的指标。当存在极值时，使用平均数反映其集中趋势将存在严重的偏差。通过平均值、最小值和最大值的比较，可以发现，211大学和985大学的当年入学率平均值严重地偏向于最小值。这说明这两类大学的当年入学率存在极值。事实也是如此，北京、上海、天津三个直辖市的211大学和985大学的当年入学率均远远高于其他省份。当极值存在时，使用平均数来反映集中趋势就必然存在偏差，也会导致变异系数的测量存在偏差。

当不考虑北京、天津、上海三个地区时，极差率和变异系数则显著下降。以2010年为例，排除三个直辖市计算的211大学和985大学的极差率和变异系数分别是5.18，0.46和4.40，0.43。这是211大学和985大学的变异系数远远高于专科和普通本科的原因所在。要解决这个问题，就应该使用基尼系数等能够使用人口加权的不公平指数。

3. 基尼系数证明高等教育层次越高，入学机会地域不公平越小

当极值存在时，基尼系数是测量高等教育入学机会地域不公平的最佳选择。基尼系数值越大，表明地域不公平程度越大；反之，则越小。与变异系数相比，基尼系数的优势在于可以不用考虑极值的影响，而只考虑人口百分比和入学机会百分比之间的关系。基尼系数是否用人口加权，其计

算结果将存在较大的差异。用人口加权的基尼系数则是认为各个省份之间存在人口规模的差异;不用人口加权的基尼系数则是假设各个省份人口规模一致。本文使用滞后三年的初中毕业生数进行人口加权。

图1计算了高等教育和不同层次高等教育的入学机会基尼系数。未加权的基尼系数表明在2010年和2012年,高等教育入学机会地域不平等程度达到了0.363和0.362;加权的基尼系数分别为0.262和0.252。虽然,加权与未加权的基尼系数值存在一定的差异,但是其结果均表明专科入学机会的地域不公平程度最大,普通本科次之,985大学入学机会的地域不公平程度最小。在2010年和2012年,专科的加权基尼系数分别为0.31和0.28;同期,未加权的基尼系数则从0.42下降到0.40。与专科相比,普通本科入学机会的地域不公平程度较低,加权基尼系数相应地减小了0.065和0.045,未加权的基尼系数则减小了0.074和0.057。与普通本科相比,211大学的地域不公平性进一步下降,加权基尼系数分别地减小了0.003和0.015,未加权的基尼系数则分别减小0.040和0.058。985大学的地域不公平程度又小于211大学,加权基尼系数则比211大学低了0.016和0.012,未加权基尼系数则低了0.002和0.001。所以说,高等教育层次越高,其入学机会的地域不公平程度越低。

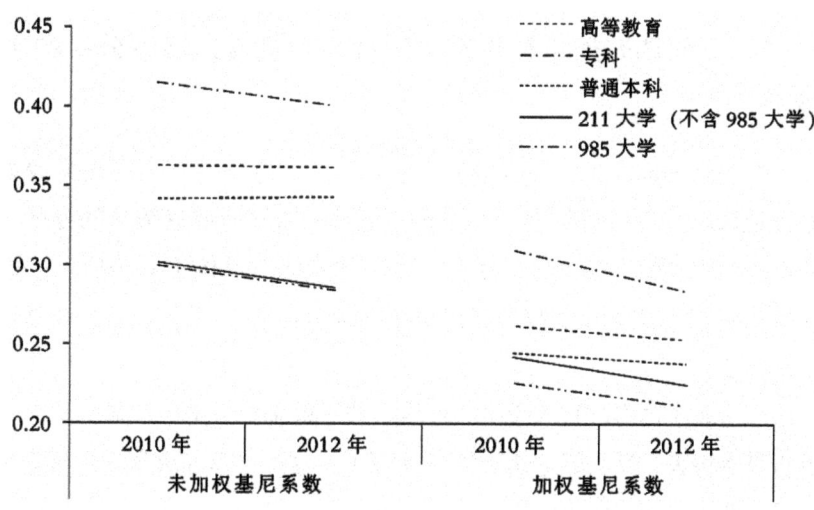

图1 2010年和2012年高等教育当年入学率

从图 1 中可以直观地发现，从 2010 年到 2012 年，高等教育入学机会地域公平性有所提高。从加权的基尼系数来看，各层次的高等教育入学机会的地域不公平程度均有所下降。总体高等教育入学机会的基尼系数下降了 0.01，地域的不公平程度下降了 3.87%。具体来说，专科的基尼系数减少了 0.03，下降幅度为 8.55%；211 大学的基尼系数减少了 0.02，下降幅度为 7.53%；985 大学的基尼系数减少了 0.01，下降幅度为 6.38%；普通本科的基尼系数减少了 0.01，下降幅度只有 2.42%。专科入学机会的地域不公平程度下降幅度最大，普通本科的下降幅度最小。总而言之，随着人口的减少和教育规模继续扩展，高等教育入学机会的地域不公平程度也随之下降。

与极差率和变异系数相比，基尼系数对高等教育入学机会地域不公平程度的测量更加准确，其测量结果也说明了各级政府的责任。从隶属关系来看，全国的 2358 所高校，其中央属本科院校 108 所，高职（专科）院校 3 所；2010 年共计招生约 662 万人，其中央属高校招生规模仅占 5% 左右。专科和普通本科入学机会的地域不公平程度最大，而 211 大学和 985 大学的最小。由此可以得出一个结论，即高等教育地域不公平的主要是由地方高校造成的。这一结论是否可靠，还需要进行不公平来源分析。

三、专科和普通本科是高等教育入学机会地域不公平的主要来源

本文使用 Stata 的 descogini 和 ineqfac 两个命令分解不同层次高等教育对总体地域不公平的贡献率。descogini 是对未加权的基尼系数的分解，其优势在于可以测量各个不平等来源每 1% 的变化对总体不平等所产生的效用。ineqfac 能够用人口加权，可以更精确地分解各个不平等来源对总体不平等的贡献率。[2]

表 3 呈现了高等教育入学机会地域不公平的来源分解。专科对地域不公平的贡献率最大，其贡献率达到了 50% 以上。这说明高等教育入学机会地域不公平主要来自于专科入学机会的地域不公平。但是，在高等教育扩展的今天，已经出现了高职（专科）院校招生难的问题，所以，消除专科入学机会地域不公平的办法不是增加入学机会，而是减少部分省份的专科入学机会并

增加普通本科的入学机会。descogini 的分解证明，专科入学机会每增加 1%，高等教育入学机会地域不公平程度将增加 0.0459% - 0.0583%。

表3 高等教育入学机会地域不公平来源分解

不公平来源		人口加权的来源分析（ineqfac）	未采用人口加权的来源分解（descogini）	
		贡献率（%）	贡献率（%）	对总体不平等的效用（%）
2010年	专科	56.93	56.03	0.0583
	普通本科	39.77	40.37	-0.0440
	211大学（不含985大学）	1.63	1.80	0.0075
	985大学	1.68	1.80	0.0068
	合计	100.00	100.00	
2012年	专科	52.56	52.24	0.0459
	普通本科	44.42	44.61	-0.0312
	211大学（不含985大学）	1.43	1.52	-0.0072
	985大学	1.59	1.63	0.0072
	合计	100.00	100.00	

普通本科是高等教育入学机会地域不公平的第二大来源，其贡献率超过了 40%，并且对总体地域不公平的贡献率呈现出增长的趋势，从 2010 年的 39.77%（或 40.37%）增长到 2012 年的 44.42%（或 44.61%）。普通本科入学机会的扩展将有利于缩小高等教育入学机会地域不公平，在 2010 年普通本科入学机会每增加 1%，地域不公平程度将下降 0.044%；在 2012 年消除不公平的作用为 0.0312%。与专科和本科相比，211 大学和 985 大学对总体地域不公平的贡献率极其有限，而且贡献率在下降。同时，这两个大学入学机会每增加 1%，将使高等教育入学机会的地域公平性增加 0.007% 左右。

从不公平来源看，促进高等教育地域公平的主要责任应由高职（专科）院校和普通本科院校承担（主要是地方高校）；从政府责任来看，举办高职（专科）院校和普通本科院校的责任是地方政府，所以促进高等教育入学机会的主要责任应由地方政府承担，要么继续扩大省内高等学校的招生规模，要么通过对口支援等方式从其他省份获得更多的入学机会。但是，在招生规模和建立新的高等学校均由中央政府严格控制的情况下，中央政府应该通过分省招生计划调整各个省份的高等教育入招生计划，以实现高等教育入学机会地域公平的目标。

四、政策建议

使用合理的指标测量高等教育入学机会。高等教育入学机会测量指标的合理，不仅能够准确反映各个省份的高等教育入学机会，而且是计算地域不公平的重要基础。多年来，录取率一直被用于测量高等教育入学机会。但是，由于往届考生规模的差异和高中普及程度的差异，录取率不能准确反映全国以及各个省份的高等教育入学机会，甚至无形中提高了部分省份的高等教育入学机会，而实际上是减少了它们的入学机会。所以，国家有责任设计一个更好的指标来反映各个省份的高等教育入学机会，如当年入学率。或者，同时使用多种指标反映高等教育入学机会，而不是只用录取率这一个指标。

消除高等教育入学机会地域不公平仍是今后高等教育发展中的重要任务。虽然高等教育入学机会的地域不公平性逐年下降，但是仍然存在较大的地域不公平，而不像官方所说的那样，"没有地域不公平"。极差率、变异系数和基尼系数都反映出各层次高等教育存在着地域不公平。所以，在消除地域不公平中，不仅要关注总体入学机会的不公平，还要关注不同层次高等教育入学机会的不公平问题。在高等教育从大众化向普及迈进的阶段，消除高等教育入学机会地域不公平仍然是高等教育发展的重要问题之一。在分省招生制度下，国家应该利用分省招生计划促进高等教育入学机会的地域公平。

地方政府应承担起消除高等教育地域不公平的主要责任。高等教育地域不公平的主要来源是专科和普通本科入学机会的地域不公平。一般情况下，专科和普通本科的生源主要来自属地。换而言之，这类高等学校主要是解决省内考生的上大学问题。地方政府应该通过建立新的高等学校或扩招来扩大普通本科和专科的入学机会,尤其是普通本科入学机会。这将有利于促进高等教育入学机会的地域公平性。

参考文献:

[1] 奥登,匹克斯. 学校理财——政策透视 [M]. 杨军昌,译. 上海:上海财经大学出版社,2003:67.

[2] Alejandro López - Feldman. Decomposing Inequality and Obtaining Marginal Effects [J]. The Stata Journal,2006,6(1):106 - 111.

异地高考制度风险分析及规避机制研究

伍 宸 洪成文①

一、问题提出

2012年8月30日，国务院办公厅向教育部、发展改革委员会、公安部、人力资源社会保障部联合转发了《关于做好进城务工人员随迁子女接受义务教育后在当地参加升学考试工作的意见》，对当前社会各界广泛关注的"异地高考"政策提出了明确规定，并给各地制定了严格的具体实施细则制定时间表，规定各地有关随迁子女升学考试的方案原则上应于2012年年底前出台。②"异地高考"这一困扰多方多年的中国高考制度中的"顽疾"终于有望在中央政府的直接干预和指示下得到妥善解决。"异地高考"问题之所以多年来难以得到妥善解决的根本原因就在于其牵涉到多方的利益，诸如外来考生和本地考生的利益冲突、各省区之间对高校招生指标的争夺等，以及涉及多个棘手问题的解决，诸如"高考移民"问题的有效根治、外来务工人员身份及其户籍问题的有效解决、"异地高考"实施过程中可能出现的腐败问题等。虽然面临如此多的挑战和问题，但问题终究需得到妥善解决，"异地高考"制度的设计势在必然。正是要在突破前文所述的问题和矛盾，在坚持以人为本、保障进城务工人员随迁子女受教育权

---

① 作者简介：伍宸，北京师范大学教育学部高等教育研究所—日本北海道大学教育学部联合培养博士研究生；洪成文，北京师范大学教育学部高等教育研究所教授。
② 《国务院办公厅转发教育部等部门关于做好进城务工人员随迁子女接受义务教育后在当地参加升学考试工作意见的通知》：http://www.gov.cn/zwgk/2012 - 08/31/content_ 2214566.htm。

利、促进教育公平的客观要求，保障和改善民生、加强和创新社会管理、维护社会和谐的基础上，构建完善、成熟的制度体系。根据制度发展的一般规律，一个新的制度从推出之日起，便会与具体实践活动发生或多或少、或长或短的不适应或者说摩擦，如果制度能较好指导和规范实践行为，协调各方面的利益和冲突，那么这个制度所面临的风险就较小，所能发挥的效力则较大。反之，如果一个制度不能较好地指导和规范实践行为，非但不能协调利益和冲突，反而更加剧了利益的争夺和滋生了投机性行为；不仅未解决旧问题，反而造成更多的新问题的话，那么这样的制度就面临很大的风险，其制度的效力必然大打折扣。

二、"制度风险"内在发生机制分析

按最一般的理解：制度一般指要求大家共同遵守的办事规程或行动准则，也指在一定历史条件下形成的法令、礼俗等规范或一定的规格。[①] 旧制度学派的代表人物康芒斯认为，如果我们要找出一种普遍的原则，适用于一切所谓制度的行为，我们可以把制度理解为"集体"行动控制个体行动。[②] 二战后发展起来的新制度学派正是在旧制度学派对制度概念的理解基础上，进一步深化了对这一概念的认识。诺斯在《制度、制度变迁与经济绩效》一书中指出，制度是一种用来决定和制约人们相互关系的社会性游戏规则，它通过提供一个日常生活的结构，为人类发生相互关系营造框架，以确定和限制人们的选择集合，从而减少人们行为的不确定性。制度制约既包括对人们所从事的某些活动予以禁止的方面，有时也包括允许人们在怎样的条件下可以从事某些活动的方面。因此，正如这里所定义的，它们是为人类发生相互关系所提供的框架。它们完全类似于一个竞争性的运动队中的游戏规则。[③] 此外，兴起于 20 世纪 80 年代的新制度主义者还认为制度是一个多元的概念，不仅包括正式制度，还包括非正式制度，不仅包括显性制度，还包括潜在制度等。简而言之，制度就是指一定时期内

[①] 百度百科：http://baike.baidu.com/view/78391.htm.
[②] 康芒斯. 制度经济学（上册）[M]. 北京：商务印书馆，1994：86-88.
[③] 道格拉斯·C. 诺斯. 制度、制度变迁与经济绩效 [M]. 上海：上海三联书店，1994：449.

为规范人类行为，协调不同利益主体的利益的正式的官方制度、非正式制度、显性制度、隐性制度等。一个社会的发展要有序，要实现最基本的公平、正义就需要完善的制度设计，伟大的革命导师邓小平就曾经指出："制度好可以使坏人无法任意横行，制度不好可以使好人无法充分做好事，甚至走向反面"。那么什么是好的制度？一个好的制度的基本特征便是制度风险小，能极大程度地实现制度预期。

风险社会理论认为，风险根植于现代社会的制度之中，当代社会风险实质是一种制度性的风险，是现代性制度变异过程中的产物。德国社会学家贝克指出：风险概念表明人们创造了一种文明，以便使自己的决定将会造成的不可预见的后果具备可预见性，从而控制不可控制的事情，通过有意采取的预防性行动以及相应的制度化的措施战胜种种（发展带来的）副作用。① 因此，"制度风险"便是指一项制度安排在未来实践过程中产生的不可预测性、不具可控性。而规避制度风险的根本目标就是使其具备可预测性，具有可控性。而这种制度的不可预测性，不可控性的内在发生机制究竟是什么？

1. 制度安排对于实践行为来说所具有的时间"滞后性"和空间"区域性"

人类社会发展的基本客观规律之一便是在时间上的不具可逆性，在空间上的异质性。时间的不可逆性是指一切物质运动在时间上不可能返回到过去最初起始点的性质，这就决定了作为一项人类活动的制度安排一经做出便会与实践行为产生一定程度滞后，因为制度安排这一活动停滞不前，而人类的实践行为却处于不断运动发展过程之中。空间上的异质性是指在一定范围内，由空间距离及人为因素导致不同区域之间的条块分割而造成的不同区域之间所客观存在的异质性，这种异质性既包括发展程度的异质，也包括发展内容，还包括具体的文化习俗、习惯、行为方式等方面的异质。这就决定了制度安排效力的有限性或者说领域性，一项制度安排在一定的区域内能发挥其效力，但在其他区域内有可能非但不能发挥正效

---

① 乌尔里希·贝克·威尔姆斯. 自由与资本主义 [M]. 杭州：浙江人民出版社，2001：121.

力，还会阻碍甚至危害该地区的正常发展。因此，制度安排对于实践行为来说所具有的时间上的"滞后性"和空间上的"区域性"基本规律就决定了任何一项制度安排都是有风险的。在时间上来说，如果制度的内容不具较强前瞻性，不能符合人类实践行为发展过程中不断提出的新要求，满足新的变化了的客观实际，其制度效力就会大打折扣，甚至阻碍新事物的发展，便产生了"制度风险"。从空间上来说，如果一项制度安排不具有较为宽广的视野，不能协调不同区域之间客观存在的差异性，也会影响制度效力，有产生"制度风险"的潜在可能性。

2. 人类理性的有限性

人是具有理性的，这是人区别于其他动物的根本要素。作为人类认识世界和改造世界的有力工具，理性是人类行为的基本前提，但理性却是有限的。对于人类理性有限性的认识，新制度经济学很好地概括了它的两点基本内涵：人类的环境复杂又不确定，信息也是不完全的；人类认识环境的能力是有限的，不可能无所不知。[①] 因此，这就决定了制度设计者的理性也是有限的，其对制度环境的认识难以全面和准确，因此基于"有限理性"设计的制度，无论是制度内容还是实施机制都自然难以与制度环境完全适应而有发生冲突的可能。政治学家哈耶克对因人类理性的有限性而造成的制度风险有深入的分析，哈耶克是在批判理性主义的同时，涉及了理性有限性导致制度风险的可能。在他看来，只有在个人可以按照自己的意愿和决定运用他的知识时，才有可能使任何个人所拥有的许多具体知识得到全部利用。因此，没有任何人能将自己的全部知识传递给其他人，因为很多他能够亲自利用的知识，需要在指定行动计划的过程中才能变得明确起来。[②] 因此，人类的理智在其秩序模式的形成机制上所能达到的认知水平是十分有限的，对于社会的各种复杂现象，我们充其量只能掌握一些有关它的一般结构的"抽象知识"，而这完全不足以使我们有能力"建造"或是预见它们所采取的具体形式。[③] 由此，哈耶克向我们展示了人类理性

---

① 卢现祥. 西方新制度经济学 [M]. 北京：中国发展出版社，2003：15-19.
② F. A. 哈耶克. 致命的自负 [M]. 北京：中国社会科学出版社，2000：86.
③ 同上，5，86.

的有限性导致的任何个人或者组织都无法完全掌握制度建设所需的所有信息和知识,也无法通过制度建设的方式向制度实施对象传递所有的信息、知识、价值、规则等内容。因此,基于有限理性设计的制度,自然会在制度文本和实施对象之间存在罅隙,而这便是形成制度风险的根源所在。

3. 制度设计的非完善性(制度冲突和制度真空)

根据新制度主义对"制度"概念的理解,"制度"不仅指官方正式的文本制度,还包括非文本的非正式制度、各种潜在制度等,这些各种形式的制度共同构成一定时期一定范围内的制度体系,对人类行为的规范和利益的协调共同起作用。此外在一个社会体系内,单就官方正式的文本制度来说,为规范不同社会群体的行为和协调不同类型的利益,也有各种各样不同的制度,现代社会结构和问题的日趋复杂性,人们利益诉求的日益多元化使得就解决一个问题时往往需要一系列相关制度相互作用,相互配合才能取得良好效果。因此,就制度冲突来说主要表现在两个方面:一是官方正式的文本制度与其他类型制度,诸如与非正式制度、潜在制度等相互难以包容,互相排斥而形成的冲突;二是官方正式文本制度由于内容设计不合理或者制度实施程序不适当等因素造成的与其他官方正式制度之间的冲突。这两种情况下造成的冲突都会对制度的效力造成影响,是形成制度风险的潜在诱导因素。此外,由于制度设计缺陷造成的制度风险还包括"制度真空"这一因素,因为如前所述,现代社会结构的高度复杂性和人们利益诉求的日趋多元化,导致对任何一个问题的妥善解决都需要一系列制度的相互配合才能完成,既要求核心制度对问题主要方面的解决,也要求其他相关配套制度对影响问题解决的次要方面进行规范和协调。而"制度真空"通常情况下就是指对对解决问题时相关制度的缺失或者说相关配套制度的缺失,这同样会使问题难以解决,形成制度风险。

三、异地高考制度风险的具体表现

"异地高考"是时下受到社会各界广泛关注,并亟须得到妥善解决的焦点问题。之所以受到如此高的关注和亟须解决,是因为"异地高考"问题牵涉诸多利益冲突,这些利益冲突愈演愈烈并有失控的危险。因为首先当前对以"985 高校"为代表的优质高等教育资源的争夺随高等教育大众化的实现会越加强烈；其次随中国市场经济不断发展，区域之间人员流动量必然逐渐加大，而我国传统的户籍制度和与之挂钩的高考资格限制制度与此之间形成了不可调和的矛盾。基于此，利益主体为实现利益最大化，便产生了个体行为失范现象，诸如"高考移民"以及伴随其中滋生的腐败等行为。因此，"异地高考"制度建构的根本目标就在于在协调矛盾的同时规范个体的行为，并最终实现建设和谐高考、和谐社会的根本目标。

为此，便不得不在"异地高考"制度建构时审慎思考其有可能面对的制度风险，因为据前一部分对制度风险内在发生机制的分析，由于多方面原因制度风险难以避免，为此只有在制度建构时充分考虑到这些风险发生的各种可能性并制定相应的规避机制，做到防患未然，从而才能最大程度地实现制度目标。为实现这一目标，首先需要就"异地高考"制度风险的具体表现形式有所分析，基于制度风险发生内在机制并结合客观实际，认为其制度风险主要有以下几个表现形式：

1. 时间的"不可逆性"和空间的"异质性"造成"异地高考"制度具有"滞后性"和"区域性"特征

"异地高考"制度风险表现在"滞后性"上是指随社会不断发展利益主体必然根据不断变化了的客观环境产生新的利益诉求，这不同的新的利益诉求之间便会形成新的利益冲突，而"异地高考"制度建设的目标是为协调当前存在的利益冲突和规范利益主体的行为。同时，"异地高考"制度风险表现在"区域性"上是指由于各地在经济发展水平、教育发展水平、文化风俗等客观存在的差异性导致的"异地高考"制度的适应范围极为有限，在一个地区具有正效力，也许在另一个地区却具有负效力。我国仍是一个发展中国家，地区间发展水平存在巨大差异性，仅以高等教育来说，东部以及一些中心城市集中了大部分优质高等教育资源，因此在"异地高考"制度建构时，要充分考虑到这些差异性，切实做到具体问题具体分析，从根本上避免因为制度的"水土不服"而造成的制度风险。

2. 人类理性的有限性决定了"异地高考"制度制定者的理性和认识也是有限的

对于"异地高考"制度建设来说同样如此，其制度制定者在构建这一制度时大多数情况下往往基于建构者"专家式"的认识和判断,而人类对社会实践展开认识既基于理性的科学性的认识又基于感性的日常生活式的认识,立足于科学领域、以效率为目标的"专家式"认识便使得人为设计的制度面临着风险,这就还需要制度设计者关注感性的日常生活领域。根据胡塞尔的论述,日常生活世界即作为唯一实在的,通过知觉实际地被给予的、被经验到的世界。① 因此,由于人类理性的有限性导致制度设计者对客观实践感性认识的缺失,便使得"异地高考"制度在进行利益协调和行为规范时难以周全,从而产生了制度风险。

3. "异地高考"制度必须与同一场域内的其他相关正式制度及非正式制度实现协调才能发挥最大的效力

"异地高考"制度中关键点之一便是对异地高考资格的认定,哪些人拥有能在异地参加高考的机会,而哪些人又没有,这个问题的解决便与户籍管理制度和流动人口管理制度有密切关联。此外,"异地高考"制度解决过程中还涉及对高校招生名额的分配问题,当前存在的问题是高校招生名额分配严重的属地化倾向,不仅是地方普通本科院校如此,一些全国知名的重点大学也同样将招生名额严重倾斜于其所在地,这一问题不能通过相关制度措施得到妥善解决,"异地高考"问题也难以从根本上得到根治。因此如果没有这些配套制度的完善,很难想象"异地高考"问题能得到彻底解决。此外,"异地高考"问题的解决还与人们的价值观、行为偏好及习惯等非正式制度有一定程度上的联系,如果不处理好与这些非正式制度的协调与衔接而发生冲突的话,便会产生制度风险,"异地高考"制度的目标同样难以达成。

四、异地高考制度风险规避机制

揭示了"制度风险"的内在发生机制和展示了"异地高考"制度风险的具体表现后,便需回应如何规避"异地高考"制度的制度风险,如何建立其一定的规避机制将其风险将到最低点,最大程度地发挥制度效力,最大程度地实现制度所设目标。制度风险的存在,要求我们必须对其予以回

---

① 胡塞尔. 欧洲科学危机与超验现象学 [M]. 上海:上海译文出版社,1988:58.

避,从时段上看,规避制度风险的方式可以分为事后补救与事前控制两种。就事后补救而言,它一方面将由于放任制度风险的发生以至于牺牲制度效力,阻碍社会的发展与进步,另一方面将由于需要创设新制度而陷入因为创设新制度继续带来风险而需要继续创设制度的怪圈,以至于永无尽头。因此,采取事前控制是最佳选择。① 对于"异地高考"制度的风险规避同样如此,需要在制度实施之前便要审慎建立起周全的风险规避机制。由于制度风险实质是制度对同一场域内的其他正式制度或非正式制度的"不适应",是制度与制度或制度与非正式制度之间的冲突,事前控制最终将以实现制度与制度及非正式制度之间的协调,即"制度协调"为基本方式。风险根源决定协调路径,由于时间的不可逆性和空间的异质性作为客观实际无法消除而导致的制度的"滞后性"和"区域性",人类理性尽管有限但能充分发挥人的主观能动性基础上得到尽量改进;制度本身的"非完善性"同样可以得到尽可能的改善,因此"制度协调"的具体路径便是针对"滞后性""区域性"以及理性有限性和制度体系完善予以展开。

1. 以加强制度的"前瞻性"来尽可能地延缓"滞后性"问题,同时以增强制度的"适应性"来解决"区域性"问题

就加强"异地高考"制度的"前瞻性"来说是指制度设计者基于我国经济社会的发展,对我国教育以及高考的发展规律充分理解基础上准确把握未来发展趋势,对高考的发展规律理解越深刻对未来发展趋势的把握也就越准确,因此也就能加强制度的"前瞻性",以使现在设计的制度在未来很长时期内都具有正的效力,尽可能地延缓制度的"滞后性"问题。其次,就增强"异地高考"制度的"适应性"来说,是指制度设计者能充分考虑各区域间在经济社会、文化、风俗习惯、教育发展程度等存在的差异,因地制宜地设计出具有不同制度内容、制度实施程序的"异地高考"制度。

2. 加强制度设计的广泛参与性

人类理性有限性的客观实际造成了制度设计者对客观实际情况和问题

---

① 李文祥. 论制度风险 [J]. 中共长春市委党校党报, 2008 (5): 13 – 17.

的认识也是有限的,因此在进行"异地高考"制度设计时,要尽可能地听取来自社会不同群体及利益主体的不同的意见,既有专家式的科学的理性的意见的表达,也有非专家式的感性的理解等。通过一定的手段将这些不同主体发出的声音汇总并扬长补短、集思广益,并最终形成完善的、科学的制度设计。就"异地高考"制度设计来说,就要既听取来自教育研究者专家式的分析,还要接受来自基层民众的观点;既要听取来自城市外来务工家长的意见,还要考虑原住居民的利益;既要从教育学家的视角进行问题分析,还要尊重经济家或者社会学家的理论等。这样多主体、多视角的对"异地高考"问题进行认识和理解,就能极大程度地避免因人类理性的有限性造成的制度设计不合理或不完善等问题,从而达到尽可能地规避制度风险的目标。

3. 加强对其他相关制度的建设,形成系统的制度体系

"异地高考"问题的解决不仅涉及其他多方面的正式制度,诸如对高考资格认定的户籍制度和外来人口管理制度、对招生名额分配的高校招生考试制度等。此外,还包括一些非正式制度,诸如考生和家长对名校和热门专业过于迷恋的行为习惯,对高考本身的认识存在一定程度的误差,如"一考定终身"的思维还广泛存在。因此,这一方面就需要加强其他正式制度的完善,与"异地高考"制度相互配合、相互合作,并最终实现解决这一问题的目标。另一方面还需要变革非正式制度,通过意识形态传播、社会舆论引导等方式,改变传统思维、更新社会观念等,树立起积极的"高考观""择校观""人生发展观"等。尊重非正式制度对人的活动的导向和规约效应,使外在的理性设计植根于文化传统,形成正式制度与非正式制度之间融合。

五、结语

任何一项制度设计由于多方面的原因在现实实践过程中都存在或大或小的风险,对制度风险的规避其实质便是开展制度协调,是制度自身的不断完善,是制度与其他正式制度与非正式制度的互补和合作。开展制度协调时我们更需要在意识到风险并在不断反思风险的基础上,凭借有限的理

性勇敢地面对风险。就像吉登斯所慨叹的那样：人类的历史是由人的有意图的活动创造的，但它并不是某种合乎意图的筹划；它总是顽固地躲开人们将其置于自觉意识指引之下的努力。虽说如此，人类还是始终不断地做着这样的尝试。环境告诉人们，人类是唯一能认识到自己在创造着自己的"历史"的动物。这样的境况既含有威胁，又带着希望。人类正是面对这种威胁和希望，进行着他们的尝试。[①] 对于"异地高考"制度的设计来说依然如此，我们要有极大勇气信心来解决这一困扰我国高考多年的"顽疾"，但同时也要时刻注意将会遇到的风险，以极大的理性和智慧将这些风险控制在最小的范围之内，最终实现尽可能完善的、科学的"异地高考"制度设计。

---

① 安东尼·吉登斯. 社会的构成 [M]. 北京：三联书店，1988：51.

中国博士后日常经费资助的改革设想

姚 云[①]

博士后日常经费是指博士后在站期间的科研经费以及工资和福利等待遇的总和，是对博士后从事科学研究和生活提供基本保障而不可缺少的经费。经过博士后制度近30年的发展，社会环境发生了巨大变化，而博士后日常经费出现的问题已经影响到博士后制度的发展，改革资助政策已势在必行。

一、博士后日常经费的资助政策发展

博士后日常经费包括了博士后"补助科研工作的经费"和"工资、奖金、公费医疗、困难补助、探亲、补助等"两个方面的费用。早在博士后制度创立之初的1985年就设计好了对博士后日常经费的资助内容与强度。随着中国社会的发展，物价的涨幅以及各行业工资的调整，博士后日常经费的资助政策也随之发生了5次变化。

从表1可看出，博士后日常经费的资助的变化体现了以下特点：

1. 资助政策变化具有阶段性

近30年博士后制度的发展过程中，博士后日常经费出现了5次调整，但从政策变化内容上看，可划分为三个阶段。1985-1993年为第一阶段，博士后日常经费中包含的科研经费和生活经费的比例规定明确。无论是博士后制度建立之始的1986年文件对博士后日常经费确定为年资助12000元，还是变化后的1988年文件将博士后日常经费调整到15000元，它们都

---

① 作者简介：姚云，北京师范大学教育学部高等教育研究所教授。

严格规定了日常经费中,博士后的科研经费与生活经费之比为3∶1。1994－2005年为第二阶段,没有对日常经费中科研经费和生活经费的比例做出规定。相关文件指出,这是因为考虑到全国经济发展的地区差异,政府希望各省市根据本地情况执行。2006年至现在为第三阶段,改变经费称谓的同时,恢复了对经费资助中不同经费比例的规定。即由过去日常经费中的"科研经费"变为"日常公用经费",博士后日常经费的生活经费和日常共用经费两者之间的比例规定为4∶1。

2. 博士后创立之初的日常经费资助起点非常高

按照中国高校教师职称的基本级别分为"助教、讲师、副教授、教授"四个等级,每一级正常晋升到较高级的职称需要五年。按照一般性规定,假设一个博士毕业后直接去高校做教师,一年转正后一般才定为助教,再经历五年才有资格晋升为讲师,享受讲师待遇。但如果一个博士毕业后做博士后,其工资待遇就定级为讲师最低级。比较两者可发现:从时间成本上分析,做博士后较直接去高校就业节约了5年的时间;从经济成本上分析,博士后创立之初对博士后待遇的规定是非常高的。改革开放前的较长时间,我国都没有评定职称,当时能够有讲师职称在普通高校已非常令人羡慕,而博士后的待遇就定为讲师级别。由于职称与待遇是挂钩的,客观地讲,当时规定博士后享受讲师职称和待遇,对吸引海外留学博士回国产生了巨大的影响。

表1 中国博士后日常经费资助政策变化情况[①]

文件名	颁布时间	颁布机构	主要规定
博士后研究管理工作暂行规定	1986－3－13	原国家科委	1. 工资按讲师工资最低标准发放。 2. 日常经费每人每年12000元,其中不低于75%用于科研。 3. 每月100元生活补贴。 4. 租二居室一套每月付租金50－60元。

[①] 人力资源和社会保障部,全国博士后管理委员会. 博士后工作文件资料汇编[M]. 北京:中国人事出版社,2008:41－42,76,113－114,154,225.

续表

文件名	颁布时间	颁布机构	主要规定
关于提高博士后研究人员日常经费标准的通知	1988-7-12	全国博士后管理委员会	1. 日常经费每人每年15000元，其中不低于75%用于科研。 2. 其他按此前资助执行。
关于提高博士后日常经费标准的实施办法和经费管理问题的通知	1994-5-16	全国博士后管理委员会	1. 日常经费每人每年2万元。 2. 因各地情况不一，对博士后日常经费中用于补助研究工作的经费不低于75%比例的规定，现暂不做统一规定。 3. 单位可提取不超过3%用于单位组织博士后具体活动和管理工作所必需的开支。
关于调整博士后日常经费标准的通知	2001-7-9	原人事部、全国博士后管理委员会	日常经费每人每年3万元。
关于调整博士后日常经费标准的通知	2006-11-14	原人事部、财政部	1. 日常经费每人每年5万元。 2. 经费由原来的科研工作补助和生活福利费用调整为生活费用和日常公用费用。 3. 生活费用开支占日常经费的80%，主要用于工资、奖金、社会补贴等，日常公用经费主要用于出席学术会议和学术交流活动。

二、博士后日常经费资助存在的问题

经过近30年博士后制度的发展，虽然博士后日常经费资助强度做了调整，但根本性问题却没有得到解决。

1. 日常经费资助中科研补助经费成为"鸡肋"

简单地说，博士后的日常经费包括了博士后科研工作的经费和生活福利费用。以1990年文件规定的每一博士后每年日常经费15000元的标准，按照其中科研经费占其不低于75%计算，那么一个博士后每年的科研经费为11250元，工资和生活福利费用为3750元。换算后可知，1990年一个博士后在工资和生活福利费用每月不到313元的同时，科研经费却近938元，后者是前者3倍。换句话说，根据当时的生活水平，每月300元就能满足博士后衣食住的生活条件下，却提供了相当于3倍生活费的科研经费，科研经费的资助强度在当时中国科教领域具有绝对的吸引力。

从2006年至今，博士后的日常经费调整为"生活费用"和"日常公用费用"两大类。前者主要用于工资、奖金、社会补贴等，占日常经费80%；后者主要用于参加学术会议和学术交流活动等科研活动，实际上也就是以前的"科研经费"。

2006年调整的博士后日常经费资助较以前有了很大程度的增长，日常经费由每年15000元调整到5万元，增长了3倍多。但分析其经费资助项目会发现：一方面，生活费用由每年的3750元调整到40000元，增长了9倍多，而博士后科研经费却由每年的11250元调到10000元，科研经费未能参照生活费用同步增长，反而大幅下降。另一方面，科研经费与生活经费的比例由2006年前的为3∶1反转到2006年的1∶4，前后政策可谓天壤之别。

从经费调整可以看出，迫于多年来物价上涨的累积，博士后日常经费由过去以事业为主变为现在以养人为主了。作为以科研为主的博士后人员，一年1万元的科研经费要开展科研，难度不小，更不用说具有创新性和开拓性的研究项目。

2. 经费资助反映市场因素不够

对博士后的资助除了日常经费的"明补"外，还有一部分可称为"暗补"，主要表现为设站单位必须为博士后提供二居室租住。虽然博士后也需要每月交一定的租金，但相比市场价却低很多。以北京地区为例，普通的二居室住房的市场租金一般为每月3000元左右，但博士后只需每月交200元左右的租金。

为博士后提供住房的政策是在博士后制度创立的1985年就开始执行

的，当时中国还处于计划经济向市场经济改革初期，住房政策实行的是供给制。29年后的今天，住房早已实现商品化，却对博士后还继续实施计划体制下的供给制，其问题显而易见：一是设站单位执行情况差异太大。政府规定的二居室到了设站单位，提供的可以是二室一厅、一室一厅或者一室一过道，它造成同一地区不同高校博士后对住房安排意见较大。二是供给的住房不能满足博士后个体的正常需要。如有的高校提供给博士后的住房离单位较远，一些博士后所做科研项目要求其实验具有连续性，博士后深夜从实验室回到住处十分困难。三是一些出站博士后交房不及时，新进站的博士后要自掏腰包住宾馆，排队等候住房分配。我国对博士后住房政策还停留在计划经济时代，已不能满足市场经济条件下的博士后需要。

3. 日常经费资助偏低

我国目前对博士后的日常经费为每人每年5万元。从表面上看，我国对博士后日常经费的强度不低，但细化这笔经费的构成后会发现，除去1万元的科研经费和支付工资税，单位管理费等，每一博士后实际收入每月不到3000元。

从横向比较来看，高校的教师待遇一般由"工资、岗位津贴、绩效奖"等构成，很多高校的"岗位津贴、绩效奖"相加远超"工资"的收入。由于博士后具有流动性，难以享受岗位津贴和绩效奖等。与同为讲师职称的其他在编教师相比，收入相差很多。中国博士后管委会也看到了这种情况，出台的文件一再强调对博士后待遇要与在编人员同等对待，但由于博管会的政策对高校没有强制约束力，绝大多数单位都没有参照执行。如果博士后自己去维权，实际上是与在站单位职工"争利"，最终可能"头破血流"而自讨苦吃。总体来说，对博士后日常经费的资助偏低，博士后在高校的地位非常尴尬。

三、改革设想

1. 改变博士后日常经费名称

博士后的"日常经费"是一个太过模糊不清的概念。2006年前的规定是"补助科研工作的经费和生活福利费用（包括工资、奖金、公费医疗、困难补助、探亲、补贴等项费用)"，2006年关于日常经费的规定为"生活费用"（包括工资、奖金、社会补贴等）和日常公用经费（参加学术会议和学术交流活动)"。可以看出，前后所指的"日常经费"含义不同，在同一类文件中的表述易造成理解歧义。

建议"博士后日常经费"改为"博士后资助金"：一是与国际接轨，便于国际交流。其他国家对博士后的资助，都采用"资助金"的称谓。当前，我国博士后制度正走向国际化阶段，统一采用"博士后资助金"，国际上都能够理解与交流。二是改变博士后科研经费在"日常经费"中的"鸡肋"地位。可以在不增加对博士后资助经费总量的前提下间接提高对博士后的生活福利资助，博士后资助金的使用由博士后自己决定。

2. 资助经费的调整变化与同行业工资增减挂钩

从博士后日常经费的几次变化来看，一是落后于同行业调整的时间，二是落后于同行业的增长幅度，"2007年，我国人均GDP是1985年的20.86倍，年平均增长14.8%，全国在岗职工年平均工资为24932元，这一数字是1985年全国在岗职工年平均工资1148元的21.73倍，年平均增长率为15%。1985年，科学研究和综合技术服务业年平均工资为1272元，2006年，科学研究技术服务和地质勘察业年平均工资为31909元，年平均增长16.58%。而同期博士后生活费用的年平均增长率仅为6.7%[①]，由此造成博士后日常经费与同行业相比距离越来越大。

博士后作为普通职工的一员，应该与其他公民一样分享社会发展的成果。无论是加薪还是减薪，博士后的资助待遇应该与其他人保持一致，而不能在加薪时落后于其他职工。中国的工资调整变化，一般依据人均GDP、全国在岗职工平均年工资和同行业年平均工资三种类型而变化。根据博士后的工作性质，在三种工资调整类型中，建议采用博士后工资的增长与同行业挂钩的方式进行调整。

3. 按成本分担原则实施博士后资助

目前，我国对博士后招收类型基本可以概括为三种：一是"国家资助

---

① 李倩，史万兵. 我国博士后日常经费结构变化分析[J]. 黑龙江教育学院学报，2009，28(10): 30.

博士后",国家资助每年每名博士后 5 万元,它约占年招收博士后总人数的 30% 左右。二是"项目资助博士后",招收博士后的高校或研究机构,特别是博士后合作导师自筹经费资助博士后。三是"企业资助博士后",即招收博士后的企业出资资助博士后。对博士后的资助,除了日常经费外,还有住房和科研等的资助,如果把这所有的资助集中到政府、高校、导师或企业都是不合理,而且也是困难的,特别是招收的博士后具有一定规模的机构更是如此。

按成本分担原则资助博士后,可在国家预算增加不多的前提下,提高高校、科研院所、企业和导师招收博士后的积极性和可能性,也能保证博士后待遇与同等条件工作人员的福利相等。

4. 健全博士后住房与社会保障体系

社会保障体系是每个公民的社会生活的基本保障,它包括了失业、医疗、养老等社会保险为主、商业保险为补充的保障体系。但是博士后没有列入正式编制,工作期满后就必须出站。因此,他们在没有获得固定工作之前处于流动状态。他们的基本保障都没有建立。另外,他们也不能加入住房保障制度,不能缴纳住房公积金,也不能享受住房公积金。为博士后建立普通公职人员都有的社会保障体系是非常必要的。

改变计划经济时期的供给制租住方式,按市场价格以现金方式补助博士后租房。这样,博士后招收单位可以省去分配住房管理员的人头费,维修住房和管理住房的费用,免去了博士后因住房与单位之间的矛盾。博士后可以根据自己的研究需要和生活水平,租大或租小、租近或租远,也可以租博士后单位的住房。

政府在高等教育入学机会分配中角色的厘定
——国际比较的视角

杜瑞军[①]

在现代社会，高等教育越来越被看作推进社会平等的工具。保障高等教育入学机会公平是政府的基本责任。政府的首要责任是扩大高等教育供给，扩大高等教育规模。然而，教育扩张本身不一定会改变各社会群体在"教育队列"中的相对位置，这就需要关注教育体系中规模增长与机会分配这一双重过程。越来越多的政府介入高等教育机会分配过程中，政府对高等教育入学机会分配的干预是以入学标准为切入点的，它最直接体现了政府的意图，即它选择什么，排斥什么，赞同什么，反对什么。由于每一个入学标准的制定都有与其相对应的目标群体，必然意味着有一些人会被排除在外，而他们被排除在外在一定程度上又很难把原因归咎于其自身，其中掺杂着复杂的历史、社会、政治和经济方面的原因，这就涉及如何对他们进行补偿的问题。因此，政府还必须扮演一个资助和补偿不幸者的角色。当然，政府的这三种角色是一种理想划分。在不同的政治、经济和文化背景下，三种角色以不同的方式发挥着作用。

一、作为供给者的政府角色

政府对高等教育入学机会的供给主要体现在它构建了一个怎样的高等教育结构和体系，以及在应对越来越多的入学需求和实现高等教育大众化过程中采取了哪些策略。从各国的实践来看，高等教育规模的扩张一般存

---

① 作者简介：杜瑞军，北京师范大学教育学部高等教育研究所讲师，教育学博士。

在两种形式：其一，通过对公立高等教育系统的扩充或重构；其二，通过鼓励和资助私立民办学校的发展。随着高等教育规模的扩大，人们已经越来越认识到，仅仅依靠政府的力量，难以满足日益增长的入学需求。这就需要扩大高等教育的供给主体，实现办学主体的多元化。同时针对不同的入学需求，高等教育结构和类型的多样化也是必然的要求。

美国高等教育民主化运动可以追溯到两个世纪之前，19世纪，在莫里尔法案的推动下，美国各州掀起赠地学院运动，确立了公立大学在高等教育结构体系中的地位。这些大学宣称要为普通老百姓即工人和农民的子女服务，同私立大学的英才主义性质相比，它们更具有大众性，主要服务于本州的人力需求。[①]第二次世界大战后，美国二年制社区学院得到了大力发展，它的出现既满足了经济发展对准专业人员和技术人员的需要，又适应了高等教育民主化的时代潮流，同时在一定程度上消解了高等教育规模扩张与质量之间的紧张。

欧洲各国以具有中世纪以来的传统和以国立大学为主组成的典型的精英型、敏感性迟钝的高等教育系统为特征。在第二次世界大战后，英国经济发展以及社会对高等教育的需求越来越强烈。《罗宾斯报告》随之出台，推动了英国高等教育规模的极大扩张。但英国高等教育的扩张，大部分并没有发生在大学以内（"自治"的部分），而是通过建立第二个高等教育部门，即多科技术学院和其他学院，或"公立"的高等教育部门实现的。导致了高等教育"二元制"（Binary System）的形成。然而，正如特罗（Trow，1987）所指出的，多科技术学院成立的目的是要承担与大学不同的使命，但结果是它们看上去越来越像大学，不仅体现在它们具有同大学一样很强的学术性，而且学费也不比大学便宜多少。[②]《1992继续教育和高等教育法》[The Further and Higher Education (Scotland) Act1992] 简称《教育法》颁布，政府同意多科技术学院改名为大学，具有和大学相等的地位，享有自行颁授学位之权力，从而结束了二元制状态。

---

① [加] 约翰·范德格拉夫等. 学术权力——七国高等教育管理体制比较 [M]. 杭州：浙江教育出版社，2003：19.
② Martin Trow. Academic Standards and Mass Higher Education [J]. Higher Education Quarterly. Volume41. No.3 summer, 1987：275.

如果说美国是通过大力发展以服务民众为理念的大众化类型的州立大学和"社区学院"扩大高等教育入学规模，英国通过构建"二元结构"试图消解高等教育体系中新旧传统之间的紧张的话，那么，作为发展中的、后发型国家的巴西在扩大高等教育供给时则在"依附"（借鉴经验）和"适切"（符合国情）之间进行抉择。大力发展私立教育和改革公立高等教育结构体系是其应对高等教育规模扩张的主要举措。

为了应对经济社会发展带来的愈来愈多的入学需求，巴西政府自20世纪80年代末以来先后颁布了三个重要文件：《巴西联邦宪法》（*Federal Constitution of Brazil*，1988）、《国家的教育方针和基本原则》（*Law of Direction and Basis for National Education*，LDBN1996）以及《巴西国家教育规划》（*The National Education Plan*，PNE2001）。联邦宪法赋予每个人公平接受教育的权利，并把保障公民受教育权看作政府、家庭以及全社会的责任（第205条），国家将提供免费的公立教育（第206条）。1996年的国家教育方针和基本原则着力于推动了高等教育结构体系的多元化。而巴西国家教育规划则明确指明了巴西高等教育的发展目标是到2010年，18–24岁适龄青年中接受高等教育的人数达到30%。[1]这三个文件是巴西高等教育发展的纲领性文件，推动了巴西高等教育的快速扩张。

大力发展私立教育是巴西政府应对日益增加的高等教育入学需求的主要策略。受新自由主义思潮影响，巴西历届政府都主张大力发展私立高等教育。在1994年至2006年间，公立高校从211所增加到248所，增长率仅为17%，而同期私立高校则几乎增长了三倍，从711所增加到2022所，其中一半以上是1998年后新建的。私立学校在校生人数占全国高校在校生人数的比例从1994年的58%，增加到2008年的75%。公立学校学生人数尽管也从70万人增加到了140万人，但总体增长缓慢。[2]

由于巴西私立高等教育在整个高等教育体系中占有非常大的比重，为缓解公立学校入学紧张问题，同时调动私立学校的办学积极性，政府还发

---

[1] The National Education Plan. Accelerating Action Towards Education for All. Amsterdam – The Netherlands, 10 – 11 April 2002.

[2] Renato H. L. Pedrosa. Master Planning in Brazilian Higher Education: Expanding the 3 – Year Public College System in the State of São Paulo. Research & Occasional Paper Series: CSHE. 2010: 10.

起了"大学为所有人开放项目"(University - for - All Program, ProUni)。该项目的主要内容是政府通过免税方式鼓励私立高校接受有能力的学生入学。它无须政府、参与学校的任何实际投入。政府只是要求私立学校把免于征税的部分用于奖学金的发放上,并要求奖学金的覆盖范围要达到 10%。该项目的实施有利于充分利用私立学校闲置的教学资源,同时又保障了低收入家庭子女不因负担不起学费而失去接受高等教育的机会。政府希望该项目在 2008 年能让 40 万名学生受益,这将相当公立学校在校生规模的 33%。①

除了大力发展私立高等教育,巴西政府把推动高等教育结构体系多元化看作增加高等教育入学机会的重要手段不遗余力地推进。自 1996 年《国家的教育方针和基本原则》颁布之后,巴西政府便把更多的关注点放在推进高等教育组织结构和供给形态的多元化方面。建立大学中心(University Centers),发展三年制高等职业教育,发展继续教育课程(Sequential Course),开办夜校(Night Classes),发展远程教育(Distance in Higher Education),举办开放大学(Open University)等等。高等教育结构的多元化有利于扩大高等教育规模,满足人们不同的入学需求,进而能够推进入学机会的民主化程度和扩大入学机会的平等化水平。

关于公立高校在应对日益增长的入学需求时应发挥怎样的作用也成为改革的焦点。巴西公立高等教育的改革主要体现在两个方面:其一,是通过开办夜校的方式不断扩大公立大学的在校生规模。其二,是新建一批联邦大学,其中尤为突出的是大力发展公立专业和技术学院。2007 年,巴西实施了一项教育发展计划(Education Development Plan, PDE),其中主要的一项策略就是大力发展专业和职业技术学院。巴西圣保罗州已经学习美国加州经验,制定了一个总体规划(Master Plan)。该规划把公立学校的扩张看作一个整体,为此,在提交该州的一份报告中提出如下建议:(1)扩大州所属大学的规模;(2)大力发展类似美国社区学院的两年制职业学

---

① Jamil Salmi with Chloé Fèvre. Tertiary Education and Lifelong Learning in Brazil [EB/OL] http://www.anped11.uerj.br/internacionalizacao/Banco_ mundial/tertiary_ education_ in_ brazil_ 15_ Jan_ 09. pdf.

院；（3）大力发展公立技术学院（Public State Technological Colleges）。报告认为，发展公立职业技术学院，一方面可以缓解公立大学的入学压力，使其在学术、研究等方面继续保持卓越；另一方面，由于其以就业为导向，在扩大规模的同时也能更好地适应就业市场的要求。①

二、作为标准制定者的政府角色

当高等教育资源有限，不能满足所有人接受高等教育的愿望的时候，必然需要一种标准或规则来规范和调节人们的需要。从各国实践和历史考察来看，学术标准、政治标准甚至经济能力都对高等教育入学机会的分配产生了重要的影响。而每一种标准在规范和调节人们需要的同时，也实现了政府对教育的控制。

尽管备受苛责，依据个人的能力和学术水平建立起来的学术标准依然是世界各国高等学校录取学生的基本依据。并且对这一标准的裁量权基本掌握在高校手中。英国高等教育招生指导小组在其一份报告《高等教育招生公平：为良好实践的建议》《Fair Admissions to Higher Education: Recommendations for Good Practice》中明确指出，高校自主权应不受政府招生政策及决定所扰，公平并不意味着要由政府代替高校来选择学生，高校捍卫学术自由必须保留三项基本权利：选择谁来教学，教什么，教谁。这就意味着选择哪些学生入学是每一所高校而非其他任何人的权利。②

以学术标准招录学生的确会带来不同阶层子弟入学机会的差异。但导致这样的结果如果不是其有意为之就不能苛责高校，弥补这样的差异在一定程度上也不是高校的任务。但如果是公立学校，其自身的运转来主要依靠公共财政投入，对于存在的这种差异，政府便不能置身度外。政府对公立学校"不可或缺"的财政资助以及在"公平"名义的辩护下对招生录取标准进行干预和影响便有"合法性"理由。

在美国，这种干预主要体现在两个方面：其一是对大学招生名额进行

---

① Renato H. L. Pedrosa. Master Planning in Brazilian Higher Education: Expanding the 3 - Year Public College System in the State of São Paulo. Research & Occasional Paper Series: CSHE. 2010: 10.

② Admissions to Higher Education Steering Group. Fair Admissions to Higher Education: Recommendations for Good Practice , September 2004 [EB/OL] www. admissions - review. org. uk2012 - 12 - 10.

直接干预从而间接影响学术标准。这其中又包括两种方式，一是本地政府要求本地高校招录学生时为本地学生预留绝大多数的名额，以保护本地居民的利益，如美国各州普遍存在的"名额保留政策"，仅仅为外州的申请者提供很少的名额，而且向外州居民收取远远高于本州居民的学费。如在德州大学奥斯汀分校 2011 年秋季入学的学生身份中，具有德州本州居民身份的学生占 90%，非本州身份的学生占 8%，国际学生占 2%[①]，其他州公立大学系统也存在类似的情况。这样做的合理性辩护在于作为州立大学，主要由州公共财政支持，服务本州居民共同体的利益无可指责。不过，近几年，这种情况有所改变，以加州为例，由于加州政府拨款减少，加州大学系统中外州学生的比例在不断上升，特别是伯克利分校和洛杉矶分校已接近或超过 30%，2010 年加州大学伯克利分校秋季录取本州学生比例为 73.3%[②]，2011 年录取本州学生比例则下降为 68.2%。[③]其他分校所录取外州学生的比例也在逐步扩大。

二是众所周知的"肯定行动"。肯定行动在其他发展中国家也得到了推广。在巴西，为缓减不同种族在获取高等教育机会方面的差异，巴西政府引入了颇受争议的配额录取方式（Quotas）。2004 年，政府向国会提交法案要求所有联邦大学把一半的招生名额分配给公立中学的学生，这些名额将要求大学所在地按照非洲裔、本地人以及其他种族在人群中的比重进行分配。[④]

不过，受经济新自由主义政策的影响，肯定行动受到压制。1996 年加州 209 号修正案获得通过，禁止将种族因素作为制定高校招生政策的依据。在巴西也遭遇了同样的情况。根据民意调查，多数大学校长反对配额制。

---

① About Incoming Students, Summer/Fall 2011 The Freshman Class [EB/OL]. http://bealonghorn.utexas.edu/whyut/profile2012 - 03 - 15.

② UC Berkeley Freshman Admission profil Fall 2010 [EB/OL] http://opa.berkeley.edu/statistics/undergraduateProfile.html. 2012 - 03 - 15.

③ University of California Freshman Admission Profile. [EB/OL]. http://www.universityofcalifornia.edu/admissions/campuses/berkeley/freshman - profile/ 2012 - 03 - 20.

④ Jamil Salmi with Chloé Fèvre. Tertiary Education and Lifelong Learning in Brazil [EB/OL] http://www.anped11.uerj.br/internationalizacao/Banco_ mundial/tertiary_ education_ in_ brazil_ 15_ Jan_ 09. pdf. 2008 - 04 - 15.

主要是实行配额违背了根据分数、能力为标准公平获得高等教育机会的做法。另外，那些通过肯定行动而获得高等教育机会的学生对此并不感到所预料的庆幸，由于学业成绩跟不上，使他们的处境颇为尴尬。①这些情况表明了"肯定行动"在一定程度上的式微。

政府对大学招录标准的影响还体现在全国统一性考试制度的建立上。为此的辩护主要体现在政府能够依据自身权威性确保高校招录考试的科学性、安全性和公正性。如在中国，自 20 世纪 50 年代初确立全国统一高考后，虽然今年来备受争议，但其招录方式至今依然无法根本改变，其核心就在于还没有哪种看似"合理"的方案能获得大众对"公平性"的预期。统一高考制度尽管不是最优方案，但至少目前也是一个次优方案。对中国而言，它是适合中国国情的一项基本教育制度，具有长期存在的价值和必要。②

为国家统一考试制度辩护的另外一个理由则是加强大学和基础教育之间的衔接，保障公立学校学生和公共大众受教育权利。如果仅仅从理论分析，大学选择自己"合适"的学生似乎没有必要关注基础教育阶段的学生成绩和教育质量。例如在巴西，公立高等教育机构，尤其是联邦大学处于整个金字塔顶端，入学竞争非常争激烈。所有学生必须通过由大学或大学联盟自行组织的入学考试"Vestibular"。该考试是大学基于自己的需要组织的高选拔性考试，与基础教育阶段公立学校教学内容没有太多关系，只有在进入私立学校或者进入专门举办的辅导班（Pre – vestibulares）中才有可能在这一考试中取得好的成绩。

为了改变大学招录考试与基础教育几乎脱节的现状，拓宽公立学校学生接受高等教育的机会，巴西教育部发起并组织了自己的"高考"（The National Examination of Secondary Education，ENEM）。该项考试是对中等教育阶段学术能力和认知技能的评价。巴西教育部"希望"无论是公立还是私立高等教育机构，都要把该项考试作为入学标准之一。目前，越来越多

---

① Nicole Roberge. Brazil Experiences the Growing Pains of Affirmative Action Opinions Vary on Whether Policy Helps or Hinders Black Hispanics in Higher Education ［EB/OL］. http：//www. diverseeducation. com/artman/publish/article_ 5933. shtml. 2008 – 4 – 20.
② 刘海峰. 为什么必须坚持统一高考［J］. 上海高教研究，1997（5）：44 – 46.

的学校认可了这项考试，2006 年，高中毕业生中有 74% 的学生参加了这项考试。①不过，ENEM 只是在一定程度上拓宽了入学的渠道，要想进入一流大学，依然要参加"Vestibular"考试。

政府组织的统一考试无论在意愿还是在实践方面的合理性都不可避免地面临着来自学校自主性诉求不断增强的挑战。事实上，从国际比较视角分析，确保学术标准的科学性、公正性和安全性，强化大学和基础教育之间的联系，政府从来就不是唯一的选择。在英美国家，高校录取学生时，一般也会参照一些公共考试项目的成绩，不过这些考试，都是由非政府组织的专业考试机构承担，对于不同类型考试成绩的选择，自由裁量权在学校。当专业化的考试机构尚未建立，一套有约束力的社会诚信机制尚未完善时，政府组织统一考试具有一定的合理性。然而，当面对高校越来越多样化的诉求时，这样的"合理性"是否一直经得起检验？当面对城乡教育机会差异时，统一考试实质上是对农村考生及公共教育设施不发达地区考生的歧视，②并未如辩护者所言实现所谓平等的教育机会。这样为统一考试"合理性"辩护之"盾"反而成为批判者否定其"合理性"之"矛"。问题是统一考试是否能够一直成为"不完善社会"的遁词，一直成为一个"迫不得已的荒谬"。③也许政府可能会通过不断完善、细化方案，但永远无法消解它自身引发的紧张。

三、作为资助和补偿者的政府角色

政府作为资助和补偿者的角色是改善不利群体处境，缩小不同群体之间在获得高等教育入学机会方面差距过大的需要。从各国当前的现实来看，政府的政策实践主要体现在两个方面：

其一是通过助学金或贷款等方式为那些符合入学标准，但又难以支付

---

① Jamil Salmi with Chloé Fèvre. Tertiary Education and Lifelong Learning in Brazil [EB/OL] http: //www. anped11. uerj. br/internationalizacao/Banco_ mundial/tertiary_ education_ in_ brazil_ 15_ Jan_ 09. pdf.

② 顾海兵. 中国高考制度批判：计划经济式的高考可以休矣！[J]. 中国改革，2001（10）：12-14.

③ 许纪霖. 高考制度：迫不得已的荒谬 [J]. 中国新闻周刊，2005（27）：65.

高等教育费用的学生提供资助。但面临的问题是,随着入学人数的激增,学费的上涨,导致政府不堪重负。因此,政府尚需要对资助体系进行重新建构和完善,调动社会各方资源,以缓解经费不足带来的矛盾。

美国学生资助政策在20世纪八九十代角色发生了转变。由于遭受了严重的经济衰退,政府财政吃紧,先前的福利主义政策使得政府不堪重负,加之由于市场化和全球化带来的竞争又促使政府转变在社会政策中的角色。因此,缩减政府规模成为世界趋势,导致学生资助政策的调整:(1) 联邦政府对学生提供助学金的方式发生了改变。由先前基于需要(Need – Based Aid)进行资助的方式转变为目前的择优资助(Merit – Based Aid)。才能在学生资助政策中扮演更重要角色的观点受到了关注。(2) 贷款成为主要的资助方式。受成本分担理论影响,政府对学生的资助逐步由提供助学金向提供贷款方式转变,2005年,学生个人贷款额比前一年增长了33%。在学生获得的资助中,贷款的增长比率最大。[1]

英国面临同样的问题。20世纪70年代经济危机导致其"免费加助学金"的学生资助模式难以为继,20世纪90年代之后开始逐步实施收费加贷款的政策。[2]进入新世纪以来,为了应对学费上涨可能导致对不利群体入学机会的影响。英国政府2011年发布了《高等教育:以学生为中心的体系》(Higher Education: Students at the Heart of the System)。其中学生资助体系的目标是建立一个更加能负担得起的高等教育体系。具体举措主要有三个:其一,干预高校收费政策。凡是拟将学费提高到6000英镑以上的院校,必须向政府的公平录取工作办公室(The Office for Fair Access, OFFA, 2004年成立)提交学费调整方案,说明理由。调整方案经审核,证明有能力吸引贫困生之后,才能执行。其二,建立"先上学,后付费"的学生资助政策。所有新入学学生(包括全日制和非全日制)无须提前支付学费,他们可以通过政府贷款支付学费,甚至包括生活费。[3]学生在其工作以后还

---

[1] 美国:贫困生大学梦能圆几何——美国大学贫困生资助政策现状及对策分析 [N]. 中国教育报, 2006 – 07 – 14.

[2] 张民选. 英国大学生资助政策的演进与启示 [J]. 比较教育研究, 2007 (5): 1 – 6.

[3] Presented to Parliament by the Secretary of State for Business, Innovation and Skills By Command of Her Majesty Higher Education: Students at the Heart of the System.

款,还款额度根据收入比例确定。年收入低于 21000 英镑(2009 年确定的还贷收入门槛),则不需要还款,年收入高于 21000 英镑,则按照年收入的 9% 还款。如果收入减少,则还款额度降低,无收入,则停止还款。[1]这些举措大大减轻了不利群体贷款和还款的压力。其三,追求有效率的公平。一方面,政府把对学生贷款与对学校的拨款相结合。从 2012 年秋季开始,高等教育资助委员会对各学校的拨款份额将减少,学费贷款额度将增加。另一方面,政府赋予学生更多自由选择学校的权利,通过学生"用脚投票"的方式,迫使学校为吸引更多学生,赢取更多学费而不断提高自身质量和经费使用效率。

在一些发展中国家,政府对学生的资助政策也在发生变化。公立大学教育精英化,私立教育大众化是巴西高等教育的典型特征。[2] 公立大学实现精英的免费教育,而私立高等学校多数为营利性质,依据市场定价而收取学费,这对于低收入家庭学生而言是一个沉重的负担。受新自由主义思想的影响,政府曾试图推进公立高校收费制度。不过由于既得利益者大规模的抗议,这些改革没有取得预期成效。

为保障高等教育入学机会公平,巴西政府实施学生贷款项目 FIES(Higher Education Student Finance Fund,FIES)。这项贷款项目开始于 1999 年。它是按学费的 50%(最初是 70%)直接贷给学校而不是学生,偿还利息低于巴西的一般标准,要求学生在毕业后的第一年开始偿还。学生要获得这笔贷款,必须进入教育部认证的学校,且学业优良。另外,贷款还要得到两个担保人的担保。但存在的问题是贷款额度低,对于低收入家庭学生而言,依然难负担剩余的 50% 的学费。另外,在还款方面,由于要求每月还款的数额相等,而不是根据学生工作年限和收入情况逐年增加,这对刚毕业入职的学生而言是不小的压力。

政府政策转变的第二个方面是更加关注经费使用效率和改进教育质

---

[1] Securing a Sustainable Future for Higher Education: An Independent Review of Higher Education Funding &Student Finance. 12 October 2010 [EB/OL] www. independent. gov. uk/browne – report. 2012 – 12 – 10.

[2] Higher Education Finance and Cost – Sharing in Brazil [EB/OL]. http://gse. buffalo. edu/org/inthigheredfinance/project_ profiles. html. 2011 – 05 – 06.

量，缩短不同群体之间的"学术差距"。政策的重点在于改进和提高不利群体的竞争能力，同时把其关注的视角从高等教育转向与其相联系的初等和中等教育方面。

美国联邦政府采取的主要措施主要体现在 2006 年《大学入学机会法》（H. R. 609, the "College Access and Opportunity Act of 2006"）及其他相关文件和报告中：（1）提高和扩大佩尔助学金的额度和资助范围。为了确保低收入家庭的学生能够进入大学，联邦政府强化了有关入学公平的计划（其中包括 TRIO 计划和 GEAR UP 计划），改善少数族裔院校的办学条件。（2）强调缩短不同学校、不同阶层子弟的学术准备差距。2002 年布什总统签署的《不让一个儿童落伍法案》（NCLB）。规定加强高中与大学的联系，开设衔接高中与大学的课程等措施，强调对学校质量的评估，缩短不同学校的学术差距，实现让所有的儿童有良好的机会接受教育，变得优秀，并能实现他们的梦想。[①] 2006 年《大学入学机会法》规定，要加强对 K-12 年级教师的培训，以提高高中阶段教育的质量，为学生进入大学做好充分的学术贮备；高等教育未来委员会也建议美国政府应当通过改进学生的学业准备情况，提高保留率，着力消除非学术障碍，致力于显著提高低收入家庭学生的入学率从而扩大高等教育的入学和促进学生学业的成功。"[②]（3）强调信息透明和政府问责制度的建立。无论是在《大学入学机会法》，还是在高等教育未来委员会提交教育部的《领导力的考验——美国高等教育未来规划》中都指出，为了应对 21 世纪的挑战，高等教育必须从基于学校声誉向基于绩效转变，强调在整个高等教育系统建立责任明确、公开透明的文化氛围。[③]

在巴西，为应对配额和学校规模扩张可能带来的质量隐患，巴西政府实施了"公立大学扩张与重建计划"。（The Program to Support Plans for Re-

---

① U. S. Department of Education Building on Results: A Blueprint for Strengthening. The No Child Left Behind Act.

② U. S. Department of Education: A Test of Leadership—Charting the Future of U. S. Higher Education A Report of the Commission Appointed by Secretary of Education Margaret Spellings.

③ H. R. 609 [109th]: College Access and Opportunity Act of 2006 Title IV——Student Assistance and The College Access & Opportunity Act (H. R. 609), March 20, 2006.

structuring and Expansion of Public Federal Universities, Reuni – 2007) 其主要目的是确保学生不掉队 (Drop out)。采取的主要措施主要有降低生师比，提高本科生面授课程的比重，使面授课程达到90%以上等。[①] 同时，巴西政府也越来越认识到，高等教育入学机会不均衡往往是基础教育阶段不均衡的延伸和发展。世界银行在分析拉美地区低收入家庭接受第三级别教育低入学率问题时指出，基础教育和中等教育发展不充分并且入学机会不公平，导致来自低收入家庭的年轻人对接受第三级教育期望值很低[②]，为了推进高等教育入学机会公平，巴西政府在国家教育规划 (The National Education Plan, PNE, 2001) 等文件中明确提出要提高基础教育和中等教育阶段质量，改进该阶段不同群体受教育机会不均的局面。在世界银行专家看来，这是推进高等教育入学机会长久而有效的举措。

启示

世界银行《高等教育：经验中学习教训》报告中指出，推动高等教育入学机会公平有利于增强国家的融合，有利于改变不利群体的地位。他们为各国政府提供了三个改进策略：(1) 改进不利群体基础教育阶段的受教育水平状况，以提升他们对获取高等教育入学机会的需求；(2) 建立多元化的高等教育机构满足多元化的需求；(3) 为学生学习提供财政资助；通过完善入学标准用以校正入学机会的不公平性。[③] 当期，保障教育公平是高等教育改革和发展的关键词，中国也正从这三个方面着力保障高等教育机会公平。通过国际比较，可以得出如下启示。

其一，作为高等教育的供给者，政府应当着力推动高等教育结构体系多元化以满足不同群体接受高等教育的机会。斯塔德特曼 (Stadtman,

---

① Maria Estela Dal Pai Franco Marília Morosini. Access of Higher Education in Brazil: Critical Issue and Perspective 30th Annual Eair Forum 24 to 27 August 2008 Copenhagen, Denmark.

② World (Latin America and Caribbean Region Human Development Sector February 2008) Yuki Murakami Andreas Blom. Accessibility and Affordability of Tertiary Education in Brazil, Colombia, Mexico and Peru within a Global Context, Number 117.

③ World Bank Report (1994). Higher Education: The Lessons of Experience, p. 76.

1980）为高等教育的多样化列举六点好处：①

1. 多样化增加学习者可以享受的选择范围；
2. 它使每一个人实质上都享受高等教育；
3. 它使教育和各个学生的需要和能力相配；
4. 它使院校能够选择它们自己的使命并限制它们的活动；
5. 它回应一个（本身复杂和多样化）社会的压力；
6. 它成为学院和大学自由和自主权的一个先决条件。

随着国家中长期教育改革和发展规划纲要的颁布，政府应当着力推动办学主体多元化。大力鼓励和扶持民办高等教育，推动高校良性竞争，是高等教育系统结构和层次多元化的重要保障。

其二，作为高等教育入学标准制定者，政府应当从直接参与标准的制定转变为监督标准的执行，赋予学校在选择学生方面的自主权。在社会诚信制度尚未完善的情况下，保障高等学校招生和录取的程序正义尤为重要。政府应当着力强调信息透明和问责。正如罗尔斯所言，一种正确或公平的程序如被恰当地遵守，其结果也会是正确的或者公平的，无论它们可能会是一些什么样的结果。对于不利群体（或地区）教育机会获取问题，除了应鼓励（而非干预）学校建立多元录取标准外，还应当由直接分配向教育补偿。

其三，作为高等教育的资助者和补偿者，政府应当把基于需要的资助体系和基于能力的择优资助相结合，供给所有人一个"平等的起点"，从而使那些具有相似天赋和能力并具有相似意愿去训练这些天赋和能力的人，能拥有"相同的成功前景"。同时，通过强化大学和基础教育阶段课程和教学等的衔接，大力发展基础教育等措施缩短不同群体在获取高等教育入学机会上的鸿沟。

---

① 弗兰斯·F. 范富格特主编：国际高等教育政政策比较研究［M］. 浙江教育出版社，2003：399.

财政支持民办高等教育的必要性和可行性[①]

方 芳[②]

政府是否应当对民办高等教育进行财政支持，目前有部分学者认为鉴于中国经济还处于发展之中，仅就公立高校而言，政府的财政预算占高校教育经费的比例已经越来越少了，如果要求政府给予民办高等教育财政支持则已经超过了政府的财政能力。还有部分学者认为，正是由于国家财政对于高等教育支持的不足，才鼓励利用非财政性经费来支持民办高等教育的发展，民办高校对于缓解高等教育财政紧张起到了一定的作用，如果要求政府为民办高等教育提供财政支持，只会加剧政府的财政困难。

国外发展私立高等教育的成功经验之一是对其进行财政支持。而我国现阶段，民办高等学校的主要经费来源依赖于学费，其他渠道的经费来源也已逐步成熟且趋于稳定，在捐赠尚不能成为民办高校主要经费来源的情况下，依靠政府的财政支持来解决民办高校财政短缺问题，已成为促进民办高等教育健康可持续发展的重要手段。本文将着力分析政府财政支持民办高等教育的必要性和可行性。

[①] 本文为教育部人文社会科学研究一般项目《政府对民办高等教育的财政支持制度研究》（项目号：11YJC880021）、中国博士后科学基金第五批特别资助《基于分类管理基础上的民办高等教育财政支持制度研究》（项目号：2012T50056）和2011年度教育部哲学社会科学研究重大课题攻关项目《民办学校分类管理政策研究》（项目批准号：11JZD043）的阶段性研究成果。

[②] 作者简介：方芳，北京师范大学教育学部高等教育研究所讲师、博士，从事高等教育、教育经济学研究。

一、必要性分析

（一）理论依据

与政府财政资助民办高等教育相关的理论有许多，例如人力资本理论、公共选择理论、自由市场理论以及新公共管理理论等，这些理论分别从宏观或微观的不同层面为政府财政资助民办高等教育提供了独特的理论视角。本文仅从经济学视角的公共产品和外部性理论对此问题进行审视。

1. 法律视角：基于民办高等教育发展的法律依循

《民办教育促进法》第一章第三条明确规定"民办教育事业属于公益性事业，是社会主义教育事业的组成部分。国家对民办教育实行积极鼓励、大力支持、正确引导、依法管理的方针。各级人民政府应当将民办教育事业纳入国民经济和社会发展规划。"《民办高等学校办学管理若干规定》第三条规定"教育行政部门应当将民办高等教育纳入教育事业发展规划。按照积极鼓励、大力支持、正确引导、依法管理的方针，引导民办高等教育健康发展"；"教育行政部门对民办高等教育事业做出突出贡献的集体和个人予以表彰奖励"；第四条也规定"国务院教育行政部门负责全国民办教育统筹规划、综合协调和宏观管理工作"；第四十四条规定"县级以上各级人民政府可以设立专项资金，用于资助民办学校的发展，奖励和表彰有突出贡献的集体和个人"。《国家中长期教育改革和发展规划纲要（2010-2020年）》第四十三条也提出"健全公共财政对民办教育的扶持政策"。

显然，这些法律规定从国家法律层面上强调了政府在民办高等教育发展中的职责。民办高等教育国家公益性事业的性质界定，决定了政府及其教育行政部门应该在民办高等教育领域中有所作为，从资金投入、政策优惠、制度供给等方面统筹规划民办高等教育，促使民办高等教育走上健康、稳定、可持续发展的道路。

2. 属性视角：基于民办高等教育的服务属性

讨论公共财政是否应该支持民办高等教育，首先应明确界定在市场经济中哪些产品和服务应由市场提供，哪些产品和服务应由政府提供，哪些产品和服务应由政府和市场共同提供，进而确定教育服务、民办教育服务的性质和应由谁提供。

由美国经济学家保罗·萨缪尔森（Paul A. Samuelson）和马斯格雷夫（Richard A. Musgrave）等人创立的公共产品理论，为在市场经济中界定政府和市场作用的边界提供了理论依据。公共产品理论以产品或服务在消费上是否具有竞争性和排他性、是否具有外部性为标准，将全部产品或服务分为公共产品、私人产品和准公共产品。在理性经济人的假定下，依据产品或服务的成本与收益是否对称，界定公共产品应由政府提供，成本应由财政负担；私人产品应由市场提供，成本应由消费者私人负担；准公共产品应由政府和市场共同提供，成本由财政和消费者共担。

笔者认为，包括高等教育在内的非义务教育属于有正的外部性的准公共产品。一方面，此种教育服务在消费上有竞争性，在供给有限的条件下，一个人消费了这种教育服务，就会影响他人对这种教育服务的消费，或者说，增加一个人对此种教育服务的消费，其边际成本不为零而为正；另一方面，此类教育服务同时具有排他性，从技术上这种教育服务可以分割从而可以通过招生数量、考试筛选和收取学费将一部分人排除在此种消费之外。同时，教育服务具有正的外部性，如过度排除则社会成本太高，因一个人接受了教育，除了本人可以受益之外，其家庭及代际间均可受益，整个社会也受益。高等教育是一国科技进步、社会经济发展的推动力，是一国精神文明和物质文明建设的重要条件保障。[1]

既然高等教育服务属于有正的外部性的准公共产品，理应由政府和市场共同提供，成本应由财政和受教育者共担。笔者认为民办高等教育服务与公办高等教育服务在性质上基本相同，都属于具有正外部性的准公共产品或服务，由此，政府有责任和义务提供两类高等教育服务，财政应予以支持，即教育服务的成本应由财政和受教育者共同负担。两者在属性上也有区别，较之公办高等教育，民办高等教育的私人产品属性更强，该类教育服务具有较强的排他性，通过较高的学费可以将不付费者排除在这一教育服务之外。可见，与公立高等教育有所不同的是，民办高等教育在资源配置中市场的作用更大，因而受教育者在教育服务成本负担中所承担的比重应更大。[2]

（二）实践依据

结合我国民办高等教育发展的实际情况，可以发现，现阶段民办高校在生存及持续发展上面临的一个根本性问题就是筹资不足、筹资渠道单一。目前大多数民办高等学校经费完全依赖于向学生收取学费，收费成为学校的唯一经费来源，结果导致收费过高影响了较低收入阶层的子女的入学机会，也在很大程度上制约了民办高校的健康可持续发展，因此，政府对民办高校提供财政资助具有深刻的实践依据。

1. 促进高等教育入学机会均等的实现

民办高校的办学经费在很大程度上都是依赖于学杂费，政府财政资助及其他渠道取得的资金非常有限。民办高校在录取学生时主要依据两个标准，一是高考成绩，二是学费。[3]也就是说，只有招收的学生能够缴纳足额的学费，才能保证基本的办学经费，开展正常的教学。通常学习成绩在中等以上者，均有机会进入民办高校或者更好的公办高校学习。然而，进入民办高校或者能否在民办高校接受完所有教育还需具备的另外一个必要条件为经济条件，即看学生是否能交付起学费，而学费的承受能力在很大程度上与学生的家庭经济条件相关。因此，民办高校在提供高等教育机会时，具有自愿或者不自愿的排他性，教育公平在不同背景人群中存在着一定的不公平。受教育机会的增多，并不等于接受教育机会的公平。只有交付起学费的人，才有可能选择或者继续在民办高校读书。民办高校的收费问题成为危及教育机会合理分配的瓶颈，限制了民办高校的生源范围，造成选择上排他性的加剧，损害了教育的公共利益。[4]

仅仅依靠民办高校自身及其现有教育政策和社会环境，是很难解决现有的困境的。资金的短缺是阻碍民办高校可持续发展的一大障碍，因此，需要国家和社会的共同支持。国家对民办高校一个百分点的财政支持，就有可能降低学费的标准，降低因为交付不起学费而被排斥在校门之外的学生概率，有助于缓解因学费问题造成的受教育机会不均衡现象的加剧。[5]政府扩展对民办高校学生和教育机构的财政支持力度，能够保证政府和私立部门在教育领域中的互补作用，共同维护和保障人民的基本受教育权利。

2. 提供高等教育领域的"竞争与选择"

公共财政是否应支持民办高等教育还取决于民办高等教育在高等教育中的地位和作用。目前我国民办高校的发展规模，无论是学校数的绝对量和相对量，还是学生数的绝对量和相对量，都在逐年稳步上升。我国民办高等教育经历了从无到有、从小到大的发展历程。现阶段我国高等教育体系已形成民办高校与公办高教相互竞争、相互促进、共同发展的格局。

我国民办高等教育的发展基于两种背景：一是限于政府财力有限，公办高等教育服务供给严重不足，民办高等教育的发展可满足居民对高等教育的巨大需求；二是我国正在进行经济体制和教育管理体制改革，生产资料所有制从单一的公有制逐步转变为以公有制为主体的多种非公有制并存的格局，包括教育、文化、科技等非经济的服务领域，也由单一的政府举办的公立机构转变为政府举办的公立机构和非政府机构举办的民办机构并存的局面。与此同时，教育管理体制也进行了相应的改革，旨在建立与社会主义市场经济相适应的符合教育服务性质和教育发展规律的教育管理体制。各级政府、各级各类公立学校逐步探索教育管理体制改革，而作为与公立教育性质不同的民办教育，成为探索教育体制改革的重要力量和阵地。[6]

因此，民办高等教育无论从我国的高等教育发展或是从高等教育体制改革来说，已不是可有可无，也不是高等教育的补充，而是与公办高校一样，是我国高等教育发展和改革的重要组成部分。随着民办高校越来越多地跨入到高层次的学历教育行列，对于家长来说，增加了更多的高等教育选择权，进而使得民办高校在不同层面和不同领域与公办高校存在着激烈的竞争，这样的竞争局面在一定程度上提高了教育效率。OECD 报告中明确指出："国家鼓励公立学校和私立学校发展并提供资源是出于多种原因。在许多国家，一个原因就是为了扩展学生及家庭的教育选择权。"因此，政府作为高等教育的受益者，也是国民收入再分配的主体，其资助公办高校的政策完全适用于民办高校。政府财政不仅有必要支持民办高等教育，而且应当把支持民办高等教育发展作为责任和义务。

3. 加强政府对民办高校的控制与管理

政府对民办高校该如何进行管理，该如何协调行政管理与尊重民办高校应有的办学自主权之间的关系，是学者们越来越关注的一个重要课题。如果管得过多、过严，可能抑制了民办高校的生命力，最终导致民办高校教育的萎缩；如果放任自流，民办高校又可能偏离办学的方向，使得学校如公司一般完全按照市场经营。为了避免这两种情形的发生，就需要教育行政部门的管理必须以间接的引导为主，而政策扶持正好符合这一要求。政府如果希望民办高校真正有所作为，进而实现公办高校与民办高校有序竞争的良好局面，就需要变革政府观念，需要从更加理性的和长远的目标规划民办高校的功能与价值，进而通过立法、财政拨款、政策调整等手段对民办高校进行分类管理与引导。

政府对民办高等教育进行公共财政资助，既体现政府对民办高等教育的支持，也是政府对民办高等教育进行管理和控制的一种手段。由于民办高等教育主要通过市场的手段运营，因而具有一定的盲目性和随意性。政府如果放任自流，将有可能导致教育市场的混乱和失控。政府可通过资金的鼓励和诱导来实现有效的管理，如在提供资助时附加一定的条件，要求民办高校按照社会和市场需要办学，这种资助模式对接受资助的学校既是一种激励，也是一种约束，使得民办高校将更多的精力集中在教学上，确保教育教学质量，进而达到质量管理的目标。如美国，联邦政府有关私立教育的立法几乎都有给予相应财政资助的条款。正是通过这样的经济手段，联邦政府将其影响渗透到私立教育当中，从而影响以至决定私立教育的发展方向。此外，通过制定获得资助的条件，对民办高校进行必要的管理，在高等教育领域，政府通过某些重要学科和研究的资助，鼓励学校培养适应社会需求的人才，一方面促使民办高校提升研究能力以获取更多的科研收入，另一方面也从整体提高了国家的综合实力。可见，政府对民办高校提供各种形式的财政资助，不仅可以缓解民办高校经费不足，而且也可以提高民办高校的公共性程度，提高教学科研质量，达到有利于国家利益和社会利益的目的。

二、可行性分析

（一）国家财政支出逐年增加为资助提供了财力保障

政府财政资助的有无、多少取决于政府财政能力的大小，因为政府的财政规模直接影响了教育财政总量供给的规模。通常情况下，各级政府存在着财政预算的约束，因此财政能力强的地区自然更有可能拥有多余的财力为民办高校提供支持。

近年来，我国经济运行总体平稳，经济秩序好转，经济效益保持较高水平。根据国家统计局公布的数据显示，2012年，我国财政收入已经超过11万亿元，税收收入所占比重高达85.81%，可见，税收收入为国家财政收入的增加和各项事业发展提供了强有力的财力保障。在财政收入的来源项目中，中央政府和地方政府的贡献率相当；在税收收入方面，中央政府的比例略高于地方政府，在非税收收入方面，地方政府的贡献率非常高（表1）。

表1　2012年中央和地方主要收入项目　　　　　　（单位：亿元）

项目	国家财政收入	中央	所占比例（%）	地方	所占比例（%）
合计	117253.52	56175.23	47.91	61078.29	52.09
税收收入	100614.28	53295.20	52.97	47319.08	47.03
非税收收入	16639.24	2880.03	17.31	13759.21	82.69

资料来源：根据国家统计局《中国统计年鉴》（2013年）"财政"项统计数据整理而得。

2007—2012年期间，我国财政收入由5万亿元增长到11万亿元，翻了一番有余，而且维持着正速率在逐年增长，尤其是2009—2011年期间，每年的增长速度都在逐年递增，2012年增速放缓。对于中央和地方政府来说，财政收入所占比例基本持平，但中央政府所占比例在逐年递减，地方政府反之；从绝对值的增长来看，各级政府的财政收入均在逐年增加（表2）。

表2　2007—2012年中央和地方财政收入及比重　　　（单位：亿元）

年份	财政收入					比上年增加（%）
	合计	中央	所占比例（%）	地方	所占比例（%）	
2007	51321.78	27749.16	54.10	23572.62	45.90	32.4
2008	61330.35	32680.56	53.29	28649.79	46.71	19.5
2009	68518.30	35915.71	52.42	32602.59	47.58	11.7
2010	83101.51	42488.47	51.10	40613.04	48.90	21.3
2011	103874.43	51327.32	49.40	52547.11	50.60	25.0
2012	117253.52	56175.23	47.91	61078.29	52.09	12.9

资料来源：根据国家统计局《中国统计年鉴》（2008—2013年）"财政"项统计数据整理而得。

2007-2012年期间,我国财政支出的变化情况与财政收入的变化情况基本一致。财政支出额由近5万亿元增长到12万亿元,增长达两倍多,且维持着正速率在逐年增长。与财政收入情况不同的是,对于中央和地方政府来说,从财政支出所占比例来看,地方政府所占比例要远远高出中央政府;从增长情况来看,中央政府的财政支出比例在逐年下降,而地方政府的财政支出比例在逐年增加(表3)。

表3　2007-2012年中央和地方财政支出及比重　　（单位：亿元）

年份	财政支出					比上年增加（%）
	合计	中央	所占比例（%）	地方	所占比例（%）	
2007	49781.35	11442.06	23.00	38339.29	77.00	23.2
2008	62592.66	13344.17	21.32	49248.49	78.68	25.7
2009	76299.93	15255.79	19.99	61044.14	80.01	21.9
2010	89874.16	15989.73	17.80	73884.43	82.20	17.8
2011	109247.79	16514.11	15.10	92733.68	84.90	21.6
2012	125952.97	18764.63	14.90	107188.34	85.10	15.3

资料来源：根据国家统计局《中国统计年鉴》(2008-2013年)"财政"项统计数据整理而得。

比较各年份中央和地方财政收入与支出的数额,不难发现,中央政府的财政支出均小于中央政府的财政收入,地方政府的财政支出均大于地方财政收入,究其原因,由于地方财政支出包括地方本级财政收入和上级转移支付两部分内容,即中央对各地区的财政补助特别是税收返还,是地方政府可支配财政收入的一个重要来源。因此,地方财政支出更能反映出各地区可支配的预算内财政资源,也相对真实地反映了地方政府的财政能力。政府的财政能力是政府集中社会资源的一种体现,也是政府提供公共产品(准公共产品)的一种客观能力。本研究在前面论述过,民办高等教育是属于有正的外部性的准公共产品或服务,因此,政府财政资助的力度自然在一定程度上受到政府财政能力的影响。随着地方政府财政支出水平的逐年提升,在很大程度上为政府财政支持民办高校提供了财力保障。

（二）相关法规政策的建立与完善营造了良好的法律环境

由于我国正处于市场经济不断深化的阶段,政府担任的发展高等教育的责任和权利都非常重大。在发展民办高等教育的过程中,政府的决策至关重要。所谓提高发展民办高等教育的认识,首要的是要解决好政府部门的认识,牢固树立发展经济必须发展高等教育、发展高等教育必须发展民办高等教育的思想,克服模板高校可有可无、最多补充、先过渡再整顿等偏见思想,切实转变观念,顾全大局,从我国的实际国情出发,依据我教育财政的实际状况,考虑到整个社会不断增长的高等教育需求,以及知识经济发展对人才数量和质量的巨大吸纳能力,各级政府已明确制定出众多相关的法律法规,这些文件和政策为民办高等教育提供了较好的政策环境和发展空间。

伴随着民办高等教育的快速发展,国家对民办高校管理政策也逐渐成熟起来。《民办教育促进法》为民办教育的健康发展提供了基本法律框架,根据《民办教育促进法》及其实施条例的要求,政府应落实民办教育与公办教育同等的法律地位,保障民办学校与公办学校及其相关利益群体的平等权利,合理规范政府行为以充分发挥市场机制在民办教育发展中的作用。同时,《国家中长期教育改革与发展规划纲要(2010-2020年)》中提出,应健全公共财政对民办教育的扶持政策。而各地政府还专门出台了一系列相对应的政策,在征用土地、基建配套、地方税收等方面采取更为宽松的政策,积极鼓励和引导民办高等教育的健康发展。各级政府出台的这些政策提出政府应通过各种方式为民办教育提供资助,一方面体现政府对民办高校的鼓励支持导向,激励民办高校的办学热情;另一方面通过资助,适当降低民办高下的收费标准,体现教育公平,推动了高等教育的大众化进程。这些法规政策为政府资助民办高等教育提供了良好的法律环境,是民办高等教育发展的必要基础和氛围。

(三) 国际上政府资助私立大学的成熟经验可供借鉴

在世界私立高等教育发展较快的发达国家,其共同经验是建立了对私立高等院校提供多种形式资助的财政制度。这些国家政府财政投入占私立高校总收入的比重,均高于我国。各国政府除了直接的扶持措施以外,还制定了许多间接支持私立高校发展的政策,最为典型的是美国等国家实施的对教育捐助减免税的规定,大大调动了企业、社会组织和个人向私立高校捐资的积极性。[7]

各国政府的大力扶持对私立高校的持续发展具有至关重要的作用。一方面，财政资助缓解了私立高校的资金压力，使私立高校摆脱了财政困境，社会地位、自身实力得以巩固和加强，为长远发展奠定了物质基础；另一方面，平等地位的扶持措施有利于私立高校获得更优质的生源和教师，有机会参与科学研究、社会建设和国家发展，促进了私立高校教学质量、学术水平、科研实力、服务能力的提升，为将私立高校办成高质量、高水平大学、跻身国家乃至世界强校铺平了道路。

我国民办高校正处于快速发展的上升阶段，如果政府财政支持及时到位，帮助民办高校突破限制发展的"瓶颈"，会起到事半功倍的作用。"他山之石，可以攻玉。"借鉴国外私立高校财政支持的有益经验，对我国政府资助民办高等教育发展具有重要的指导意义和促进作用。

（四）民办高校的分类管理为资助奠定了重要基础

公共财政是政府提供公共物品满足公共需要的一种经济行为。民办学校作为生产教育服务一种准公共物品的重要载体，接受公共财政的支持是历史上和当今世界诸多国家和地区的普遍做法。目前在我国，公共财政支持民办高校几乎成为社会各界的共识，各地也开展了不同程度的政策实践。然而，现有支持政策不仅较为散乱，而且多数没有考虑到不同类型民办高校的教育服务性质并不相同，从而存在支持对象不公平、经费挪用或流失等问题，从而受到人们质疑。

《国家中长期教育改革与发展规划纲要（2010-2020年）》提出了将民办学校进行营利性和非营利性分类管理的改革思路，为基本理清公共财政支持政策奠定了重要的基础。民办学校分类管理的基本目标是要取消准营利性民办学校，消除灰色地带，从而构建以非营利性民办学校为主导的、营利性与非营利性界限清晰的分类框架。在此基础上，我们可依照财政供给的基本框架，理清针对不同类型民办学校的支持项目，从而构建出更为公平清晰的政策体系。

参考文献：

[1][2][6] 方芳、王善迈. 我国公共财政支持民办高等教育研究[J]. 北京

师范大学学报(社会科学版),2011(5).

[3] 阎凤桥.中国民办高等教育能够满足公共利益需求吗[J].探索与争鸣,2008(10).

[4] 米红,李小娃.公益性:民办高校发展的现实关照——兼论高等教育的产业属性[J].山西大学学报,2009(3).

[5] 黄洪兰,朱云翠.民办高等教育公益性:国家财政扶持的理论与现实基础[J].现代教育科学,2011(1).

[7] 王留栓.世界私立高等教育发展模式及其对中国的启示[J].浙江树人大学学报,2005(3).

第三章
高校治理探索

引 言

高校治理依然是2013年高教界关注的重要课题。在高校治理方面，高校推进的改革主要有三：一是学校章程制定；二是学部制改革；三是大学理事会功能定位。本章选择了7篇学术论文，涵盖了高校治理的若干侧面，在带动理论界关于大学治理问题的理论探讨方面，提供了部分研究成果。这些研究不仅具有前瞻性，而且具有较强实证指向性。当然，必须承认的是，大学治理的内在机制研究、大学治理的内外部环境治理和完善研究，等等，还没有顾及到，所以挂一漏万也是在所难免的。

论文《大学校长：伦理的领袖，道德的楷模》从伦理的视角分析大学校长的职能及其发挥，具有视角选择的独特性。以美国校长职能的伦理性为案例，让论文有了强烈的聚焦和参考借鉴价值。尽管论文探讨的是美国大学校长，但是从一开始，就让读者产生自我反思：中国的大学校长的时间和精力用在何处，如何用伦理的视角来反思我国校长的职能，随着论文的铺陈，读者还会联想到，我国大学校长有无伦理危机，其危机在哪些地方，以及如何甄别和规避危机，等等，可能是论文的潜在目的。高等教育国际化与高校内涵建设的关联是高等教育研究的热门课题，能否在成果众多的领域有所创新，能够看到常人所看不到的问题之点，则是研究出新的关键。论文《推进高等教育国际化是高校内涵建设的重要任务》在重申高等教育国际化是经济全球化所使然的规律的前提下，提炼和概括了高等教育国际化的基本特征和发展趋势，提出了国际化是高校内涵建设的重要组成部分。论文对于大学领导者如何避免为国际化而国际化提出了适切性强的政策咨询。

促进大学创新的机制是什么？创新活动中风险如何识别如何控制或者

规避？依据哪些理论来探讨创新机制？论文《基于"双因素"模型的大学创新机制研究》选择"双因素"模型分析我国高校创新激励政策中存在的"激励有余而保障不足"以及不平等的风险分配逻辑等问题，并在此基础上提出了明确的"二元"创新机制模型，为年轻学者提供科研和生活保障，给予其学术成熟的空间，进而为高校培育拔尖创新人才的文化和氛围。大学考试作弊是大学治理过程中的重要实践课题，这个问题不能有效解决，就解决不了学风和校风的问题，就解决不了人才培养质量这一大问题。诚信之不存，焉能奢谈人才质量？论文《教学管理视角下的大学生考试作弊成因探析——以北京某高校为例》运用质性研究方法探析个案大学本科生考试作弊根源，提出治表不如治本的观点，即培养学生考试诚信，需要让其得到正面的支持和辅导，因此教师的学术诚信教育能力及实践，理应得到高校领导者的关注。学术治理既是法律问题，也是伦理的问题，解决好了学术治理，就解决了高校管理问题的多半。论文《新制度主义视角下的同行评议制度》基于新制度主义社会学的视角，对高校教师管理的同行评议制度进行了分析，诊断出我国同行评议制度中的问题，提出了完善学术共同体建设、加强相关立法工作、规避行政权力的侵入等建议，对高校改善学术治理，有借鉴作用。

　　论文《试论 M 型结构在现代大学组织中的应用》借助企业管理中经典的事业部制管理框架，提出将其应用到高校内部治理上的可行性。论文首先探讨了 M 型结构的基本要素和特点，据此提出了应用此结构于高校中的路线图，在此基础上提出了我国学部制改革所遇到的挑战及应对对策。论文对于高校内部的行政和学术机构和功能调整，无疑是有重要参考价值的。大学章程建设和研究是最近一年最为集中的大学治理研究的重要领域。论文《哈佛大学章程溯源》，追溯了 1650－1780 年哈佛学院特许状的产生背景及法律渊源，阐明了由特许状而衍生的大学章程的早期体系，分析了以哈佛学院特许状及监事会章程为源头的早期大学章程的历史地位和作用，指出了哈佛大学监事会和院务委员会共同治理的管理传统，奠定了大学章程在大学治理结构中的宪章地位，保障了哈佛大学的学术自治。对于我国大学建设章程提供了良好的历史借鉴，引发出不少现代思考。

大学校长：伦理的领袖，道德的楷模

王英杰[①]

当代人类社会的一个重要特点是道德问题凸显。横扫世界的金融危机在一定程度上可以视作一场道德危机，它本身就是由金融道德丑闻所引发的，房利美、房地美、安然、泰科、世通等商业巨子与政界火热勾结，致使权力和金钱政治横行无忌，它们疯狂造假账，虚报利润以抬高股价，销毁审计资料，终于把美国拖入次贷危机，进而使全世界受累。

美国的道德危机是由多种因素酿成的。第一，在美国社会中，法律与规章被特殊利益集团所把持，社会上层"精英"亵渎法律，滥用权力，耻辱感下滑。在政治上有尼克松总统违法窃听被弹劾之案例，在生活上有克林顿总统和中情局局长彼得雷乌斯的丑闻。美国大法官沃伦曾经指出，"在文明的生活中，伦理之海托举着法律之舟"。无疑，这些领袖们的行为趋势如海之风浪在颠覆美国的道德基础。第二，美国的富有者和贫困者在财富、权利、学校教育和卫生医疗上的差距日益扩大，严重侵蚀了美国的基督教道德伦理基础。第三，美国对市场经济的顶礼膜拜，致使政府执迷不悟地以市场的手段去解决事实已经证明市场难以解决的问题，这样就加剧了社会矛盾，强化了两极分化，影响了道德标准和价值判断。第四，美国比以往任何时代都更受科学技术的统治，科学技术既可能极大地促进人类社会发展，又有可能伤害人类生存的环境，如何取舍和使用，拷问着美国社会的道德基础，美国人对技术的崇拜经常会导致对涉及伦理道德问题的误判。此外，网络广泛的使用正在以虚拟的扁平组织形式取代传统的、

---

① 作者简介：王英杰，北京师范大学国际与比较教育研究院教授。

自太古洪荒时代就建立起来的金字塔式的道德权威结构,打破传统的垂直道德权威和秩序模式。

在我国,伦理和道德危机也日趋严重。当前在中国社会引起道德危机的一个最重要的因素是"变化",这个社会中唯一不变的常量是"变化",引发道德危机最主要的变化是贫富两极分化的加剧,富人缺少安全感,对未来毫无信心,于是他们贪得无厌,欲壑难平,置"取之有道"于不顾,疯狂地聚敛财富;穷人苦于生计,缺少社会保障,看不到未来,从而缺乏道德的冲动。正如台湾学者许倬云所说:"在我看来,还有个大问题,那就是大家都拼命赚钱,精神生活上相当空虚,不知道为什么活,也不知道大家应该共同遵守的标准和尺度在哪里。于是许多秩序就不能够建立起来,这是个普遍现象。这不能说是必经阶段,但我们需要警惕。过去100年里,中国不断地丢失自己固有的价值观念。"[1]

世界上很多国家都开始关注伦理和道德,伦理和道德成为一个很热的话题,成为媒体的宠儿和餐桌边的谈资,人们开始认识到伦理和道德问题已经渗透到社会生活的方方面面,诸如官员腐败、食品安全、股票市场的内部交易、老人倒地无人搀扶等等,都反映了一个社会的整体伦理和道德水平,影响到一个国家的制度、未来的发展和人民的生活。社会所遇到的道德问题的解决,历史不提供参考,现实令人焦虑,未来不令我们产生信心。社会需要有关伦理和道德的信息、指引和领导。大学应该回应这些需求,不仅仅是因为大学为社会提供相关的知识和理论,而且还因为大学为社会培养伦理的领袖。大学就应该为社会提供道德的榜样。如果大学不这样做,那么还会有另一类组织对伦理和道德问题具有同样的理解和关注吗?

一、当代美国大学校长伦理道德责任的缺失

美国许多学者和大学校长认为,在政府和企业的道德水准都前所未有地急剧下降的时代,大学必须发挥伦理领袖的作用。高等教育哲学家布鲁贝克(John S. Brubacher)认为,"我们必须求助于大学而不是教会甚至政府,因为我们个人或社会行为的成功最终都建立在我们对自然、宇宙的认识之上;建立在我们对历史长河中的人类命运的真实信念上;建立在关于

善与恶以及如何区分善与恶、关于真理以及区别真理与谬误的认识之上"。[2]他还转引了另一位学者所提出的大学新的职能,即在教学和科研之上再加上承担"社会领袖","造就公众心灵"的职能。哈佛大学前任校长博克(Derek Bok)对大学的类似教会的伦理道德职责也做了回应,"宗教机构似不可能再像过去那样给青年人灌输基本价值了。在这样的情况下,大学,包括哈佛,在面对许多人认为的伦理标准普遍下降的情况下,需要思考它们可以做什么"。[3]但是,大学校长却没有承担起伦理领袖和道德楷模的责任,领导大学应对社会伦理和道德的危机。

1. 大学校长主要的职责从校园的精神领袖转化成筹款者。美国大学初建时,规模很小,当时哈佛大学仅有十几个学生,校长承担一切工作,从做学生的监护者,到上道德哲学课。实际上,当时的校长就是牧师,他们是道德的权威,知道社会对大学毕业生道德行为的要求,他们的责任就是按照社会公认的道德标准规范学生的行为。今天的美国大学已经完全不同了,已经成为多元巨型大学,校长的主要职责是筹款。在社会的伦理和价值标准多元的时代,校长们在一些问题上尚能直言,诸如科研中涉及的伦理问题、学生资助中的公平问题等。而在另一些重大的国家或社会问题上,虽涉及伦理道德,但与大学的直接利益并不那么清晰,例如企业的欺诈、反恐战争、占领华尔街等,校长们则刻意避免发表意见,以免得罪潜在的捐款者,有些校长甚至曲意迎合捐款者的伦理道德偏向。这样,大学校长就有负于社会期望他们承担的公共知识分子的角色,即运用校长岗位的声誉就当前重大社会问题表明自己的道德立场,也就不可能在社会出现重大伦理和道德危机时拉响警报,警示世人了。可是,在社会重大问题上失声的校长也很难以道德的力量领导好学校。正如担任圣母大学校长35年的赫斯博(Theodore Hesburgh)所说,"拒绝在校外发言的人在校内也不会有人听他的"。[4]事实上,20世纪美国的伟大校长,如加州大学的克尔(Clark Kerr)、耶鲁大学的布鲁斯特(Kingman Brewster)、芝加哥大学的赫钦斯(Robert Hutchins)和哈佛大学的康南特(James B. Conant)等均是时代的先声和卓有影响的伦理领袖,他们的言行不仅影响了他们各自大学师生的价值取向,甚至影响了美国社会一代人的价值追求。

2. 大学校长的职业化使得校长更关注其职业生涯,他们有意无意地避免陷入可能危及其职业前景的复杂伦理道德漩涡中。近半个世纪以来美国大学校长岗位的一个重要变化是职业化,由于大学管理的复杂化和专门化、科技发展的迅速和知识半衰期的缩短,校长们已经不大可能任职几年后再重返教学岗位,于是他们游走于不同大学,终身任职校长。这样,他们就极力避免在职业生涯中留下"污点",在校内尽量少引发冲突,在校外保持政治低调,他们口口相传的幸存诀窍是:"在街上你不能改变你的大学。"事情缘于越南战争,那场战争使美国大学校园生活政治化了,伦理价值标准分崩离析了,校长不管站出来反对或支持战争都进退两难。自那以来,美国大学经历了多次政治事件的分裂,语言越来越政治化,形成了语言的地雷阵,校长不得不谨言慎行。今天校长们还面对复杂的管理环境,教师、职员和学生成为"利益相关群体",教师和职员常常组成工会团体,进行集体讨价还价,校长稍有不慎就会成为众矢之的。此外,政府对大学的干预愈来愈甚,校长日益工作和生活在法律化的环境中,校长必须时刻注意自己的言行可能产生的风险。这一切导致校长在表达自己意见时更趋保守和中庸,而非勇敢地站在道德高地之上,做出困难的决定,传递强大的道德观。

3. 大学中行政权力不断膨胀,校长的行为举止更像企业的 CEO。我们正处于一个商业价值占垄断地位的时代,在大学中,管理不断顺应市场价值,与传统的学术价值冲突日趋激烈。在大学学术价值和行政价值冲突的整体氛围中,教师倾向于把行政人员看作目光短浅、受市场利益制约、毫无民主精神而飞扬跋扈的人,而行政人员则会把教师视作只知民主而不承担社会责任、自我放纵、目无纪律和随心所欲的人。在美国当前财政危机中,大学从政界和企业界选聘校长逐渐成为一种风潮。据不完全统计,进入 21 世纪以后,仅在新英格兰地区就有 7 所大学聘任了这样的校长。例如,卫斯理大学聘任了曾任克林顿政府的国际组织事务助理国务卿和全国公共广播公司 CEO 的本内特(Doug Bennet),包杜因学院聘任了纽约德布韦和普林顿律师事务所的合伙人米尔斯(Barry Mills),南新罕布什尔大学校长来布兰科(Paul Leblanc)曾任休顿米福林公司副总裁。这一趋势加剧了大学校园中的价值冲突,影响了大学校长的道德领导力。[5]一个典型的案例是,克林顿总统政府的财政部长萨默斯(L. H. Summers)回归哈佛大学出任校长,他简单粗暴,以行政权力强力推动学校事务,他口无遮拦,内心深处留有轻视妇女和少数种族的印记,不经意间就在语言或行为上流露出来。虽然他有很强的学术背景,长期的大学教学经历,但是,他把在政府部门工作逐渐习惯了的官本位的管理理念和风格带到了大学校长的工作中,终于使他与教师离异,成为行政价值的代表,与教师发生尖锐的对抗,致使教师对他产生敌意。哈佛大学强大的文理学院教师最终对他投了不信任票,导致他辞职。

4. 部分校长崇尚奢华的生活方式,致使他们失去道德的领导力。大学的道德领导始于顶层,始于校长个人的诚信和道德标准。本来由于大学校长的岗位要求,他们就有较高的生活标准,学校为他们准备了华丽恢宏的官邸,配备了专车和专职司机,他们享受一流的旅行安排,为了筹款的需要他们进出名人和富人生活圈子,身边经常围满谦卑的下属。但是,一些校长并不以此为满足,他们不是把这些待遇作为工作的需要,而是和他们自己的权力联系起来。他们年薪过几十万美元却仍然不满足,总是与企业的老总相比,这样他们就很容易做出错误的判断和决定。例如,美洲大学校长莱德纳(Benjamin Ladner)于 1994 年开始任该校校长,任职期间为大学的发展做了不少工作。但是,他生活奢华,尽管其工资在美国校长中位列前茅,年薪过百万美元,但仍然滥用学校经费,3 年用于家宴和私人厨师赴欧旅游的费用就达 50 万美元,终于引起师生的反弹,在美国掀起轩然大波,引起美国参议院的注意而举行了听证会进行调查,给大学的道德形象造成了极大的负面影响,终于导致其在 2005 年被解职。[6] 这种负面个案并非少数,校长举办奢侈的就职典礼,过度装修其官邸和办公室,用公款购买游艇私用,以公款支付富人俱乐部会费和豪华邮轮旅游等新闻经常见诸媒体。在信息迅速传播的时代,只有负面新闻才是新闻,这些负面新闻极大地影响了美国大学校长的道德形象。

二、当代美国大学校长的伦理道德责任

在美国社会,大学具有崇高的地位,自产生以来,就被视作具有高标准伦理和道德的地方。大学把道德义务和伦理责任作为自己一切工作的出发点和终极目标,这是因为大学工作的性质是追求真理和传授知识,大学

对于理性的思考、公正和负责任的行为赋予高价值,人民也期望大学鼓励和促进伦理行为,为社会提供伦理领导和道德楷模。卡内基基金会的一项调查特别强调了大学的伦理道德责任,"在我们国家的历史中,大学一直以来都传授道德和公民美德,并依此指导自己的实践,努力推进真理和尽心尽力地为公众服务。其成员常常成为国家良知的代表。大学的美德是大社会行动的楷模"。[7]对大学的这一高度赞扬和期望是对大学的尊重,是大学独享的荣誉,也是大学要承担的巨大责任。大学校长必须清醒地认识到这一责任,不仅要对大学实行学术和行政领导,同时还要成为其伦理领导。校长在上任伊始就有了契约责任,不仅要对董事会负责,还要对纳税人、家长、学生、教师、校友和支持大学的社区公众负责,大学校长很可能是美国当代社会中要求最高的领导岗位之一,因为他们不仅要为大学制定愿景与使命,编制战略规划和任务,管理规模宏大的管理机构,领导多样的和高度独立的学院,在公众面前代表大学,处理潮起潮落的与政府的关系,永无止境地筹款,给大学内部各种共同体的工作、学习和生活提供领导和指南,为董事会服务并满足董事的各种要求,迎合校内外不同人群,如校友、捐赠者和支持者、政客和公民的需要;而且在这一切之上还要对大学的组织品格负责,对大学实施伦理的领导,代表大学发出伦理的声音。换言之,大学是引领伦理的地方,培植"良知文化的地方",培养各行各业伦理领袖的地方。

当代大学是如此复杂,如此多面,似乎我们越走近它,越与它密切接触,我们就越难以理解其完整性,越见树不见林。因此,我们要从大学校长工作的方方面面来认识大学校长所面对的伦理的挑战和必须承担的伦理领袖与道德楷模的责任。

1. 在道德标准多元化的时代,大学校长要坚持把培养学生的"良知"作为大学教育的重要目标,从而使学生成长为各行业中的伦理领袖,遵守社会公德的公民。当代大学是各种思想都能表达和相互交锋的地方,社会多元的价值观都能在大学找到理论的支持。大学甚至已经不能再去讲述一种思想、一种生活哲学、一种道德标准。道德被认为是一个"不可教"的领域,告诉学生什么是错与对、真与假、善与恶、丑与美似乎也已经过时了,是干涉了学生的思想自由。在今天美国的研究型大学中,教师把科研作为自己的主要职责，在教学中关注的是自己学科知识和方法的传授。但是，社会仍然期望大学承担学生的监护人和精神导师的责任。大学要在这种复杂的环境中去引导学生选择自己的人生观，教导学生去规范自己的道德行为，使学生成长为品格健全的人，校长就必须承担伦理领袖的责任。

首先，校长要引领全体教师和学生讨论21世纪大学的职责是什么。今天科学技术高度发达，人类已经征服了宿命论的束缚，较少地受自然环境的约束，可以更多地决定自己的存在与未来。今天的市场价值观念如此飞扬跋扈，正在把人类引向市场社会。这两股力量可能会导致人类可悲的失败——非人性化，人类不能不思考"做人还是不做人"这样一个根本的道德命题，大学就是要回答这一紧迫的问题，引导教师和学生去思考大学教育这一不可回避的问题，为保护人类自身的演进做出贡献。如果大学不在这一问题上发出强大的声音，大学教育不帮助学生痛彻思考和解答这一问题，大学就会失去其存在的理性，可悲地走向非大学化。

其次，大学校长要逆转大学教育不断专业化的潮流，重建通识教育。美国大学教育的历史在一定程度上可以说就是自由教育（博雅教育）不断向专业教育转变的过程，这是与科学不断分化的过程，百科全书式学者向专家学者转变的过程同步发生的，可以说是与社会发展的潮流相一致的。但是，今天社会已经发生了巨大变化，社会所需要的人才已经从狭隘的技术专家转向具有较高人文素养的专家，也就是具有"人性"的专家，不幸的是大学还在培养狭隘专家的轨道上下滑。现在一些大学开始重振通识教育，也许我们可以在一定意义上把通识教育看成为"人性教育"，因为通识教育就是教育学生"做人"，使学生具有提出和人类生存相关问题的能力，以及从哲学、伦理道德、社会和科学技术等角度进行综合推理的能力。

斯坦福大学在其几任校长的领导下，不断加强本科生教育，在本科生教育中重建通识教育，原校长肯尼迪（Donald Kennedy）向全校提出，"像斯坦福这样的大学可以在科研和教学上都优异。我认为在研究型大学中特别需要更多地讨论教学问题，并且尊重和奖励那些教学优异的教师，使教学成为受爱戴的工作和我们每个人的个人责任"。[8]在他的推动下，1992年斯坦福大学设置了教学奖，并出台了为教学优秀教师加薪的制度，成立了研究教学评估的教师专门委员会。1995 年肯尼迪校长的继任者卡斯帕尔（Gerhard Casper）开始在斯坦福实施斯坦福导论课程计划，到 1999 年时就设置了 224 门一年级和二年级研讨课，这些课主要由资深教授主持。一年级研讨课每门限制 16 名学生选修，二年级研讨课每门限 12 名学生。此外，斯坦福大学还开设了每门仅限 5 个学生选修的二年级对话课。为希望将来主修文科的学生开设"科学、数学和工学"小班教学课，文科教师为全校开设了用以满足大学范围人文必修要求的、以专题为基础的"人文概论"系列课。同时在他领导下，斯坦福大学在校园内建立一、二年级学院，这是一种生活——学习一体化模式的试验，其目的是增加学生与教师的经常性接触，使学生"从与有教养的人建立活生生的'坦诚的关系中受益'"，在"一个点头、一个警告、鼓励和适时的反对"中改变学生的生活态度和价值标准。[9]这种学院不是按学科设置的学术性学院，而是住宿学院，因此并不设正式的课程，但是有教授住在学院内，教授和学生共同进餐，在进餐中和进餐后讨论师生共同感兴趣的问题，使学生在学院的各种学术或文体活动中潜移默化地受到熏陶，在学生生活中融入"良知"文化，为学生大学四年生活设立隐形的道德路标。

最后，大学校长要在一切有关学生的工作中坚持高伦理标准，积极地影响学生的道德发展。今天的大学既要对卓越不间断地追求，又要走出精英的樊篱，不能自诩为精英而罔顾社会正义，"卓越"与"公正"是大学永恒的、并行不悖的双重价值诉求。今天的社会和大学（特别是一流大学）都在激烈地争辩如何在招生政策中体现这种诉求。从 20 世纪 90 年代后半叶开始，美国一些著名大学的招生政策不断受到保守势力的攻击，指责大学实施"肯定行动"，在招生中"优先"考虑了少数种族学生。密执根大学甚至两次被告到法院，当时的密执根大学校长积极应诉，打响了为公平和社会正义的战斗，向法庭和社会力陈大学有道德义务录取不同种族背景的学生，多元与卓越具有很高的相关性。最后，最高法院的判决虽然是折中的，但是毕竟指出了"学生的多元化不言而喻符合国家的利益，在大学录取中考虑种族因素是正当的"。[10]密执根大学的校长为学生树立了坚持高伦理价值标准的典范。近两年，对这一问题的争论再次成为社会的焦点，美国社会在金融危机中对于移民问题集体趋向保守，要将非法移民及其带入境并在大学就读的子女一道赶出美国，哈佛大学和麻省理工学院等5所大学校长集体呼吁国会通过《梦想法案》，给这些子女以接受高等教育的机会。哈佛大学校长法斯特（Drew Faust）还亲自带领该校的一名学生（4岁时由父母非法带入美国，现在是哈佛大学分子生物学专业学生）到华盛顿议会走廊游说，为学生树立了道德榜样。

美国大学校长在学生出现重大道德问题的时候，已经开始直接介入，直接处理，把这作为重要的道德教育机会。哈佛大学校方于2012年8月30日证实，将启动对100多名学生在一门期末考试中作弊事件的查处。该门课是开卷考试，学生可在家完成，250名参考学生中有上百份的雷同卷。校长法斯特亲自表示要严格查处，大学对作弊零容忍，因为作弊有违学术精神，大面积作弊说明大学道德教育的缺失，大学一定要使所有学生了解和恪守大学的伦理准则。美国大学道德问题的另一个重灾区是大学的竞技体育，大学竞技体育渗透了商业价值，不仅对学生运动员造成伤害，而且对整个校园伦理道德环境造成负面影响，一些大学校长冒着得罪校友、冒犯潜在捐款者的风险，站出来予以严厉的批评。密执根大学校长科尔曼（Marry S. Coleman）就尖锐地指出，"不受控的商业主义不仅剥削了青年学生运动员，而且还将演艺商业文化强加到大学，严重侵蚀了学术价值。有多少校长愿意干预运动队的训练和旅行计划？这些计划影响了学生运动员的学习进步，使他们冒严重受伤的风险。这些比赛已经达到专业水准，就是要满足观众的需求、教练的贪欲、运动主任对更高的收入和更豪华的设备的贪婪胃口"。[11]

校长在大学一切有关学生的工作中承担起伦理领袖的责任，树立道德楷模，就可以在校园形成一种良知文化，培养出"有教养"的人——"一个有教养的人要对道德（对与错）和伦理（选择与价值）问题有所理解，并且对思考这些问题有所体验"。[12]从而使学生在智力和专业发展与公民责任之间，在个人利益与他人利益之间，在青年的活力和理想主义与成人的责任和现实主义之间建立起联系来。

2. 大学校长要在伦理的高度指导大学科研。大学是追求真理的地方，长久以来大学教师服膺于内心的呼唤，从探究未知领域的内心冲动出发，选择研究的方向，躲在象牙塔中，不闻窗外之事，不懈地追求真理。他们在研究中信守求真、质疑、批判、思想自由、知识无疆界和自由交流等信条。大学也依靠科学家个人的诚信以对真理的献身来保证大学科研使命的完成。今天的大学早已走出象牙塔，不断受社会商业价值的侵蚀，大学的科研也更多地受企业的左右，受政府即时功利目标的影响。但是，大学仍是坚守人类社会最基础道德准则——诚信——的最后一道防线，大学仍是培养具有求真创新精神的社会脊梁的地方，大学仍是传承人类文明和不断创造新知识的地方。与此同时，大学航行在充满价值冲突的乱流之中，稍有不慎就会搁浅沉没。因此，大学校长要站在伦理的高度指引大学的科研。

首先，大学校长要领导和组织教师讨论与科研相关的伦理问题，建设校园伦理环境，培植良知文化。科学家往往只研究问题，不探究伦理，正如美国诗人麦克雷什（Archibald Macleish）所说，"对科学的忠诚不是指向人类，而是指向其自身的真理，科学的法律不是良法而是可能法"。[13]美国医学科学家罗利亚（Donald Louria）也就当前科学发展表示了同样的忧虑，"我们现在比以往任何时代都处于科学统治的时代。在这个时代，不受限制的技术已经并将继续产出令人晕眩的发明，一些发明会惠及人类，但是另一些则可能伤害我们全球社会"。当前科学的发展充分肯定了他们对科学伦理问题的忧虑。近年来科学的一个重要发现——克隆技术——引发了有关科学伦理问题的热烈讨论。弗吉尼亚理工学院与克隆多利羊的PPL医药公司合作，通过克隆猪取得重大医学进步，由这种技术可培植用于移植人类的器官，仅在美国就能拯救数以万计的患者。但是，这种技术的发展可能会导致在猪身上大量收获人体器官，甚至会刺激科学狂人去尝试克隆人或"超人"。克隆及其人类应用引发了有关科学的伦理问题的激烈辩论。就科学而论边界无止境，有着无限的可能，但是需要良知的指引。

另一个例子对于有关大学科研伦理问题的讨论也极富启发意义。大学科研的选题现在经常受到经费的困扰，对于早老病这种少有的儿童进行性紊乱所引发的早老和早逝的疾病的研究，很难得到资助，因为在美国仅有不足百名儿童受此病困扰，企业不会资助这种成果或服务可能利润极低的研究。功利的伦理原则也会认为对这样的研究投入不符合"为尽量多的人谋尽量大的利益"的原则。然而，从大学的伦理出发，大学应该义无反顾地从事这样的研究，因为推进知识是大学的核心使命，大学既不应考虑营利问题，也不应考虑服务面大小的问题。更何况这样的研究不仅能够拯救生命，而且可能导致在人是怎样变老这样重大的生命问题上的重大突破，从而影响到所有人，乃至一切生命。

从以上两个例子我们不难看出，校长必须经常组织和引导有关伦理的讨论，教师常常因忙于自己的科研课题，穷尽自己学科的知识而无暇或疏于思考这样的重大伦理问题。通过类似伦理问题的讨论，就可以使教师思考我们人类要向何处去，而不是随科学之波逐科之学流，这样才可能构建大学科研的良知文化，避免科学由于我们的盲目崇拜、偏见、恐惧与迷信而受到伤害。

其次，大学校长要做大学科研伦理的看守者，学术圣殿的守门人，站在伦理的制高点上，守望学术研究的学术价值，坚守学术诚信。大学校长要与教师一道制定学术道德规范，建立学术诚信制度。当代的大学非常复杂，价值的多元导致伦理和道德边界的模糊和含混，因此仅仅有一种良知的文化还不够，还要将文化转化为明确的制度，以制度加强文化。例如，制定有关在科研中合理使用学生的规定。学生参加科研应该是大学教育的重要构成部分，但是一些教师从企业获得的项目缺少教育的内涵，把学生当作熟练工来使用；有些学生虽然从事了有教育意义的研究工作，但是没有从项目获益中获得应有的报酬。据美国的一项调查，有半数的教师和学生说，他们观察到或直接知道教师剥削他人的现象。[14]

制定有关在科研中保护被试人或被试动物的规定，以人或动物为对象的研究涉及更多的伦理和道德问题，需要有明确的政策和规定，以使研究者有所遵循，被试不受到伤害。2002年美国联邦政府"人类研究保护协会"在一份调查报告中指出，哈佛大学在中国农村进行的15项人体研究不但缺乏完善监管，而且没有向参与研究的中国人说明有关研究的危险性，同时也没有明确说明受测者是否是自愿接受测试。哈佛紧急叫停了该项研究，并承诺加强对研究的监管。

制定有关科研诚信的规定。学者们要承担起及时公开发布研究成果的责任，在报告研究成果时，他们不仅要提供支持自己研究结论的证据，而且还有责任介绍与自己研究结论相悖或质疑自己研究结论的研究文献，有责任向同学科的专家和社会就自己的研究成果可能出现的危险后果提出警告。当然，还要对抄袭、篡改和伪造数据和不适当签名等诚信问题制定明确的规定。由于科研是人类的行为，我们不大可能设计一种制度防止所有的研究不端行为，因此校长要对与研究不端行为相关的价值、伦理标准和行动给予严肃和持续的关注。

3. 大学校长要领导制定有关大学教师的行业伦理法典。当代社会越来越受专业行业的影响与制约，医生、律师和工程师等专业影响每一个人的生活质量，因此社会对他们有较高的伦理要求，这些专业都有了自己行业的伦理法典，在大学的相应专业学院中都开设了诸如医学伦理、伦理学与司法专业和商业伦理等专业伦理课程。在这些专业人员违反相应的伦理法典时，各专业有健全的程序对其做出处理，严重者甚至可被吊销执照，从本专业队伍中清除。但是在美国大学，教学作为一个专业职业却没有这样的伦理法典，大学也没有为将来准备从事大学教学的博士生们开设有关大学教学行业伦理的课程。美国教授的行业组织美国大学教授联合会也从未因专业伦理问题而清除其成员。

今天的大学教师行业同社会上其他专业行业一样也充满诱惑和道德陷阱，西密执根大学老校长汉内克（Diether Haenicke）根据其经验指出，"学术专业伦理的案例主要出现在三个基本问题上：性、钱和权力"。[15]他说，根据有关统计，近30%的研究生都受过他们教授的性骚扰。一些大学对于教授和学生是否可以有性关系没有做出明确的政策规定，但是医学行业严格规定医生不得与病人发生性关系；在钱的问题上，大学的传统是很清晰的，大学客观地追求真理，大学的研究发明属公共物品，产业为了商业目的而追求新的发明，把新知识当作私产。但是，今天的问题是二者不那么泾渭分明了，大学和教师也从事市场产品的开发，这就使大学和教师也具有了逐利性。教师开始锁起实验室的大门，同事间相互了解各自实验室在做什么本来是学术交流的常态，现在可能被视作"工业间谍"。为产业所做的研究在发表上可能受到限制，可能首先申请专利然后才会考虑发表。钱的诱惑影响了教师对教学和学术研究的身心投入，一些大学为此制定了有关利益冲突的制度。最突出的一个案例是，哈佛大学的诺贝尔奖金获得者吉尔伯特（Walter Gilbert）在成为自己创办的生物基因公司的 CEO

之后,哈佛大学请其辞去了终身教职。教授的个人权力是经常被忽略的伦理问题的一个方面。教授在学生的录取、成绩、奖学金和培养计划等方面有相当大的权力,如果使用不慎,监管不足,可能会危及学生的权益,引发严重的伦理问题。这里并不是说美国大学教师行业的伦理问题比其他专业行业的要严重,而是说,今天大学处于社会的中心,在高度关注社会各行业的伦理问题的同时,也要在伦理的制高点上审视和批判自己的伦理道德行为,大学校长责无旁贷要领导制定大学教师的伦理法典,鼓励和监督从业者坚守伦理道德标准。

三、结语

今天的大学处于十分复杂的伦理道德环境中,社会和大学都要求大学校长站在伦理的高地上,成为伦理的领袖和道德的楷模,但是并不是要求校长成为圣人,而是希望校长在校内确定大学的伦理基调,培植良知文化,使诚信成为大学的基本品格,运用他们的岗位权威把稳舵,让大学成为大学。在校外,校长要代表大学发出伦理"好声音",引导社会有关伦理和道德重大问题的讨论,使大学成为永恒不变的社会良知。美国大学校长已经开始这样做了,在社会激烈变革的中国,大学校长们也应该有担当,有勇气成为伦理领袖,成为道德楷模!

参考文献:

[1] Baike. baidu. com/view/407921. htm2012 - 10 - 15.

[2] 约翰·S. 布鲁贝克. 高等教育哲学 [M]. 王承绪,郑继伟,张维平,等译. 浙江教育出版社,2002:140.

[3] http://www.dwillard.org/articles/artview.asp? artID =1555Universities Responsibility for Moral Guidance, The Real Issue, Issue #1, March 2004.

[4] Why Have University Presidents Fallen Silent, Economist View, Dec. 21, 2005.

[5] http:// www. nebhe. org/info/journal/articles/2004 - fall Robert L. Carothers. Declaring Independence: A New Model for Public Presidents.

[6] http://www.en.wikipedia.org/wiki/Benjamin - Ladner.

[7] Elson Floyd. Walking the Walk///the Reality of Ethics in the University Presidency.

Speech Presented April 3, 2000 for the Center for the Study of Ethics in Society.

[8] Donald Kennedy. Academic Duty [M]. Harvard University Press, 1997: 94-95.

[9] Gerhard Casper. The University as Public Service [J]. Stanford UniversityMagazine, 5/6, 1999.

[10] [11] Marry S. Coleman. Moral Leadership. http://www.press.umich.edu/pdf/9780472115907_ ch8. Pdf.

[12] Rosovsky, Henry. The University: An Owners Manual. NewYork: W. W. Norton, 1990: 107.

[13] Robert A. Scot. The University as a Moral Force. On the Horizon (Emerald Publishing, UK). Vol. 11, No. 1, 2003.

[14] Judith Swazey, Nelissa Anderson, Karen Louis. Ethical Problems in Academic Research [J]. American Scientist, November/December, 1993.

[15] Diether Haenicke. Ethics in Academia, Speech Presented April 4, 1986 for the Center for the Study of Ethics in Society.

推进高等教育国际化是高校内涵建设的重要任务

钟秉林[①]

进入 21 世纪以来，随着经济全球化的迅猛发展，经济活动超越国界，整个世界人力资源和物质资源的跨国流动成为一种常态，并很快渗透到教育领域，高等教育国际化已经成为大势所趋。这一方面对我国高校在办学过程中拓展国际视野，推进国际化进程提出了严峻挑战；另一方面也为我国高校学习借鉴教育发达国家的先进办学理念和经验，拓展优质教育教学资源提供了难得机遇。

一、高等教育国际化是经济全球化的必然产物

经济全球化（Economic Globalization）是当代世界经济的重要特征，也是世界经济发展的重要趋势。所谓经济全球化，是指以市场经济为基础，以先进技术和生产力为手段，以最大经济效益为目标，通过对外贸易、资本流动、技术转移、提供服务等方式而形成的相互依存、相互联系的全球范围的有机经济整体。经济全球化的形成和发展有其客观必然性，生产的高度社会化和高技术的发展，特别是信息技术的发展，为经济全球化奠定了物质和技术基础；越来越多的国家发展市场经济，为经济全球化提供了机制保障；而国际贸易和投资自由化、企业经营国际化，尤其是跨国公司在全球范围的迅速扩张，则是推动经济全球化的直接动因。

经济全球化导致了世界经济格局的重要变化。世界各国经济联系不断

---

① 作者简介：钟秉林，北京师范大学教育学部高等教育研究所教授。

加强，相互依赖程度日益提高；各国国内经济规则不断趋于一致，国际经济协调机制逐步强化，各种多边或区域组织对世界经济的协调和约束作用越来越强。经济全球化有利于资源和生产要素在全球的合理配置，以及资本、产品和技术的全球性流动，有利于促进不发达地区经济的迅速发展。但同时，它又是一柄"双刃剑"，特别是经济实力薄弱和科学技术落后的发展中国家，面对全球性的激烈竞争，所遇到的风险、挑战将更加严峻。经济全球化进程中急需解决的问题是建立公平合理的新的经济秩序，保证竞争的公平性和有效性。

经济全球化已经显示出了强大的生命力，对世界各国经济、社会、政治、文化、军事，甚至包括思维方式和观念等，都造成了巨大的冲击，并迅速渗透到包括教育在内的各个领域。高等教育国际化（Higher Education Internationalization）就是经济全球化的必然产物。除了经济全球化的直接驱动外，政治、文化、科技发展等因素也是高等教育国际化的重要动因。

首先，教育合作是外交政策投资的一种形式，有利于发展国家关系。二战和"冷战"的历史教训使各国政府和人民普遍意识到，人类的生存与发展有赖于和平安定的国际环境，每个国家都能从和谐的国际关系中受益。而实现和平与稳定的基本前提是各国人民之间的相互理解，教育交流就是达到这种相互理解的最佳途径。各国政府大力推进高等教育国际化的进程，不仅是为了培养出能够参与世界经济市场竞争的人才，更希望通过谋求较好的国际关系，为国家带来直接、长远利益。

其次，网络技术和知识数字化飞速发展，使人们获取知识的渠道多样化，知识传递的方式已由单向转向互动，以知识转移为特征的社会参与正在与自主学习、合作学习的方式进行整合，教师的角色正在由知识传授者转向学习伙伴。这既为高等教育国际化提供了有效的工具和便利的条件，也使大学的知识权威遭到威胁，传统教育模式的效能受到质疑。

再次，高等教育国际化也是高等教育自身可持续发展的必然要求。在人类活动范围日益走向全球化的今天，学生对知识和能力的要求已经超越了国家的疆界，越来越渴望了解其他国家和民族的知识，获得在国际市场参与竞争的能力；教师在学术上要不断创新，就必须掌握学科发展的国际前沿动向，不断完善自己的知识体系；大学要提高办学水平和声誉，发挥知识、文化创新与传承功能，也要学习和借鉴国外大学的先进理念和成功经验。任何国家或地区都不可能仅依靠自身力量取得高等教育高质量的发展，只有相互借鉴、加强合作，才能够适应世界潮流，跟上时代步伐。

最后，联合国教科文组织（UNESCO）、经济合作与发展组织（OECD）等国际组织通过举办教育部长峰会、专家论坛、区域性或世界性会议等，开展国际教育问题研究，提出教育改革建议和计划，促进国家、地区间的交流与沟通，在高等教育国际化进程中发挥了举足轻重的作用。

二、高等教育国际化的发展趋势及特征

高等教育国际化的基本价值取向是促进世界范围内高等教育的相互理解、交流合作、协调发展、互惠互利，提升学术实力，培养国际化创新型人才；基本内涵是人力资源和物质资源的跨国、跨地区流动。而出国留学与来华留学、访学游学与国际会议、合作研究与联合培养、国际合作办学等多样化的方式，则是高等教育国际化的重要平台和载体。近年来，高校国际交流与合作的广度和深度不断拓展，高等教育国际化呈现出如下趋势及重要特征。

1. 留学生数量大幅增加，教师国际流动明显加速

高校学生、教师的国际流动是高等教育国际化的重要内涵。据美国国际教育研究所（IIE）发布的美国《门户开放报告》（Open Doors Report）数据显示，2011-2012学年，美国国际学生总数达到764495人，较上一学年增加了5.7%，其中中国内地学生增长最快，达到19.4万人，比上学年增加23.1%，占美国国际学生人数的25.4%，就读本科人数则暴增31%。2012年，从世界各地涌来的国际学生不仅为美国经济增长贡献了227亿美元，也促进了高校多元文化的发展。另据统计，2012年我国出国留学人员总数39.96万人，比2011年增长17.65%；各类留学回国人员总数27.29万人，比2011年增长46.57%。[1]大批出国留学人员为我国经济发展和科技进步提供了宝贵的智力资源，也对国内高等教育的发展带来了积极影响。与此同时，来自200个国家和地区的近33万名外国学生来华留学，比2011年增长12.21%，其中接受学历教育的留学生占40.66%。国

际学生的增加不仅提升了我国高校的国际化建设水平,而且对我国高校的教学科研、后勤服务、社会服务等工作产生了积极的促进作用;不仅带给国内学生不同的文化视角,有利于多元文化的融合,而且成为中国和平发展与进步的国际传播力量。在教师层面,近年来我国高校教师出境交流合作和外籍教师入境交流合作人数明显增加,领域更加广泛,形式更加多样。为了促进学生和教师的国际流动,很多国家和地区积极进行政府间的磋商谈判,在教育交流合作、学历学位互认、互访人员签证等方面签署双边或多边协议,为高等教育国际化提供制度和机制保障。截至2012年年底,我国已经与近200个国家和地区建立了教育交流合作关系,与39个国家签署了学历学位互认协议。欧盟"博洛尼亚进程"实施十余年来,已经在统一学制、学分互认等方面取得了积极成果,促进了欧盟国家学生之间的多向流动。

2. 教学资源跨国流动和传播的速度加快、范围拓展

教学资源的跨国、跨地区流动和传播是高等教育国际化的必然结果。近年来,我国境内的中外合作办学机构与项目持续增加,在一定程度上满足了社会日益增长的多样化教育需求,得到了社会的认可和公众的青睐。"3+1""2+2"等合作办学项目成效显著,影响力不断提升;宁波诺丁汉大学、西交利物浦大学、北京师范大学—香港浸会大学联合国际学院等先行先试的涉外合作办学机构已经取得显著成绩和宝贵经验。据统计,到2012年底,我国政府依法批准设立和举办的中外合作办学机构和项目1780个,其中实施本科以上高等学历教育的中外合作办学项目732个、办学机构43个;批准正式设立或筹备设立8所具有独立法人资格的大学。[2] 今年5月,北京大学、清华大学正式加盟由哈佛大学与麻省理工学院联手创办的非营利性大规模在线教育平台(edX)。这些机构的成功举办和项目的顺利开展,促成了国际化课程、教材和课件以及教学方式等教学资源的跨国、跨地区流动和共享,使得传统的教育方式和教学手段正在经历前所未有的变革;同时,也必然伴随着教育教学理念、人才培养模式和教育教学管理模式的跨国、跨地区的传播与融合。显然,这对我国高校学习借鉴国外先进的教育理念和教学模式,引入国外优质教学资源和现代教学方法,

深化人才培养模式改革具有积极的推动作用。在境外高等教育教学资源纷纷涌入中国的同时，我国高校积极探索走出国门，促进中国高等教育资源的国际流动。目前，已在境外设立了 70 个国际合作办学机构和项目，覆盖了美国、英国、新加坡等 14 个国家和地区。最近一个时期以来，埃及、马来西亚、吉尔吉斯斯坦等国都从政府层面，邀请中国高校到当地办学，也从另一个侧面反映出中国高等教育国际影响力的扩大。

3. 机遇、挑战和风险并存

高等教育国际化为世界各国高等教育和高等学校的发展提供了难得的机遇，但不可否认的是，在推进高等教育国际化的进程中，也出现了一些不和谐的杂音。比如，一些高校以追逐高校排行榜或"创收"为主要目的，抢占全球教育市场，逐渐取代了通过国际合作提高学术水平的诉求，为"招揽"学生而降低学术标准，有的俨然成了"证书工厂"，办学质量与学生期望值相去甚远，甚至酿发了公共事件；部分国际项目、合作计划、国际认证服务受利益主导，趋向商业化，这也让不少假文凭兜售者有机可乘，学术领域造假事件时有出现，令人堪忧。有学者认为，目前对于高等教育国际化的解读存在着误区，即认为海外生源越多、国际声望越高、跨国合作协议越多、通过的国际认证越多、全球品牌推广越到位，就说明一所高校的国际化进程越深入。同时指出，高等教育国际化不适合"一刀切"，脱离了本土语境和地方特色，高等教育国际化也就失去了真正的准则和价值，随波逐流的推行方法不利于实现长远的国际化。另外，在高等教育国际化带来诸多裨益的同时，也带来了风险和挑战。比如，人才外流给那些处在人才流动循环链底层的国家或地区造成了巨大威胁，进一步加剧了高等教育资源配置失衡的局面。[3]

三、加快推进我国高等教育国际化进程

伴随着改革开放和经济发展的进程，我国高等教育的国际交流与合作成效显著，在双向留学、合作办学、中外人文交流等领域都取得了重大进展，已逐步形成了多层次、宽领域的新格局。国际交流与合作促进了在全球化背景下中国高等教育国际化的发展，成为高等教育发展和高等学校改

革的强大推动力。我国高校要进一步拓展办学视野，增强国际意识，加快推进国际化进程，当前要重点在如下几个方面进行深入研究和积极探索。

1. 拓展视野，深化人才培养模式改革[4]

系统研究经济全球化与高等教育国际化的发展趋势对我国高校改革和发展带来的严峻挑战及难得机遇，进一步转变教育观念，将推进国际化作为学校内涵建设的重要任务。要结合学校实际，科学制定国际化发展战略和行动计划，加强组织保证和制度保证，采取有效措施，实质性推进学校的国际化进程。

认真分析人力资源需求和市场需求的变化趋势，对目前我国高校的人才培养模式进行反思和重构。调整人才培养目标和培养规格，优化课程体系和学生知识结构，注重学生国际意识的养成和国际竞争能力的培养；重视研发国际化课程，加强国际理解教育和多元文化教育，努力培养具有开放视野和国际竞争能力的高素质创新型人才。

2. 抓住机遇，促进教学资源双向流动[4]

积极引进国外优质教育教学资源。要将国际化和本土化相结合，充分利用开展中外合作办学的机会，结合国情校情，科学借鉴国外先进的人才培养理念和教学模式，积极引入国外优质课程体系、教学内容、教材课件、教学实验和现代教学方法，变革传统的教学模式，推进我国高校人才培养模式改革的不断深化。

大力促进我国优质教育教学资源的国际流动。我国高校要勇于开拓，积极创造条件，充分发挥自身优势，彰显办学特色，在提高教育教学质量和学校办学声誉的基础上，主动探索在境外开展合作办学项目或举办合作办学机构。如举办海外分校、共建研究院所、启动网络课程开展现代远程教育等，促进中国优质教育教学资源的国际流动。

3. 创造条件，促进人力资源双向流动

吸引外国学生学者到中国留学或工作。在教学资源建设方面，要积极尝试开设双语或全外语的课程或专业，加快师资队伍的国际化建设，建立留学生教育质量评估制度，保证留学生教育质量。在留学生结构调整方面，要提高长期留学生的比例，尤其是攻读学位的留学生比例；要调整专业和课程结构，增加汉语言文学专业之外的其他专业的留学生比例。在留学生管理方面，要改革管理机制，建立留学生电子注册制度，增加奖学金额度，完善医疗保险制度，努力为留学生提供良好的学习和生活条件；同时要借鉴国外经验，减少"特殊照顾"，为留学生尽快融入中国文化和校园"大家庭"创造条件。在吸引海外智力资源方面，要完善荣誉博士、名誉教授和客座教授制度，安排专项资金，充分利用各种海外人才计划，如"千人计划""长江学者计划""国家杰出青年科学基金"等，面向世界招聘国际知名学者、专家和教师到我国高校长期任教或短期工作。

鼓励我国高校师生的国际流动。要通过多种方式，如学生联合培养、学者合作研究、师生讲学游学、参加国际会议和政府合作项目、参与区域性或全球性教育学术组织等，引导和鼓励我国高校师生积极参与国际交流与合作；要通过推动校际学位互认、学分转移和互认，以及提供出国信息咨询、服务等举措和措施，为我国高校师生的国际流动创造更好的条件，提供有力的保障。

4. 研究问题，探索新领域和新方式

高等教育国际化是一个包含了跨国家、跨地区、跨文化、全球化等因素在内的教育教学和科学研究实践活动。在充分整合各方资源，发挥高等教育和高等学校优势的同时，要注意研究高等教育国际化进程中的重要理论和现实问题，积极探索国际交流与合作的新领域和新方式，不断丰富高等教育国际化的内涵，加快推进高等教育国际化的步伐。

比如，如何避免在推进国际化进程中出现的不正当竞争、过度商业化以及过分追逐国际排名的现象，维护其合作交流、互惠互利，提升学术实力、培养国际化人才的初衷和核心价值；如何与各国、各地区的历史、文化以及高等教育和高等学校的特色紧密相连，将国际化与本土化相融合，探索多样化的推进高等教育国际化的路径及方法；如何在师生交流、学位互认、学分互转等合作模式实现良性发展的同时，进一步加强学者间的科研合作，更加关注新兴学科和交叉学科领域的国际学术交流与合作，使高等教育国际化具有更加鲜明的时代特征；如何充分利用信息技术、网络技术等新技术和新方法，加速推进高等教育国际化并赋予其新的内涵等。这些问题的厘清和解决,无疑将有利于推进高等教育国际化的进程以及国际学术交流与合作水平的提升。

参考文献:

[1] 麦可斯研究 [DB/OL] http://www.mycos.com.cn/Files/2013/02/0113/31/201302011331145932.pdf(2013-02-01).

[2] 我国中外合作办学项目持续增多今年或将构建认证机制 [DB/OL].http://wenku.baidu.com/view/744932e0551810a6f5248654.htm(2013-02-28).

[3] 高等教育国际化的价值比定义更重要——访加拿大多伦多大学安大略教育研究院教授简·奈特 [N].中国社会科学报,2012-09-17.

[4] 钟秉林,周海涛,夏欢欢.中外高等教育合作办学机构和项目的学生满意度分析 [J].中国高教研究,2012(9).

基于"双因素"模型的大学创新机制研究

马健生　黄海刚[①]

随着知识经济的发展,创新日益成为促进经济发展的根本动力。同时,创新被认为是一个需要动机激发和政策支持的行为,因而如何激励创新业已成为多数国家重要的公共政策议题。近年来,我国从国家战略层面相继颁布了《国家中长期科学和技术发展规划纲要(2006-2020)》《教育规划纲要》以及《高等学校创新能力提升计划》等,将提升科技创新能力,培育创新人才和文化列为政策的重要内容。同时,在强调创新能力成为国家竞争力核心要素的背景下,应释放高校人才、资源等创新要素的活力,营造有利于创新的科研文化。

目前,我国从操作层面相继制定了针对大学和科研院所的若干人才和科研激励政策,例如"长江学者奖励计划""国家杰出青年科学基金"以及"千人计划"等国家级的人才奖励计划,还包括自然科学基金、社会科学基金等各种类型的研究资助项目,这些激励政策和"项目制"的科研资助方式在一定程度上推动了我国的科技进步和创新成效,但在激励政策的背后却忽视了创新活动的另一个重要特征——风险。从本质上而言,"创新"可以为主体带来额外的利益,但它更是一个"风险投资"活动,这种单纯着眼于结果的激励政策与创新所需的自由探索的精神相悖。因此,系统地控制和分散创新主体所面临的风险是创新激励政策中不可忽视的重要内容,而建立系统化的保障与竞争并存的创新激励体系是一个紧迫的时代

[①] 作者简介:马健生,北京师范大学教育学部国际与比较教育研究院教授;黄海刚,北京师范大学教育学部国际与比较教育研究院博士生。

课题。

一、创新活动的本质与激励政策的合法性

(一) 创新活动的本质与特征

创新伴随着人类生存、发展的始终。在人类的发展中,似乎存在一种固有的驱动力,它驱使着人类去探寻解决问题的新方法、好方法,并努力去实现。[1]从这个意义而言,创新是人类的本性行为,人类的发展史就是一个持续创新的过程。

从另一方面看,"创新"也被认为是一个非常复杂的活动,是广泛的经济、科技、政治和社会行为的综合。肯尼斯·阿罗等人认为,"创新"的基本定义就包含着不确定性;罗森博格指出,建立知识的生产函数是不可能的,因为其结果是未知的。[2]从风险管理的角度而言,无论是企业的技术创新还是研究者的知识创新,都存在着不确定性。在一定程度上,有目的的活动都具有风险,因为其目标指向不确定性的未来。风险是人类生活不可分割的部分,而进化生物学家认为冒险是人类进化中最基本的特征。因此,风险的概率和冒险的行为有直接关系。在创新与风险的关系上,因为创新指向不确定性的未来,因此是高度风险的。对于创新主体而言,不确定性情境下的行为都会承担或多或少的风险,可能会获得或失去诸如工资、职位提升、社会地位或自尊。[3]创新者如何看待风险将直接影响他们的创新行为。

风险是创新的核心,人类既有承担风险的本性,也有规避风险的心态。对风险与创新关系的认知导致人们在不确定情境下采取不同的决策和行为,正是这种本性行为与风险性行为的结合,使得一定的风险分担成为创新活动的必要前提。

(二) 创新激励政策的合法性来源

基于收益与风险的创新决策对创新主体而言是一个博弈过程,在不同的创新环境下人们会做出不同的选择。因此,单纯的市场调节难以激励创新,尤其在知识创新中更是如此。在此背景下,国家的政策干预是非常必要的,这也是很多国家制定创新激励政策的合法性基础——创新风险和市

场失灵。

在新古典经济学理论中,公共政策干预的一个必要条件是市场失灵。如果市场正常就没有干预的必要。市场失灵可能有多种原因,但在创新政策方面最常见的一个原因就是缺少对知识投资的激励。[4]知识被认为是具有非竞争性和非排他性的公共物品,不论在改善民生,还是在提升国家的科技竞争力方面,新知识都具有重要的意义。因此,政府应该对以公用为目的的知识生产和创新进行支持和补贴。强调创新活动中的政府责任是目前诸多经济理论的主要观点,这一合法性来源更多基于国家战略的考虑。

创新激励政策的另一个合法性来源是创新风险。创新活动面对的是一个不确定性的未来,不确定性既是创新存在的根据,又是创新行为发生的障碍。[5]从理论上讲,风险是指某种事态的结果会偏离人们预期的可能性,这种可能性是一种不依人的意志为转移的客观性。[6]这些潜在或实际的风险会增加创新主体的创新行为成本,例如时间、精力、个人提升或经济回报。尽管承担风险是人类的本性,但未来的不可预测可能导致人们为了规避成本而安于现状,这显然于国家的未来和社会发展无益。因此,政策制定者需要进行有效的政策安排,鼓励创新者进行"冒险",提升人们从事创新活动的意愿,使人们乐于创新。如果没有这些激励政策,创新行为或活动可能不会发生,这也是激励政策最主要的出发点。由此可见,在一个高度强调创新的时代,通过激励政策促进创新意愿是提升国家创新能力、推动创新型国家建设不可或缺的制度安排。

(三) 大学参与创新活动的特点

从组织层面来看,无论在何种经济背景下,企业和大学都是国家创新体系中最重要的执行主体,但大学和企业在创新体系中的功能不尽相同。大学,尤其是研究型大学在现代知识经济中起着十分重要的作用,它不仅是基础知识的源泉,有时也是产业相关技术的源泉,[7]而这主要通过大学的基础研究来实现。基础研究对国家的科技竞争力具有重要意义,早在1945年布什就明确指出:一个在基础科学知识方面依赖他人的国家,将减缓它的工业发展速度,并在国际贸易竞争中处于劣势。[8]正是布什对基础研究的理解和观点在一定程度上塑造了政府与科学共同体之间的契约关系，进而促进了美国研究型大学的发展以及基础研究在国家发展中的战略地位。美国的研究型大学一直处于创新的前沿，它们执行着约全国一半的基础研究和大约12%的应用研究，美国大学的研究和教育一起成为美国保持世界一流经济体的动力。[9]例如美国大学在纤维光学和激光方面的研究引发了电信技术的变革，为美国带来了史无前例的经济增长；美国大学在20世纪70年代实施的重组细胞DNA技术的研究，开启了今天美国生物工艺学的大门；大学在消除或控制百余种植物、家禽和牲畜疾病疫苗和治疗方面的研究，以及发展高产量、抗病水果、蔬菜和谷物方面的研究，带来了彻底的农业变革；大学在卫星摄像技术方面的前沿研究带来了精确的摄像，这对太空探险、天气预测、环境监控和军事监视都非常重要。因此说，大学基础研究是参与国家创新最主要的方式。

大学的基础研究具有自身独有的特征。首先，源于学术自由理念的大学基础研究要尊重研究者自由探索的传统，它既要有一定的目标指向，但也要尊重研究者自身的学术兴趣和优势。尽管"基础科学只有疏远实用意图才能成为技术进步的带动者"已经不符合二战后对基础研究的理解，但过分的目标导向很可能导致学术研究的功利化，诸如浮躁的研究风气、急功近利的研究态度，甚至导致学术不端行为的发生，使研究者，尤其是最具创新精神的青年学者，难以潜心于具有挑战性且有兴趣的开创性工作。

其次，基础研究未来的不可确定性，即从事基础研究也面临着风险。基础研究是开创性的活动，它能否实现或达到研究者的最初设想受制于很多因素，它可能面临着完全失败，这也是基础研究或科学探索必然要面对的问题。但目前的一些研究激励政策并未考虑基础研究中的风险问题，或者说并未制定合理的风险分担机制。一方面，科研激励政策的选择标准是结果导向或逆向逻辑，研究者只有提供充分证据表明自己具有完成某项研究的能力，才能获得支持或资助。但另一方面，创新是一个持续的过程，科学研究的周期以及研究者个人的学术成长也是一个持续的过程，过分注重结果的激励政策很可能会错过研究者的最佳创新周期。这既不利于创新人才的培育和成长，更不利于知识创新。

如果科研激励政策不考虑基础研究中的风险，那么很可能出现"激励失灵"，即研究者为了规避风险而采取更加安全的研究或工作选择。对于年轻的学者而言,他们面临着两难困境:一方面是他们愿意从事那些具有高度风险的研究;另一方面通向职业阶梯的时间是有限的,需要尽快满足获得高级教职的条件。关于这一点,美国学者麦克穆伦和谢弗德对美国两所研究型大学的 54 名助理教授进行了深度访谈,调查他们对那些高度不确定的、公认具有挑战性的研究的态度。结果发现,年轻的研究者为了更快地获得终身教职,更愿意从事对已有知识的"修修补补"的研究工作,因为这样的研究结论符合预期结果,更容易获得期刊评审人的认可而发表。[10] 威恩柏格和杰姆瑟的研究也显示,同行评议最厌恶创新性的工作。因此,对研究者而言,最重要的研究策略就是去从事符合共识(Consensus–Conforming)而不是挑战共识(Consensus–Challenging)的研究工作,这样才能产出更多的学术成果。[11]

以上研究结论为制定创新激励政策提供了警示。年轻学者为了在有限的时间内获得职业提升,他们更愿意从事那些相对安全、容易产生成果的研究工作。因此,只有系统化地控制和分担科学研究中的风险,对研究者的工作提供基本而必要的保障,在激励他们乐于创新的同时,才能让他们更安于创新。

二、大学创新机制的构建——"双因素"模型

基于保障和激励的"双因素"模型的构建能够改进原有创新激励政策的不足,其针对大学参与创新活动的特点,在鼓励研究者进行"冒险"的同时,系统化地控制和分担他们面临的风险,从而使其潜心于开创性的研究活动。

(一)"双因素"模型:机理与内涵

双因素"模型的构建主要依据目前创新激励政策的"激励有余而保障不足"的问题,考虑知识创新的不确定性和高风险特征,以解决政府的"激励失灵"和研究者面临的"两难境地"。我国政府为了提高大学创新能力和知识生产,设立了诸多激励项目并投入了大量资金。尽管这些激励政策或项目取得了一些成就,但它的"激励"效果并不明显,例如在基础研究方面获得的突破性成果非常有限。同时,这些政策或项目也不利于年轻

研究者的学术成长,其主要原因是目前的激励政策主要基于动机论——创新活动的不足源自激励机制的缺陷,正是创新难以获得合理回报,导致了主体的动力不足。这一动机论只反映了事物的一个方面,从事创新活动是人的本性,是人类改造自然的天性使然,适当的激励确实能够增强个人从事创新的意愿。但作为具有高风险的创新活动,"冒险"意味着要付出代价,主体只有在充分权衡收益与风险的前提下才可能进行决策并采取行动,尤其在缺乏基本的保障机制和风险分担机制的环境里更是如此。本质上而言,激励大学创新的公共政策有其特殊性,必须考虑大学参与创新活动的特点,基础研究不仅与其他创新活动有着共同之处,也有自身的独特特征,其核心特征是周期较长且难以在短时期内取得明显结果,因此,必须对从事这一创新活动的主体提供足够的研究和生活保障。从长远来看,现行的强调短时效益和结果导向的激励原则并不能真正提高中国大学的知识创新能力,尤其难以让处于创新高峰期的青年学者乐于并安于探索性的研究工作,过分的外部力量驱使与创新活动的本质是相悖的。"双因素"模型的构建试图解决"激励政策"面临的合法性危机,在增加创新主体的收益,激发、吸引他们从事创新活动的同时,重视分散、降低从事这一活动的风险,从而保障高水平创新活动的进行。

在风险社会中,不同阶层应对风险的能力是不同的,上层社会可以转嫁风险,他们同样也可以逃避风险。不平等的风险分担机制导致了主体面对风险时的行为取向,当风险的社会承受力超出了主体的承受力时,他们将以"无能为力""听天由命"的消极态度去应对风险。[12]这种现象构成了风险社会中风险分配的不平等逻辑,实际上是一种强权逻辑,形成了绝对不平等的阶层风险地位。"创新"是一种高风险的活动,由于目前的激励政策缺乏合理的风险分担机制而将这一风险转嫁给从事这一活动的主体,造成了研究者无力承担风险而采取消极行为。

单纯地以激励政策激发动机并不是有效的管理原则,激励政策的根本目标应是以保障或保护创新主体的创新活动为前提的,只有建立将"动机论"的激励机制与"风险论"的保障机制相结合的系统化的创新激励政策,才能激发研究者的创新活动和承担风险的意愿,这既符合人的本质,更符合创新的本质。

(二) 风险管理下的"双因素"模型构建

"双因素"模型能够改变不平等的风险分配逻辑。基础研究成果作为具有公共属性的物品,其收益主体是多元的,应该将与知识创新有关的各种风险要素以某种形式在参与者之间进行分配,即为风险分担。风险分担方式主要有风险分散与风险集中两种。知识创新是一种高风险的探索活动,风险集中势必有其不可克服的弱点,解决这一矛盾的有效途径就是分散风险,让更多的团体或个人来分担风险,以减少创新个体对未来不确定性的担忧,从而在总体上提高整体风险承担能力。目前的创新激励政策并未实现风险分散,而是将风险集中转嫁给了研究者,他们成为创新活动最重要的风险承担者,面临着创新风险带来的各种不利后果,诸如在规定时间内没有取得预期的研究成果或结论,继而在职称评定或其他的利益竞争中失利,而"双因素"模型能够最大限度地减少创新活动为其主体所带来的各种风险,使研究者乐于、勇于并安于创新。"双因素"模型基于风险分担和责任与权益对等原理,使承担风险的主体从一元变为多元,建立平等的风险分配逻辑和新型的政府、大学与研究者之间的契约关系。(见图1)

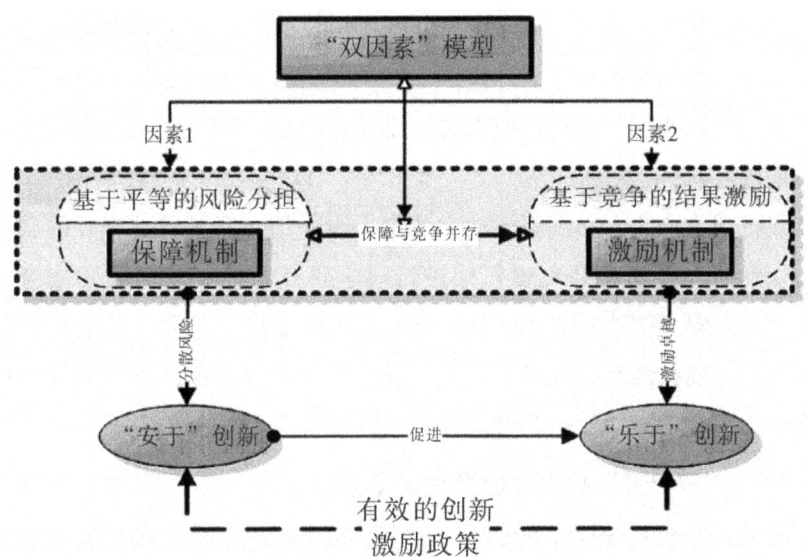

图1 基于"保障与竞争"要素的"双因素"模型

如图 1 所示,"双因素"模型包括创新活动所必不可少的双重"因素":因素 1 是基于过程的风险分担的保障机制,对所有乐于实施创新活动的主体实施平等对待。这一机制既基于对研究者的信任,又出于对研究者的保护,减少创新主体因风险而可能导致的不利处境;因素 2 则是基于结果的激励机制,对那些潜心基础研究并取得卓越成就的研究者进行奖励或进一步资助,一方面提高他们的积极性和主动性,另一方面也发挥他们对其他研究者的示范作用,使创新活动成为常态行为,最终形成有效的创新激励政策。

从国际经验来看,一些创新型国家普遍利用"双因素"模型制定其科技创新政策,这主要体现在国家对特定研究领域的长期稳定的科研经费投入以及不断完善的科研资助体系中。这些国家的科研资助方式主要分为两种,一是机构式资助,主要是政府或资助机构为科研机构提供相对稳定的经费支持,即科技创新的"保障机制";二是"项目式"资助,也就是科研人员通过竞争性课题获得研究经费,即科技创新的"竞争机制"。美国、德国、韩国等国家的研究机构或大学的竞争性经费与非竞争性经费均保持在一个合理比例,例如从事基础研究的机构获得的机构式资助都在 80% 左右;另外一些国家如加拿大、法国、日本等,也努力在基础研究领域降低竞争性经费的比例,避免科研人员忙于项目申请,难以集中精力开展基础性、前瞻性研究。

发挥研究型大学在创新活动中的主力军作用,需要通过有效的制度安排确保科研人员愿意并负责任地进行科学研究和拔尖创新人才培育,因此,"双因素"模型的建立有着广泛的合法性基础,有利于形成稳定的科研队伍和开展持续深入的科学研究,促进科学研究事业的良性发展。这既符合科学研究的规律,也是健全社会保障机制的重要组成部分。

(三)"双因素"模型理念下的政策建议

改变目前的制度设计和安排能够有效解决广泛存在的科技创新能力不足,尤其是领先世界的科研成果乏善可陈的现状。具体来说,目前的一些创新激励制度的资助原则偏重"已成功者"而非"有潜力者",青年学者难以获得资助。除了在竞争性的资助中失利外,由于缺乏对青年人才的科研保障政策，他们的收入水平不能充分体现其职业价值，使他们难以有尊严地生活和研究，这也是产生学术不端行为的重要原因之一。基于此，应该对创新激励政策，尤其是人才奖励政策进行重新设计。

首先，在激励模式上，实施人才激励+人才保障的"二元"模式。在发掘、造就一大批拔尖创新人才的过程中，需要对年轻学者的科学研究活动进行支持，降低年轻杰出人才在科学研究中的风险，保障他们自由地进行科学探索。《国家中长期人才发展规划纲要（2010-2020）》也将"青年英才开发计划"作为其重大人才工程，着眼于人才基础性培养和战略性开发，每年重点培养、扶持一批青年拔尖人才。与这一理念一致，建议在已有的人才激励计划基础上，拨出专门资金激励青年学者兴趣导向的科学研究。以目前影响较为广泛的三个国家层面的人才奖励计划为例，其获得者的年龄分布为："国家杰出青年科学基金"获得者的平均年龄为38.5岁，"千人计划"获得者的平均年龄为47.5岁，"长江学者奖励计划"获得者的平均年龄为43.7岁。同时在这三个人才奖励计划中，90%以上的获得者都有教授/研究员职称。[①] 从中可以看出，对处于创新高峰期的新进入研究者缺乏相应激励政策，需要制定专门针对青年人才的奖励项目，给予他们一定的科研、生活保障，激励其创新活动。

其次，在人才激励计划的评估方式上，实施基于结果导向+过程导向的"二元"科研评估模式。由于新进入研究者处于创新活动初期，可能因为创新成果缺乏而在科研经费竞争中失利。因此，在创新政策或经费分配中，更多考虑青年学者的创新潜力，依据他们的研究兴趣提供从事高深研究的保障性经费。例如在国家层面的奖励计划中，评估方式是基于"结果导向"的，获得者一般都已经取得了卓越的研究成果，导致了"富者愈富，穷者愈穷"的结果，也容易引发少数学术权威把持学术话语，破坏创新氛围的现象，对年轻研究者的学术成长极为不利。因此，应该从国家层面为青年学者提供一定数额的、覆盖范围较广的科研保障经费，经费的分配方式主要基于保障而非竞争的原则，根据他们的研究兴趣和优势自由地进行探索。

---

① 以上数据根据三大人才奖励计划获得者的历年信息整理而成。

最后，建议设立"卓越英才保障计划"，为那些从事基础研究的青年英才提供潜心研究和创新的保障，通过提供延续数年（如3年）的最低科研保障经费，改善青年科技人才的科研和生活条件，给予年轻研究人员足够的研究时间和自主权，保证他们能够有尊严地生活，使他们的收入水平充分体现其职业价值，从而吸引拔尖创新人才愿意进入创新队伍，解决目前我国面临的科技创新人才短缺、人才流失严重的局面，避免"奶牛现象"① 的发生。

风险是创新的核心要素，对风险与创新关系的认知直接导致创新主体的决策与行为。缺乏保障的创新激励政策对研究者而言是一个"陷阱"，这一陷阱将本应属于多人承担的风险转嫁到了研究者身上。同时，对风险的认知和权衡导致他们面临"两难境地"，降低了研究者从事原创性研究的意愿。在一个"人才资本"时代，系统化的创新激励机制在一定程度上要充分考虑并尊重工作本身为研究者所带来的乐趣、自我实现的成就感以及发展和成长的机会等需要，为他们开辟职业发展的空间。因此，创新激励政策的原则应既强调激励创新又宽容失败，既强调竞争又强调合作，通过提供科研和生活保障，允许青年研究者依据自身的研究兴趣潜心于周期较长且未来不确定的创新研究活动，这既给予了他们学术成熟的空间，也利于培育本国的拔尖创新人才和创新文化。

参考文献：

[1][2][4][7] 詹法格·博格，等. 牛津创新手册[Z]. 北京：知识产权出版社，2009：1，605，605，208.

[3][6] 姜万军，金赛男. 风险——创新激励政策中被忽视的关键要素[J]. 统计研究，2009（9）.

[5] 杜伟，魏勇. 技术创新的不确定性与政府激励政策安排[J]. 科学学与科学技术管理，2001（7）.

[8] Vannevar Bush. Science: The Endless Frontier[M]. Washington, D.C: National Science Foundation, 1990: 15.

---

① 奶牛现象是印度媒体用来比喻人才培养和流失现象：奶牛的嘴巴在印度吃印度的草，而奶却挤在国外，收获的是外国人。

[9] The Association of American Universities. America's Research Universities: Institutions in Services to the Nation [R]. Wasington, D. C.: The Association of American Universities, 2008.

[10] Jeffery S. McMullen, Dean A. Shepherd. Encouraging Consensus – Challenging Research in Universities [J]. Journal of Management Studies, 2006 (8).

[11] Nachoem M. Wijnberg, Gerda Gemser. Adding Value to Innovation: Impressionism and the Transformation of the Selection System in Visual Arts [J]. Organization Science, 2000 (3).

[12] 程启军. 风险社会中的阶层：涉及面、应对力与分担机制 [J]. 学习与实践, 2007 (10).

教学管理视角下的大学生考试作弊成因探析
——以北京某高校为例

王 林 李 奇[①]

大学生考试作弊问题日益凸显，不仅会危害高等教育质量，而且会破坏大学的形象和降低大学的公信力。当前，关于大学生考试作弊现象的研究较多。相关研究都指出大学生考试作弊行为趋于普遍，作弊方式多样[1-2]。大学生作弊行为的影响因素既有社会和环境等客观方面的，也有大学生自身主观方面的。较多研究者都指出社会道德失范，用人单位依旧用学业成绩作为衡量人才的硬指标等因素是大学生考试作弊的重要缘由。另外，学生自身因素，如缺乏学习兴趣、厌学、虚荣心和侥幸心理作怪等也诱发了大学生的作弊行为[3-6]。

已有研究较少从大学的教学管理和服务支持的角度来探析大学生考试作弊的缘由，大部分是经验与思辨性研究[7]。其中，有部分实证研究主要是以问卷调查法为主。问卷调查法在研究大学生考试作弊现状方面具有优势，通过统计数据描述出当前大学生考试作弊问题的严重程度、作弊方式等。但是在大学生考试作弊原因分析方面，因为已有问卷调查较少分析有关考试作弊各变量之间的关系，也较少有考试作弊影响因素模型的建构，因而对于大学生作弊原因的探讨仍然停留于经验与思辨性分析上。事实上，在研究大学生考试作弊原因时，质性研究方法更有优势。正如马太·迈尔斯所言，质性资料可以探究事件究竟如何与为何发生，可以评估因果

[①] 作者简介：王林，北京师范大学教育学部高等教育研究所博士研究生；李奇，北京师范大学教育学部高等教育研究所教授。

关系，显示在某特定情境里因果关系运作的情形[8]。本文以北京某大学（以下简称 B 大学）个案为例，运用质性研究方法对 B 大学本科生作弊的缘由进行分析。

根据 B 大学 2010 - 2011 学年学生违纪档案材料可知，B 大学在该学年共处理了 57 件本科学生考试作弊（含考试违纪，以下同）事件（根据 B 大学关于考试违规行为认定的规定，考试违规行为分为考试违纪和考试作弊，如考试过程中左顾右盼，闭卷考试未按要求清理干净桌面等属于考试违纪，替考、抄袭他人考卷、夹带等行为则属于考试作弊），全校本科生考试作弊率约为 0.53%。与此同时，B 大学自己展开了一项问卷调查，其结果显示，B 大学的本科生承认自己"经常"和"偶尔"考试作弊的学生各占样本的 1.8% 和 7.8%。一般来讲，自我报告不端行为的比例低于实际发生比例。因此，B 大学有过考试作弊经历的学生比例应高于 7.8%。从学校处理的作弊事件数量来看，学生作弊行为似乎并不严重和普遍。但从问卷调查结果来看，学生作弊问题已经不容忽视。

一、研究方法

本文采用质性研究方法来探析大学生作弊的根源。首先，本文主要采用访谈法和文本收集法来收集数据。访谈法包括小组焦点访谈和个人访谈。访谈对象有教师、辅导员、班主任和学生，主要采用半结构化的访谈形式。文本收集法用于收集校内的管理政策，包括学生违纪处理档案等。其次，在完成数据收集后，笔者对数据进行转换和编码，然后采用类属分析法和情境分析法来分析数据资料。为了保证本研究的效度，笔者主要采用了"三角检验法"（也称为"多方参校"），即把访谈结论与文本材料相结合进行比较，把教师、辅导员、班主任和学生多方的访谈结论相对照，以验证结论的真实性[9]。虽然本文是针对个案大学的质性研究，其研究结论并不能推广到所有大学，但是笔者通过收集丰富的资料以及选取典型的数据进行分析，力争使本研究具有"基于场景的外推性"。

二、研究发现与分析

（一）考试作弊的直接诱因

1. 教师监考不严。查阅学生违纪档案，发现在 57 件考试作弊案件中，有 17 份学生的检讨书中写有："自己是抱着侥幸心理进考场的。"他们均认为老师监考不严，自己作弊是不会被抓的。与此同时，辅导员们也承认存在监考不严的现象。在小组焦点访谈中一位辅导员谈道：

> 考试有学生在作弊、交头接耳，但监考老师不管。……因为责任太重，一旦学生被认定作弊之后，（处理）手续特别烦琐，监考老师要承担非常大的心理压力。如果遇到的学生很较真，而老师又没有保留好（作弊）证据的话，就会扯皮，甚至打官司，这就造成监考老师的畏惧心理。

此外，有两位辅导员表示，他们监考时一旦发现学生作弊就直接没收试卷，让学生离开考场，事后再把学生叫到办公室做其思想政治教育工作。但因为这种处理方式并未遵从学校制定的监考政策，因而，他们非常担心被学生举报，在监考时常常抱有矛盾和疑虑的心态。总的来说，监考教师要么不管，要么按照自己的方式来处理学生作弊问题，这造成了学生的侥幸心理。

教师监考不严，是国内外所有大学都面临的问题。基思—史皮格等人对 127 位美国大学教师的调查表明，77% 的教师认为处理学生作弊是一项非常烦琐艰难的工作。他们指出，作弊证据不足，处理作弊事件所承受的焦虑与压力，害怕学生报复与指控是教师忽略学生作弊的主要原因[10]。伯纳德则指出，教师缺乏预防和处理学生作弊的信息和相关培训导致了教师的焦虑，也削弱了教师有效处理该问题的能力[11]11。

2. 考试内容过于偏重考察记忆性知识。在 57 件考试作弊事件中，有 25 件作弊形式是夹带，10 件是没有清理干净桌面、抽屉及座位周围的物件。也就是说，类似夹带之类的作弊手段仍然是该校学生主要的作弊方式。违纪档案中有两份检讨书分别写道：

> 我这次作弊的原因是，这次的考试有 40 分的题都在书上……

> 考试中有原文默写这一项，……自己将以前在课上的默写练习纸条带

进了考场。

一位教师也承认：

我们的考试答案确实都在书上。

根据《B 大学的本科课程考试管理规定》，课程考试的目的是为了促进学生掌握基础理论、基本知识和基本技能，考核评定学生对所学知识、理论、技能的理解和掌握程度及其应用能力。因此，大学的课程考试内容除了要包括记忆性的知识外，还需要包括考察理解、应用知识的能力的题项。但 B 大学偏重考察书本知识，表明教师们主要关注学生对知识的记忆，这说明教师们没有重视和遵守课程考试管理的规定，同时这也导致学校要培养高素质应用型人才的目标难以真正被践行。马顿认为考试内容主要是考察理解力而不是对详细事实的记忆[12]。威尔伯特·J. 麦肯齐也指出：学生学什么，既取决于教师的教学，也取决于考试内容和学业评定方式[13]54。因此，要消除考试作弊现象、真正促进学生的学习，落实学校的人才培养目标，教师们必须要改革考试内容。

3. 学生的学习投入不足。在 57 份学生作弊档案中，有 11 份学生检讨书中都写道：平时不预习，上课不学习，下课不复习，是考试作弊的主要原因。学生学习投入不足，首先表现为旷课。在 57 份学生违纪档案中，有 16 份考试作弊案件是由于学生夹带物理公式表而受到处分。究其主要原因是他们无故缺课，不知道任课教师在该课程的某一堂课上已经宣布期末考卷上附有公式表。其次，学习投入不足表现为作业抄袭。访谈中，有 3 位教师均表示学生作业抄袭现象比较普遍。该校学生处对教师展开的问卷调查结果也显示，61.40% 的教师认为普遍存在学生作业抄袭现象。最后，学习投入不足还表现为学生没有把课后时间用于学习。有 3 所学院的学风建设工作总结都表示，本学院的大部分学生把相当多的课余时间用于玩网络游戏，宿舍已经成为玩网络游戏的主要场所。访谈中，辅导员们也表示，网络游戏占据了学生大部分的课外时间。

（二）大学生作弊的深刻缘由

20 世纪 60 年代到 90 年代，美国尽管承认有过考试作弊行为的大学生总数没有很大变化，但学术诚信问题的表现形式却有很大变化，比如"未经允许的合作"比例急剧上升。因此，有研究者指出，仅通过监考的方式来杜绝考试作弊行为的传统做法已经落后于形势[14]。由此，在B大学，我们也不能只关注考试作弊行为本身，还需要突破传统的视野，深层次分析大学生作弊的缘由。数据资料表明，以下深层次的问题导致了大学生作弊现象的发生。

1. 部分学生的学业准备度较低。B大学部分学生的学业准备度较低，主要表现为新生的学习基础薄弱。该校两个学院的学风建设工作总结均指出，新生的学业准备度较低，难以满足大学的学习要求。理学院指出：本学院有些专业的学生基础差，二本分数线贴线进校，特别是数理基础差。计算机学院也指出：我们的新生高考分数仅400多分就入学了。并且，部分新生的数学和英语高考分数不及格。到大学后由于没有高考压力、学习松懈，学习起来更觉得困难。

教师访谈中有4位教师都谈到学生的基础知识不够扎实，特别是专业调剂的学生。一位老师说：

一般来说，扩招后，所有学校的学生水平都有所下降。但是我们学校下降的程度很大。……从我们教学实践来看，我们以前讲一个问题，大概三五分钟就结束了，现在用15分钟都结束不了。因为他们没有那个基础，听不明白。

一位老师也谈道：

我们系的学生在高中阶段的学习可能不是特别好，逻辑思考能力不强，跟不上我们现在的要求。（他们）先天的基础不足。

2. 部分学生无法适应大学的学习要求。学生无法适应大学的学习要求，首先表现为无法较快找到合适的大学学习方法。在学生违纪档案里，一位补考作弊的新生在其检讨书中写道：

由于"工程制图"这门课对于刚刚踏进大学校门的我来说是一门全新的课程，这门课程的知识点、学习方法、思维方式与其他课程有明显的不同。……经过半年的时间我还是没有找到一种适合自己的学习方法，以至于在学期末考试中成绩不及格。

此外，在这些作弊学生的检讨书中，有6份检讨书均写道：

大学一年级和二年级时学习松懈，到大三、大四虽然认识到学业的重要性，希望自己好好学习，但因为前期学习基础没打牢，学习备感吃力，跟不上老师的进度了，但又希望拿到学分，最终铤而走险，选择了考试作弊。

其次，部分学生缺乏自我管理能力。访谈中，一位担任班主任工作的教师谈道：

昨天我班学生给我发短信说，你说的我全明白，我也知道我应该好好学习，我将来的责任很大。但是我就是管不住自己，我就是想玩游戏，就是克制不住。

一位学生自己也说：

我讨厌自己这种（状态）。大一上学期考试的时候就想着，下学期别这样懒散了。想了白想，下学期还这样。大二开学时又是想着这学期好好学，现在还是这样。稍微有点儿改变。上课听讲，上自习去。但坚持一段时间又不行了。

在学生违纪档案中，也有3份检讨书写道：

由于缺乏自我管理能力，因此平时相当散漫。

最后，部分学生的学习目标模糊。B大学对关于学生的问卷调查显示，约11%的学生对自己的将来根本没有任何打算。当学生被问及为什么要读大学时，5位学生都回答："因为大家都读，我就读。"辅导员对此谈道："我们的学生考进来之后没有什么目标和追求。北京孩子多，他们没有找工作的压力。"一位教师谈道："（课堂上）你要说这是个考试题，他才记下来。否则懒得动。"另一位老师谈道："除非我给他们（布置）一个硬性的作业，他们才会去完成。（因为）他知道这个跟考核挂钩，与成绩有关系。"

尽管B大学的学生群体特点发生了很大的改变，但该校的教育教学并没有随之发生实质性改变。访谈中，一位教师谈道：

我们把这样学业准备不足的学生招进来，这是现实问题，但不是关键问题。关键问题是我们高校的教育体系仍然拒绝改变。

一位辅导员也谈道：

我们都认为有些学生不适合到大学学习。或者说咱们高校没有完全和学生接轨，学生发生了变化，咱们还是原来的样子，老师该上课就上课，上完课就走了,结果很多学生听不懂。

此外该校并没有一个为学生学习提供服务和支持的校级组织结构,如学校教学服务中心、学业指导中心等。虽然有些院系开展了一帮一助学活动、党员小课堂活动,但是这些活动缺乏常规性和专业性,受众面小,并且不是在学生需要的时候就能马上获得,因而效果非常有限。

当前,北京高等教育毛入学率已经超过50%,表明北京已经进入高等教育普及化阶段。特罗曾指出在普及化阶段,高校将出现三种新的学生类型:一是原本对高校升学并不抱有高度期望,也不具备升学所需的学术资质,并且家庭经济和文化资源也不充裕的学生;二是高等教育适龄人口中的"非自愿"型升学者,他们属于被动升学选择的群体,虽然进入了高校,但对高校教学课程并无兴趣;三是成人学生[15]。因此,随着学生的多样化,高校教育必须进行根本性变革。桑福德提出的"挑战与支持理论"表明,高校要想让学生有最大程度的发展与成长,就要让其接受充分的挑战又要给予他们足够的支持,并且两者要保持平衡[16]。可以说,B大学已经不再只有精英学生,它的学生群体已如特罗所言,包含了"非自愿"升学者和学业基础薄弱的学生。对于这些学生,当学校没有提供必要的支持时,学生无法完成学校的学业要求,因而,考试作弊就容易成为其无奈的选择。

三、建议与对策

竺可桢曾说:"大学犹如海上之灯塔,吾人不能降落道德之标准,诸生在校应犹切记。异日逢有作弊之计划,是否能涅而不溜,磨而不磷,此乃现代教育试金石也。"[17]也就是说,大学作为育人机构,尽管身处在这个诚信问题日益凸显的社会中也不应随波逐流,而应在人才培养和教育方面尽可能有所作为。因此,面对学生作弊问题,B大学应在以下方面有针对性地进行改进。

(一)加强教师应对学术诚信问题的培训

伯纳德指出,教师获得培训和帮助将有助于教师更好地处理学生作弊行为[11]131。对教师的培训形式应该多种多样,依据学校的实际情况展开。培训方式可以是用书面材料来详细解释学校的学术诚信政策,可以是召开研讨会研讨教师认为的困难问题，比如教师指控学生考试作弊所面临的压力问题等，也可以出版实时通讯为教师如何处理作弊问题提供经验交流平台。此外，学校还要为教师提供咨询服务，包括提供学术诚信政策信息，正确的处理程序，怎样收集作弊证据，在听证会上如何举证等。对于那些很好地处理了学生作弊行为的教师，学校应给予肯定和表扬。格林和帕维尔就指出，一封简单的、签有系主任或副校长名字的表扬信表明学校对教师为维护学术诚信所付出的时间和精力的肯定[18]。尽管这是他国的经验，但实际上也非常适合 B 大学。

（二）改革考试方式

首先，教师要充分认识到考试方式与学生作弊行为存在的相关性，偏重对记忆性知识的考试方式容易诱发学生的作弊动机。并且，考试方式直接影响学生的学习动机，反映教师的教学目标。学校要真正培养高素质应用型人才，必须改革考试方式，威尔伯特·J. 麦肯齐建议，教师在设计考试内容时首先要列出教学目标。依据教学目标来确定考试内容[13]55，当教学目标是重在培养学生的理解、应用和分析能力时，机械记忆性考试题型比重就应当变小。而分析、判断、思考等应用性试题比重应该增大。

其次，教师应采用多种评定方式。如采取作业、小论文、课堂讨论、试验报告等形式，将闭卷考试与开卷考试、操作、口试等结合起来，将平时考试、期中考试和期末考试相结合。通过多种考评方式激发学生的学习动机，促进学生学习，促使学生摆脱为考试而学习的状态，使他们成为具有自我评价能力的终身学习者。

（三）为学生提供学业帮助和支持

第一，高校扩招导致学生的学业准备度参差不齐，因此，学校有必要针对学生的具体情况及时提供补习课程，并使之常规化。补习课的形式多样，可以是辅助小组或使用学生助教等。提供补习课程最关键的是要常规化、专业化以及方便学生加入。

第二，为学生提供咨询和帮助。学生缺乏学习技巧、学习投入不足会使学生感觉到学习任务异常沉重。惠特利也认为，更可能作弊的学生缺乏学习技巧，懒散、拖延的倾向更明显，对考试更焦虑。因此要想使学生保持学术诚信,学生需要援助[19]。辅导员、班主任应当密切注意那些抱怨学业负担过重的学生,并引导他们寻求援助。更重要的是,学校应在校级层面设置学习服务中心,配备专业指导教师以及学习技能顾问,对学生在学习方法、学习技能以及时间管理能力等方面进行指导和培训。虽然,大学配备了专业心理咨询师,但是学生普遍认为有心理疾病才去咨询。如果教师鼓励学生积极接受心理咨询服务,也有助于缓解其考试焦虑和压力,从而消除学生作弊的诱因。

第三,大学应对首次考试作弊的学生开设学术诚信辅导课,给予作弊学生矫正性教育。课程应该包括高校坚持学术诚信的原因、学术不端行为的类型、学术不端行为的风险以及如何避免学术不端行为,并提供具体案例讨论,帮助学生形成道德推理能力,使学生在面临道德难题时能做出正确的选择,最终养成诚实的学术品性。

(四)完善学术诚信政策

B大学为了加强学术诚信,制定了"大学生考试须知""关于考试违规行为认定的规定""违纪处分规定""学生校内申诉管理规定"等学术诚信政策。但学术诚信政策还需要进一步改进,才能真正创造出诚信的学术环境。

首先,学生、教师以及学生工作人员等各方代表都应该参与到学术诚信政策的制定及其修订中,这样才能保证政策的实施效果。其中,最为重要的是学生要参与其中,因为学生是遵守政策的主要群体,也是受处罚的主要对象。学生的加入能帮助他们更明确地认识到诚信政策的公正性以及遵守政策的必要性。

其次,学术诚信政策需要向学校所有成员郑重声明学校重视学术诚信、反对学术不端的原因。这种声明看似没有必要,但是,正如卡特所说,今天的大学生很多是在不仅不重视诚信,甚至还贬低诚信的社会环境下成长起来的,因此,学校非常有必要提醒学生(包括教职员工)学术诚信的重要性。该声明还能传递学校的态度:学校会采取一切行动来阻止学术不端行为的发生,鼓励学术诚信[20]。

最后,学术诚信政策必须明确教师、管理人员和学生各方的责任。当前 B 大学的学术诚信政策较少涉及教师和管理人员的职责。事实上，只有当教师和管理人员同心协力，才能最大程度地创造出诚信的氛围。因此，学术诚信政策应该明确规定，教师的基本职责是在授课过程中培养学生的学术诚信素质，阻止不诚信行为的发生，管理人员的责任则表现为，在处理各种学校事务中要做出诚信榜样，积极促进学校形成诚信的氛围。

参考文献：

[1] 姜凤萍. 大学生考试作弊现象的实证研究 [J]. 华中师范大学学报：人文社会科学版, 2011 (12)：186-188.

[2] 运怀英, 崔博. 大学生考试作弊现象的调查与研究 [J]. 中国高等医学教育, 2008 (7)：40-43.

[3] 刘健. 大学生考试作弊影响因素的研究 [J]. 中国大学教学, 2010 (7)：85-88.

[4] 何玉辉, 刘尧舜, 王艾伦, 等. 论考试作弊的现状、成因与对策 [J]. 高等教育研究学报, 2008 (6)：53-56.

[5] 周长青, 王汉忠, 刘秀华. 大学生考试作弊的特点、原因和控制策略 [J]. 高等农业教育, 2006 (9)：39-41.

[6] 廖迎春. 从大学生考试作弊谈高校教学管理 [J]. 湖南人文科技学院学报, 2006 (12)：131-133.

[7] 陈翠微, 陆建明. 十年来国内考试作弊研究的回顾与述评 [J]. 中国成人教育, 2004 (9)：29-30.

[8] Matthew. BM. 质性资料的分析：方法与实践 [M]. 张芬芬, 译. 重庆：重庆大学出版社, 2008：16.

[9] 陈向明. 质的研究方法和社会科学研究 [M]. 北京：教育科学出版社, 2004：403.

[10] Keith S P, Tabachnick B G, Whitley B E, et al. Why Professors Ignore Cheating: Opinions of a National Sample of Psychology Instructors [J]. Ethics Behavior, 1998, 8 (3)：215-227.

[11] Whitley B E, Keith S P. Academic Dishonesty: An Educator's Guide [M]. London: Lawrence Erlbaum Associates, 2002.

[12] Marton R. On Qualitative Differences in Learning: Outcome as a Function of the Learner's Conception of the Task [J]. British Journal of Educational Psychology, 1976 (46)：

4-11.

[13] 威尔伯特·J. 麦肯齐. 麦肯齐大学教学精要——高等院校教师的策略、研究和理论 [M]. 徐辉, 译. 杭州: 浙江大学出版社, 2005.

[14] 李奇. 美国大学学术诚信问题的研究报告 [J]. 比较教育研究, 2006 (5): 7-11.

[15] Martin T. The Expansion and Transformation of Higher Education [M]. Morristown: General Learning Press, 1972: 50.

[16] 克里斯汀·仁, 李康. 学生发展理论在学生事务管理中的应用——美国学生发展理论简介 [J]. 高等教育研究, 2008 (3): 19-27.

[17] 竺可桢. 竺可桢日记 [M]. 北京: 人民教育出版社, 1994: 80.

[18] Gehring D, Pavela G, Issues and Perspectives on Academic Integrity [M]. Washington DC: National Association of Student Personnel Administrators, 1994: 53.

[19] Whitley B E. Factors Associated with Cheating among College Students: A Review [J]. Research in Higher Education, 1998 (39): 235-274.

[20] Carter S L. Integrity [M]. New York: Harper Collins, 1996: 43.

新制度主义视角下的同行评议制度

郑玲玉　刘慧珍[①]

同行评议制度，是国际上高等教育界普遍采用的学术评价体系。研究者认为，同行评议是由学术专业的同行们对相同学术领域中其他成员的研究发现或学术文章进行评价，进而分配声望和荣誉、支持研究的基金和资助、终身学术职位、学术团体会员资格、在权威出版物发表成果的机会等稀缺资源的制度规则。[1]同行评议制度，是学术自治传统下获得学术共同体广泛接受的一项制度安排。这项制度虽然起源于高等教育比较发达的国家，但在民国时期就曾引入我国，后又经历了断裂。在我国高等教育改革过程中，同行评议制度又重新被引入高校的管理实践中，并被广泛地应用于学校组织评估、学科评估、职称晋升、学术成果鉴定和学位审批等很多方面。

但此项制度重建的时间不长，在本土可借鉴的实施经验有限，加上我国特有的文化和制度因素的影响，所以，我国高教界的同行评议制度还很不完善，需要更多经验和研究支持。本文基于社会学的新制度主义理论，对高校同行评议制度建设的基础和作用机制进行分析，并对完善同行评议制度提出建议，使同行评议制度真正能够发挥其对学术共同体建设和提高学术科学研究质量的重要作用。

一、新制度主义对制度的认识

旧制度主义把制度视为解释人的社会行为的既定环境条件，本质上是

---

① 作者简介：郑玲玉，北京师范大学教育学部高等教育研究所硕士生；刘慧珍，北京师范大学教育学部高等教育研究所副教授。

人类功能行为的产物。如迪尔凯姆认为，制度是围绕某种社会功能的实现而产生的社会行为规范在某个领域内的集结和体系化。[2]而新制度主义则将制度视为人类行为的重要动因之一，且具有自主性，通过相应的设计，制度经由个体的偏好和自我身份认同而影响集体或个体的行为，包括行为的目标、行为和结果。因而，制度不仅仅是在社会互动的过程中逐渐生成，并自发地影响着人们的社会行为；制度更可以通过理性的思考和设计，用以引导或约束人们的社会行为，规范人们的行为方式，控制人们的行为结果。所以，豪尔与泰勒将制度界定为嵌入政体或政治经济组织结构中的正式或非正式的程序、规则、规范和惯例。[3]

随着社会组织化程度的提升，制度对人类行为的规范作用也日益受到重视，事先设计的理性制度，已经大大超越了自发性制度的生长速度。为了让我们所选择的制度能够切实达到预定的设计目标，实现对社会行为更好的组织与控制，对制度问题的研究也成为社会科学各领域学者关注的热点。马奇、奥尔森认为制度是社会组织的约束力量，不仅包括正式规则、程序和规范，还包括为人的行动提供"意义框架"的象征系统、认知模式和道德模板，即习俗、角色、信仰、文化和日常生活中获得的知识。[4]斯科特将制度概括为是由符号性要素、社会活动和物质资源构成的持久社会结构，包括为社会生活提供稳定性和意义的规制性、规范性和文化认知性要素，以及相关的活动与资源。[5]

新制度主义社会学倾向于在更广泛的意义上界定制度，认为制度不仅体现在法令层面，更体现在认知层面。制度产生的根本机制是社会的文化认知，即"普遍的符号体系"和"共同意义"的构建。[6]表1是新制度主义学者所概括出的制度构成三大基础要素。

表1 制度构成三大要素

	规制性要素	规范性要素	文化认知性要素
遵守基础	权宜性应对	社会责任	视若当然、共同理解
秩序基础	规制性规则	约束性期待	建构性图式
扩散机制	强制	规范	模仿
逻辑类型	工具性	适当性	正统性

续表

	规制性要素	规范性要素	文化认知性要素
系列指标	规则、法律、奖惩	合格证明、资格承认	共同信念、共同逻辑
情感反应	内疚/清白	羞耻/荣誉	确定/惶惑
合法性基础	法律制裁	道德支配	可理解、认可的文化支持

资料来源:[美] W. 理查德·斯科特. 制度与组织:思想观念与物质利益(第三版)[M]. 姚伟、王黎芳,译. 北京:中国人民大学出版社,2010:59.

除了规制性要素、规范性要素外,新制度主义还将文化认知性要素纳入制度的构成要素中。在这些构成要素中,由于规制性要素的基础是法律、法规和惯例,易于设计、安排或更改,处于制度的表层。而文化认知作为社会历史的沉淀物,通过共同的信念、理解获得广泛认可,则位于制度的最深层次。[7]在完善的制度系统中,三个基础要素往往同时存在、相互作用并促进组织有序稳定的运行。

上述的研究发现,不仅推进了制度研究的理论发展,同时也在各种社会活动的组织过程中得到广泛的应用,高等教育活动领域也不例外。从新制度主义社会学的视角看,高校中所实施的同行评议制度,就是其外在的规章性制度、学者们共同遵守的学术规范还有学者们对教育和学术理念认同三重因素共存且相互影响的过程。

二、同行评议的新制度主义特征

依照斯科特对制度要素的概括,我国高校目前实施的同行评议制度,并不完全与其对制度要素的概括相符,但在基础框架和运行机制这两个最为重要的维度,我们还是能够清楚地看到新制度主义特征。

(一)同行评议制度的构成要素

1. 同行评议的规制性要素

新制度主义将制度的构成要素划分为三大类,其中的规制性要素包括如法律、政策、规章制度等,通过强制性机制来约束、调节人们的行为。制度在社会中的作用主要是通过建立一个人们互动的稳定性结构来减少不确定性,增强活动的预见性和有序性。高等教育同其他社会活动领域一样,也需有明确的活动目标和稳定的活动秩序,强制性的约束力也是必不可少的要素。

同行评议制度中的规制性要素,则主要表现为保证同行评议实施的相关政策和规定,比如我国目前的学位审批、职称晋升、一级学科、重点学科、重点研究基地、博士后流动站的审批和日常评估,教育部和省级人文社会学科优秀成果奖、各种优秀博士学位论文奖的评审,各学科内一些学术荣誉的评定,委托课题之外的各类基金项目和规划课题的立项,都是在国家和教育部相关条例和规定的基础上,以同行评审的形式,来执行政府规定标准和程序。这些相关的政策法规和规则条例,使得我国的同行评议制度具有很强的规制性特征,对评议所涉及的活动有很大的影响力和控制力。

2. 同行评议的规范性要素

在学术共同体成员长期的互动过程中,积累了一系列对于适当行为的判断标准,并转化为共同体成员对自身行动是非的判断标准和行动伦理,通过对参与者进行约束性期待,以使他们能够承担处于道德义务相应的社会责任。所以,社会学者更关注制度的规范性要素,认为制度是为社会生活提供道德框架的准则结构。[8]这些伦理框架就是制度规范性的根源,也是同行评价制度体现自律型规范性的基础。

我国的同行评议制度,在执行程序方面对来自政府的政策法规更为倚重,但在对学术成果的判断方面、对学者的学术行为方式的规范方面,则兼顾到了吸收和运用学术领域自发形成的是非标准和行动原则。对评议对象和对于学术行为的适当性标准的规定,体现了高等教育学术领域的共同的期望和价值观。例如,在教师的职称晋升和学位审批过程中的同行评价,就将教师和学生之学术成果的原创性、科学性,以及研究过程是否遵守了学术规范,作为重要的衡量标准。这些同行期望和学术规范,就是学术共同体长期发展所积累行为伦理,它们不仅存在正式的制度中,并且内化到了学者们的行动之中,对学者们进行着约束。所以,遵守学术规范不仅是制度上对于学者们的要求,更是学术共同体的道德约束。

3. 同行评议的认知性要素

文化认知性要素包括共同的信念、共同符号系统和意义框架,通过模仿性机制在社会互动中建构社会实在[9]，即通过被认可的认知模板、意义系统影响个体行为的偏好、价值认同从而影响组织活动。如果说规制性要素和规范性要素都是制度的外显层面，需要参与者有意识地去遵守，那么文化认知性要素则是制度深层支撑，是参与者在无意识中也会去履行相关的规则，因此我们可以看到文化认知性要素是制度中最为有力的要素，不仅使参与者能够在制度范围内行动，同时也为制度本身提供了有利环境。

在同行评议制度中也存在着文化认知性要素，这源于学者们对于学术的认识，学者们认为他们在学术的圣殿中其忠诚应该指向专业的学科知识，以学科知识为最高的价值，并且同一学科专业的学者都享有平等的权力，学者们有资格进行相互的评价，必要的时候还要相互执行纪律。教师们相信，应该由他们自己决定自己工作的价值。正是基于这种认识，学者们才会认同同行评议制度，才认为有专家参与和主持的评议是可信的。

（二）同行评议制度的合法性基础

迈耶认为一个组织必须适应环境才能生存，因此对环境的关注不能只考虑组织所处的技术环境，还要考虑其制度环境，即组织所处的法律制度、文化期待、社会规范、观念制度等为人们所"广为接受"的社会事实。技术环境要求组织服从效率机制，制度环境要求组织服从"合法性"机制。合法性机制指那些诱使或迫使组织采纳具有合法性的组织结构和行为的观念力量。正如组织存在于一定的制度环境基础上并服从合法性机制一样，制度功能得以发挥的重要条件，是其要建立在合法性基础之上，即制度的建立是超越了个人的私利，为制度所涉的所有或多数利益相关者所承认并接受，是合情合法且与社会期待同向的。

自上述对同行评议制度的要素分析中可以看到，我国高校的同行评议制度的合法性机制，也同样是建立在相关的法律法规、学术规范和学术共同体的认同基础之上。首先学者从事学术研究的工作和成果需要给予评价，因此就需要有相关的政策法规为依据，这是同行评议制度在规制层面的合法性基础。其次，学术研究成果及其结论和知识都有相当的专业性，是行业外人士无法给予适切评价的，最有发言权的就要属该学术领域里的同行了。因为学者们承认其学术研究的不可替代性和专业性，因此他们会依据学术领域长期形成的学术规范，对评议对象进行评审，学术规范是同行评价规范性层面合法性的支持。学术自治、治理程序要正义、标准要符合学术规范、评价者要有专业资质等等理念和共识，是学术共同体接受同行评议制度的认知基础，也是其存在的另一合法性基础。

三、我国同行评议制度存在的问题

通过对同行评议制度中的三个层次的制度要素以及其存在的合法性基础的分析，可以看到同行评议制度并不是只有一个要素在发挥着作用，而是以其合法性为基础的三个层次要素相互支撑、相互作用而得以运行的，其中规制性要素保证制度得以运行，规范性要素保证行动主体遵守规则，文化认知要素保证制度运行的良好环境，这三个层面的要素是相辅相成的。反观我国现行的同行评议制度，其中还是存在着一些需要改进的问题。

1. 制度设计不够完善，程序设计不严谨

在目前的同行评议中还是缺乏一些制度上的设计来规范其运行过程的，比如说如何选择进行评议活动的专家，这在现行同行评议制度中缺少明晰稳定的相关规定。再比如说评议程序不够完善，评审的保密制度和公平机制以及评审的反馈机制等都还没有建立起来。因此现存的制度对于同行评议的活动过程不能进行良好的规制，也不能很好地把参与同行评议的人员行为控制在制度的框架之内，评价走过场和评价舞弊的事件时有发生。

2. 政治权力和行政权力参与其中，使其制度本身的合法性受到挑战

由于很多项目的评审活动是由政府或者学校行政机构来组织进行的，因此在这个过程中的同行评议形式大于制度实质，因为政治权力和行政权力主导性，使得学术权力在同行评议制度中的话语权就会受到侵犯。而以政治权力或行政权力代替了学术权力，就使得学者们所认同的学术和学术研究者的专业性遭到了破坏，也就是说同行评议的合法性基础受到了威胁,在这种状况下同行评议制度便不能够发挥它原本的学术自律功能。

3. 同行评议制度自发自觉程度低,执行中易受到人情关系影响

同行评议制度的合法性基础是学者们所认同的学术价值和专业性,其评议是以学术为标准进行的。但我国的同行评议制度是政府主导下的结果,学术共同体对制度规则和制度实施机制的认同程度不够高,加之我国人情社会的制度环境,因而同行评议过程中自觉遵守制度规则的要求受到人情等因素的挑战时,评审者可能会因此放松评审标准或违背评审原则。虽然这一点在同行评议的制度成为规则中没有表现出来,但是确实存在于同行评议制度的实施过程中,并且在实际的过程中成为被大家利用的潜规则,并且这种形式有时也会给学者们带来一定的利益,因为项目评审不好通过时便可以借助于人情关系。

四、建构和优化同行评议制度的一些思考

从上述分析来看,同行评议制度中既存在着制度设计上的问题,也存在着文化认知层面的问题,建构和优化同行评议制度需要从两个方面同时努力。

1. 完善同行评议的制度设计,使得活动开展和参与者的行为都可以有据可依

要对同行评议的程序进行严密的制度设计,包括对评审专家进行的选择,选择的标准是什么,选择的原则是什么等都要进行详细的设计。再比如项目评审是要建立双盲的评审制度还是建立公开透明化的制度都还需要经过考证。另外也可以考虑建立评审的反馈制度和学者对于项目评审意见和结果的申辩制度等等。所有的这些制度设计都是为了保证同行评议活动能够很好地开展,同时也是给同行评议的参与者们一个行动的框架,在这个框架之下评审专家和学者们都可以自觉地约束自己的行为,使得学术研究和成果能够获得公正的评审和评判。

2. 加强立法保障和制度建设,保证同行评议制度中学术权力的话语权

现实执行过程中政治权力和行政权力的参与会使学术权力受到损害,

因此在完善同行评议制度的过程中,也必须要注意如何防止这两种权力的干扰。首先要通过相关立法保证高校独立自主的权力空间,排除政治权力对同行评议制度的影响。其次,在高校内部也要建设和完善相关的制度,保证同行评议的实施过程中行政人员只是组织者和服务者,学者才是同行评议制度的发言人,将行政人员、评审专家和被评价者三方给分离开来,使他们之间所产生的交集都是在制度的设计下,而并非人为可以去操作控制的。比如说,被评价者所提交的作品由一批行政人员负责审核后,再去除被评价者个人相关信息后交给另一批行政人员,由这批行政人员交予专家进行评议,这样就能够最大限度地挤压行政权力干预评议过程的空间,使行政权力只扮演服务的角色。

3. 从学术共同体的建立着手,强化学者们的文化认同,巩固学术权力

同行评议制度本质上是建立在学者对学术价值和学术规范的认同上的,其行动主体包括评审专家都应是以知识真理为最高评判价值。那么在对同行评议进行制度设计的时候,也不能够忽视在文化认知层面对该制度的建设。因此建立学术共同体,在该群体及其活动中强调对于知识至上的价值观的认同,使得学者们在学术共同体中巩固知识性的专业性的文化认同,才能使得学者们由内而外地去在制度的框架下进行行动,同时巩固了学术权力在同行评议制度中的话语权。而这些都是在为同行评议制度创造良好的运行环境,也是维持同行评议制度稳定的深层保障。

参考文献:

[1] 米歇尔·拉蒙特. 教授们怎么想——在神秘的学术评判体系内 [M]. 孟凡礼、唐磊,译. 北京:高等教育出版社,2011:1-2.

[2] 朱其训,缪榕楠. 高等教育研究的新制度主义视角 [J]. 高教探索,2007(4).

[3] 薛晓源,陈家刚. 全球化与新制度主义 [M]. 北京:社会科学文献出版社,2004:196.

[4] 童蕊. 大学跨学科学术组织的学科文化冲突分析——基于组织分析的新制度主义视角 [J]. 教育发展研究,2011 (21).

[5] [9] [美] W·理查德·斯科特. 制度与组织——思想观念与物质利益(第

三版)[M].姚伟、王黎芳,译.北京:中国人民大学出版社,2010:56、65-67.

[6] 罗燕.教育的新制度主义分析——种教育社会学理论和实践[J].清华大学教育研究,2003(12).

[7][8][美] W.理查德·斯科特,杰拉尔德·F.戴维斯.组织理论——理性、自然与开放系统的视角[M].高俊山,译.北京:中国人民大学出版社,2011:244-245.

试论 M 型结构在现代大学组织中的应用

乔锦忠[①]

《国家中长期教育改革与发展纲要》对高校内部管理体制改革和建立有中国特色的现代大学制度做了明确部署。大学自治和学术自由是现代大学的灵魂，在中国现有的体制和文化传统之下，如何最大限度地推进大学自治和学术自由是建立有中国特色的现代大学制度的必由之路。建立现代大学制度是一项系统工程，涉及大学与国家和政府的关系，也涉及大学内部治理，特别是大学与各院系所之间关于责、权、利的分配。围绕着大学自治和学术自由的原则，重新界定政府与大学的关系，重新分配大学与各院系所之间的责、权、利是建立现代大学制度之关键所在。

改革开放以来，中国在经济建设方面取得了举世瞩目的成就，同时也积累了宝贵的经验，借鉴这些经验同样有助于高等教育改革和现代大学制度的建立。30 年来，中国快速发展的基本经验之一是在保持政治和社会稳定的前提下，引入市场体制，把经济发展的自主权下放给地方政府、企业和个人，增强经济发展的弹性。实践证明，这一举措充分调动了地方政府、企业和个人发展经济的积极性，极大地促进了经济发展。遵循类似的原则，在发展高等教育上，我们也应该给予大学、院系所和教师个人充分的自主权，引入竞争机制，鼓励充分竞争。

从大学内部治理的角度出发，给予院系所更多的自主权必然涉及学校与院系所之间关于责、权、利的调整，而这自然会引发大学组织结构变革。组织结构是指组织内部的构成方式，即组织内部各部门、各层次之间

[①] 作者简介：乔锦忠，北京师范大学教育学部高等教育研究所副教授，管理学博士。

的组织和排列方式。组织结构决定了组织内部责、权、利的结构以及运行规则和程序等重要内容。当前我国大学和院系所之间的责、权、利分工不科学,管理重心过高,校部机关权力大,承担的责任小;教学科研单位的自主性弱,却承担着主要的工作任务。不合理的组织结构已经成为制约当前我国高等学校发展的瓶颈,严重影响着国家建设世界一流大学的进程。

在有关组织结构的理论中,M 型结构理论和准市场理论①自产生以来一直有很强的解释力。

一、M 型结构及其特征

在各类组织中,经济组织是被研究最透彻最丰富的组织之一。很多组织理论最先产生于企业,然后再被应用到政府和其他各类社会组织中。在企业发展史上,曾经出现过三种重要的组织结构形式。即一元结构(Unitary Structure),简称 U 型结构;控股公司结构(Holding Company),简称 H 型结构;M 型结构(Multidivisional Structure),亦称事业部制或多部门结构。

M 型结构是把内部控制和战略决策有效结合在一起的一种组织结构,最早由杜邦公司的 Pierre S. DuPont 和通用公司的 Alfred P. Sloan 创造[1]。它适用于规模大,品种多,技术复杂的大型组织。通用公司正是通过采用这一组织机构,在公司内部为不同品牌建立了按照产品细分后的事业部,几乎击垮了当时只生产单一的黑色 T 形轿车的福特公司,从而奠定了该公司在汽车行业中的地位。改革开放之后,我国政府在财政管理体制改革过程中,也通过采用 M 型结构实现财政联邦制的举措,初步理顺了中央和地方政府之间的财政关系。实践证明,M 型结构对于提升巨型组织的运营效率十分有效。

打造有效的 M 型结构需要进行一系列活动。一、确定组织内部可单独进行的行为;二、把准自主权授给各事业部;三、监督每个事业部的绩

---

① 准市场是介于企业(科层)与市场(契约)之间的一种治理结构。企业内部采用市场治理有两种形式,一种是组织内部各单位之间通过内部价格进行交易;二是总部与各分支机构利用财务控制和绩效考核等方式进行交易。科斯、钱德勒、威廉姆森等人对准市场的提出都有贡献,但较早提出准市场概念的学者是李·格兰德。

效;四、运用激励手段;五、把资金分配给绩效高的部门;六、制定其他方面的战略规划(主要是面向未来扩展更多的事业部)[2]。

在 M 型结构中,总部的主要职能是从事战略研究,并向各子单元输出战略和规划;筹资并根据规划分配资源;通过评估根据绩效重新分配资源,激励各子单元;协调和指导各子单元,使它们相互配合共同完成总体战略。在 M 型结构下,总部各职能部门与子单元职能部门在职责上有很大的不同。以财务部门为例,总部财务部门主要负责整个组织的资金筹措、运用和税务安排;而子单元的财务只是一个相对独立的核算单位。这也充分说明,分支机构并不是完整意义上的运营中心,它本质上只是一个在统一经营战略下生产某种产品或提供某种服务的分支机构。

学术界对 M 型结构的关注始于 Chandler, A. D,他在 1962 年指出,组织形式对企业的发展有重要的促进作用,还论述了 M 型结构的起源和发展过程。在他之后 Williamson, O. E (1975) 指出,M 型结构是 20 世纪最重要的组织形式创新。他还进一步认为,M 型结构有利于改善信息传递和激励机制;有利于加强协调和控制。但使用 M 型结构应避免事业部过度分散化的问题[3]。

在 M 型结构下,总部和分支机构之间是准市场关系。总部的任务主要是战略、筹资、考核、激励、指导和协调,分支机构是具体的责任中心。总部和分支结构在地位不对等的条件下,按照内部合同的约定来开展各自的工作。这样既能充分调动分支机构的积极性,同时又能保障总体战略。

二、M 型结构在现代大学中的应用

最早探讨 M 型结构在大学应用中的学者是 Mintzberg Henry,他指出加州大学采用的是事业部制[4]。加州大学是世界上最大的一所公立大学,目前拥有 10 所分校,3 所法学院,5 所医学院和教学医院,还管理着 3 个国家实验室。加州大学最早建在伯克利,后来又因地制宜根据各地不同的特点陆续建立了其他 9 所分校。在加州大学的发展过程中,战略规划一直发挥着非常重要的作用,同时其内部管理也很成功。加州大学之所以能够成功,除了像 Clark Kerr 这样天才般的领导人之外,M 型结构的应用在加州大学的发展上也起到了非常重要的作用。

事实上，随着学科、专业的不断分化和高等教育步入大众化时代，很多综合大学越来越具有巨型大学的特点，M型结构也逐渐成为现代大学组织结构中的主流。特别是在美国大学中，校长一直拥有相对较大的行政权力，在学院层面的行政色彩也很浓厚，M型结构的使用更为普遍。在美国很多大学中，在学校层面有董事会、教授评议会和校长及其控制的官僚体系。

以密西根大学为例，校长控制的官僚机构包括学术事务副校长（教务长）、科研副校长、学生事务副校长、发展副校长、财务副校长、国际事务副校长、政府关系副校长、分管医学院的副校长、法律顾问和校长办公室以及若干特别顾问。其中教务长（学术事务副校长）负责学校的学术事务以及相应的预算分配、学术和研究项目、学生教育经验的质量、教师和教辅人员的人事、资源拓展以及大学和学部治理等事务。教务长拥有的最为重要的权力是学术优先级的设置权（从战略上决定各学院发展的优先顺序），并且根据战略优先顺序分配预算。一般意义上的人事权主要还是归属各学院，教务长一般都会同意各学院的决定，不同意只是例外，所以通常情况下教务长的人事权只是象征意义的。但为了留住和吸引优秀人才，教务长拥有采取特别措施的权力。从教务长所拥有的各项权力中，可以认识到战略管理和内部管理在M型结构中的有效结合。其他各位副校长也很重要，但除了学生事务副校长和法律顾问之外，大多数副校长的职责主要是围绕着筹资和理财而展开[5]。

学院的权力主要体现在招生、课程设置、考试、学位授予、收取学费、聘用教师、岗位晋升和考核等具体运营方面。在密大各学院经费的来源主要是学费和通过教务长办公室划拨的经费。其中教务长办公室划拨的经费主要是州政府拨款中的学院部分。但学院每年必须向学校缴纳一定比例的经费，用于维持学校提供的图书馆服务等公务支出，这个比例大约占学院支出的30%。学费主要归学院支配，但如果学生在其他院系选修课程，学院要把其中的一部分学费转结给其他院系，本科生转结其他院系的比例一般约为50%（通识课程学分的要求是40%），研究生转结给其他院系的比例约为25%。财务关系是最好的反映权力配置状况的指标。从以上财务关系中，不难发现在密西根大学中学院是拥有相对独立自主权的二级分支机构（责任中心），学院和学校之间的关系是介于计划控制和合同管理之间的准市场关系。这就是现代大学中普遍应用的 M 型结构。

总之，在现代大学中，学校是战略中心，学院是责任中心，大学与学院之间是内部市场关系。当然，现代大学为了鼓励创新，适应学科交叉融合的特点，在采用 M 型结构进行垂直分权的同时，也积极提倡进行水平方向的资源共享。其中最重要的举措就是设置直接隶属于学校的各种研究中心和提倡教授跨学科、跨学院任职。在密西根大学很多教授同时在多个学院任职。

三、当前我国大学的组织结构

改革大学的组织结构，首先要了解大学组织结构的历史演变及其现状，这样才能对症下药。中世纪的大学通常只有四个学部，即神学部、医学部、法学部和哲学部（文学部），大学存在的目的主要是培养神父、自由职业者和政府官员等高级专门人才。大学的组织结构通常是大学—学部—讲座或研究所。在这三个层次中，讲座或研究所的权力最实，其内部在首席教授、高级讲师、副教授和助教之间形成等级森严的科层结构，各种权力主要控制在首席教授手中。学部只是一个社团性的组织，部委委员会更像讲座教授俱乐部，他们在一起共同协商行使学术权力。而大学层次的权力主要集中在学部主任和教授代表组成的评议会中[6]。到今天，尽管欧洲各国大学的组织结构已经发生了较大的变化，并且各国之间也有差异，但大多数大学仍保留着中世纪的很多传统。

美国大学的组织结构一般包括大学、学院、系三个层次。其中学院层面既有文理学院，也有职业学院，同时还设有本科生院和研究生院。学术性学科主要分布在文理学院，文理学院既有本科生院，也有研究生院。职业学院通常只有研究生（工学院和个别商学院也招本科生）。在大学组织结构的三个层次中，大学和学院这两个层次的科层等级特征明显，而系所层面则更多地表现为社团结构。在系所内部，教授、副教授和助理教授恪守学术界所有成员一律平等的基本准则。这实际上是延续了英国大学的传统[7]。

我国的高等教育系统是在借鉴欧美国家的基础上建立起来的。在解放前的大学中，既有欧洲传统，也有美国式样。解放后，特别是1952年院系调整后，为了培养专业人才，学习苏联和法国拿破仑时代的做法把大学解散为学院（学部），进而又在系下面增设教研室，形成了大学（学院）—学系—教研室的三层组织结构。因此，1952年院系调整之后，过去意义上的综合大学在中国已不复存在，只剩下了多科性大学或学院。直到改革开放后，才重新进行学科、专业调整和学院制改革，恢复以往的大学—学院—学系的结构。但时至今日，改革进行得并不顺利。

四、学院制改革不顺利的原因

学院制改革不顺利的原因很多，其中一个重要障碍来自于院系所负责人及其配套管理人员的安置。大学具有行政级别，工作人员的待遇与行政级别挂钩。把已分散化的系所重新整合为学院，在人事安排上会面临很大的压力。所以，重新恢复后的学院基本上是把原来的系所进行升格，结果出现了文学院、哲学院、历史学院、数学科学院、物理学院和化学学院等很多学院。当前国内大学的学院设置普遍在20个以上，不少学校在30个左右。以某"985工程"大学为例，学科点覆盖了除军事学以外的12个学科门类，形成了综合性学科布局。围绕着11个学科门类，学校设立有1个学部、22个学院、2个系、23个研究院（所、中心）。而英美等国大学内的教学科研实体学院的设置平均数大多不超过10个。

学院划分以学科为基础，因此学科门类的划分对于学院制改革也有一定影响。当前，在我国设置哲学、经济学、法学、教育学、文学、历史学、理学、工学、农学、医学、管理学、军事学和艺术学等十三个学科门类。这种分类并不十分科学[8]。学术界一般认为文史哲不分家，把文学、历史和哲学分别设为学科门类明显不妥。比较合理的做法把文史哲合并为一个统一的学科门类。把经济学作为一个独立的学科门类也不妥，经济学本身只是社会科学门类的一个学科，比较合理的分法是把商学作为一个独立的学科门类。所以，重新划分学科门类，按照相对符合历史传统的学科门类来设置学院，才能回归真正意义上的学院。由此可见，学科分类不合理也是造成当前高等学校院系设置不合理的一个原因。

学院制改革不顺利的另外一个很重要的原因在于改革路径选择。我国政治体制和政府管理方式的特点决定了大多数改革是由政府推动的自上而下的改革,学院制改革也不例外。自上而下改革的特点是方案由管理者来设计,改革过程由管理者主导。改革需要重新配置权力和利益,特别是要重新分配管理者所拥有的权力和利益。由管理者自身来设计改革方案,推动改革过程,在现实中会面临很大的阻力。来自既得利益者的抵制,是改革很难向前推进的重要原因。

五、对策

1. 按照 M 型结构中总部应拥有的规划、筹资、评估、激励、指导和协调等职能的要求整合校部机关或者单独设置隶属于校长的特别行政机构脱离原来的体系推动学院制改革。

在大学和学院之间推行 M 型结构变革,必然涉及机关部处的机构调整和人员安置。因此这样的改革方案一定不能由学校机关部处来设计,而必须由学校主管部门教育行政机关和改革的受益方或者由中立的第三方来设计。方案设计好后,真正推动改革也不能在原有的体制架构下进行,而必须先进行机关部处改革或在学校机关部处外重新成立适应新体制的管理和服务部门,这样改革才有可能进行下去。

也就是说,进行学院制改革必须先对学校机关部处进行改革。不进行学校机关部处的改革,不可能顺利推进学院制改革。现在我国大学设置 30-40 个行政机构者比比皆是,10 个左右的党群机构,20 个左右的行政机构是一个大学最普通的行政机构设置。庞大的行政机构从各自利益的角度出发,对各学院实施管理,出台的文件经常彼此打架,使得教学科研单位往往无所适从,无法顺利完成预定的规划目标。在这样的体制下,很难顺利推进学院制改革。因此,在进行学院制改革之前,应先进行大部制改革。

2000 年,中组部、人事部和教育部联合发出《关于深化高等学校人事制度改革的实施意见》中已明确指出,高等学校可以根据需要设置内部机构,不求上下对口。2008 年,国务院也进行了大部制改革。当前,在高等学校推进大部制改革已经没有来自法律和政策方面的障碍。相反,当前在高校推进大部制改革已是大势所趋。

2. 按照合理的学科门类分类组建学院，对新组建的学院按照"校中校"或"分校"模式进行管理，赋予学院在招生、培养、人事、财务和资产等方面相对独立的责任和权限，使学院真正成为拥有相对独立自主权的分支机构。

大学内部二级实体机构数量过多，必然导致资源配置分散，既不利于形成优势和特色，也容易造成重复建设和资源浪费。教育部应重新调整学科门类设置，建立人文、社科、理学、工学、农学、医学、法学、商学、师范、艺术和军事学等学科门类。在此基础上，大学按照新设立的学科门类进行学院制改革。其中人文、社科、理学可以共同组成文理学院，也可以单独成为人文学院、社会科学学院和理学院，其他各学科门类分别组成各职业学院。学校和新组建的学院按照 M 型结构的要求，通过内部合同方式约定各自的权力和责任，彻底理顺学校与学院之间的关系。

对于新成立的学院，学校要给予充分的自主权。学院在招生、课程设置、教学计划安排、学位授予、教师聘任等方面都应享有相对独立的权力。学校一方面要为新成立的各实体学院输出战略，另一方面也要为各学院的发展提供必要的公共资源，同时还要对各学院的发展情况进行考核和评估，并且根据评估结果来决定资源分配。这样就能鼓励各学院充分展开竞争，真正实现优胜劣汰，提高学校资源的使用效益。

3. 在二级实体机构内部建立行政服务学术，决策权、执行权和监督权相互分离，师生民主参与的新型内部管理体制。

学校把决策权下放给学院之后，学院的内部治理就非常重要。大学是学术机构，学术事务是中心，行政应服务于学术。因此，在学院内部应成立教授委员会及其各类分会，由教授委员会负责管理学术事务以及与学术事务关系密切的人事等事务。院长及其附属行政机关主要负责执行各委员会的决策。教职工代表大会、党总支、分团委、学生会和工会等党群组织行使监督权力。这样按照决策权、执行权和监督权相互制衡的原则建立的内部治理结构，相对能够较好地保障大学自治和学术自由的原则，同时也能在一定程度上体现中国特色。

现代大学制度是人类文明的结晶，建立有中国特色的现代大学制度，首先要遵循现代大学制度的通例，其次才应体现中国特色。当前，国家已在深圳部署新一轮行政体制改革试点,其中一项很重要的安排就是按照决策权、执行权和监督权相互制衡的指导思想设置行政机构。改革就是要借鉴一切人类文明的优秀成果,很难想象如果没有进行市场化改革,中国能有今天的成就。所以,在现代大学制度建设中,同样需要放下包袱,轻装上阵。

总之,大学组织结构变革是建立现代大学制度中一个非常重要的问题。按照 M 型结构理论,重塑大学与院系所之间的关系是建立现代大学制度的关键。在完成这项改革中,学校机关部处改革是前提;在学院内部建立相互制衡、民主参与的治理结构是关键;学科门类调整是外部保障。

参考文献:

[1][2][3] 奥利弗·威廉姆森. 资本主义经济制度——论企业签约与市场签约 [M]. 段毅才,王伟,译. 北京:商务印书馆,2002:389,394,409.

[4] Henry Mintzberg. Structure in Fives: Design Effective Organization [M]. London: Prentice - Hall Inc, 1986: 163 - 167.

[5] http://www.umich.edu/pres/pdf/UM_OrgChart.pdf [OL].

[6][7] 约翰·范德格拉夫等编著. 学术权力——七国高等教育管理体制比较 [M]. 王成绪,等译. 杭州:浙江教育出版社,2001:22,114.

[8] 钱颖一. 大学学科设置的思考 [J]. 清华教育研究,2003:6.

哈佛大学章程溯源

李子江　李卓欣[1]

大学章程作为大学理念的重要体现，在大学治理中发挥着至关重要的作用。大学以章程为基础制定各种规章制度，进而形成规范管理和依法治校的良好氛围。1636年成立的哈佛大学作为美国最古老的私立大学和法人社团，直到1650年马萨诸塞殖民地议会颁发哈佛学院特许状（哈佛宪章）后，才初步确立了哈佛学院的法人地位。1780年马萨诸塞州颁布宪法，再次对哈佛大学永久性财产和财务以及权力和特权予以了确认和保护，从而在宪法层面进一步确立了哈佛大学法人的地位。

一、1642年监事会法案

现代法人的概念与早期的特许法人有着渊源关系，罗马法中出现的特许法人是最早的法人形式。特许法人不是自我形成的，而必须由外部权威创立[1]。大学作为一个制度化的实体，是最早的特许法人之一，起源于中世纪之大学的首要性质是法人社团（Corporation），法人社团的成立需要有成立法人社团权力的教会或国家王权的特许。自中世纪起，一般都是由特许状（Charter）赋予大学成立的法人地位。哈佛学院1636年建校时并没有在独立法人身份方面获得法律文件方面的正式认可，而1642年哈佛学院监事会法案的重点是对管理学院的最高权力机构人员的产生方式及其权力进行规定，对学院本身的法人地位和独立性并没有过多涉及，此时的哈佛

---

[1] 作者简介：李子江，北京师范大学教育学部教育历史文化学院教授；李卓欣，北京师范大学教育学部教育历史文化学院博士生。

学院虽有一定独立性，但没有法律保障，只能称之为准法人身份。直到1650年哈佛学院获得马萨诸塞殖民地政府签发的特许状，哈佛学院才在法人地位及自治性上得到认可，完成了从准法人身份向法人身份的转变。

哈佛学院建校初期，哈佛学院章程主要包含三份重要的文件，即1642年创建监事会的法案、1650年的哈佛学院特许状、1657年的特许状附录。这三份文件构成的哈佛学院章程体系发挥了两方面作用：在学院的对外关系上，成为沟通院务委员会或者监事会与殖民地政府之间的桥梁；在学院的内部管理制度中，形成了监事会和院务委员会各有分工，院务委员会负责学院具体事务管理，监事会拥有最终决定权的双院制管理模式。尽管哈佛学院尚未具有完全的独立性及稳固的法律地位，但章程文本本身在内容和法律效力两方面已涉及哈佛学院的内部管理，并起到连接哈佛学院与殖民地政府的纽带作用，已经显露出现代大学章程的一些基本特性。

十二人委员会作为监事会的前身在建校初期推动了哈佛学院的筹建工作。由于监事会成员中的地方官员和牧师成员受控于殖民地议会，因此无法完全自由地行使权力。直到1642年马萨诸塞殖民地议会通过了《关于成立哈佛学院监事会的法案》，哈佛学院的监事会正式确立，监事会拥有了对学院的实际所有权和永久管理权，监事会同时也被殖民地议会确立为学院财产的托管人。该法案明确规定了监事会成员的来源、组成方式、拥有的权力及行使方式，但由于监事会实质上服从州议会的控制，而该法案中对哈佛学院的独立法人地位并没有进行规定，因此，哈佛学院实质上处于受殖民地议会控制的准法人状态。

1. 人员组成

1642年监事会法案规定：马萨诸塞殖民地总督及副总督，以及哈佛学院的院长等共同组成哈佛学院监事会。监事会成员的主要来源是当时殖民地政府官员及当地牧师。根据该法案，监事会为保障学院的设立、管理、发展有权制定命令、法令、章程（Orders、Statutes、Constitutions）[2]。这是哈佛学院双院制管理模式中的监事会最早获得法律地位认可的法案，哈佛学院监事会人员组成方式保证了殖民地政府对哈佛学院的实际控制权，并且保证了宗教人士对于哈佛学院的管理和影响。另外，殖民地政府还向哈佛学院赠予了400英镑，并规定查尔斯镇和波士顿之间轮渡的收入也归学院所有，反映出殖民地政府对哈佛学院的控制权不仅体现在监事会人员组成方式上，也表现在对于哈佛学院的实际资金支持上。

2. 权力及行使方式

根据1642年监事会法案的规定，法案赋予监事会两方面的权力，一是自主制定内部管理规章制度的权力，也就是创制权；二是对学院财产的管理处置权，也就是财产处分权。监事会有权对所有学院获得的礼物、遗产、土地等赠予及学院获得的收入、收益等资产进行管理和处置[2]。监事会由大多数监事会成员代表行使相关权力，并对州议会负责。

3. 准法人地位形成

根据监事会人员组成、拥有的权力和行使方式来看，1642年经法案确认的监事会与最初建校时的十二人委员会相比，人员组成方式没有改变。1642年的法案通过后，哈佛学院的法律地位得到一定程度改变，该法案是哈佛大学章程体系中最高层次的法律文件，权力来源是作为英国皇室代理人的马萨诸塞州殖民地政府。据此，监事会成为准法人，拥有了管理学院事务的准法人身份。同时，这份法案在指定了组建哈佛学院监事会成员的基础上，赋予了监事会财产管理权、处置权以及创制内部规章的权力，并且取得了对学院财产的控制权，而对财产的控制是判断监事会权力的关键标志。虽然监事会作为哈佛学院的最高权力机构已经获得了开展学院管理的基本权力，但是，由于监事会主要成员是由政府官员以及牧师构成，学院方面只有哈佛院长一人，哈佛学院的实际管理权掌握在殖民地州政府手中，而这时的殖民地州政府又带有很强的宗教色彩，因此学院的管理不免受到宗教人士的干预。可以看出，哈佛学院从1636年创建到1642年监事会成立，实际上法律地位并没有大的提升，哈佛学院暂时性地获得了准法人身份，学院管理还是受制于殖民地议会。1642年的法案虽然是哈佛大学章程中非常重要的一份法律文件，但是，在学院成立早期，保障和提升哈佛大学独立法人和法律地位的作用相对比较有限。

二、1650年哈佛学院特许状

1642年哈佛学院监事会成立后，由于监事会成员大部分是由殖民地政府官员及牧师构成，监事会作为哈佛学院的托管人，虽然拥有创制学院法规、规定的权力，但是这些规定的具体操作和学院内部管理亟需一个享有一定自主权和法律地位的校内团体来执行。通过哈佛院长邓斯特的努力，1650 年马萨诸塞州殖民地议会向哈佛学院签发了"特许状"（Harvard Charter），这份特许状不仅对院务委员会的人员组成、权力及行使方式做出规定，同时使哈佛学院初步具备了法人地位。从最初的文本来看，特许状的内容比较简单，只对学校管理、教师聘任等问题进行了总体规定[3]。但更重要的是，特许状的颁发以法律的形式确认了哈佛学院存在的合法性。根据文献记载，1650 年最原始的哈佛特许状是记录在羊皮纸上的，并有总督的签名和殖民地的印章，由哈佛学院的校长和同僚们保管[4]。这份宪章的内容仅仅只有 980 个单词，但是包含了哈佛学院的办学目的、内部管理体制、财务管理、人事制度等内容。直到今天，这份历经 300 多年的文件只字未改，仍然是哈佛学院作为独立法人的法律依据，也是院务委员会权力的法律渊源所在。

1. 人员组成及权力

1650 年哈佛特许状规定：院务委员会共由七人构成，分别是院长（President）、五位同僚（Fellows）和一名财务主管（Treasurer），七人均为当地海湾的居民，他们拥有永久继任权。院务委员会可以独立行使的权力有两方面，一方面包括接受捐赠，免于征税，享有土地、房屋的交易权；另一方面拥有学院人事管理权。直接行使的权力。在学院财务方面，特许状做了如下规定："院务委员会及他们的继任者在马萨诸塞州司法权的认可下，可以获得免费赠与、土地、房屋及世袭财产，但总额每年不得超过 500 英镑。学院每年不超过 500 英镑的各种收入免征市政税，同时，法人团体或学者的物品也免除税收，而且院务委员会获得半数以上成员的同意有权力做出关于土地和房屋交易的最终决定。"[5] 在哈佛学院人事制度方面，院务委员会有权招聘或解雇雇员，发放工资。在学院财产的管理处置权方面，院务委员会负责日常的管理和开销、交易等，并最终对监事会负责并受监事会监督控制。监事会对学院财产的权力控制更倾向于总体和宏观性质。间接行使的权力。院务委员会在行使学院财务权、人事管理权方面虽然享有较大自由，但在其自身成员选举、制定学院内部管理制度、处理紧急事务方面等都需要征得监事会的许可和授权才可以进行。有关哈佛学院院务委员会选举制度方面，特许状规定，当需要选举新的院务委员会成员时，"他们七人或过半数的院务委员会，在取得监事会同意的前提下，有权力在任何时候选举一位新的校长、司库长或者同僚；如果他们中有人去世或者被开除，在经过监事会同意的前提下，可以选举产生新的校长、同僚或者财务主管（司库）。继任者拥有和被继任者一样的各项权利"[5]。从特许状对院务委员会成员的选举规定来看，虽然它赋予了院务委员会选举新成员的权力，但前提是经过监事会的同意。院务委员会是哈佛学院的法人代表，直接管理学院内部事务，但是特许状对此权力进行了限制，"为了使学院更好地运作，校长及他的同僚们可以随时制定一些规则和内部章程；决定紧急情况的处理办法；执行规则和内部章程；但是前提是必须经过监事会的首肯"[2]。对于学院管理中一些无法达成一致的事务，校长召集院务委员会会议，最终根据多数人的意见决定并最终通过校长宣布，此外还需要经过监事会的同意[2]。另外，在学院财务制度方面，特许状规定，在决定土地及其他财产的收益等相关事务，也需要经过监事会的同意。

2. 特许状的影响

哈佛特许状首次以法律的形式确认了哈佛学院存在的合法性，也初步承认了哈佛大学的法人地位，使哈佛学院从一个准法人成为一个有特许权的法人团体，进而从根本上确立了哈佛学院双院制模式的内部管理体制和治理机制。但是，由于在执行具体事务上受到监事会的掣肘，而监事会作为殖民地政府和宗教力量的代言人，哈佛学院并没有真正获得独立法人地位。并且，由于法人社团的成立需要有教会或王权的特许，而1650年哈佛学院是从马萨诸塞州殖民地议会获得的"特许状"，马萨诸塞州殖民地议会自身也是英国王室创立的法人，在没有英国王室的具体授权情况下，一个法人是否有权力创立另一个法人尚存争议[6]。显然，马萨诸塞州殖民地议会的法律效力低于英国王室，为日后哈佛大学"特许状"合法性危机埋下了伏笔。

三、1657年特许状补充条款

哈佛学院双院制管理模式包括两方面的力量,一方是代表着殖民地政府和宗教力量的监事会,另一方是具体管理学院事务的院务委员会。根据哈佛学院监事会法案和特许状的规定,在哈佛学院的治理框架中,院务委员会和监事会在哈佛学院的事务上拥有不同的责权范围,院务委员会作为学院日常事务的管理者,不过最终的决定权控制在行使监督权和否决权的监事会手中。虽然1650年的特许状对院务委员会的各项权力进行了规定,院务委员会拥有直接制订学院的内部规则的权力,但从实际管理来看,最终的决定权掌控在监事会手中,监事会拥有监督权和重大事情的决策权,院务委员会的每一项决定都需要经过监事会的批准。

在哈佛学院初期的学院管理事务中,这种互相钳制的管理模式可以在一定程度上减少学院管理的独断专行。不过,长久来看,这种管理体制并不有利于院务委员会在学院管理上有所作为。1654年,哈佛院长邓斯特在递交给监事会的辞呈中对双院制存在的问题发表了自己看法,"我很理解当初委任我为哈佛院长的长官,但是,我现在知道他们对我的委任是没有法律效力的,同时,我和我的同僚们在学院的管理中也存在重重困难"。邓斯特院长认为特许状中的限制规定实际上削弱和影响了特许状所要达到的目的,并且对学校的发展也是具有毁灭性质的[7]。

为了解决这个问题,1657年10月,哈佛院务委员会提出申请要求确立院长及他的同僚们拥有与监事会同样的权力。1657年10月14日,根据哈佛学院监事会的提议,马萨诸塞殖民地议会对监事会和院务委员会的权力进行了调整,并通过了1650年哈佛宪章补充条款。在补充条款中明确提出:"为了更好地管理学院和开展学院事务,学院院务委员会有权随时制定规则和章程,并且不需要经过学院监事会的同意。但是,学院院务委员会应当对这些规则和章程负责,学院监事会可以依据他们的自由裁量权对上述规则和章程进行必要的修改。在征得学院员工同意的情况下,学院院务委员会可以举行会议并制定规则和章程,讨论和决定与土地和捐赠收益等一切有关的事宜,依据捐赠者的意愿处理土地或捐赠事务"[4]。这份特许状附录确认了特许状中的基本原则,但是赋予了院务委员会更大的自主权,这样的变动促使两个管理机构之间的关系更加顺畅,院务委员会能更积极地管理学院事务,哈佛学院的内部管理也更加有效。

四、1780年的《马萨诸塞州宪法》

1657年至1780年期间,哈佛大学章程体系主要由三份重要的文件构成,即1691年英国王室威廉玛丽签发的殖民地特许状、1707年的修正案、1780年的《马萨诸塞州宪法》。虽然1691年特许状不是直接签发给哈佛学院的,但是由于哈佛特许状在1685年被废除,因此1691年特许状及时弥补了哈佛学院法律来源的空缺。1707年的修正案则声明1650年的特许状并没有废除,恢复了哈佛学院的法人地位。1780年州宪法对特许状进行了宪法层面的确认,并对哈佛学院的法人地位予以承认,这一时期哈佛大学章程主要确立了哈佛学院独立法人地位,确保哈佛的自治权力不受干扰。

1. 法人身份危机

1650年哈佛特许状的根基并不牢固,哈佛学院的法人根基经常遭受质疑,对学院的发展和管理带来很大的困扰。1672年马萨诸塞州地方议会试图通过一份新的学院特许状,赋予哈佛学院院务委员会更大的权力,包括一定的民事司法权[7]。这份条例在1672年获得通过,规定院务委员会及他们的继任者,有权任命或开除不称职的官员,如果这份新的特许状能通过,法人团的权力将进一步扩大,并享有更牢固的法人地位。1685年由于英国大法官(Court of Chancery)的报复性决定,废除了马萨诸塞海湾公司的特许状。哈佛学院的特许状是通过马萨诸塞州殖民地议会颁发的,当英国王室废除马萨诸塞海湾公司的特许状之后,哈佛学院合法成立的基础就不复存在,不仅如此,英国王室同时也取消了哈佛学院的特许状。至此,哈佛学院失去了它合法存在的法律根基。

哈佛学院的法人身份危机直到由英国王室威廉玛丽于1691年10月7日批准马萨诸塞州殖民地特许状(Provincial Charter),才得以缓解。这份特许状暂时性地保证了哈佛学院所有权和法人地位。此后,哈佛学院积极争取通过制定新的特许状为学院取得更大的权力,多次提交新的特许状草案,试图为哈佛学院争取更大的特许权。1692年,哈佛院长马瑟提出新的特许状草案,被马萨诸塞议会认可并由总督签字,但在向王室申请的时候被伦敦枢密院拒绝;1696 年又提出一份新的特许状,由于新的特许状中没有规定国王及州长在学院监事会中的权力再次遭到拒绝。为了取得议会的支持,在 1697 年递交的特许状文件(经副州长同意)及 1700 年另一份文件中,规定州长和州议会是学院监事会中的当然成员[2]。

在哈佛学院早期,章程所能发挥的作用有限。在此情况下,院务委员会积极争取学院权力和利益,试图取得一份特许权力更大的新特许状。但是这样的努力不仅没有成功,还引致了英王室报复性地废除 1650 年哈佛宪章的行为。好在地方性特许状的通过,哈佛学院的法人地位暂时得到保障,而要想真正获得进一步的保障,哈佛学院章程的效力就不能仅仅来自殖民地议会通过的法案,需要更高层次的法律文件加以确认。

2. 1707 年修正案的颁发

1707 年 5 月 28 日,马萨诸塞州议会在波士顿召开会议并发表声明,"哈佛学院管理机构是依据 1650 年殖民地议会通过的法案而建立的,只要威廉玛丽签发的殖民地特许状有效,那么马萨诸塞州议会赋予学院的权力就没有被废除,因此,1650 年的学院章程并没有被废除,哈佛学院院长及同僚们可以行使他们的特许权力而不受影响"[4]。1707 年修正案在哈佛学院经历了 22 年合法性身份危机之后,再次以法案的形式确认了哈佛特许状的法律效力以及哈佛学院法人社团的法人地位。修正案的通过表明哈佛学院和马萨诸塞州殖民地政府试图摆脱英王室对自己的控制,积极争取学院的自治权力及稳固的法人身份。

3. 1780 年州宪法

1780 年马萨诸塞州议会通过《马萨诸塞州宪法》,对哈佛学院财产、权力、特权及监事会权力予以了永久确认和保护,与建校初期相比,哈佛学院的法人地位得到了质的提升。州宪法有力地保障了校长及院务委员会的权益,也确认了监事会的组成方式,州宪法对哈佛大学的意义重大。关于院务委员会的法律效力方面,州宪法规定,由校长和同僚们组成的院务委员会及他们雇用的职员在一定范围内享有并行使相应的权力、自由、豁免权、特许权等,他们的继任者相应也拥有这些权力[8]。对于学院的财产管理方面，州宪法规定，学院获得的捐赠物品及赠与被永久地认定为法人团体及他们的继任者所有。关于监事会的继任者的产生机制，根据新的州宪法规定，州长、副州长、州议会及参议院成为监事会成员的继任者，他们以及哈佛学院的校长、公理会教堂的牧师们拥有哈佛大学监事会获得的所有权力。州宪法对哈佛学院建校以来直到1780年以来的法律变化进行了梳理，指出没有任何理由会阻止州议会制定和颁发有利于哈佛学院发展的法律和规定[8]。由此可见，马萨诸塞1780年的州宪法，事实上在宪法层面进一步确立了哈佛学院和哈佛特许状的法人地位及法律效力，赋予了哈佛学院相当程度的自主权，为院务委员会自主治理学院奠定了不易撼动的基石，哈佛大学的法人地位不再像从前那样由于特许状根基的不牢固而易受攻击。州宪法的通过对特许状及哈佛大学早期章程体系中的文件的法律效力的确认，极大地提升了哈佛大学的法人地位。

五、结论

综上所述，哈佛大学章程最早的法律渊源是哈佛学院特许状，此后以哈佛学院特许状及监事会章程为基础形成的早期大学章程体系构成了哈佛大学章程的历史源头，进而形塑了大学章程在哈佛大学治理结构中的宪章地位的历史传统。哈佛学院特许状初步确立了哈佛大学法人地位，监事会法案和特许状补充条款规范了院务委员会和监事会的权力分配问题，并且在经过特许状废除风波之后，1707年修正案再次确立哈佛特许状的法律效力，直到1780年被马萨诸塞州议会写进法案，哈佛大学的法人地位最终获得了宪法层面上的认可和保证。哈佛大学章程对哈佛大学的法律地位提升、自主治校及内部管理体制的完善来说，意义非常重大。

首先，哈佛大学法律地位及法律效力获得了质的提升。哈佛建校初期依据马萨诸塞殖民地议会颁发的特许状得以创办，它的法人地位本身就存在先天不足，这种法律根基的不稳定也直接影响到了哈佛学院的内部治理。1780年州宪法的通过，为哈佛学院的法人危机扫清了障碍，学院获得了州宪法对财产、特许权力、监事会权力等方面永久性的确认和保护。

其次，大学自治得以充分体现。从1650年被授予"特许状"之后，哈佛学院的法人社团根据自己拥有的权力，不仅与监事会将学院管理的权责划分更加清晰，对特许状的内容进行调整和补充，还为自身的法律地位积极努力，维护学院的正常运转，充分体现出院务委员会的自主治校理念。最后，哈佛学部内部管理体制得到完善。院务委员会和监事会从建校后，根据学院的运行情况，调整了哈佛宪章对双方权力的划分，院务委员会因为承担了大部分治理学院的责任也获得了更多的自主权，而监事会没有放弃对学院事务及管理的监督权，只是考虑到治校方便，做出了最大程度的让步。

参考文献：

[1] 马陆亭. 大学章程地位与要素的国际比较 [J]. 教育研究，2009 (6): 69－71.

[2] Harvard University, Board of Overseers. The Rules and Orders of the Overseers of Harvard College : To Which is Appended the Charter , with Sundry Acts and Instruments, Composing the Construction of the College. [M]. Boston : Printed by John Wilson&Son, 21, School Street, 1851.

[3] Harvard University. A Memorial Concerning the Recent History and the Constitutional Rights and Privileges of Harvard College. [M]. Cambridge : Published by John Bartett, Bookseller to the University, 1851: 12－47.

[4] Harvard College. The Rules and By－laws of the Board of Overseers of Harvard College: To Which is Appended the College Charter, with Sundry Acts and Instruments Relating to the Powers and Duties of the Overseers. [M]. Boston: J. E. Farwell & C., Printers, No. 37 Congress Street, 1869.

[5] Harvard Charter of 1650. Held in the Harvard University Archives (UAI15. 100) [EB/OL]. http: //hul. harvard. edu/huarc/charter. html, 2011－11－10.

[6] 和震. 美国大学自治制度的形成与发展 [M]. 北京: 北京师范大学出版社，2008.

[7] Harvard University. The Constitution of the University at Cambridge. [M] Boston: Printed by Hilliard & Metcalf, 1812: 5－34.

[8] Constitution of Massachusetts (1780) [EB/OL]. http: //www. nhinet. org/ccs/docs/ma－1780. htm, 2011－11－7.

第四章
学生、教师专业发展

第四章 学生、教师专业发展

引 言

　　教师和学生共同发展是高校工作的出发点和归宿。围绕这一主题,本章选择了8篇论文,大多数集中在学生发展上,教师专业发展只选择了1篇。不难看出,对于学生发展的研究较多,而对教师专业发展的研究不足。尽管如此,我们注意到,做教师发展支持性研究是国际高等教育研究的重要方向。本章的目的之一就是希望引发高教研究同人的关注,将来有更多的学者参与到教师专业发展的理论研究中,创造出具有我国高校特色的教师专业发展路径和经验。

　　随着我国高等教育大众化进程的推进,高等教育的主要矛盾发生转化,高等学校内涵建设任务趋繁,人才培养面临新挑战,高等学校如何增强教育教学改革的紧迫感和责任感,在人才培养模式改革上下功夫、下大功夫,是高校领导人必须思考的大问题。论文《人才培养模式改革是高等学校内涵建设的核心》系统论述了改革的必要性,提出了改革的八项政策建议,具有理论和实践的重要参考价值。美国一流大学人才培养目标发生了什么重大变化,为什么发生了如此变化,在变化中大学如何调整人才培养目标,匹配相应的人才培养战略,值得我们深入研究。论文《国际领袖型人才的培养:大学领导人的视角》试图回答这些问题。论文的贡献有两点,人才理念的问题:是为本国培养领袖人才,还是为世界培养领袖人才?两种思路是否具有逻辑的一致性?领袖人才培养这一大目标如何渗透和具体化到大学的办学过程中?文中提供的哈佛、耶鲁和MIT三所大学的具体改革策略,对我国大学领导人有参考借鉴价值。论文《大学生能力水平和影响因素分析——基于18所大学的实证研究》对北京、山西和陕西的18所大学共7473名大学生的能力水平及其与背景特征变量之间关系进行研究，得出了大学生能力的总体状况，反映出了不同能力的不同表现，从高到低依次为适应能力、沟通能力、自我管理能力、团队工作能力、批判性思维、问题解决能力、计算机能力和创造性思维。为什么会出现能力的差异，作者得出结论，学生能力与诸多活动存在显著差异，研究对高等学校领导与教学相关部门具有借鉴价值。

论文《硕士研究生科研自我效能感的实证》通过对346名硕士研究生进行调查，试图了解硕士研究生的科研效能感和创新效能感水平较低，同时借助此调查，试图发现男生女生的异同，文科生与理科生的异同，高年级与低年级的异同，家庭背景对于科研自我效能感的影响，这些发现对于研究生教育质量改善，特别是对于高校研究生教育相关目标的实现具有重要的参考价值。通识教育改革与我国现存的教育目标、教育政策和课程制度是否存在矛盾，存在的矛盾是什么，如何化解这些矛盾，都是高校一直追求但又未能找到满意答案的课题。论文《通识教育在中国：大学教育理念与人才培养制度变迁》。首先，论文从历史的角度回溯了高校人才培养目标的历史变化，概括了我国推动通识教育的现状，然后在理念、课程改造和政策保障等方面提出推动通识教育的若干对策。

将增值评价应用到高校学生培养上，是研究的热门课题。学生的学习成果是增值评价的关键指标，如何界定将直接影响评价结果。自陈式量表与标准化测试是增值评价数据获得的两种主要途径，各有千秋。论文《增值评价与高等教育质量保障研究：理论与方法述评》得出结论，增值评价结果受统计模型变化的影响较大，其中，多水平分析模型在诸多统计分析方法中具有一定优势，只有突破方法的局限，才能提高增值评价应用于高等教育质量评估的可行性。《中国大学离世界一流大学还有多远——以本科学生的全球化知识和经验为例》通过对中美两国本科学生的全球化知识和经验为调查对象，通过比较发现：中国学生在全球化经验、知识和技能方面显落后于美国学生。在此基础上，作者提出了对策建议，首先应重视本科教育，将培养学生的全球化知识和技能的课程与专业课有机交融；其次，高校要努力营造体现全球化教育理念的校园文化氛围。教师专业发展与校长培训不同，采用什么方式，才能发挥最大效益，是值得探讨了，我国的问题在哪里，应该如何解决，都是非常值得探讨了。作者通过对现有三种模式的高度概括，分析其利弊，最后提出了一种可能理想的可能性。

周海涛与李雯在《大学教师发展的模式探析》一文中提出，大学教师发展从组织方式角度看，主要有三种发展模式：自下而上、自上而下与上下融合，并对三种发展模式的形成的机制和现实基础做出了分析。文章在对国外教师发展模式案例分析的基础上，总结出大学教师发展模式转变的趋势，正在从自上而下为主的模式，转变为自下而上与双向融合为主导。

人才培养模式改革是
高等学校内涵建设的核心[①]

钟秉林

党的十八大报告明确提出，要"努力办好人民满意的教育"，"推动高等教育内涵式发展"；《国家中长期教育改革和发展规划纲要（2010—2020年）》对高等教育和高等学校的改革和发展做出了具体部署。高等教育内涵发展的核心是提高教育质量。高等学校要认真研究经济社会发展、科学技术进步和高等教育改革对人才培养带来的新问题和新挑战，增强改革的使命感和责任感，不断深化人才培养模式改革，稳步提高人才培养质量。

一、高等教育主要矛盾转化，质量问题愈加凸显

自1999年实施大众化高等教育发展战略以来，我国高等教育事业取得了令世人瞩目的成就。截至2012年，普通高校招生数和在校学生数增长近5倍，普通高校数增长1倍多，专任教师数增长2倍多，高等教育毛入学率达到30%，高考录取率超过75%，中国已经在规模上成为名副其实的世界高等教育大国，"上大学难"的矛盾得到根本缓解。在高等教育规模急剧扩大的同时，办学效益亦得到显著提高，校均学生规模增长近2倍，生师比增长近1倍；教育经费平稳增加，实现了国家财政性教育经费支出占国内生产总值（GDP）4%的目标；高等教育的区域布局结构、高等学校的层次类型结构和学科专业结构不断调整和优化；高等教育管

[①] 基金项目：国家自然科学基金重点项目（71133002）。

理体制、办学体制、投资体制和招生就业体制改革取得了不同程度的突破；高等学校的人才培养、科学研究、文化传承创新与社会服务功能得到了充分发挥。

与此同时，社会公众接受高等教育的心理预期迅速变化，高等教育发展的主要矛盾发生转化：一方面，经济社会发展和人民群众对高质量高等教育的需求迫切；另一方面，优质高等教育资源严重短缺，"上好大学难"的矛盾日益凸显，并由此引发了人才培养质量、教育公平、大学生就业、现代大学制度建设等一系列社会高度关注的热点和难点问题。学生、家长、社会公众和高校举办者对质量和公平问题高度关注，新闻媒体和公共问责的重点也指向了高校的人才培养质量和办学水平。教育质量，尤其是人才培养质量愈来愈成为高等学校办学声誉的载体和生存发展的生命线。高等学校必须进一步强化质量意识，明晰办学理念，切实把人才培养作为学校的根本任务，把提高人才培养质量作为学校内涵建设的重点。

二、高等教育发展方式转变，高校内涵建设任务繁重

毋庸置疑，缓解高等教育主要矛盾的根本途径是坚持内涵发展，不断拓展优质高等教育资源。但高等教育发展和高等学校建设有其自身的规律，其中一条不可逾越的规律就是更需要长期积累、厚积薄发。尽管经费充足、规划得当，硬件条件可以很快得到改善；学校重视、务实工作，软件管理水平亦可在不太长的时期内得到提升，但仅有硬件、软件条件的改善还远不足以办好一所高水平大学，教师队伍整体水平的提升，优良办学传统、校风学风、大学文化以及鲜明办学特色的形成，都需要长期的积淀和社会的认可，不可能一蹴而就，也不可能用钱堆砌，这一主要矛盾将在相当长的时期内存在。

为了缓解高等教育的主要矛盾，满足人民群众的愿望和经济社会发展的需求，我国高等教育必须解决三个重大现实问题：一是在规模适度扩大的同时努力拓展优质高等教育资源，重在提高高等教育质量，尤其是提高人才培养质量；二是在提高高等教育质量的长期过程中合理配置有限的优质高等教育资源，大力促进高等教育公平，尤其是促进入学机会均等；三是积极推进高等教育国际化，不断提高中国高等教育的国际影响力，尤其

是增强在国际学术界的话语权。与此相适应,我国高等教育发展方式正在发生深刻的变革,即从以规模扩张和空间拓展为特征的外延式发展,转变到以提高质量和优化结构为核心的内涵式发展。[1]

必须指出,随着高等教育体制改革的深化,学校办学自主权进一步扩大,高等学校质量建设和质量监控的主体地位不断强化。一方面,高等学校内涵发展任务艰巨,要遵循教育教学规律和人才成长规律,逐步探索、稳步推进,而改革发展的成效则要在若干年后才能得以显现。显然,这与当前社会公众对于高质量高等教育的急切期待以及部分学校和地方政府急功近利的教育绩效观形成了强烈反差。另一方面,随着高等教育规模的不断扩张,高等教育利益相关者增多,不同群体的利益诉求呈现出多元化的价值取向;高等教育与其他教育领域改革的关联度增加,与经济社会的联系更加紧密,政策制定和改革举措实施难度加大,高等教育改革已经步入"深水区"。高等学校面临着巨大的发展压力,必须进一步增强紧迫感和责任感,加强系统研究和综合改革,集中精力抓好内涵建设和特色发展。

三、经济发展方式深刻变革,人才需求结构发生变化

为了促进国民经济的健康和可持续发展,我国经济发展方式正在发生根本性转变,其战略任务可以概括为:全面深化经济体制改革,完善竞争性市场体系,为经济发展方式转变提供制度和机制保障;实施创新驱动发展战略,推进技术创新和产品创新,由主要依靠增加物质资源消耗的粗放型经济增长方式,转变为主要依靠科技进步、劳动者素质提高和管理创新的集约型经济增长方式;推进经济结构战略性调整,改善需求结构,优化产业结构,发展高新技术产业、战略性新兴产业和第三产业,促进就业,扩大内需,提高发展质量和效益;促进区域协调发展,推动城乡发展一体化,加快城镇化发展进程;全面提高开放型经济水平,适应全球经济一体化的大趋势,在国际竞争中赢得新优势。不言而喻,提高劳动者素质、培养创新型人才是实现经济发展方式转变的重要基础和决定性因素,这对高等学校的人才培养工作带来了新的挑战。

首先,经济发展方式转变导致人力资源需求的变化。

随着创新驱动发展战略的实施、城镇化进程的推进和开放型经济水平

的提升，劳动力市场对人力资源的结构、素质和类型层次提出了新的多样化的需求，经济社会发展需要不同层次和不同类型的多样化高级专门人才，如具有创新精神的学术型人才、具备较高职业素养的应用型人才、具有较好发展潜能的复合型人才、具有国际视野的外向型人才等。高等学校要适应经济社会发展，认真研究人才需求的变化趋势，优化人才培养目标和培养方案，调整课程体系和教学内容，加强大学生实践能力、创新精神和综合素质的培养，不断提高人才培养的适应性。

其次，经济结构调整导致社会职业和就业市场的变化。

随着需求结构和产业结构的调整以及高新技术产业、战略性新兴产业和第三产业的发展，新职业不断涌现，一些传统职业的内涵也在不断更新，社会职业的变化必然带来就业市场的变化。高等学校要认真研究产业结构、社会职业和就业市场变化对人才培养带来的挑战，进一步优化人才培养规格，适时调整专业结构和专业内涵，及时调整专业方向，逐步提高人才培养效果与经济社会发展需求之间的契合度。

最后，大学毕业生就业形势严峻。

在经济增长方式发生转变和高等教育规模急剧扩张的背景下，大学生就业压力逐年增大。1998年，我国普通高校毕业生总数为87万人，2012年达到680万人，增加了近7倍，今年已达到创纪录的699万人；近年来大学毕业离校时的初次就业率保持在70%以上，离校半年后的就业率在90%左右，大学生就业问题已经引起政府、社会和公众的高度关注。大学生就业是一项系统工程，既需要政府和企业积极推进经济发展，提供更加充足的就业岗位，还需要用人单位转变观念，更多地吸纳大学生就业；对于高校而言，则需要不断深化人才培养模式改革，提高人才培养的适应性或针对性，同时加强对毕业生的就业教育、创业教育和就业指导与服务。

四、高等教育投资体制改革，人才培养面临新的挑战

随着市场经济的发展和高等教育大众化进程的推进，高等教育投资体制改革不断深化。大学生缴费上学、高校多种渠道筹集办学资金、构建大学生资助政策体系等举措平稳实施，符合国际趋势和中国国情的高等教育成本分担新机制正在建立和完善之中。投资体制的改革对高等学校的内部

治理、人才培养和学生管理带来了新的挑战。无独有偶，近年来北美和欧洲等地的大学由于学费上涨而引发了学生维权热潮，其经验教训也值得我们分析和借鉴。

首先，大学生缴费上学后，其身份从过去单纯的受教育者转变为教育消费者，学生和家长更加重视教育收益率，维权意识明显增强，对知晓学校信息、参与学校管理等方面的民主诉求意识更加强烈。高校要坚持以学生为本的办学理念，高度重视学生的权益诉求，不断完善民主管理制度，健全学生会、研究生会制度，畅通学生意见表达渠道，保障学生的知情权和权益申诉权，调动学生参与学校管理的积极性。

其次，近年来大学生在改善教学质量及生活条件等关系到他们的切身利益方面的诉求明显增多。高校要直面学生的利益诉求，认真研究、切实抓好教学工作和后勤保障工作。要保证教学经费投入，改善教学和生活环境，为学生成才创造良好条件；要加强科学管理和规范办学，及时消除由于教学和后勤问题引发的失稳苗头，保证正常教学秩序，避免群体性公共事件的发生。

最后，近年来大学生状告学校法人的案例明显增多，而且学校败诉率较高。究其原因，一是学校在办学质量及教学、生活条件等方面存在问题，而且对学生诉求反应不敏锐、改进不及时、工作不到位。二是学校有关学生管理的规章制度一般比较详尽，尽管制定初衷是加强学生管理，促进学生健康成长，但其中的某些条款往往与上位法律法规相冲突，一旦形成官司，败诉也就很自然了。因此，高校在提高管理水平、改善教学质量的同时，要对学生管理机制进行认真反思，系统梳理和修订学生管理的有关政策文件，尤其是涉及学籍管理、学历学位授予等方面的规章制度，使其保持与有关法律法规的"自恰性"，不断提高依法治校、依法治教的水平。

五、科学技术飞速发展，人才培养面临严峻挑战

当今世界科学技术迅猛发展，科技进步对经济社会发展的贡献率不断增加，同时也对高等学校的人才培养工作提出了严峻挑战。高校要跟踪和顺应科学技术发展的大趋势，不断深化人才培养体制和模式改革。

首先，现代科学技术的进步使学科发展既高度分离又高度融合，学科发展综合化成为主要趋势。高等学校必须重视学术资源整合，探索学科融合创新、跨学科研究和跨专业人才培养，这就必然涉及高校内部学术治理结构的优化，以及学科布局、专业结构、院系和科研机构的调整，也涉及高校人才培养体制和内部管理体制的改革。

其次，随着科学技术的进步，信息量呈几何级数增长，知识更新和成果转化的周期不断缩短，高校的人才培养已经不再是一次性的终结式培养。如何树立终身教育的理念，科学确定人才培养规格，构建多样化的人才培养体系和模式，深化课程体系和教学内容改革，重视大学生学习能力、适应能力和竞争能力的培养，是高等学校必须认真反思的重大问题。

再次，一些学科和技术领域在21世纪孕育着重大突破，在网络技术、信息技术、生物技术、新能源、新材料、航天工程、海洋工程等领域已初见端倪。科技和社会发展史表明，这些突破一旦发生，必然给人类的生产、生活和学习方式带来重大变革，欧洲工业革命以及当代信息技术的发展就是最好的例证。然而，科学技术发展有其自身的规律性，人们可以预见到某些突破，但又不可能预测到何年何月哪个学科分支具体发生什么样的突破。高校必须在课程体系和学生知识结构设计方面体现前瞻性和系统性，为学生应对科技变革做好知识和能力储备。

最后，知识数字化和互联网技术飞速发展，正在改变人们获取知识的渠道和方式。随着信息技术的发展和教育信息化进程的推进，知识传递的方式已经由单向转向互动，以知识转移为特征的社会参与正在与自主学习、合作学习方式进行整合，教师的角色正在由知识传授者、学习组织者转变为学生的学习伙伴。在这样的背景下，大学的知识权威遭到前所未有的挑战，高等教育的实际效能受到广泛质疑。这无疑对高校的学科专业设置、学生管理机制、教学组织形式、教学方式和学习方式乃至教室布局等形成了强烈冲击。高校不能仅仅关注教师如何教，课件如何研发，而是要转变教育观念，摒弃传统的课堂教学模式，创造性地运用现代信息技术，加强第一课堂的改革，促进学生的自主学习和合作学习，实现多样化和个性化培养。这将成为今后一个时期高校教学改革的重要趋势。

六、高等教育国际化大势所趋，高校办学视野亟待拓展

进入21世纪以来，随着经济全球化进程的加速，人力资源和物质资源的跨国流动成为一种常态，并很快渗透到教育领域，高等教育国际化已经成为大势所趋。这对我国高校在办学过程中拓展国际视野、推进国际化进程提出了新的要求，同时也为我国高校学习借鉴发达国家的先进办学理念和经验、拓展优质教学资源提供了难得的机遇。

第一，教师国际流动明显加速，留学生数量大幅增加。

学生、教师的国际流动是高等教育国际化的基本特征和重要内涵。据美国国际教育研究所（IIE）发布的美国《门户开放报告》（Open Doors Report）提供的数据，2011至2012学年，美国国际学生总数达764495人，较上学年增加5.7%，其中中国内地学生增长最快，达到19.4万人，比上学年增加23.1%，占美国国际学生总数的25.4%；就读本科学生人数更是暴增31%。[2]2012年，从世界各地涌来的国际学生不仅为美国经济增长贡献了227亿美元，也促进了大学多元文化的发展。另据统计，2012年我国出国留学人员总数近40万人；来自200个国家和地区的近33万名外国学生来华留学，比2011年增长了12.21%，其中接受学历教育的留学生占40.66%。[3]我国高校要进一步拓展办学视野，制定国际化发展战略，加快推进国际化进程。一是要调整人才培养目标和规格，重视培养国际化人才或具有国际视野的创新型人才；二是要吸引更多的外国学生到中国留学，开设全英文课程或专业，并在留学生管理方面借鉴国外经验，减少"特殊照顾"，为他们尽快融入中国文化和校园"大家庭"提供条件；三是要鼓励高校学生和教师通过联合培养、合作研究、讲学游学、参加国际会议等多种方式积极参与国际交流与合作。

第二，教学资源跨国流动和传播速度加快、范围拓展。

近年来，我国境内的国际合作办学项目与机构持续增加。据不完全统计，到2012年年底，依法批准设立和举办的实施本科以上高等学历教育的中外合作办学项目共计732个、办学机构共计43个。[4]这些项目的开展和机构的举办促成了国际化课程、教材和课件以及教学方式等教学资源的跨国流动和共享，同时也推动着高等教育理念、管理模式的跨国传播和融

合。我国高校要抓住机遇，科学借鉴国外先进的人才培养理念和教学模式，积极引入国外优质教学资源和现代教学方法，促进人才培养模式改革；与此同时，要勇于开拓，充分发挥自身资源优势，在境外举办国际合作办学项目或机构，促进中国教学资源的国际流动。

七、励精图治，不断深化高校人才培养模式改革

人才培养是大学的基本功能和根本任务，也是高校内涵建设的核心内容。广义而言，人才培养模式包括人才培养目标和规格、专业设置和建设、课程体系和教学内容、教学方法和教学手段、教学评价和质量监控等内容，涵盖了包括培养目标、培养内容、培养方式和培养条件在内的人才培养诸要素。高校要认真研究经济社会发展、科学技术进步、教育发展方式转变和教育体制改革对人才培养带来的严峻挑战，树立先进的教育观和教育价值观、富有时代特色的人才观和多样化的质量观、现代的教学观和科学的发展观，坚持内涵发展，不断深化人才培养模式改革。笔者认为，当前要重点在如下几个方面进行改革探索：

第一，科学定位，明确人才培养目标和规格。要结合国家和地方经济社会发展需求和学校人才培养的优势与特色，确立培养学术型或应用型人才的目标定位，并从知识、能力和素质全面养成的角度明确各类人才的培养规格和要求。

第二，加强专业建设和改革，建立科学的专业体系。专业是人才培养的重要载体，专业设置要科学规范、宽窄相宜；要完善专业准入、调整和退出机制，重视专业内涵的调整和优化；要建立有效机制，打破学科专业壁垒，为跨专业教育、培养复合型人才搭建平台。

第三，优化课程体系和教学内容。要从学生知识结构和课程体系整体优化的角度出发，平衡通识教育与专业教育、理论教学与实践教学、专业基础教学与职业技能训练之间的关系；要兼顾系统性、前瞻性和实用性，不断更新教学内容。

第四，重视能力培养。要培养学生的问题意识和批判精神，注重学生学习能力、独立思考能力、分析问题和解决问题能力的养成；要处理好首岗胜任能力与职业发展潜力之间的关系，合理安排教学实践和职业技能训

练，加强产学研合作育人，切实提高学生的实践能力。

第五，改革教学方法和教学手段。要坚持学生在教学活动中的主体地位，尊重学生的选择权和个性特长的发展，充分利用现代信息技术，探索个性化、多样化教学；要借鉴国外经验，结合学校实际，积极尝试探究式教学，如基于问题的学习、研讨式学习、高峰体验课程、案例教学等，鼓励学生自主学习和合作学习，培养学生的探究能力和创新精神。

第六，倡导教学科研融合。高校的科学研究活动与创新型人才培养呈"正效循环"效应，要重视将科研资源转化为优质教学资源[5]，充实教材和课程新内容，开发新的教学实验，提供毕业设计选题，吸收本科生早期参加科研，支撑特色专业建设。实践表明，这种转化就像将科研成果转化为生产力一样艰巨，需要观念的转变、政策的导向和教师的付出。

第七，完善内部质量保障体系。要强化高校质量建设和质量监控的主体地位，提高内部教育教学质量保证体系的有效性；要进一步明晰质量标准，完善相关政策、规章和教学评价制度；要优化教学评价指标体系和评价方法，注重对学生学习效果和教学资源使用效率的考评，不断完善评价结果反馈和教学改进机制。

第八，营造优良校园文化。大学文化是大学在长期发展过程中形成的历史积淀、人文品格和价值理念，它内化于大学的办学理念、价值追求和学术品位，外显于大学的制度规范、行为方式和物质条件，以潜移默化的方式影响着师生的思想和行为，是提高人才培养质量的内在支撑。[6]高校要高度重视大学文化建设，将其贯穿于人才培养的全过程，不断优化学校的育人氛围。应该指出，推进高校内涵发展，深化人才培养模式改革，还需要以转变教育观念作为重要先导，以加强师资队伍建设作为关键举措[7]，以创建现代大学制度作为根本保障[8]，有关观点笔者已另文阐明，本文不再赘述。

参考文献：

[1] 赵应生等. 转变教育发展方式：教育事业科学发展的必然选择 [J]. 教育研究，2012（1）：35-37.

[2] 麦可思研究 [DB/OL]. （2013-02-01） [2013-02-06]. http://

www.mycos.com.cn/Files/2013/02/01/13/31/201202011331145932.pdf.

[3][4] 教育部国际司司长张秀琴在中国留学论坛致词[DB/OL]. (2013-02-28) [2013-05-27]. http://www.wei.moe.edu.cn/cn/? p=309&page=3248654.htm.

[5] 钟秉林. 推进大学科教融合努力培养创新型人才[J]. 中国大学教学, 2012 (5): 6.

[6] 钟秉林, 赵应生. 加快建设中国特色的大学文化——关于当前大学文化建设工作的若干思考[J]. 国家教育行政学院学报, 2010 (9): 14-16.

[7] 钟秉林. 高度重视高等学校教师发展问题[J]. 中国高等教育, 2011 (18): 4-6.

[8] 钟秉林, 赵应生. 中国特色现代大学制度建设——目标、特征、内容及推进策略[J]. 北京师范大学学报 (社会科学版), 2011 (4): 5-12.

国际领袖型人才的培养：大学领导人的视角

洪成文 李湘萍 燕 凌[①]

培养国际领袖型人才，不仅可以提高研究型大学的社会声誉及其影响力，而且有助于提升和丰富大学人才培养目标。如何塑造学生的国际领袖素质，要不要列入研究型大学领导人的重要议事日程，都值得我们探讨。中国融入世界的经济和文化教育视野，不是要不要的问题，关键是融合的深度和质量问题。具有一大批懂世界的领袖人才，是推进我国教育国际化的重要内容，是我国人才培养目标的重要组成部分。本文通过案例分析，探讨发达国家，特别是美国大学培养国际领袖型人才的成功经验，最后为我国相关部门提供政策建议。

一、大学为什么要热衷培养国际领袖型人才

大学的主要功能是培养人才，而领袖型人才的培养则是大学人才培养功能的重中之重。为国家、民族培养领袖人才是大学责无旁贷的事情，但是要为国际机构，特别是为其他国家、地区或民族培养领袖人才，却有很多质疑。谁举办，谁受益，是大学的通行规则。一个国家和地区所办的大学理应为当地政治和经济服务，这是个不争的事实。然而，大学的本质功能并非由地理范围严格限定。近千年的大学发展历史证明，大学的围墙是相对的。在培养人才方面，一流大学鲜见对人才培养范围做严格限定，很少看到美国大学只为美国培养人才，英国大学只为英国培养人才。相反，

---

① 作者简介：洪成文，北京师范大学教育学部高等教育研究所教授；李湘萍，北京师范大学教育学部高等教育研究所副教授；燕凌，首都体育学院讲师。

越是一流的大学，为其他国家和民族培养人才的热情越高，力度也就越大。北京某高校五十余年来始终为世界各国培养驻华大使及高级外交官，不仅形成了大学的办学特色，而且也受到了中央政府的支持和嘉奖。

为什么要为其他国家和地区培养人才？除了大学本质功能的规定性之外，大学培养国际人才，特别是领袖型人才，也可以有效提升大学国际影响力。牛津大学早在16世纪就确认了培养政治领袖型人才的目标，时至今日，牛津大学仍秉承此传统。今天，牛津大学再次将"领袖"的外延拓展，已从传统政治性领袖拓展到各行各业。换言之，不仅要培养政治领袖人物，而且要培养文学、医学、经济、物理、化学、数学等各行业的领袖。对牛津来说，其目标就是培养更多的诺贝尔奖得主、皇家学会会员和英国科学院院士等顶尖人才。[1] 800年来，牛津大学从来没有提出只为英国培养顶尖人才。

大学不仅不愿意限制自己的人才培养范围，相反，越来越多的研究型大学都在探索如何为世界培养领袖。哈佛大学福斯特校长在2011年毕业典礼的演讲中直言，哈佛大学面临的最大挑战之一就是全球化和国际化，她认同托马斯·弗里德曼（Thomas Freedman）的观点，认为"世界是平的""思想和经济已经没有国界"，知识和大学更不应有国界。[2] 因此"大学要包容不同的思想并面向全球学生提供求学的机会，同时也需要努力促进和加强不同文化、不同历史和不同语言之间的沟通和理解"。[3]

与哈佛大学相比，耶鲁大学人才培养目标的国际化则更加具体和务实。莱文校长（Richard Levin）一直强调领导能力（Leadership）的培养，培养的目标不光是知识分子，而是各领域的领导人。2005年耶鲁大学制定了《耶鲁大学国际化：2005-2008战略框架》，明确提出全球化时期耶鲁大学的使命不仅要为美国培养领袖，还要为世界培养各方面的领袖人才和有影响力的公民。为迎接耶鲁大学第四个百年的持续辉煌，耶鲁大学最重要的战略目标就是如何让耶鲁大学成为真正的全球性大学。[4-5]

与英美一流大学相比，中国大学虽然也在着力建设世界一流大学，且取得一定成效，但是在领袖人才培养方面，特别是为世界培养领袖人才方面敏感度不够，反应迟缓，思想和行动均没有到位。大学人才培养目标要不要向国际化调整，调整的意义是什么，如何调整，都将是中国大学领导人所面临的重大课题。

二、国际领袖型人才培养的策略和经验

为了探讨国际一流大学领袖人才培养的理念和策略，本研究选取了耶鲁大学和哈佛大学等世界一流大学的国际领袖型人才培养经验，概括其国际领袖型人才培养的基本规律，发现其长，透视其理，以便为中国研究型大学提供借鉴。

1. 耶鲁大学：世界学者项目

耶鲁大学素以"领袖的摇篮"闻名于世，这与其始终强调"领导能力"（Leadership）培养的理念密切相关。莱文（Richard Levin）教授执掌耶鲁大学19年，力推国际领袖型人才的培养。在耶鲁大学继续辉煌的宏伟战略中，莱文提出将耶鲁大学建设成为真正的全球性大学。其中吸引全球范围超一流的教师和学生，培养各界领袖人才，为美国，也为全世界培养领袖人才是最为引人瞩目的。[6] 而耶鲁大学的"世界学者项目"是其国际领袖型人才培养的点睛之笔。

"世界学者项目"（The World Fellows Program）发端于2003年，该项目主旨是会聚世界各地卓越的学者和学生，让世界领袖产生于这些卓越学人，进而让耶鲁大学发展成真正的全球性大学。耶鲁大学为此项目配置最优秀的师资，让耶鲁大学最好的导师与全球顶尖学者和学生一起，探讨全球共同关注的课题，形成新的国际视野，构建全球化人际关系。耶鲁大学的名言就是："世界领袖，必须首先了解世界。"具体课程建设上，从600多门跨文化课程的提供，到"耶鲁大学与世界"的网站建设，配套完备。"世界学者项目"不仅关注本科生和研究生，而且关注那些已经在世界各地崭露头角的年轻人。耶鲁大学将为他们汇集资源，邀请他们来校，培养他们尽快从潜在的领袖人才转变为现实的领袖人才。耶鲁大学还在组织上做出调整，建立全球化中心，邀请墨西哥前总统塞迪略担任中心负责人。这些举措串联起来，印证的是这样一个事实：耶鲁大学的国际化之路就是通过影响世界各地的精英而达到影响世界的终极目的。这也可以看出莱文校长的一贯主张："在进入21世纪之时，我们必须立志为全世界培养领袖

人才。如果我们要成为一所国际大学，如果我们的学生要准备成为世界领袖，我们必须更加注重全球化问题。"而这是他在19年前始任校长时的倡导。

2. 哈佛大学：瞄准潜在领袖，加速其职业成长

国际领袖型人才的培养分为青年领袖和在职领袖两个部分。前者主要指在校生，后者指在职领导，特别是那些有可能成为领袖型人才的在职领导。在哈佛大学看来，两手都要抓，两手都要硬。哈佛大学福斯特校长指出："我们教育学生如何面对世界上各种挑战，引导学生提出和发现问题、创造知识来解决问题；让学生在了解历史的情况下理解当下，同时又为未来做准备。"[7]这一演讲体现了福斯特校长对于哈佛大学教育精神的坚持，即哈佛大学的责任，不仅关心个人成长，更要关心全人类的共同利益。

福斯特校长自称出访过五大洲，接触到世界各地5万多名哈佛大学校友。哈佛人的学术研究让她感到震撼。从博茨瓦纳的艾滋病防治，到智利的学前教育推广，再到意大利的文艺复兴，以及中国的地质灾难应对；从巴西圣保罗贫民窟的哈佛大学设计工作室，到孟买小镇的医药及公共卫生研究所；从西伯利亚的肺结核问题，到斐济的青少年健康问题等，无不可以管窥到哈佛人研究兴趣的广泛性和世界性。哈佛大学还针对当前最重要的世界性课题成立科研机构，仅哈佛大学海外研究办事处，就多达14个。从上海的哈佛大学中心，到哈佛大学校园的中国基金会和南亚研究所，覆盖的范围越来越广。通过这些机构和研究人员的努力，哈佛大学关注全球，服务全人类的格局基本形成。

在诸多项目中，肯尼迪政府学院的"中国项目"最能表达哈佛大学对其他国家潜在领袖人物成长的关注。哈佛大学肯尼迪政府学院成立于20世纪30年代，办学目标就是培养高级官员。近十多年来，为其他国家集中培训高级文官已成为肯尼迪政府学院发展趋势。2002年1月，哈佛大学与清华大学合作举办"中国公共管理高级培训班"，该项目为期5年，每年一届，每届由60名学员组成。参加培训的学员标准高，把关严格，年龄在45岁以下，行政级别达到厅（局）长级。他们先在清华大学接受培训，后到哈佛大学肯尼迪政府学院接受培训。通过这一项目，数百位中国高级

别官员获得职业发展的充电,外电评价此项目是中国官员"最大规模的海外培训计划",影响之大可想而知。[8]那么哈佛大学为什么如此重视这次培训呢?究其实质,无外乎看到中国未来领袖人物的未来发展和社会价值,这件工作做得好,就能影响中国,就是培养国际领袖型人才,也就是真正地影响世界。"我们认为,在中国这样一个大国由传统的计划经济向市场经济转轨过程中,政府官员的素质和能力将起到至关重要的作用。"[9]负责此项目的哈佛大学管理者直言道。哈佛大学将帮助受训者"丰富经济管理方面的最新知识,扩展他们的战略远见,以便使他们有效地应对变动中的公共政策环境"。项目的本质无非是体现哈佛大学的理念,"使这个世界变得不同"。

大学不仅要得天下英才而育之,更要关注已经具有领袖潜质的人才。这就是哈佛大学的经验。

3. MIT:从服务本土向服务全球转变

麻省理工学院(简称 MIT)在建校 150 周年的时候,向世界最为特别的展示就是其 150 件发明展,从雷达、计算机、人造假肢,到晶体管、前期追踪系统和频闪摄影等。这是 MIT150 年来的最大骄傲。发明家的摇篮已经成为 MIT 的代名词。发明家,是美国的发明家,还是世界的发明家?著名核物理学家冯·卡门给予了回答:科学是探索世界的本源,工程师则是创造世界上没有的东西。[10]卓越工程师有界,但很少为地界所囿。MIT 长期以来是民族性非常浓厚的大学,那么为什么要实现从服务本土到服务全球的转变?又是从何时开始的?

19 世纪后期,美国进入了工业化发展的关键时期,需要大批训练有素的工程技术人员。MIT 的机械工程和土木工程专业,培养了大批适用型技术人才和一批富有创造性且务实的领导人,很好地满足了美国国家建设的需要。这是由地方大学成为美国大学的关键时期。

一战期间,美国与德国断绝外交关系。时任麻省理工学院校长的麦克劳林(McLaughlin)致电美国国防部,表示乐于报效祖国,并将全力以赴支持打赢这场战争。MIT 不仅迅速培训了飞行员、航空工程师、无线电工程师等专业人才,而且还成立了军官训练团,在大学里培训军官。

二战期间，MIT 承担了雷达及相关设备研发任务，是承担军工研发任务最多的大学。在全盛时期，雷达研究中心共有4000多位科学家，囊括了全美五分之一的一流物理学家。在雷达实验室建成之后，MIT 还建立了多个为战争服务的军工实验室。[11] 由此，麻省理工学院还被冠名为"战争学院"，表明麻省理工学院在国家需要面前，始终义不容辞，冲在最前线。这种担当精神使得 MIT 真正成为了一所不可替代的民族大学。技术服务国家的理念使得 MIT 赢得了政府的信任，这种信任也反过来助推了 MIT 的学科发展。

然而，随着大学国际化进程的向前推进，MIT 正在快速向一所为全球服务的大学转变，希望尽早成为全球性大学。其官方网站的一个标志性链接即 Global MIT（麻省理工学院全球化）。通过链接，反映 MIT 的三个战略举措：与世界大学建立伙伴关系；从事大型科学合作研究；提供国际化课程。[12] MIT 认为，学校拥有大量解决跨学科问题的专家和独特的装备，因此有义务实施这样的计划，以推动全世界的经济发展和培养现实需要的领袖人才。

1996 年，MIT 时任校长查尔斯·M. 维斯特（Charles M. Vest）教授发表演讲时称在麻省理工学院里，科学教育和艺术教育并重，因为科学与艺术之间有着密切的联系。MIT 人才培养方案强调培养国际领袖型人才，要让学生了解基本原理，熟悉实验、问题分析的方法，进而创造性地处理各种工程问题。此外，将跨学科与创新人才培养相结合，加速培养国际领袖型技术人才。MIT 的 UROP 计划（Undergraduate Research Opportunities Program）、独立活动期计划（IAP）、自主选专业（Major Course of Study）、双学位和辅修（Double Majors& Minors）、三年级和四年级 PDF 选修（Junior–Senior P/D/F）、外校学习（Study at Other Universities）、联合培养（Cross–registration Programs）、国外学习（Study Abroad Opportunities）和国外实习（Internships Abroad）等培养方案，都可以看作课程创新的案例。[13] 这些个性化的培养制度将学生的学习从课堂延伸到课外，将专与通、学与用紧密结合起来，不仅服务于卓越工程师的培养，而且有助于拓展工程师的视野。

发明家要为国家民族服务，但是拓展到为世界培养卓越工程师，则是

MIT 近十多年的发展趋势。

4. 一个共同趋势：推进海外文化体验，让在校学生获得国际经验

无论哈佛大学、耶鲁大学，还是 MIT，都重视海外课程的建设，让在校生在就读期间获得国际经验，这是培养学生国际化视野的共同做法。那么，这些大学的做法有什么不同？有哪些特殊的经验可资借鉴？概括起来主要有三点：

第一，提出明确的课程目标。哈佛大学和耶鲁大学都曾提出：为每一位学生提供出国学习的机会。这样的目标在哈佛大学、耶鲁大学实现起来比较容易，不仅因为这些学校有着来自社会各界的赞助，而且也因为这些学校的规模相对较小。可以说，哈佛大学、耶鲁大学能够完成的目标，对那些规模超过五六万学生的大学显然会有力不从心之感。因为很多学生的海外课程都是依靠学校的奖学金来支持的。

第二，种类繁多的海外课程类型。在海外课程中，有的长达半年，甚至一年，可以进行学分互换和合作研究，也有的课程只有 8 个星期，相当于暑假课程。类型多样，可以满足学生的多样化需求，也可以针对不同专业区别对待。例如，耶鲁大学围绕培养国际性领袖人才的目标，尽其所能，提供资助，将本校学生推向世界，通过学习世界、体验全球获得成长。或者通过国外大学的课程学习，体验不同的文化传统和精要，这不仅仅是锦上添花的事，而且日益成为耶鲁大学本科生教育的重要特点。

第三，为学生海外学习提供组织上的保障。在一流大学中，专门的海外学习办公室证明了大学对于此新型教育形式的重视。每一个大学办公室，又按照类型和区域进行细分，为不同志向的学生提供有针对性的服务。

可见，海外学习已经成为这些大学人才培养的新特色。要培养国际领袖型人才，就必须从本科阶段开始，从正规课程的改造入手。

三、讨论与借鉴：给中国研究型大学领导人的建议

国际领袖型人才的理念和目标并无太多争议，但是由美国三所大学的案例来看，有三大问题值得探讨。

第一，是谁来甄别、谁来负责领袖人才培养计划的问题。答案当然是大学，特别是研究型大学。无论是耶鲁大学还是哈佛大学，都有自己独特的计划和项目，因此中国研究型大学必须有步骤地调整领袖人才培养目标，使其蕴含更多国际因素，赶上培养国际领袖型人才的快车。但仅仅依靠大学本身尚不全面。日本的"产学结合"经验以及美国的"基金会经验"都值得我们关注。适当结合民间力量、借助产业界的推动力，对于大学做好国际领袖型人才的培养，将具有持续功效。

第二，如何培养的问题。美国案例中可以看出高端融合是主调。所谓高端，即瞄准最优秀的学苗，将其纳入大学之麾下，借助各种教育手段，加速其成长。高端的另一个含义是善于发现和诊断已经崭露头角、有希望成为领袖人才的青年才俊，为他们提供学习和发展机会，让他们与自己的大学相关联，尽早且深刻地关联。培养的关键是融合，融合分三个层次：让校外的才俊与本校最优秀的教师与学生融合（请进来）；让最优秀的学生与世界不同文化融合（推出去）；让校内外青年才俊通过集体项目进行跨学科的学习和科研。

第三，资源如何保障的问题。大学资源配置的第一人是校长。要确保国际领袖型人才培养的顺利进行，校长是关键。校长不予以资源配置，任何领袖计划的实施都将遇到困难。校长若要予以资源倾斜，就必须认识到位。只有认识到位，校长才舍得向领袖计划中倾注资源。美国名校的实践表明，校长可以在三个方面发挥作用：树立国际领袖人才培养的大旗（目标）；为领袖人才培养计划募集资金；整合校内学术资源。

对于中国大陆的研究型大学来说，培养国际领袖型人才的主要问题不是认识是否到位，而是应该注意若干问题的平衡。

第一，不能急功近利，为培养领袖而培养领袖。我国大学发展过程中有一个"只要有一个理念，马上就会排山倒海式地推进，且不管效果是否能够达到"的现象。因此，不能大跃进，不能不自量力，不能脱离实际。培养领袖人才需有经济基础，需要有高教的能力基础，还要有国家的政治和经济实力，综合考量，方能理性对待。培养途径上，也不能急功近利，如香港的培养方式与大陆就有所不同。在领袖培养上，在香港看不到非理性的"领导热"。相反，他们更加关注"世界眼光，人文情怀"，训练的是敢于质疑规则、改变规则的国际性领袖,而不是趋炎附势和吹嘘拍马等庸俗之举。[14]

第二,严防抄袭传统外交人员训练的做法。传统外交人员的训练,强调沟通能力的培养,却忽视了专业知识的塑造,其结果是,在国际交往时,来势凶猛,但后劲不足,专业知识的缺乏必将导致外交自信的丧失。因此,在国际性人才培养的时候,不能厚此薄彼,只是强调跨文化交际技巧。专业领先是国际领袖型人才的基础。舍此,则无他。

第三,浅层与深层结合。十年来,中国大陆组织过多次青年才俊与外国各国议会议员、政府、企业的对话活动,参观体验大企业,甚至直接组团体验哈佛大学、耶鲁大学,声势浩浩荡荡。这些浅层交流和交往是必要的,但是远远不够。国际领袖型人才,核心是领袖,从来没有"来了就走"的领袖,短期活动无法造就国际型领袖人才。

第四,要有长远眼光。既不能一时激动而变成冲动,也不可以想起来就做,事情忙了就放下。因此,大学及政府都要有长远的观点。十年磨一剑,方才能锻造出一批领袖人才。国际领袖型人才不可能用五年计划、十年规划就可以获得立竿见影的效果。持续性、韧性和非功利性,是实施国际领袖型人才计划的基石。

"本国的精英能更好地认识世界,世界的精英就能更好地认识本国"。[15]

参考文献:

[1] 李茂林. 牛津大学:导师制与创新人才的培养 [J]. 河南教育(高校版), 2006 (7): 55-57.

[2][7] [美] 德鲁·吉尔平·福斯特,杨勇,译. 变革世界中的大学——在哈佛大学2011年毕业典礼上的演讲 [J]. 世界教育信息, 2012 (4): 15-17.

[3] 韩震. 基于创新型人才培养目标的研究型大学本科教学改革路径——关于北京师范大学2009年教学计划修订的思考 [J]. 中国大学教学, 2009 (7): 7-10.

[4][6] 于天罡,孙曙光. 耶鲁大学领袖人才培养的启示 [J]. 高教研究与实践, 2011 (2): 22-25.

[5] 陈维嘉,洪成文. 耶鲁大学—中国建设世界一流大学的启示与借鉴——"耶

鲁大学—中国大学领导高级研讨班"总结报告 [J]. 中国高等教育, 2004 (23): 18-21.

[8][9] 菲力·迈克. 哈佛大学肯尼迪政府学院为中国培养高官 [EB/OL]. http://club.china.com/data/thread/12171906/2717/51/73/7_1.html, 2012-07-08.

[10][11][12][13] 别敦荣, 李晓婷. 麻省理工学院的发展历程、教育理念及其启示 [J]. 高等理科教育, 2011 (2): 52-59.

[14] 深港高层教育一个重道一个重技 [EB/OL]. http://gcontent.oeeee.com/0/9f/09fb05dd477d4ae6/Blog/3a0/a62de5.html, 2012-07-08.

[15] 李名家. 高等教育国际化模式与法德人才培养, 大学建设的国际视野 [M]. 北京: 高等教育出版社, 2011: 140.

大学生能力水平和影响因素分析

——基于18所大学的实证研究[1]

周海涛　景安磊　李曙光[2]

本文针对北京、山西、陕西的三个地区18所大学共7473名大学生的能力水平及其与背景特征变量之间关系进行研究，结果显示，大学生能力总体水平为3.56。其中，各项能力水平从高到低依次为适应能力、沟通能力、自我管理能力、团队工作能力、批判性思维、问题解决能力、计算机能力和创造性思维。大学生能力总体水平在性别、专业、成绩、省份、父母最高受教育程度和是否担任学生干部、是否参与调研活动、是否有兼职、实习经历等背景变量方面存在显著差异。

一、问题的提出

关于能力的界定多来自心理学的研究成果，有研究者将能力界定为人类的一种特殊的心理特征和心理条件，同时能力包括人对某项任务或活动的现有成就水平和其具有的潜力、可能性；[1]大卫·麦克利兰（David McClelland）将能力界定为能明确区分在特定工作岗位和组织环境中接触绩效水平和一般绩效水平的个人特征，包括知识（Knowledge）、技能（Skill）、自我概念（Self-Concept）、特质（Traits）和动机（Motives）；[2]还有研究者认为，能力是那些能够广泛应用和迁移的知识和技能（冯忠良，

---

[1] 基金项目：国家社会科学基金项目（10BGL043）；教育部新世纪优秀人才支持计划项目（NECT-11-0045）。

[2] 作者简介：周海涛，北京师范大学教育学部高等教育研究所教授；景安磊，北京师范大学教育学部高等教育研究所博士生；李曙光，东北师范大学思想政治教育研究中心。

1992)。[3]

统筹上述有关能力的界定和本研究中所使用调查工具的特点，本文提出，大学生能力是大学生的一种心理特征，是大学生顺利实现学习、生活、工作的心理条件，具体包括批判性思维、创造性思维、自我管理能力、适应能力、问题解决能力、沟通能力、团队工作能力。批判性思维能力强调从不同视角分析判断和考虑不同观点；创造性思维能力突出主动性和提出新观点；自我管理能力强调学生的学习责任和态度；适应能力侧重适应新环境、接受新事物；问题解决能力指利用专业知识或其他知识解决问题的能力；沟通能力强调学生的书面、口头表达能力并能开展有效交流；团队工作能力强调个体和团队的合作、相处能力。

随着能力理论的不断演进，测量能力的工具也经历了相应的发展过程。早期的研究成果将能力等同于智力，研究者使用多种智力量表（一般能力测验），如使用比奈—西蒙智力量表（Binet – Simon Scale）和韦氏量表（Wechsler Scale）来测量个体智力情况。1973年，哈佛大学心理学教授大卫·麦克利兰引用大量研究成果证明：滥用智力测验来判断个人能力是不合理的，并提出了能力素质模型，主要应用于企业组织评估员工能力。随着教育学和心理学研究的发展，能力测量广泛应用于教育领域，主要用来衡量学生的学习成果。在高等教育阶段，经济和合作组织（OECD）正在论证开展高等教育学习成果评价（The Assessment of Higher Education Learning Outcomes，简称 AHELO）项目，用来测量大学生通用能力（The Generic Skills）和学科专业能力（Discipline – specific Skills）。[4]

国内关于学生能力的研究多集中于中小学阶段，对大学生能力的关注较少；对大学生某单一能力的特征和影响因素分析较多，系统性研究较少；对大学生能力结构的论述较多，设计并运用能力调查分析工具的研究较少；从研究趋势上看，使用适当的测量工具，评估学生的能力发展效果并分析其影响因素，将成为测量大学生能力发展的主要方式。本文运用问卷调查方法，探索目前我国大学生能力总体水平，分析并讨论不同特征的大学生能力水平的差别，以对大学生能力培养提供一定启示。

二、研究方法

1. 样本选择

选取北京、山西和陕西3个省市的18所大学,每所学校抽取5个院系进行调查。每个院系选择大二和大三学生共100人,18所学校抽取9000人。本次调查实际发放问卷9000份,回收有效问卷7473份,占83.03%。其中,北京学生2360人,山西2544人,陕西2569人;男生3478人,女生3995人;大二学生4084人,大三学生3389人;中文/外语专业的学生1440人,数学专业学生1524人,经济学/国际商贸专业学生1730人,市场营销/工商管理专业学生1201人,计算机技术类专业学生1578人。

2. 研究工具

本研究中的大学生能力调查问卷抽取了大学生参与调查问卷(The Student Engagement Questionnaire)中关于大学生能力的题目,该问卷由香港大学凯姆伯、莱维和马克诺特(David Kember&Doris Y. P. Leung&Carmel McNaught)编制。[5]该问卷将大学生能力分为八个维度:批判性思维、创造性思维、自我管理能力、适应能力、问题解决能力、沟通能力、团队工作能力和计算机能力。数据分析得出,大学生能力调查问卷的内部一致性系数为0.904,信度很好,各维度一致性系数较高。(见表1)

表1 大学生能力量表的信度

量表维度	对应题目	一致性系数
学生能力总量表		0.904
批判性思维	1、2	0.759
创造性思维	3、4	0.607
自我管理能力	5、6	0.686
适应能力	7、8	0.660
问题解决能力	9、10	0.653
沟通能力	11、12	0.715
团队工作能力	13、14	0.639
计算机能力	15、16	0.734

3. 问卷发放和数据处理

问卷调查采用团体施测的方式,填写后现场回收,保证了较高的回收率。数据分析采用SPSS16.0分析软件。数据录入中,对5点量表中的选项进行赋值,用数值1-5代表大学生能力水平,数值越高,能力水平越高。同时,调整了反向记分的问题。

三、结果分析

1. 大学生能力总体水平

统计数据显示,大学生能力总体水平为3.56,高于一般水平。其中,创造性思维最低,为3.43;计算机能力为3.46;问题解决能力为3.52;批判性思维为3.54;团队工作能力为3.57;自我管理能力为3.60;沟通能力为3.64;适应能力最高,为3.70。(见表2)

表2 大学生能力总体水平

项目	$\bar{x}$	s
创造性思维	3.43	0.73
计算机能力	3.46	0.78
问题解决能力	3.52	0.73
批判性思维	3.54	0.77
大学生能力	3.56	0.55
团队工作能力	3.57	0.74
自我管理能力	3.60	0.73
沟通能力	3.64	0.74
适应能力	3.70	0.72

2. 不同特征变量的大学生能力水平

(1) 不同性别学生的能力水平

经过独立样本t检验得出,男女生的能力水平,P值为0.035,小于0.05,达到显著的水平。女生的能力水平为3.57,男生为3.54,女生的能力水平显著高于男生。其中,男女生的创造性思维、问题解决能力、团队工作能力的P值均大于0.05,因此不存在显著差异。

另外,数据显示,女生的批判性思维、自我管理能力、适应能力、沟通能力,分别为 3.57、3.63、3.73 和 3.66,均非常显著或很显著地高于男生;男生的计算机能力为 3.50,女生的计算机能力为 3.43,P 值小于 0.001,男生计算机能力非常显著地高于女生。(见表3)

表3　男女生能力水平差异

项目	男 $\bar{x} \pm s$	女 $\bar{x} \pm s$	t	P
批判性思维	3.51 ± 0.82	3.57 ± 0.72	−2.967	0.003
创造性思维	3.42 ± 0.78	3.44 ± 0.68	−1.157	0.247
自我管理能力	3.57 ± 0.78	3.63 ± 0.69	−3.500	0.000
适应能力	3.66 ± 0.76	3.73 ± 0.68	−4.494	0.000
问题解决能力	3.52 ± 0.76	3.53 ± 0.69	−0.201	0.841
沟通能力	3.60 ± 0.78	3.66 ± 0.71	−3.620	0.000
团队工作能力	3.56 ± 0.78	3.58 ± 0.71	−0.832	0.405
计算机能力	3.50 ± 0.80	3.43 ± 0.77	4.076	0.000
大学生能力	3.54 ± 0.58	3.57 ± 0.51	−2.108	0.035

注:显著 P < 0.05,很显著 P < 0.01,非常显著 P < 0.001。

(2) 不同年级的学生能力水平

经过独立样本 T 检验得出,大二和大三年级的学生能力水平,P 值大于 0.05,不存在显著差异。其中,大二、大三学生的批判性思维、自我管理能力、适应能力、沟通能力和团队工作能力没有显著差异。但大三学生的创造性思维、问题解决能力和计算机能分别为 3.46、3.55 和 3.49,均很显著地高于大二学生。(见表4)

表4　不同年级学生的能力和各维度水平差异

项目	大二 $\bar{x} \pm s$	大三 $\bar{x} \pm s$	t	P
批判性思维	3.54 ± 0.75	3.54 ± 0.80	0.277	0.782
创造性思维	3.41 ± 0.72	3.46 ± 0.73	−3.195	0.001
自我管理能力	3.60 ± 0.72	3.61 ± 0.74	−0.782	0.434

续表

项目	大二 $\bar{x} \pm s$	大三 $\bar{x} \pm s$	t	P
适应能力	3.70 ± 0.72	3.70 ± 0.73	-0.191	0.848
问题解决能力	3.50 ± 0.71	3.55 ± 0.74	-3.034	0.002
沟通能力	3.64 ± 0.74	3.63 ± 0.74	0.062	0.951
团队工作能力	3.57 ± 0.74	3.57 ± 0.74	-0.490	0.624
计算机能力	3.44 ± 0.77	3.49 ± 0.80	-2.762	0.006
大学生能力	3.55 ± 0.54	3.57 ± 0.55	-1.716	0.086

注：显著 $P<0.05$，很显著 $P<0.01$，非常显著 $P<0.001$。

（3）不同专业学生的能力水平

根据方差分析，不同专业学生能力水平的 P 值为 0.002，小于 0.01，存在很显著的差异。同时，通过 P 值分析，5 类专业的学生的能力具体维度中，只有沟通能力和团队工作能力不存在显著差异。

通过 LSD 事后检验得到：中文/外语专业的学生的能力水平为 3.58，市场营销/工商管理专业的学生为 3.59，计算机技术类专业的学生为 3.56，这三类专业的学生能力水平均显著高于数学专业的学生；同时，市场营销/工商管理专业的学生能力水平高于经济学/国际商贸专业的学生。

在具体能力维度中，中文/外语、市场营销/工商管理和计算机技术类专业学生的批判性思维分别为 3.57、3.59 和 3.55，均显著高于数学专业的学生；同时，市场营销/工商管理专业学生的批判性思维水平也高于经济学/国际商贸专业的学生；中文/外语专业学生的创造性思维为 3.48，显著高于数学、经济学/国际商贸和计算机技术类专业的学生；中文/外语、经济学/国际商贸、市场营销/工商管理专业学生的自我管理能力、适应能力和问题解决能力水平均显著高于数学专业的学生；中文/外语专业学生的沟通能力水平为 3.67，显著高于数学专业的学生；计算机技术类专业的学生的计算机能力水平为 3.53，显著高于其他类专业的学生。（见表 5）

表5 不同专业学生的能力和各维度水平差异

项目	中文/外语 $\bar{x}\pm s$	数学 $\bar{x}\pm s$	经济学/国际商贸 $\bar{x}\pm s$	市场营销/工商管理 $\bar{x}\pm s$	计算机技术类 $\bar{x}\pm s$	F	P
批判性思维	3.57±0.72	3.48±0.78	3.52±0.78	3.59±0.79	3.55±0.77	3.939	0.003
创造性思维	3.48±0.72	3.40±0.74	3.42±0.71	3.47±0.74	3.40±0.72	4.086	0.003
自我管理能力	3.62±0.70	3.55±0.75	3.62±0.74	3.63±0.75	3.59±0.71	2.789	0.025
适应能力	3.73±0.70	3.64±0.75	3.70±0.73	3.75±0.73	3.69±0.70	4.570	0.001
问题解决能力	3.54±0.71	3.46±0.74	3.53±0.72	3.58±0.73	3.52±0.73	5.040	0.000
沟通能力	3.67±0.76	3.60±0.77	3.63±0.73	3.65±0.76	3.63±0.71	2.023	0.088
团队工作能力	3.58±0.75	3.55±0.76	3.57±0.72	3.60±0.73	3.56±0.73	0.880	0.475
计算机能力	3.46±0.78	3.43±0.79	3.43±0.78	3.47±0.80	3.53±0.77	4.935	0.001
大学生能力	3.58±0.53	3.52±0.55	3.55±0.54	3.59±0.57	3.56±0.54	4.351	0.002

注：显著 $P<0.05$，很显著 $P<0.01$，非常显著 $P<0.001$。

（4）不同成绩的学生能力水平

通过方差分析得到：成绩排名不同的学生能力水平，P 值为 0.000，存在非常显著的差异，而且，在具体能力维度中，成绩排名不同的学生能力水平均存在非常显著的差异。

LSD 事后检验和均值比较显示：4 组学习成绩不同的学生，其能力水平两两之间均存在非常显著的差异，且成绩排名靠前的学生的能力水平显著高于成绩排名靠后的学生。其中，成绩排名靠前的学生的批判性思维、创造性思维、自我管理能力、适应能力、问题解决能力、沟通能力、团队工作能力和计算机能力均依次显著高于成绩排名靠后的学生。(见表6)

表6 成绩不同的学生的能力差异

项目	前25%之内 $\bar{x} \pm s$	前50% $\bar{x} \pm s$	前75% $\bar{x} \pm s$	其他 $\bar{x} \pm s$	F	P
批判性思维	3.60 ± 0.76	3.55 ± 0.75	3.52 ± 0.78	3.37 ± 0.82	16.945	0.000
创造性思维	3.51 ± 0.71	3.43 ± 0.71	3.39 ± 0.75	3.26 ± 0.78	24.470	0.000
自我管理能力	3.73 ± 0.72	3.60 ± 0.70	3.50 ± 0.73	3.36 ± 0.77	62.254	0.000
适应能力	3.77 ± 0.71	3.70 ± 0.70	3.65 ± 0.75	3.52 ± 0.76	24.984	0.000
问题解决能力	3.61 ± 0.72	3.52 ± 0.70	3.48 ± 0.75	3.33 ± 0.77	30.616	0.000
沟通能力	3.71 ± 0.72	3.65 ± 0.73	3.57 ± 0.77	3.47 ± 0.82	24.098	0.000
团队工作能力	3.62 ± 0.73	3.59 ± 0.72	3.53 ± 0.76	3.43 ± 0.81	13.582	0.000
计算机能力	3.50 ± 0.78	3.48 ± 0.78	3.46 ± 0.78	3.32 ± 0.81	10.039	0.000
大学生能力	3.63 ± 0.54	3.56 ± 0.52	3.51 ± 0.56	3.38 ± 0.57	42.992	0.000

注：显著 $P<0.05$，很显著 $P<0.01$，非常显著 $P<0.001$。

(5) 不同省份的学生能力水平

通过方差分析得到：不同省份的学生能力水平的P值小于0.001，存在非常显著的差异，而且，在具体能力维度中，仅有学生的创造性思维和问题解决能力不存在显著差异。

LSD事后检验和均值比较得出：在能力水平方面，山西学生为3.58，北京学生为3.57，均显著高于陕西学生。

其中，山西学生的批判性思维、适应能力和沟通能力分别为3.59、3.74和3.69，显著高于北京、陕西的学生；北京学生的创造性思维为3.46，显著高于陕西学生；北京、山西学生的自我管理能力和团队工作能力显著高于陕西学生；北京学生的沟通能力为3.64，显著高于陕西学生；北京学生的计算机能力为3.53，显著高于山西、陕西学生。(见表7)

表7 不同省份学生的能力和各维度水平差异

项目	北京 $\bar{x} \pm s$	山西 $\bar{x} \pm s$	陕西 $\bar{x} \pm s$	F	P
批判性思维	3.54±0.77	3.59±0.73	3.50±0.80	8.685	0.000
创造性思维	3.46±0.73	3.43±0.69	3.41±0.75	2.989	0.050
自我管理能力	3.61±0.73	3.64±0.71	3.56±0.75	7.228	0.001
适应能力	3.68±0.72	3.74±0.71	3.67±0.73	7.917	0.000
问题解决能力	3.54±0.73	3.53±0.72	3.50±0.73	1.666	0.189
沟通能力	3.64±0.74	3.69±0.73	3.58±0.76	12.988	0.000
团队工作能力	3.61±0.73	3.58±0.73	3.52±0.75	9.646	0.000
计算机能力	3.53±0.78	3.43±0.78	3.44±0.78	11.850	0.000
大学生能力	3.57±0.56	3.58±0.52	3.52±0.55	8.470	0.000

注：显著 $P<0.05$，很显著 $P<0.01$，非常显著 $P<0.001$。

(6) 父母最高受教育程度不同的学生能力水平[①]

通过方差分析得到：父母最高受教育程度不同的学生能力水平存在非常显著的差异。其中，除自我管理能力外，其他能力维度均在显著或非常显著的差异。

LSD事后检验和均值比较得出：在能力水平上，父母最高受教育程度为大学以上学历的学生为3.60，显著高于父母学历为小学和小学以下程度的学生；父母为大学学历的学生为3.59，显著高于父母为中学或中专、小学及以下学历的学生；父母为中学或中专学历、小学学历的学生的能力总体水平显著高于父母为小学以下学历的学生。

其中，父母为小学以下学历的学生，其批判性思维、创造性思维、问题解决能力、沟通能力、团队工作能力、计算机能力均显著低于其他学生。(见表8)

[①] 父母受教育程度有两种处理方式，一是将父亲、母亲作为两个变量分别测量，即父亲文化程度和母亲文化程度；一是作为一个变量进行测量，即测量父亲、母亲中最高文化程度。考虑到大学生受到整个家庭教育和气氛的影响，本研究采取后一种处理方式。

表8 父母受教育程度不同的学生能力水平差异

项目	大学以上 $\bar{x} \pm s$	大学 $\bar{x} \pm s$	中学或中专 $\bar{x} \pm s$	小学 $\bar{x} \pm s$	小学以下 $\bar{x} \pm s$	F	P
批判性思维	3.56±0.91	3.55±0.77	3.55±0.74	3.48±0.80	3.13±0.82	8.489	0.000
创造性思维	3.48±0.85	3.47±0.74	3.41±0.70	3.43±0.72	3.26±0.77	4.297	0.002
自我管理能力	3.57±0.86	3.62±0.74	3.60±0.71	3.61±0.68	3.44±0.76	1.885	0.110
适应能力	3.68±0.82	3.69±0.74	3.71±0.70	3.66±0.69	3.54±0.81	2.380	0.049
问题解决能力	3.58±0.85	3.55±0.74	3.51±0.70	3.50±0.77	3.28±0.79	5.039	0.000
沟通能力	3.66±0.84	3.64±0.75	3.64±0.72	3.61±0.77	3.33±0.89	4.891	0.001
团队工作能力	3.65±0.84	3.60±0.74	3.56±0.72	3.56±0.75	3.27±0.81	7.080	0.000
计算机能力	3.60±0.85	3.56±0.77	3.42±0.77	3.37±0.83	3.19±0.78	18.799	0.000
大学生能力	3.60±0.69	3.59±0.56	3.55±0.51	3.53±0.54	3.30±0.62	8.248	0.000

注：显著 $P<0.05$，很显著 $P<0.01$，非常显著 $P<0.001$。

（7）是否担任学生干部和能力水平

独立样本 t 检验和均值比较得到：担任过学生干部和没有担任过学生干部的学生的能力水平，P 值为 0.000，存在非常显著的差异，且担任过学生干部的学生能力水平为 3.61，显著高于没有担任过学生干部的学生。而且，担任过学生干部的学生具体能力水平均很显著或非常显著地高于那些没有担任过学生干部的学生。（见表9）

表9 担任和没有担任学生干部的学生能力水平差异

项目	学生干部 $\bar{x} \pm s$	不担任学生干部 $\bar{x} \pm s$	t	P
批判性思维	3.61±0.75	3.47±0.78	7.226	0.000
创造性思维	3.47±0.72	3.42±0.72	2.930	0.003
自我管理能力	3.65±0.72	3.57±0.72	4.635	0.000
适应能力	3.75±0.71	3.65±0.72	5.788	0.000
问题解决能力	3.56±0.71	3.51±0.73	2.669	0.008
沟通能力	3.72±0.73	3.56±0.74	8.834	0.000
团队工作能力	3.64±0.73	3.51±0.73	7.517	0.000
计算机能力	3.51±0.78	3.42±0.78	4.457	0.000
大学生能力	3.61±0.54	3.51±0.53	7.546	0.000

注：显著 $P<0.05$，很显著 $P<0.01$，非常显著 $P<0.001$。

(8) 是否参与调研活动和能力水平

独立样本 t 检验和均值比较得到：有和没有参与调研活动的学生在能力水平方面，P值为0.000，小于0.001，存在非常显著的差异，且参与调研活动的学生能力水平为3.62，非常显著高于没有相关经历的学生。而且，参与调研活动的学生具体能力水平均很显著或非常显著地高于那些没有此类经历的学生。(见表10)

表10 参与和没有参与调研活动的学生能力水平差异

项目	参与调研 $\bar{x} \pm s$	没有参与调研 $\bar{x} \pm s$	t	P
批判性思维	3.58±0.78	3.54±0.75	2.188	0.029
创造性思维	3.49±0.73	3.42±0.71	3.629	0.000
自我管理能力	3.65±0.73	3.59±0.72	3.355	0.001
适应能力	3.73±0.73	3.70±0.71	1.975	0.048
问题解决能力	3.58±0.74	3.51±0.71	3.605	0.000
沟通能力	3.70±0.76	3.63±0.72	3.913	0.000
团队工作能力	3.67±0.74	3.54±0.72	7.100	0.000

续表

项目	参与调研 $\bar{x} \pm s$	没有参与调研 $\bar{x} \pm s$	t	P
计算机能力	3.53±0.80	3.44±0.77	4.798	0.000
大学生能力	3.62±0.56	3.55±0.53	5.225	0.000

注：显著 P<0.05，很显著 P<0.01，非常显著 P<0.001。

（9）是否有兼职或实习经历和能力水平

独立样本 t 检验和均值比较得到：有和没有兼职或实习经历的学生在能力水平方面，P 值为 0.000，小于 0.001，存在非常显著的差异，且有兼职或实习经历的学生能力水平为 3.59，非常显著地高于没有相关经历的学生。而且，除学生的计算机能力没有显著差异外，有兼职或实习经历的学生的批判性思维、创造性思维、自我管理能力、适应能力、问题解决能力、沟通能力和团队工作能力均显著或非常显著地高于没有此类经历的学生。（见表 11）

表 11　有和没有兼职或实习经历的学生能力水平差异

项目	兼职或实习 $\bar{x} \pm s$	否 $\bar{x} \pm s$	t	P
批判性思维	3.58±0.75	3.51±0.78	3.740	0.000
创造性思维	3.46±0.71	3.42±0.73	2.231	0.026
自我管理能力	3.64±0.71	3.57±0.74	4.052	0.000
适应能力	3.74±0.70	3.65±0.73	4.990	0.000
问题解决能力	3.56±0.70	3.50±0.74	3.274	0.001
沟通能力	3.67±0.74	3.62±0.73	2.964	0.003
团队工作能力	3.60±0.73	3.55±0.74	2.868	0.004
计算机能力	3.48±0.78	3.46±0.79	0.683	0.495
大学生能力	3.59±0.53	3.54±0.56	4.188	0.000

注：显著 P<0.05，很显著 P<0.01，非常显著 P<0.001。

四、讨论和结果

1. 讨论

本研究丰富了相关研究的观点,在分析中证明了成绩排名不同、父母最高受教育程度不同和社会经历不同的大学生在能力发展方面存在显著差异,有利于高校针对学生具体情况,采取针对性措施,增强学习效果和教学效果。如有研究以647名大学生为被试开展能力问卷调查分析,结论认为:年级、性别、专业类型、来自地区等因素会显著影响大学生能力自我评价,而且这些因素之间存在复杂交互作用。[6]

从数据结果看,大学生的团队工作能力、自我管理能力、沟通能力和适应能力获得了较大发展,但创造性思维、计算机能力、问题解决能力和批判性思维能力发展有待提高。研究者认为,大学生能力发展呈现该特点与大学阶段的教学传统和教育体制有关。调查中有学生认为,"升入大学后,家长、学校、教师反复强调要和大学生活接轨,要懂事,多和同学、老师交流等",同时,入学教育也重点关注学生合作、适应、自控等方面的能力,而对学生的创新性思维、问题解决能力和批判性思维的培养较少。另外,原有的教学模式和学生个体的学习观念仍然可能对其能力发展产生影响。

性别因素方面,男生能力水平显著低于女生,且批判性思维、自我管理能力、适应能力和沟通能力均低于女生。研究者认为,导致这种差异的原因应该从性别的差异本身进行分析:我国重男轻女的传统观念一定程度上影响了教育传统,相对于男性,女性要付出更多的努力,以获得成功;面对竞争激烈的高等教育就业市场,女大学生只有努力提高自身竞争力,才能克服相对不利的条件。

年级因素方面,大三学生的创造性思维、问题解决能力和计算机能力显著高于大二学生,这和已有研究结果是一致的。研究者认为,教学安排、实践训练和心智成熟程度是影响大学生能力发展的原因之一。

专业因素方面,中文或外语专业、市场营销或工商管理专业、计算机类专业学生的能力水平显著高于数学专业的学生。有研究者认为,不同的专业对学生能力的要求有所不同，培养的途径和方法也不尽相同，各种因素和条件在特定的目标所起的作用和重要程度当然就有差异。[7]

成绩排名、生源地和父母受教育程度因素方面，成绩排名靠前的学生能力水平显著高于成绩排名靠后的学生，山西、北京学生能力水平均显著高于陕西学生，父母学历较高的学生显著高于父母学历较低的学生。研究者认为，学生成绩、经济发展水平和父母学历程度是影响学生能力水平的重要因素，学生成绩较好的学生其能力水平也可能较高，经济发展水平较高的地区可以为学生能力发展提供更好的教育资源和教育氛围，父母学历水平也会影响学生教育资源获取。

社会经历因素方面，有研究者认为，体育社团对大学生的实践能力、沟通能力、竞争能力与抗挫折能力的影响显著[8]；社会环境和学校氛围也是影响大学生创新能力提高的主要因素。[9]学生参与社会活动，可以在活动中检验知识学习的成果，实现理论和实践的结合，在活动中遇到的挫折和困难，也会促使学生更加努力地提高能力水平；另外，担任学生干部的学生是同辈群体中的领袖，获得发展的机会相对较多，同时学生干部群体也有较高的沟通能力、自我管理能力和问题解决能力等；兼职和实习因素，类似于参加社会实践活动的学生，他们在兼职或实习的过程中，真实地体验了除学校学习之外的工作和生活的经验，促使他们提高能力水平平衡学生和员工身份认同的差距。总之，参加社会活动、担任学生干部、兼职和实习等就读经验是影响大学生能力水平的重要因素。

2. 结果

本研究对我国 18 所大学的 7473 名学生的能力发展现状、能力水平和学生背景特征变量的关系等开展调查研究，得出主要结论如下。

（1）大学生能力总体水平为 3.56。其中，创造性思维、计算机能力、问题解决能力和批判性思维水平低于学生能力总体水平，团队工作能力、自我管理能力、沟通能力和适应能力高于学生能力总体水平。

（2）大学生能力总体水平在性别、专业、成绩、省份、父母最高受教育程度和是否担任学生干部、是否参与调研活动、是否有兼职或实习经历等变量方面存在显著差异。其中，在大学生能力总体水平上，女生显著高于男生;中文/外语、市场营销/工商管理和计算机技术类专业的学生显著高于数学专业的学生;成绩排名靠前的学生显著高于成绩排名靠后的学生;山西和北京的学生显著高于陕西学生;父母学历较高的学生显著高于父母学历较低的学生;担任过学生干部、积极参与调研活动、有兼职或实习经历的学生显著高于那些没有相关经历的学生。

参考文献:

[1] 彭聃龄. 普通心理学(修订版)[M]. 北京:北京师范大学出版社,2007:404.

[2] McClelland David C. Testing for Competency Rather than Intelligence [J]. American Psychologist, 1973, 28: 1 – 14.

[3] 冯忠良. 教育心理学 [M]. 北京:人民教育出版社,2008.

[4] OECD. AHELO [EB/OL]. http://www.oecd.org/education/higher education and adult learning/Testing student and university performance globally oecdsahelo.htm.

[5] David Kember, Doris Y. P. Leung. Development of a Questionnaire for Assessing Students' Perception of the Teaching and Learning Environment and Its Use in Qulity Assurance [J]. Learning Environ Res 2009, 12: 15 – 29.

[6] 吕凯. 大学生能力自我评价的特点与影响因素 [J]. 淮阴师范学院学报(自然科学版),2010,02:152 – 155.

[7] 辛雅丽. 大学生创新能力影响因素的调查研究 [J]. 心理科学,2003,05:926 – 927, 950.

[8] 周永奇. 高校体育社团对大学生四项能力影响的研究 [D]. 上海体育学院,2010.

[9] 朱帆,刘滢. 大学生创新能力影响因素及培养对策研究 [J]. 技术与创新管理,2007,06:80 – 83, 87.

硕士研究生科研自我效能感的实证

王树涛　毛亚庆[①]

科研是研究生学业生涯的主要任务之一，科研自我效能感作为研究生对自己能否胜任科研工作的主观感知，在研究生科研行为的选择与控制中发挥着核心的作用，它影响着研究生科研行为的内在动机、目标定向和期望水平，对研究生科研策略选择、科研行为坚持都会产生重要影响。因此，加强研究生科研自我效能感的研究，寻找提升研究生科研自我效能感的策略具有重要的现实意义。本研究将以自编的问卷对研究生科研自我效能感进行实证探索，力图发现存在的问题并寻求教育对策。

一、研究工具与对象

1. 研究工具

笔者在进行专家访谈、开放式问卷调查、权威问卷借鉴的基础上编制成研究生科研自我效能感问卷。问卷为李克特5级量表形式，分值为1表示科研自我效能感非常低，2表示较低，3表示中等，4表示较高，5表示非常高。经过探索性因素分析发现，问卷包含"胜任效能感""实践效能感""投入效能感""创新效能感""应对效能感"以及"坚持效能感"等六个因子。经过验证，问卷具有良好的信、效度，问卷的内部一致性信度和折半信度都在0.7以上，符合信度的统计学要求；问卷的结构效度各指标 X^2/df（拟合优度）小于3，NFI（标准拟合指数）、NNFI（非标准拟合

[①] 作者简介：王树涛，北京师范大学教育学部博士研究生，中国海洋大学讲师；毛亚庆，北京师范大学教育学部教育管理学院教授。

指数),CFI(比较拟合指数),IFI(递增拟合指数)、RFI(相对拟合指数)都在 0.9 以上,RMSEA(近似均方根误差)小于 0.08,这表明问卷的结构效度较好。

2. 研究对象

在北京三所高校随机抽取 370 名硕士研究生进行问卷测试,共收回问卷 346 份,有效回收率为 93.5%,其中,男生 169 人,女生 177 人;研一学生 150 人,研二学生 131 人,研三学生 65 人;文科研究生 142 人,理科研究生 121 人,工科研究生 83 人;城市学生 191 人,农村学生 155 人。对问卷回收的数据采用 SPSS 17.0 进行统计处理。

二、硕士研究生科研自我效能感的现状及特点

1. 硕士研究生科研自我效能感的总体状况

从表 1 可以看出,研究生科研自我效能感总体上处于 3.4 这一中等水平,各维度水平都处在 3.0 – 3.6 之间,其中实践效能感和投入效能感最高,接近 3.6,这说明研究生认为自己具备较好的科研实践能力,并对自己科研精力的投入充满信心;坚持效能感和创新效能感水平最差,说明来自外界的干扰和诱惑,创新的压力是抑制研究生科研动机和行为的最重要的两个因素。

2. 不同性别硕士研究生的科研自我效能感差异

表 2 显示,不同性别的研究生在科研自我效能感总问卷及每一个子问卷上都存在显著差异,男研究生的科研自我效能感要显著高于女研究生。究其原因,自身的生理和个性状态是其中一个主要因素,有学者调查了男女大学生学术能力的性别差异发现,男性大学生的理性思维能力、吃苦能力、坚持能力都要好于女性[1]。替代性经验也是其中一个重要因素,通过观察榜样克服困难的学习经验或行为模式,可以提高学习者的成功预期,使他们能够从观察过程中获得信心。但这种榜样必须与自身具有相似性,女性科学家和学者相对较少的现状使得女生在科学研究上要获取较为相似的榜样相对困难[1]。对于社会原因,通过调查男女大学生学术能力的性别差异发现,我国教育领域存在性别歧视,大学课堂中男生参与的机会显著

多于女生。另外，社会上对女博士、女研究人员的歧视等原因也使得女研究生对未来是否会继续提高学历而从事科研工作信心不足。[1]

表1 研究生科研自我效感能的总体水平

维度	胜任效能感	实践效能感	投入效能感	创新效能感	应对效能感	坚持效能感	总问卷
M + SD	3.42 ± 0.67	3.59 ± 0.61	3.55 ± 0.90	3.31 ± 0.60	3.49 ± 0.64	3.01 ± 0.76	3.40 ± 0.50

表2 不同性别硕士研究生科研自我效能感的差异

组别	胜任效能感	实践效能感	投入效能感	创新效能感	应对效能感	坚持效能感	总问卷
男（169）	3.68 ± 0.61	3.77 ± 0.55	3.73 ± 0.93	3.59 ± 0.54	3.22 ± 0.74	3.22 ± 0.74	3.61 ± 0.48
女（177）	3.16 ± 0.62	3.42 ± 0.61	3.03 ± 0.50	3.03 ± 0.50	2.81 ± 0.73	2.81 ± 0.73	3.19 ± 0.41
t	7.483**	5.579**	3.848**	9.800**	4.093**	5.210**	8.572**

注：*P<0.05；**P<0.01。

3. 城乡硕士研究生的科研自我效能感差异

表3显示，来自城市的硕士研究生的科研自我效能感要显著高于来自农村的研究生，在总问卷及胜任效能感、投入效能感、创新效能感、应对效能感以及坚持效能感等维度上都存在这一显著差异。经济和教育基础的差异，使得农村学生知识面相对狭窄，思维方式欠科学、欠灵活，其非专业群体知识的素养及专业群体知识的应用能力都要弱于城市学生；而城市学生较优越的生活和教育基础使得他们见识而较广，知识渠道较宽，在专业群体知识的应用能力，特别是非专业群体知识的具备及思维方式、组织能力方面均有较强的优势[2]。替代性经验也是其中一个原因，相对于城市研究生，农村研究生较难从相似群体中找到可以模仿的榜样。

表3 硕士研究生科研自我效能感的城乡差异

组别	胜任效能感	实践效能感	投入效能感	创新效能感	应对效能感	坚持效能感	总问卷
城市(191)	3.52±0.62	3.57±061	3.69±0.84	3.40±0.55	3.60±0.60	3.09±0.71	3.48±0.47
农村(155)	3.28±0.71	3.61±0.61	3.36±0.92	3.19±0.62	3.33±0.66	2.91±0.81	3.29±0.51
t	3.268**	-0.543	3.535**	3.249**	3.988**	2.28*	3.581**

注：*$P<0.05$；**$P<0.01$。

4. 不同学科硕士研究生的科研自我效能感差异

从表4可以看出，文、理、工三类学生总科研自我效能感及其各个维度都存在显著差异，经过事后多重比较发现，理、工科学生的科研自我效能感差异不显著，但二者水平都显著高于文科生。已有的研究表明，理、工科研究生的研究组织能力、理论构思能力、前沿把握能力都要显著高于文科研究生[3]。这可能与三类专业的性质有关，理、工科的知识内容结构化程度较高，科研方法和评价相对单一，科研结果相对确定；而文科的知识纷繁复杂，内容和结果以及评价主观性强，且存在着较大的不确定性，这些都导致文科学生在面对科研时往往因缺少程式化科研思路而对科研操作缺乏信心。另外文科学生的投入效能感以及坚持效能感等可控性行为的自信心也显著低于理工科学生，这对我们的研究生培养有重要的启示作用。

表4 不同专业硕士研究生自我效能感的差异

组别	胜任效能感	实践效能感	投入效能感	创新效能感	应对效能感	坚持效能感	总问卷
文科(142)	3.06+0.61	3.35+0.61	3.25+0.82	3.01+0.52	3.23+0.59	2.64+0.67	3.09+0.39
理科(121)	3.74+0.6	3.74+0.57	3.78+0.91	3.56+0.58	3.77+0.59	3.33+0.76	3.66+0.47
工科(83)	3.55+0.58	3.78+0.55	3.71+0.88	3.47+0.51	3.52+0.62	3.2+0.64	3.54+0.44
F	43.881**	20.671**	14.304**	38.873**	27.312**	35.731**	61.989**

续表

组别	胜任效能感	实践效能感	投入效能感	创新效能感	应对效能感	坚持效能感	总问卷
事后多重比较	理科>文科 工科>文科	理科>文科 工科>文科	理科>文科 工科>文科	理科>文科 工科>文科	理科>文科 理科>工科 工科>文科	理科>文科 工科>文科	理科>文科 工科>文科

注：*P<0.05；**P<0.01。

5. 不同年级硕士研究生的科研自我效能感差异

由表5可知，不同年级硕士研究生总的科研自我效能感差异显著，各维度除了实践效能感差异不显著外，其他各个因子三个年级的差异都达到显著水平。经过事后多重比较发现，一年级、二年级研究生在胜任效能感、投入效能感、创新效能感、应对效能感、坚持效能感等五个维度上都显著高于三年级研究生。这与有的学者的研究较为相似，他们的研究显示三年级研究生在研究组织能力、人际表达能力、理论构思能力以及前沿把握能力的感知水平都显著低于一年级、二年级研究生[3]。分析其原因，掌握性经验是主导因素，掌握性经验又称成功经验，它可以增强个人对自身能力的预期，而持续的失败经验则会降低这种预期。三年级的硕士研究生在这一年中正忙于写毕业论文，切实体验到了科研的艰辛和困难，信心上难免会受挫，加上找工作压力的日益增大，这使得研三的硕士研究生的科研自我效能感较研一学生、研二学生下降。硕士研究生在三年级是一个重要的分化期，科研自我效能感的高低直接影响着研究生是否选择提高学历、继续从事科研工作的动机，科研自我效能感的下降会使得研究生最终选择放弃学术研究这条道路。

表5 不同年级硕士研究生科研自我效能感的的差异

组别	胜任效能感	实践效能感	投入效能感	创新效能感	应对效能感	坚持效能感	总问卷
一年级(150)	3.54+0.59	3.6+0.62	3.66+0.86	3.38+0.58	3.61+0.62	3.2+0.75	3.5+0.49

续表

组别	胜任效能感	实践效能感	投入效能感	创新效能感	应对效能感	坚持效能感	总问卷
二年级(131)	3.43+0.69	3.62+0.6	3.62+0.93	3.37+0.61	3.5+0.63	2.92+0.77	3.41+0.49
三年级(65)	3.12+0.74	3.52+0.63	3.15+0.81	3.03+0.53	3.18+0.64	2.76+0.67	3.14+0.46
F	9.115**	0.667	8.309**	9.077**	10.554**	9.389**	12.472**
多重事后比较	一年级>三年级 二年级>三年级		一年级>三年级 二年级>三年级	一年级>三年级 二年级>三年级	一年级>三年级 二年级>三年级	一年级>三年级 一年级>二年级 二年级>三年级	一年级>三年级 二年级>三年级

注：*P<0.05；**P<0.01。

三、提升硕士研究生科研自我效能感的建议

1. 改革当前的硕士研究生入学选拔制度

当前的研究生选拔机制仍主要以考试成绩为主，"唯分数录取"的现象让考生将主要精力用于死记硬背书本知识，琢磨应试技巧，这导致考取的研究生素质并不理想。许多考研成绩名列前茅的学生在读研阶段却表现出许多不利于出色完成学业的因素，如吃不得苦、胆子小、体质太弱、影响学习的意外事情太多等[4]。这就需要对当前选拔考试的内容及其方式进行革新，将偏重知识的考查转向偏重科研能力、创新潜能、科研精神等综合素质的考查，具体思路可以将外语和政治作为"门槛"性考试，评价考生是否具备科研所必需的基础知识和技能，通过则不再计入总分，而进一步重点考查考生的逻辑思维能力、创新思维能力等一般性的科研能力，以及与专业领域相关的科研设计、操作能力及其培养潜力。另外，当前的考

试重点考查的是学生的科研智商，而忽略了对其科研情商的考评。崇高的科研理想、浓厚的科研兴趣、较高的科研自我效能感，能够吃苦耐劳、耐得住寂寞、抗拒外界诱惑的科研精神等都应成为研究生选拔中科研情商的考核因素。另外，改革还必须打破当前这种一考定终身的模式，加大录取工作中复试的比重。有研究表明，本科阶段成绩对于研究生科研绩效具有良好的预测效度，录取考试由于结构化程度过低而影响了其预测价值，传统的推荐信预测作用并不理想而结构化推荐信则极具潜力[5]。因此录取研究生时应该重视考生本科阶段的成绩，促进录取面试的结构化，并采用结构化推荐信加强对考生非认知性因素的考查。

2. 为硕士研究生营造良好的科研氛围和环境

从前面的研究可发现，研究生科研坚持效能感处于最低的水平。坚持效能感主要评价的是从事科研工作时当面临外界的诱惑或干扰，研究生是否仍能专注并完成自己的科研工作。在当前浮躁和功利化的学校和社会环境的熏染下，许多有着较大科研潜力的研究生不能抗拒外界的名利诱惑，而放弃继续科研之路，造成我国科技人才的不断流失。这就要求高校加强研究生科研氛围和环境的营造。①高校应对研究生的科研工作给予有效的制度支持，扩大学术研究在综合素质评比中的比重，设置研究生科研专项基金，加大对研究生的课题立项，提高对具有较大科研潜力学生的经费支持，使得研究生在课题申报、研究中增强科研意识，提升科研兴趣。②不断为研究生科研打造学术平台，建立本专业之间、师生之间、校际之间、学科之间的科研学术论坛，以分享和合作为宗旨，形成一个共同学习和促进学术的科研共同体。③导师也要不断加强对学生科研理想的教育，提升学生对科研工作前景的信心，并鼓励他们加入本学科各层次的学会和研究会等学术性组织，支持他们参加学术性会议，在聆听高水平专家的报告中提升自己对专业领域中科研工作的认同感和自信心。

3. 加强对硕士研究生创新能力的培养

研究发现，研究生的科研创新效能感处于较低的水平，这与当前国家"十二五"加强高校创新的教育战略不相符合。当前的研究生教育仍然残留着工业化前期"批量生产"的思维模式，大班教学，学生被"放羊"，师生"雇用"关系等都是这一思维模式的产物。当今社会已经进入了知识经济的时代，知识创新已取代知识批量生产成为高校的核心竞争力所在，而培养具有创造力的学生才是高等教育发展的未来。学校应建立以创新为导向的科研选拔制度、科研激励制度和科研评价制度，不拘一格地选拔具有创造力的学生，哪怕他们是偏才、怪才也应选录进来；设置研究生科研创新基金，资助具有创新能力的人才，同时扩大学生评价中科研创新的比重，进行有效的激励；课程教学中，应摒弃以往以教师为中心，学生被动接受灌输的模式，建立以学生为中心的研究生教学模式，从营造氛围入手，鼓励和提倡研究生进行自主创新．着力培养其问题意识、批判思维、科研兴趣以及动手实践的能力。

4. 加强对处境不利研究生的科研支持

分析显示，女研究生的科研自我效能感显著低于男研究生，农村研究生的科研自我效能感显著低于城市研究生，文科研究生的科研自我效能感显著低于理工科研究生，三年级研究生的科研自我效能感显著低于一、二年级研究生。针对这一状况，可采取以下措施：①为提高研究生教育的质量并促进公平，在学术研究上学校应对处境不利的研究生进行有针对性的补偿教育，例如对女研究生应该加强其创新思维、逻辑思维的训练，通过鼓励她们参与课题研究，提高她们科研实践的自信心；对文科以及农村的研究生，应提高对他们学业、科研难度的要求，对他们规定更多、更高水平的阅读、写作以及成果发表量，促进他们对科研工作的时间和精力的投入，并在实践中提升应对困难的自信心，防止其学业与科研出现懈怠；对三年级的研究生，导师应加强对他们研究方法和策略的指导，定期召开师门论文报告会，一方面对他们的研究是一个良好的督促，另一方面，他们的论文中存在的困难也能够接受导师及师门其他师生的指导。②学校可以借鉴国外的大学设置学生学业发展支持中心的做法，尝试成立专门的研究生科研支持中心，建立研究生科研督导制，聘请各学科有较好科研素养的教师对研究生的学术论文研究进行抽查和督导，为存在困难的学生进行咨询，并通过讲座、培训、团体活动等方式提升学生的逻辑思维能力、创新思维能力以及科研实践能力。另外，学校也可以倡导建立研究生科研朋辈互助协会,由优秀的研究生对处境不利的学生进行科研帮扶。

参考文献:

[1] 郑新蓉. 男女大学生的学术能力的性别差异研究 [J]. 妇女研究论丛, 2000 (2): 9-13.

[2] 张兰玲. 大学生基本素质的城乡基础差异及教育对策研究 [J]. 开封大学学报, 2001 (2): 19-24.

[3] 瞿海东, 陈慰浙. 研究生创新能力结构及差异 [J]. 中国医学高等教育, 2003 (1): 29-31.

[4] 樊秀娣. 工科女教授为何不愿招女研究生 [J]. 学位与研究生教育, 1999 (6): 44-45.

[5] 孙晓敏, 薛刚. 国外研究生选拔方式对我国研究生复试的启示 [J]. 北京大学教育评论, 2012 (1): 165-186.

通识教育在中国：大学教育理念与人才培养制度变迁

刘慧珍　洪成文

当前，我国一些大学正进行通识教育改革，这对我国高等教育发展的影响意义深远。通识教育是一项系统性工程，我们需要对关于大学的教育理念、人才培养目标、通识教育实施的途径与方法等重要问题，做出深入细致的讨论和理性的选择。而且，现实中的通识教育改革也的确正在经历这样的讨论和选择。

本文的主要目标是探讨我国大学本科通识教育理论和改革实践的主要内容，进行初步梳理和分析，了解我国高校在教育理念和人才培养模式方面，发生了哪些自发的改革和创新，并进一步探讨在大学建构科学教育理念、推进可持续的通识教育过程中，我们需要在思维方式和研究立场方面做出哪些改进。

一、背景：培养目标的困境与政策导向的转变

新中国成立后，高等教育的统一管理体制，使得高等教育办学理念和大学培养目标的制定与选择，成为国家教育管理机构的权限。对于大学应该培养什么规格的学生，以及采用什么样的课程计划来实现高校的培养目标这类问题，基本上没有学界探讨和尝试的空间和机会。高等教育理论与实践工作者，只是国家大学教育方针的学习者和执行者。

1950年制定的"高等学校暂行规程"，将高校的培养目标规定为："适应国家建设的需要，进行教学工作，培养通晓基本理论并与实际运用相结合的专门人才"。1961年高教60条规定中提出："高等学校的基本任

务是贯彻执行教育为无产阶级政治服务、教育与生产劳动相结合的方针，培养为社会主义建设所需要的各种专门人才"。并进一步规定了学生的培养目标：除了对思想道德和健康的规定外，对于学科知识的要求仅限于专业范围之内，即"掌握本专业所需要的基础理论、专业知识和技能，尽可能了解本专业范围内科学的新发展"。1952 年开始统一工科专业的教学计划，1953 年确立了国家统一设置专业的规则，1954 全国高校开始执行统一的教学计划和教学大纲，对与革命事业接班人对应的道德教育和与职业接轨的专业教育内容进行了具体的规定。这种注重道德教育和专业教育的传统，在今天的国家确立的高等教育培养目标中，依然是最为根本的特征。1999 年生效的高教法规定："高等教育任务是培养具有创新精神和实践能力的高级专门人才"，但在课程的设置方面，高校获得了一定的选择空间。

实际上，改革开放以来，人才培养过度专业化的问题早已引发多方面的关注。1986 年原华中工学院接受了原国家教委高教二司的委托课题，即"工科本科生培养目标和基本规格的研究"，调查发现不少用人单位反映大学生的文化素质较差。同时，该校高教管理班关于本科生的文化素质问题，对包括武汉大学和该校在内的 5 所武汉高校 83-86 级在校生实施了调查。调查数据显示，有 96.8% 的被调查对象认为自己文化素养欠缺，或者比较欠缺。有 72.4% 的学生认为，很有必要加强大学生的文化素质教育，另有 25.5% 的学生认为，有必要加强文化素质教育。所以，加强大学生的基本文化素养不仅是社会的要求，也是学生的内在要求，且两方的要求都很强烈。[1]文辅相是较早认识到我国高校培养目标问题的学者之一，他认为我国高校的培养目标存在三个主要问题：普教目标淡化、科学教育目标层次偏低和个性发展受到忽视。[2]教育实践过程中，一些有远见的高校也开始了对传统专业教育模式进行自发的改造，如复旦大学在 20 世纪 80 年代，就明确提出了要推行通识教育，现今复旦的通识教育模式已成我国大学通识教育改革的标杆之一。

学者的声音、现实的呼唤以及学校的自发行动获得了来自高教管理层面的良好回应。1995 年原国家教委高教司颁发《关于开展大学生文化素质教育试点工作的通知》，要求高校确保大学生不仅学好本专业，也能提升专业以外的人文社会科学、自然科学以及文化艺术有关基础知识和基本修养，使专业人才具有较高的文化素质。同年，确定了包括北大在内的52所学校为试点高校，其主要任务是制定加强大学生文化素质教育的实施方案、制定大学生应该学习的名著、名曲和名剧的目录，以及加强教师队伍建设。原国家教委负责高教工作的副主任周远清明确表示：抓大学生文化素质教育这项工作，"不仅仅是为了提高学生的文化素质，而是希望通过这项工作改革我们的人才培养模式、教育观念和教育思想"。[3]

1998年，教育部再次颁发《关于加强大学生文化素质教育的若干意见》，确定将素质教育作为高校教学改革的重要任务，明确了加强大学生素质教育的内涵、要求和途径，并将文化素质教育列入本科教育评估内容。同年年底，教育部选择在32个高校设立"国家大学生文化素质教育基地"，同时成立了由45位著名学者组成的"高等学校文化素质教育指导委员会"，负责指导监督素质教育基地建设工作、研究文化素质教育理论与实践、制定素质教育目标和评价方法，为教育部提供相关的政策咨询意见和建议。

在素质教育改革试点之后，中共中央和国务院于1999年6月联合颁发了《关于深化教育改革全面推进素质教育的决定》。该文件规定："实施素质教育，就是全面贯彻党的教育方针，以提高国民素质为根本宗旨，以培养创新精神和实践能力为重点，造就'有理想、有道德、有文化、有纪律'的德智体美等全面发展的社会主义事业的建设者和接班人"。对于大学的要求是："高等教育重视培养大学生的创新能力、实践能力和创业精神，普遍提高大学生的人文素养和科学素质"。

原有的大学培养目标与社会发展和学生需求之间的显著差距，加之国家强化学生素质教育导向提供的政策空间，为大学通识教育理念在中国落地提供了生存与生长的机遇。但也正是由于这种背景的局限性，使得我国大学通识教育理论研究与通识课程改革实践，遭遇了一些必须面对与解决的现实矛盾。

二、进展：更新理念与重构课程

参与通识教育研究和实践的学者认为，通识教育概念的提出与应用，本质上是对现行大学办学理念和学生培养目标的纠偏或修正。新目标的选择和支持目标实现的课程设置,在很大程度上取决于如何理解和把握通识教育的内涵。而且,这种理解还会影响到如何处理与传统教育对接的通识教育课程设计。

1. 对通识教育概念内涵的理解

原有的大学教育目标不能满足现今的社会与学生需求,通识教育可以作为摆脱这种困境的一种选择,这一点在学者中已经达成了共识。

港台地区对通识教育的探索和实践要远早于内地,在理论和实践方面都有一定积累。曾任台湾通识教育学会理事长的黄俊杰,基于对台湾大学问题的反思,提出了对于通识教育内涵的理解。他认为:"战后台湾高等教育最根本的问题在于:教育主体的失落。也就是说,战后台湾的高等教育基本上是作为促进经济发展或整军经武的工具,'教育'部门是为了经济部门与政治部门而存在。"通识教育作为高等教育改革的策略,就是要去除大学的工具性,找回失落的主体性。在此前提基础上,"'通识教育',就是一种建立人的主体性并与客体情境建立互为主体性关系的教育,也就是一种完成'人之觉醒'的教育"。[4]

曾主政于香港中文大学的金耀基,一直在持续地探讨大学教育理念问题。他提出,大学培养受过良好教育的"知识人",其合理的信仰是科学人文主义。所以,"一个大学生应该对人类知识文化有相当程度的了解,对自己民族的学术文化有一基本的欣赏和把握,同时,他应该养成一种独立思考、判断的能力;一种对真理、对善、对美等价值的执着的心态"。"大学除了提供知性功能以外,也应该肯定'实践理性'的重要性,培养现代社会公民的能力与价值观"[5]他认为,在学术日益专业化、高校的专业课程越来越窄之后,通识教育概念的意义得以凸显。学科综合问题,对当代高等教育的知识组织与教育模式提出了重大挑战。通识教育的作用在于平衡专业教育,在于重新思考大学教育的定性与定位问题。

陈向明认为,通识教育,"既是大学的一种理念,也是一种人才培养模式。其目标是培养'完整的人'(又称"全人"),即具备远大眼光、通融识见、博雅精神和优美情感的人,而不仅仅是某一狭窄专门领域的专精型人才"。[6]她进一步分析认为,通识教育概念涉及三个层面的教育含义,作为教育理念，通识教育强调大学的教育目标是培养健全的人，"完整人"的价值要重于专业能力的价值，为学生提供面向所有人的普适性教育，也是大学的"人本"办学理念；通识教育也是对大学教育内容的廓清，课程要将人文、社会和自然科学知识进行整合，给学生提供学习和运用知识所需的融会贯通的知识架构；通识教育也是区别于专业教育的一种教育模式，其中除包含通识教育目标、教育内容外，还有实施通识教育所需相关制度安排，以规范通识教育的实施过程。所以，通识教育是对高等教育功能和教育目的的选择。[7]

余凯认为，"通识教育注重人的自由和全面的发展，将人的否定性、评判性视为基本的价值取向，重视人的自我完善和生命价值，通过教育赢得理性和独立，引导人类从必然王国走向自由王国"。[8]他认为只有把握了通识教育的这种哲学含义，并将之确定为高校的教育价值观，通识教育才能将高校从短视的专业教育中解救出来。张东海认为，通识教育是人本价值主导的全人教育，是一种通过跨学科整合达到涵养人文精神的教育理念。[9]他认为，目前国内的通识教育理论讨论中存在的一些认识问题，如将两课和军训等课程作为通识教育内容，是对通识教育内涵误读的结果。

上述对通识教育概念界定或内涵解释个案中，包含着一些明确和重要的共识，即通识教育的目的，是转变高校的教育理念，即从工具主义立场转变为人本主义的立场，学校本科教育的培养目标应该是具有独立性和责任感的社会公民；通识教育要整合人文、社会与科学知识，让学生成为具有人文精神和社会责任的高层人才。但在对本科培养目标的把握以及理解通识教育和专业教育等的关系方面，还存在分歧。这些分歧，在一定程度上源于研究者所处的社会和教育环境条件影响，同时，也反映了研究者看待通识教育的视角和诉求方面的差异。

2. 通识教育课程与培养制度的建设

通识教育理念的落实，需要有与其相配合的课程体系和教学制度改革。改革开放初期，过度专业化问题引起学界注意，开始有一些高校作为先行者，尝试通过课程和教学管理改革提升本科生的综合能力的培养质量。早在1985年南京大学从少年班开始实行2+2的培养模式，用一半的本科教学时间来强化学生发展所需的全面的知识和能力基础。经过一系列的调整和改革过程，到1998年南京大学成立基础学科教育学院，对全校本科学生教学都采用通识教育课程模式，并随着学生年级的升高，课程内容呈现由博到专的渐变过程，为学生提供多次专业方向的选择机会。学生发展的结果证明，南京大学的通识教育课程和制度尝试是成功的。

从国家推出素质教育试点到"全面推进素质教育"，高校在课程改革方面获得了一定的自主空间。政策的松动，使更多的学校除了进行素质教育改革外，开始对本科生培养的长远目标进行更为深入的思考和选择。同时，从知识、社会与个人发展的关系角度，思考和尝试建构合乎教育规律、适应性更强、更稳定的课程体系。南京大学、复旦大学、北京大学、南京师范大学和人民大学等高校，在通识教育课程内容的选择和培养制度安排方面，取得了一些有价值的经验。

通识教育课程建设涉及课程内容的选择、形式和结构的组织安排。在通识教育课程问题的讨论中，我们发现，尽管在通识教育理念的把握上，学者们使用的是广义的通识教育概念，即大学应该给予本科生包括专业知识在内全面的教育，让学生成为"完整的人"。但在进入课程建设层面时，通识课程概念中的通识教育则转变为仅指非专业教育的狭义通识教育概念。所以，有关通识课程设计的理论分析和课改实践，基本上都只是关于非专业教育内容的选择和组织安排问题。基于与专业教育关系这一基础，通识教育课程的设计形成了"横向并列"与"纵向整合"两种通识课程模式。

横向并列通识课程模式的指导思想是，为学生提供"在通识教育基础上的宽口径专业教育"，课程包含并列的专业课程与通识课程两大组成部分。南京师范大学、中国人民大学和清华大学等学校的通识课程都采取横向并列模式，但在通识课程的内容、学分要求上各校有所不同。如南京师范大学2011版本科生培养方案，对本科生的专业学习内容和通识课程内容进行明确的规定，通识课程由公共课和博雅课程构成，学生公共课要修满40学分（理科39学分），博雅课程要修满10学分。南师大2010年春季学期开设的博雅教育课程包括人文与社会、科技与社会、艺术与人生、中国与世界、政治与法律大类，共计156门课程。[10]中国人民大学在2007年成立"通识教育委员会",本科通识课程分为三大类:人文、社科和自然科学,同时向学生提供人文艺术、管理、经济、法政和理工五大学科门类的共同课。该校通识课程的突出特点是重视中国古典原著的学习。[11]清华大学2006年修订的通识课程包含两类,其一是为加强学科专业间内在联系的八个课程组合:历史与文化、语言与文学、哲学与人生、科技与社会、当代中国与世界、艺术与审美、法学、经济与管理、科学与技术;其二是包含在八大类之中的"文化素质通识教育共同核心课程"。本科生必须在八大课组中选修13学分的课程内容,其中必须有两门4个学分的文化素质通识教育核心课程。"设置核心课程的目的是要在全体学生中建立一个共同的文理知识基础和思想价值体系。"[12]

纵向整合的通识课程模式,是让通识教育课程为学生的整体发展打好基础,此后形成的综合心智能力可以应用到所有学科的学习过程中。所以,将通识课程与专业课程分阶段进行,通识课程先于专业课程的学习:本科一年级、二年级学习通识教育课程,三年级、四年级进入专业课程的学习阶段。纵向通识课程模式是与学校本科生培养模式改革相伴而生的,这种模式中学生可以在学习一到两年通识课程之后进行专业方向的选择,甚至可以进行多次选择,如复旦大学的复旦学院制度,南京大学的匡亚明学院制度,都为本科生通识教育构建了比较适宜的课程结构和管理体制。

复旦大学于2005年建立了专门负责本科新生通识教育的复旦学院,主要的工作内容是本科生课程建设与管理、教学管理和书院生活管理。该学院为本科一年级(个别专业至二年级)各个专业的学生提供的通识课程包含三个板块:综合教育、文理基础、专业基础的文理综合课程内容。在文理综合课程中包含有六类通识教育核心课程:文史经典与文化传承、哲学智慧与批判性思维、文明对话与世界视野、科技进步与科学精神、生态环境与生命关爱和艺术创作与审美体验,首批推出50门核心课程,且在逐年增加。每门核心课程均为2个学分,学生必须修满12个学分的核心课程,才能从复旦学院毕业,进入到专业学院的学习阶段。[13]推行通识教育、回归教育本质是复旦大学一直坚持的办学理念。在2012年秋季新学期,复旦大学副校长陆昉表示,"按照我们的改革设想,在3-5年后,复旦学院将覆盖整个本科教育阶段,成为真正意义上的本科生院"。[14]

南京大学的匡亚明学院成立于 2006 年，是在 1998 年成立的基础学科教育学院基础上转制而成的，其办学思想是"建立和完善以通识教育与个性化专业培养相结合的人才培养体系"。匡亚明学院与专业学院结合，实行 2 + 2 培养模式，一年级、二年级在匡院接受通识教育课程；三、四年级在专业学院接受专业课学习。匡院的课程设计原则是，"注意各个学科领域中知识的连续性和完整性，不偏重于某一专业，为培养个性化人才提供足够的时间与空间"。匡亚明学院为全体本科一年级学生提供通识教育课程，主要包括两课与文化素质课、英语、信息技术、语文与写作、心理学和名师导学课程。二年级进入到以大文科和大理科分类为基础的综合课程阶段，鼓励学生选修多种学科的课程，在对各个专业有比较多的了解和学习感受后，再选择适合自己的专业学院。[15]在这种课程制度下，本科学生的学习处于不断加深体验、不断选择的过程中。学生有两次甚至更多的专业选择机会，保证了个性化学习和发展的积极性，也为教学质量提升做出了很好的贡献。可以说，南京大学通识教育课程的独特性，就在于比较好地整合了强化知识的系统性与尊重学生个性发展的关系。

在横向并列与纵向整合的通识课程模式之外，还有一些高校采取了以横向并列为主要模式，同时设计了面向少数优秀学生的纵向整合课程实验的"混搭模式"，例如北京大学的元培计划、北京师范大学的励耘实验班，都是与本科生的通识课程并存的。不过这种通识教育模式容易产生人为的制度矛盾，给学生造成学习困难。[16]比较而言，还是纵向整合的通识课程模式更能体现通识教育的基本理念。

三、反思：现实问题与持续发展

尽管从复旦提出推进通识教育已有 30 多年了，但只是在 1995 年加强本科生素质教育政策出台之后，才有更多的学校进行通识教育研究与实践。所以，我们依然还处于通识教育的起步阶段，仍然要面对和解决很多理论和实践方面的问题，才能确保通识教育走向成熟和持续发展。

1. 理念整合与制度约束困境

虽然在通识教育的基本理念上，学者们和一些先行大学能够取得基本的认同，但落实这些源于高等教育内在规律的理念，却要面对如何与政府注重大学外在功能的办学方针进行整合的问题。该问题是制约通识教育发展的重要问题之一，既有认识视角的原因，也体现为现实制度的影响。

与此整合问题相关的矛盾是多层次的。最为表层的问题是政府推行的素质教育与学校倡导的通识教育之间的关系问题。对此学者有不同的考虑，课程设计也有不同的处理，如有学者认为素质教育与通识教育处于两个不同的文化范畴，从理念到教育内容和课程结构都有差异，而素质教育更符合我国的国情。[17]陈向明则认为，通识教育是更为反映教育宗旨的上位概念，外延上涵盖了素质教育的目标，或者说素质教育追求的只是通识教育的目标之一。[18]在通识教育研究与课程建设中，更普遍的现象是认为通识教育与素质教育概念所指示的教育现象是相同的，所以两个概念可以自由地交替使用，素质教育课程自动代表了通识教育课程。[19]概念不清造成通识课程改革实践中的一些问题，如课程目标缺乏统一性、课程结构不合理等。此外，现实上还有思政教育、素质教育和通识教育的关系问题、国家对学校课程的刚性规定与通识教育课程空间不足等问题需要解决。

再深一层的问题是通识教育与专业教育关系问题的理解和实操分歧。虽然学者们都认为，倡导通识教育并不抵制专业教育，是纠正专业教育区隔过细的褊狭。但具体到如何处理二者的关系时，分歧就显现出来了：一种观点认为，当代科学发展的主流还是专业越分越细，科学与社会的进步，主要是靠"专精"的知识和人才。"我们现在提倡学科的交叉渗透和综合，是为了克服在处理科学和社会问题中忽视整体性和综合性的倾向，最终还是为了保证更好的'专精'"。[20]这种认识符合国家目前还在坚持的本科生专门人才教育目标。另一种观点则认为，"在本科教育阶段，学生学会以学术的方式来思考问题，是一种非常必要的修养"。大学的专业是通识教育的一部分，专业教育要为博雅服务，"专业教育可以被理解为通识教育的完成形态"。[21]陈向明则主张，用通识教育整合专业教育，专业教育是通识教育的组成部分，二者不是并列、对立和区隔的关系。[22]比认识上的分歧更为现实的是，如何将学校的通识教育目标与国家对专门人才的需求进行整合的问题。

最后，也是最为深层的关系，源于美国的通识教育理念是否适合中国高等教育，即本土化和国际化的关系问题。这种二元对立思维引发的问题，不止是高教界独有的，是改革开放以来几乎所有涉及横向参考各个领域的国际发展经验时都会遇到的老问题。

2. 平衡的基础与持续发展的合力

若使通识教育能够持续发展，我们需要整合通识教育研究和课程建设中的二元对立视角，也需要协调学界自发追求的变革与国家教育制度、政策的规范与价值导向。二元视角问题，有传统思维方式的惯性，更直接的原因是通识教育启动背景的局限。不可否认，无论学界引入通识教育理念，还是国家制定的素质教育政策，都起因于对高校专业设置和学生发展过度专业化的纠偏。在这种简单的线性对应关系中，两级对立干扰是不可避免的。寻求通识教育发展的基础，保持通识教育理念与课程建设所涉各种关系之间的平衡，需要我们转换立场，跳出这种倒逼式改革在解决问题时受制于对应性问题的困境，追求从本质上、整体上和长远发展的综合视角来认识和实施通识教育。

通识教育作为高校的办学理念与教育模式，客观上要求我们要回到对高等教育自身的认识和把握上来处理问题。如果我们承认高等教育作为人类的社会活动，具有超越社会文化限定的自身规律性，那我们就不会否认，整合在"学科间被分离、肢解和箱格化"的知识，并凭借这种对知识的组织和传递过程，教会学生适应和改造复杂的整体性社会生活，是当代各国高等教育必须面对和解决的共同问题。

承认高等教育自身的规律性，我们的政策制定者和学界就应该在这个共同的基础之上，来思考如何将对本科生培养的具体需求与高等教育自身的内在要求很好地统一起来，做出符合高等教育规律也反映我国社会特征的改革。政府和学界要携手研究本科生培养目标和课程建设改革问题，对违背高教规律和落后于社会发展的教育思想、政策和制度，做出彻底的清理，才能保障通识教育的完善和发展。对于在设立之初就忽视高教规律的现行本科生培养目标和课程体系，仅仅修补是不够的。我国高教的发展历史证明，忽视高教自身规律的教育努力，不仅难以达到期望所求，还会引发新的问题，如扩招。社会制约性只会影响教育本质的表现方式，不能改变和取代教育自身的规律性。

另一个需要坚持的是整体性原则。具体到高等教育问题的处理，整体性有两层含义：其一，是解决教育问题时，要考虑高等教育系统的整体性，不能头疼医头脚疼医脚。实际上，任何一个高教局部问题的背后都会有其系统原因。如最近社会对高校教育质量的担忧，就与高教系统长期没有独立性，不能坚持学术标准有关。这也包含了我们应该坚持的整体性的第二层含义，即要将高等教育和整个社会作为一个整体，不能将高等教育仅作为服务于社会的工具，更不能为解决某些社会问题而牺牲高教。法国社会学家莫兰认为："在学校和社会之间存在着一个圆环，每一项都产生另一项，所以施加于两项中之一的任何改变性的干预，都趋于在另一项上引起改变"。[23]笔者认为，这种循环改变的性质取决于高校与社会的关系性质，将高教作为工具则形成互相损害的恶性循环，其中最大的风险，是社会失去了活力和创新能力。

现代社会及其发展趋势，具有高度分化同时又不断重新综合的特点。莫兰提出了用复杂性原则，即"旨在将分离的东西联系起来"进行思考和处理问题的方法，来处理现代社会中的教育问题。所以，"教育的任务不是传授纯粹的知识，而是传授使我们据以理解我们的地位和帮助我们进行生活的文化，它同时促进一种开放的和自由的思维方式"。他还进一步分析了只是"分解的智慧"，对学生发展和解决社会问题时所具有的严重局限性，因为学科的分化也带来了知识分割和因而产生的盲目和无知。大学推进了知识的分化，也要对知识的重新整合负起责任。莫兰提出了任何社会的教育不能排除的七种基本的知识：关于知识中的盲点的认识、认识的适切性原则、关于人类地位的认识、关于地球本征的知识、迎战不确定性挑战的知识、人类相互理解的知识和人类伦理学。他认为，这"七种'基本的'知识是未来处于任何社会和任何文化中的教育毫无例外都不能排除的，而只应根据每个社会和文化的特有风尚和准则加以处理"。[24]这个基本的知识框架，也许可以为我们思考和设计具有稳定性和长远意义的通识教育提供有益的参考。

参考文献：

[1] 文辅相,赵月怀.大学生的基本文化素养与理工院校的文科建设[A].朱九思,姚启和.高等教育论丛[C].武汉:华中理工大学出版社,1988:182－187.

[2] 文辅相,提高学生整体素质,促进社会全面进步——对未来中国高等教育目标的思考[J].教育研究,1994(11):31－36.

[3] 周远清.加强文化素质教育,提高高等教育质量[J].教学与教材研究,1996(1):4－7.

[4] 黄俊杰.大学通识教育的理念与实践[M].武汉:华中师范大学出版社,2001:22－27.

[5] 金耀基.大学之理念[M].北京:三联出版社,2001:11,165.

[6] 陈向明.大学本科通识教育实践研究[J].大学·研究与评价,2008(4):91－96.

[7][16] 陈向明.大学通识教育模式的探索[M].北京:教育科学出版社,2008:78－79,29.

[8] 余凯.关于我国通识教育的调查分析[J].现代大学教育,2003(1):87－91.

[9] 张东海.通识教育:概念的误读与实践的困境[J].复旦教育论坛,2008(6－4):20－23.

[10] 南京师范大学教务处.2010年春季学期博雅教育课程选课的有关说明[EB/OL] http://jwc.njnu.edu.cn/ShowArticle.aspx/2009－12－22.

[11] 洪大用,张晓京,刘东风.打造通识教育的"人大模式"——主体教育与全面发展[C].熊思东等.通识教育与中国大学:中国的探索.北京:教育科学出版社,2010:91－104.

[12] 庞海芍.通识教育:困境与希望[M].北京:北京理工大学出版社,2009:267－284.

[13] 熊思东,李钧.复旦大学的通识教育理念与实践[C].熊思东等.通识教育与中国大学:中国的探索.北京:教育科学出版社,2010.91－104；乐毅.复旦本科通识教育改革的经验及启示——核心课程、讨论课、助教制[J].理工高教研究,2008(27－2):58－61.

[14] 陈竹,周凯.复旦大学成立本科生院:通识教育贯穿4年.中国青年报,2012－09－17(3).

[15] 许望. 大理科模式与通识教育——南京大学匡亚明学院通识教育改革的实践和探索 [C]. 熊思东等. 通识教育与中国大学：中国的探索. 北京：教育科学出版社, 2010：105-114.

[17] 杨叔子, 余东升. 文化素质教育与通识教育之比较 [J]. 高等教育研究, 2007 (28-6)：1-7.

[18][22] 陈向明. 对通识教育有关概念的辨析 [J]. 高等教育研究, 2006 (27-3)：64-68.

[19] 李曼丽, 杨莉, 孙海涛. 我国高校通识教育现状调查分析——以北大、清华、人大和北师大四所院校为例 [J]. 清华大学教育研究, 2001 (2)：125-133.

[20] 王义道. 当代大学理念与通识教育的再思考 [J]. 北京大学教育论坛, 2009 (3)：99-111, 191.

[21] 王德峰. 从大学理念看通识教育的方向与道路 [J]. 复旦教育论坛, 2006 (4)：25-28.

[23][24] 埃德加·莫兰. 复杂性理论与教育问题 [A]. 北京：北京大学出版社, 2004：89, 6-93.

增值评价与高等教育质量保障研究：
理论与方法述评[①]

李湘萍　周作宇　梁显平[②]

增值评价作为一种发展性评价方法，目前主要运用于基础教育阶段的学校效能评估、学生学业成绩测评等方面。相较于基础教育阶段，高等教育属于专业教育，大学生的身心发展也更加多元、复杂，增值评价在高等教育领域内的应用目前还比较有限。在当前全球高等教育质量保障的普遍诉求背景下，如何科学评价高等教育机构自身的效率和效力，特别是如何评估高等院校之于学生的影响力，如何精确测量大学四年学生各方面发展状况及其增值幅度，成为国内外高等教育研究领域的热点和难点。在此背景下，国内外已有一些研究涉及增值评价与高等教育质量保障问题，探讨增值评价在高等教育质量评估方面的适用性及前景，本文从理论基础和研究方法两个方面进行了梳理和探讨。

一、增值评价与高等教育质量保障：理论基础

1. 高等教育中的增值评价

在高等教育情境下，所谓"增值"是指大学教育对学生学业成就以及毕业后的工作、生活所带来的积极影响，而增值评价即是对这种影响程度

[①] 基金项目：本文系国家自然科学基金资助面上项目"我国本科人才培养质量研究"（项目号：71173022）成果之一。

[②] 作者简介：李湘萍：北京师范大学教育学部高等教育研究所副教授；周作宇，北京师范大学教育学部高等教育研究所教授；梁显平：北京师范大学教育学部高等教育学专业硕士研究生。

的测量①②。由于大学生毕业后工作、生活等方面的数据难于获得,目前增值评价主要运用于大学生在校期间学习成果评估及其各方面发展状况的监测。从经济学角度来看,增值评价属于教育生产函数范畴,通过监测大学生学习成果及其增值幅度,将大学对学生发展的影响从其他诸多因素中分离出来,评估大学之于学生的影响力,从而最终考量高等教育机构的内部效率和效力③。增值评价的结果有助于深入解释高校对学生发展的影响机制,为改进高等教育质量提供依据。

2、增值评价的理论基础

增值评价同时关注大学生学习的起点、过程与结果,其所体现的过程性、发展性评价理念,本质上来源于人的发展理论,而20世纪60年代以来兴起于美国心理学界的大学生发展理论是人的发展理论在高等教育情境下的运用,它为增值评价在高等教育领域的应用奠定了坚实的理论基础。

20世纪60年代,在心理学领域形成的大学生发展理论体系本质上是人的发展理论在高等教育情境下的运用,其基本目标是解释大学生在四年的学习生活中,怎样发展成为了解自我、他人及世界的成熟个体的过程。在大学生发展理论集群中,最具代表性的流派包括个体与环境互动理论、认知结构理论、社会心理与认同发展理论、类型理论、整合型理论④,这些理论分别论及了大学生在四年的学习生活中,个体与校园环境的关系,个体所经历的认知、情感、能力与认同等方面的发展,学生群体间的人格类型差异,大学在学生发展过程中的介入作用等问题。大学生发展理论对学生发展过程、结果及其影响因素的深入探讨,使其成为高等教育情境下增值评价的理论基础。

在上述代表性的大学生发展理论流派中,个体与环境互动论是基础性

---

① Alexander W. Astin. Achieving Educational Excellence. Jossey – Bass, 1985 (60 – 61).
② Benjamin R. Measuring the Difference College Makes The RANDCAE Value Added Assessment Initiative [J]. Peer Review, Winter/Spring 2002.
③ LyJaap Scheerens, Cees Glas and Sally M. Thomas. Educational Evaluation, Assessment, and Monitoring, a Systemic Approach. Swet s &zeitlinger publishers. 2003..
④ Nancy J. Evans et al. Student Development in College: Theory, Research, and Practice [M]. San Francisco: Jossey – Bass, 1998; Nancy J. Evans et al. Student Development in College: Theory, Research, and Practice (2nd ed.) [M]. San Francisco: Jossey – Bass, 2010.

理论，为其他流派的学生发展理论研究奠定基础。该理论强调学生个体与大学环境的相互作用，重点解释大学校园环境如何影响学生各方面的发展[1]。个体与环境互动论最重要的代表人物是阿斯汀，他在数十年大规模追踪调查及对动态数据的持续研究基础上，于20世纪70年代末、80年代初提出了著名的学生参与理论（Student Involvement Theory）[2]。该理论认为，大学生在有意义的活动中投入的时间和精力越多[3]，他们从大学经历中所得到的收获就越大。学生参与的形式丰富多样，既包括学术参与，也包括课外活动参与以及人际互动；同样，学生发展的内涵也十分广泛，既包括认知发展，也包括道德情感以及能力人格的发展。学生参与理论自创立以来，引发了后续海量研究和讨论，其原因在于它所蕴含的独特性和重要性，相较于其他的学生发展理论，学生参与理论更为关注学生发展的过程而不是结果，视学生投入的时间精力为大学重要的财富和资源。学生参与理论中所包含的"参与""过程""全人发展"等思想内核对增值评价理念与方法的完善，以及增值评价在高等教育中的应用均产生深刻影响[4]。

二、增值评价与高等教育质量保障：实证方法

1. 适合于增值评价的数据如何获得

（1）关键指标的度量

在高等教育情境下，学生的学习成果（Student Learning Outcomes）是

---

[1] 克里斯汀·仁. 学生发展理论在学生事务管理中的应用[J]. 李康译. 高等教育研究, 2008（3）：19-27.

[2] Astin, A. W. Four Critical Years: Effects of College on Beliefs, Attitudes and Knowledge [M]. San Francisco: Jossey-Bass, 1977; Astin, A. W. Student Involvement: A Developmental Theory for Higher Education [J]. Journal of College Student Personnel, 1984, 25: 297-308.

[3] 受罗伯特·佩斯（C. Robert Pace）"努力质量"（Quality of Effort）模型的启发，阿斯汀的学生参与理论不仅关注学生在有意义活动中投入的时间精力数量，同时更加强调投入的质量。此后，乔治·库（George D. Kuh）进一步拓展了"学生参与"（Student Engagement）的内涵，他认为学生参与不仅指学生的投入，也包括大学为促进学生参与所提供的各种服务和支持，学生的投入和学校的环境支持相辅相成，均属"学生参与"的概念范畴。

[4] 李湘萍, 马娜, 梁显平. 美国大学生学习评估工具分析和比较[J]. 现代大学教育, 2012（1）：30-35.

增值评价的关键指标,如何界定和度量将直接影响评价结果①。皮特·尤厄儿(Peter T. Ewell)认为大学生学习成果是指学生参与一系列学习体验后,在知识、技能、能力等方面的收获,根据不同的标准,可以将学生学习成果分为认知、非认知的,心理、行为的,在校期间、大学毕业后的成果②。学生学习成果的概念界定是广义的、宽泛的,但在具体度量时,则是狭义的、具体的,例如,在美国以及 OECD 的高教评估中,对学习成果的度量主要采用"核心认知能力"或"一般技能",主要包括书面交流能力、逻辑推理能力以及批判思维能力,其目的不仅在于考察大学生四年就读期间核心能力的发展状况及其增值幅度,还在于增值评价的结果可以进行跨校、跨地区、跨文化的比较。当然,随着人们对大学生学习成果概念的理解不断加深,在具有通识性、一般性的"核心认知能力"之外,不同学科学生的专业技能,以及诸如情感、态度、人格等非认知层面的学习成果,也将逐步纳入增值评价关键指标度量的范畴。

(2)数据获得途径

大学生学习成果的数据信息主要来自以下三个渠道:标准化测试、自陈式量表、课业考试成绩(College Grades),其中标准化测试与自陈式量表是增值评价数据获得的最主要途径,在当前美国高教评估界,这两种途径可以说势均力敌,各有千秋。

标准化测试通过直接、客观、标准化地测量大学生核心认知能力,实现对大学生学习成果的增值评价。为解决高等教育评估中的重投入轻产出以及可比较的教育成果严重缺乏等问题,2006 年,美国成立"自愿问责系统"(Voluntary System of Accountability,VSA),该系统主要目的是测量"核心教育成果",促进公众对高等教育机构运转的理解。VSA 中用于评估大学生学习成果的标准化测试主要由美国教育考试服务中心(Educational Testing Service,ETS)等专业考试机构开发,代表性的测试包括:《ETS 学术熟练程度测评》(*ETS Proficiency Profile*,EPP)、《大学学习评估》(*The*

---

① 在美国高等教育评估中,约 90% 的经费投入学生学习成果评估,其余 10% 经费投入认证与问责,可见学生学习成果评估在整个高等教育评估中的核心地位。

② Peter T. Ewell. Assessing Educational Outcomes. New Directions for Institutional Research [M]. San Francisco, Calif: Jossey – Bass, 1985.

Collegiate Learning Assessment，CLA)、《大学生学术熟练程度评估》(*Collegiate Assessment of Academic Proficiency*，CAAP)、《大学生学术熟练度与进步测量》(*Measure of Academic Proficiency and Progress*，MAPP)、《基础学科测试》(*Basic Academic Subjects Examination*，BASE) 等。这些标准化测试主要测量大学生的核心认知能力，包括书面交流能力、逻辑推理能力以及批判思维能力，其目的是考察大学生四年就读期间核心能力的发展状况及其增值幅度，从而评价高等院校之于学生的影响力。VSA 建议高校可根据各自情况，从以上多种测试中任选一种来收集本校学生学习成果的数据信息，从而进行增值评价①。借鉴美国经验，国际组织如 OECD 也开发出相关的标准化测试，用于大学生学习成果的增值评价，如《高等教育学习成果评估》(*Assessment of Higher Education Learning Outcomes*，AHELO)，主要测试大学生的一般技能，测试结果期望可以在成员国之间进行跨文化的比较；除了一般的通用性技能，AHELO 还致力于测试不同学科学生的专业技能，如分专业测试经济学和工程学专业学生学习成果。

自陈式量表通过自我报告型问卷调查，由学生自陈课内外学习、活动的参与情况，以及自我感受到的个体发展和收获情况，间接地实现对大学生学习过程和结果的增值评价。在当前美国高教评估界，比较有代表性的自陈式量表包括：《CIRP 新生调查》(*CIRP Freshman Survey*，CIRP – FS)、《CIRP 大四学生调查》(*CIRP College Senior Survey*，CIRP – CSS)、《大学生就读经验调查》(*The College Student Experiences Questionnaire*，CSEQ)、《全美大学生参与度调查》(*National Survey of Student Engagement*，NSSE)、《加州大学本科生就读经验调查》(*University of California Undergraduate Experience Survey*，UCUES) 等。这些自陈式量表的设计理念根源于大学生发展理论，学生的背景特征、院校组织特征、学生参与经历、学生的发展和收获是这些量表频频涉及的内容②。

---

① Richard J. Shavelson. A Brief History of Student Learning Assessment: How We Got Where We Are and a Proposal for Where to Go Next (Washington, DC: Association of American Colleges and Universities, 2007).

② 李湘萍，马娜，梁显平. 美国大学生学习评估工具分析和比较 [J]. 现代大学教育，2012 (1): 30 – 35.

在获取增值评价所需的学习成果数据方面,标准化测试与自陈式量表各有其优势和弊端。通过标准化测试所得数据能直接反映大学生的核心认知能力及其增值,测试成绩客观,数据易于收集和统计,具有较高的信度和效度。而标准化测试的弊端则主要体现在以下三个方面:首先,这些测试主要测量学生核心认知能力,未能涉及诸如情感、态度、人格等非认知层面的学习成果。其次,这些测试测量的是学生一般的认知能力,而高等教育是专业教育,标准化测试未能体现不同专业学生学习成果的异质性。最后,由于标准化测试是由学生以及学校自愿参加,学生参加测试的动机高低会影响测试效度。相对于标准化测试,通过自陈式量表所得数据能更加丰富地反映大学生课内外学习、活动的参与情况,以及学生主观感受、态度等方面,且施测较为简单,但前提是被调查者最了解自己并能如实报告自身情况,因此自陈式量表的主要缺点是测量效度不易建立。

就高等教育管理实践而言,标准化测试与自陈式量表各具不同的政策指导取向。标准化测试侧重考察学生学习结果,尤其是核心认知能力的增值情况,这类数据对改进教师的教学过程以及学生的学习过程有重要意义,且有助于在不同学校之间比较学生学习成果的差异,探求差异背后的院校层面影响因素[1]。自陈式量表侧重调查学生的学习过程、经历以及感受,对改进高校教学管理、学生事务管理过程有重要意义。

标准化测试与自陈式量表各有千秋,其政策指导意义也有所不同,研究者应扬长避短,充分利用这两种途径获取数据,深入分析大学生学习成果增值及其影响因素。在高等教育实践中,管理者应充分掌握这两类数据,客观、全面地了解学生学习过程与结果,为高校人才培养制定科学决策。

2. 如何对数据进行分析

通过标准化测试与自陈式量表获得相关数据后,国内外学者主要运用分数差值法、多元线性回归模型(Multivariable Linear Regression Model)以及多水平分析模型(Hierarchical Linear Model,HLM)这三种方法对数据

---

[1] Gary R. Pike. The Relationship between Self Reports of College Experiences and Achievement Test Scores [J]. Research in Higher Education, Vol. 36, No. 1, 1995.

进行统计分析，从而最终实现对大学生学习过程和结果的增值评价。

首先，分数差值法。如前所述，所谓"增值"是指大学教育对学生学业成就所带来的积极影响。在实证研究层面，"增值"体现在横向研究中不同年级学生群体间的差异，以及纵向研究中同一批学生前测、后测结果的差异，分数差值法常使用关键指标，如大学生学习成果的平均数变化效应值（Effect Size）和方差来表示增值的幅度大小及其变异程度。分数差值法常用于标准化测试数据的分析，操作简易，但很难从数据背后找到大学生学习成果增值的影响因素，只能进行学校之间的简单比较。

其次，多元线性回归模型。多元线性回归模型是分析一个因变量与多个自变量之间线性关系最常用的统计方法，也是估计观测值与期望值之间残差值的标准统计技术。通过多元线性回归模型得到的残差值，即是大学生在一段时间内学习进步的"增值"[1]。多元线性回归模型将学生以及学校层面的各种影响因素同时纳入统计模型，深入分析学生和学校两个层面内部变量间的关系以及跨层变量间的关系，从而科学评价影响大学生学习成果不同因素的重要程度及其交互作用。

最后，多水平分析模型。多水平分析模型本质上是"回归的回归"，它通过量化影响学生学业成果的各种影响因素，设计回归方程，运用层层嵌套的模型分层，全面考虑学生、班级、学校、地区等各种变量对学生学业成果的影响。多水平分析模型可以通过 HLM、MLwin、Lisrel、M-plus 以及 SAS 等统计软件来进行分析。多水平分析模型的主要优点在于可以将影响学生学业成果的外部因素（如学生的学习基础、家庭背景等）与学校或教师的效应分离开来，得到学校或教师的"净效应"[2]，从而科学评价高等院校之于学生的影响力。莱斯利·桑德斯（Lesley Saunders）认为在诸多统计分析方法中，多水平分析模型具有比较明显的优势，就学校层面的

---

[1] 辛涛，张文静，李雪燕. 增值性评价的回顾与前瞻 [J]. 中国教育学刊，2009（4）：40-43.

[2] 辛涛，张文静，李雪燕. 增值性评价的回顾与前瞻 [J]. 中国教育学刊，2009（4）：40-43；边玉芳，林志红. 增值评价：一种绿色升学率理念下的学校评价模式 [J]. 北京师范大学学报（社会科学版），2007（6）：11-18.

评估而言，目前是评价学校增值作用最准确的工具①。

3. 对国内外相关研究的评论

国外高等教育领域内增值评价的应用较为常见，尤其美国高教评估界，增值评价的理论基础、关键指标、数据收集以及统计方法都比较清晰、成熟，已有的相关实证研究主要围绕大学生学习成果增值幅度及其影响因素展开。例如，有研究者根据斯坦福大学理查德·沙文森（Richard Shavelson）教授等人提出的大学生认知能力评价结构②，通过标准化测试，对1300多名大学生的学习成果进行增值评价，在控制学生入学成绩后发现增值效果非常明显③，从而肯定了高等院校之于学生的影响力。还有大量研究运用自陈式量表获取数据，分析大学生学习成果增值的影响因素，这其中多水平分析模型得到较多应用。

但就实证方法而言，国外高等教育领域内增值评价的研究和应用还存在一定问题，主要体现在数据和统计方法方面。首先，数据的质量和稳定性难以保证。虽然纵向研究更加符合增值评价的理念，但长期的追踪调查使得测量误差产生的风险增大。数据库的建立虽然有助于数据的整合，但成本较高，且数据库中不同类型数据如何处理、不同数据库之间如何相互结合等问题还需要在实践中进一步探索。其次，已有的实证研究数据来源主要是标准化测试或是自陈式量表，而单一的评估工具很难满足对大学生学习成果的全面测量，多种工具同时施测又会增加学生负担、降低测量效果。当前国际高教评估界还缺乏将标准化测试与自陈式量表相结合的好办法，未来需要寻求二者相互融合，使得通过一次评估即可同时获知学生学习过程和结果的数据信息，为增值评价提供客观、动态、全面的高质量数据。最后，在已有研究中，高级统计分析方法的应用还不够广泛，且使用

---

① Lesley Saunders. A Brief History of Educational "Value Added": How Did We Get to Where We Are? [J]. School Effectiveness and School Improvement, 1999, Vol. 10, No 2.

② Shavelson R J, Leta H. Responding Responsibly to the Frenzy to Assess Learning in Higher Education [J]. Change, Vol. 35, No. 1 (Jan. –Feb., 2003): 10 –19.

③ Stephen P. Klein, George D. Kuh, Marc Chun, Laura Hamilton, and Richard Shavelson. An Approach to Measurng Gognitive Outcomes Across Higher Education Institutions [J]. Research in Higher Education, Vol. 46, No. 3, May 2005.

程度参差不齐，许多统计技术问题值得进一步深入挖掘。

三、增值评价应用于高等教育质量评估：难点与突破

相较于国外，我国高等教育领域内增值评价的应用还比较有限，相关的理论和实证研究十分缺乏，仅有的少量研究大多属于译介性质。为提高增值评价应用于我国高等教育质量评估的可行性，未来还需要研究者借鉴国外增值评价研究与应用的经验，深入开展本土化的研究。

1. 难点

（1）缺乏本土化的大学生发展理论作指导

我国进入高等教育大众化阶段已十余年，但在此高等教育规模急速扩张期间，我国学界并没有对大学生群体展开真正意义上的长期、系统的实证研究，并在此基础上形成中国大学生发展理论。虽然近十年来，国内有学者不断从国外，尤其是美国引进各类针对大学生学习、发展的评估工具，但该理论在我国当前特定高等教育情境下的适用性和解释力还存在质疑，相应评估工具的信效度和文化适应性也有待考证。因此，当前增值评价应用于我国高等教育质量评估的主要难点在于缺乏本土化的大学生发展理论作指导。

（2）理想数据难于收集

增值评价之所以在基础教育阶段广泛应用，一个重要的原因在于，中小学学生标准化测验成绩能为增值评价提供理想的用于实证分析的数据。而在高等教育情境下，大学生的发展更为多元、复杂，不同专业的学生四年学习经历和收获存在较大差异，学生发展的增值情况很难通过单一的自陈式量表或标准化测试获得，而且关于学生发展的一些关键指标，如学生学习成果的界定本身就存在争议。除了大学生发展测量本身所具有的复杂性之外，本土化大学生发展理论及本土化评估工具的双重缺失，也是导致目前适合我国高等教育增值评价的理想数据难于获得的重要原因。

2. 突破

（1）构建本土化大学生发展理论

提高增值评价应用于我国高等教育质量评估的可行性，最根本的举措

在于构建本土化大学生发展理论,理论的建构是一个长期的过程,它依赖有针对性的、系统的实证研究,丰富的实证研究结果可以加深对我国大学生群体发展过程、结果及其影响因素的理解,在此基础上才能设计出本土化的大学生发展评估工具,唯其如此,增值评价的过程和结果才具备稳定性和科学性。

(2) 构建大学生发展评价指标体系,开发本土化评估工具

在实证层面推进增值评价在高等教育中的应用,首先需要构建本土化理论指导下的我国大学生发展评价指标体系,而这一评价指标体系实则为我国高校人才培养目标的具体呈现。具体而言,大学生发展评价指标体系可以分为两个层次:认知能力和非认知能力,其中认知能力包括一般技能和专业技能,区分二者的主要维度是技能的通识性和可迁移程度,而非认知能力则包括情感、态度、人格等方面。在明确评价指标体系之后,应开发包括自陈式量表、标准化测试等在内的多种形式的本土化评估工具,学生的背景特征、院校组织特征、学生课内外活动参与经历、学生的发展和收获应该是这些工具涉及的主要内容。在具体运用时,应注意结合不同类型评估工具的特点,扬长避短,灵活、综合地加以使用,例如,一般技能的评估宜采用标准化测试,学生课外活动的参与、非认知能力的评估可能更适合采用自陈式量表或心理测量量表,而学生专业技能可以用课业考试成绩或是地区性、全国性的专业能力测试工具进行评估。

(3) 运用本土化评估工具,收集大学生一般技能、专业技能以及非认知能力方面的数据,逐步建立大学生学习与发展数据库进行纵向研究

针对大学生发展的复杂性和异质性,可以综合运用各种本土化大学生发展评估工具,首先收集大学生一般技能方面的数据,即大学生在书面交流能力、逻辑推理能力以及批判思维能力等方面的发展及增值情况,这方面的增值评价结果可以在不同专业、不同学校之间进行比较,然后分专业收集专业技能方面的数据,之后再收集情感、态度、人格等非认知层面的数据,最后逐步建立大学生学习与发展数据库,进行纵向研究,开展更广泛的增值评价分析。

中国大学离世界一流大学还有多远

——以本科学生的全球化知识和经验为例[①]

常桐善 杜瑞军[②]

大学的全球化程度,是衡量世界一流大学的重要标准之一。以本科学生的全球化知识和经验为例,对中国大学与世界一流大学的差距进行比较研究的结果发现:中美学生在全球化经验、知识和技能方面存在显著差异,中国学生明显落后于美国学生。本文试图通过数据分析,诊断和发现我国学生参与全球化活动的程度以及他们掌握的相关知识和技能的程度。

一、引言

高等教育是一个国家社会稳定持续发展的重要保障条件和资源,建设世界一流大学已成为世界各国高等教育发展的长远战略目标。正如阿特巴赫所言:"每个人都期待世界一流大学,每个国家也感觉没有世界一流大学就难以生存。"[1]世界一流大学已经超越了文化和教育的载体功能,它在很大意义上彰显了它所在国家的竞争力。[2]所以,国家建设世界一流大学,已不只在于希望大学提高教学、科研能力,更期待大学通过先进知识的获取、应用和创新来开拓全球化教育市场,并因此提升其全球化的竞争力。因此,拥有多所世界一流大学的老牌发达国家就从未动摇建设卓越大学的信念。居于世界高等教育领先地位的美国虽然早已实现了高等教育从"精

---

① 基金项目:2011 年度国家自然基金面上项目"我国本科人才培养质量研究"(项目批准号:71173022)。

② 作者简介:常桐善,加州大学总校院校研究办公室工作,西安外语大学高等教育管理教授;杜瑞军,北京师范大学教育学部高等教育研究所高教所讲师。

英"向"普及化"的转变,但打造培养"精英"人才的"象牙塔"理念从未消减。发展中国家亦不甘落后,如泰国有三所大学努力向世界一流大学发展;曾在12世纪辉煌一时的非洲马里共和国的廷巴克图大学(University of Timbuktu)也宣称将要重新获取世界一流大学的殊荣。[3]

但什么样的大学才能称之为世界一流大学似乎难有定论,"世界一流大学没有约定俗成的固定标准,各国对大学的评价体系差异很大"。[4]但毋庸置疑的是,冠以"世界一流"之名的大学就必须拥有在全球化舞台上扮演重要角色的能力,包括拥有培养全球化知识和技能人才的能力。正如雷德曼所说的,全球化不是一种经济时尚,也不是一种过往烟云;它是柏林墙倒掉之后取代冷战体系的一种国际化体制;它拥有自身的规则和逻辑;这些规则直接或者间接地影响世界上每一个国家的政治、环境、地理政治和经济发展。[5]显然,一个国家要想融入全球化的共同体,须有懂得这些规则和逻辑的人。世界一流大学理应承担培养这些人的重任。美国早已将全球化知识和技能的培养列入大学通识教育内容之中。哈佛大学1950年颁发的《自由社会的通识教育报告》就明确提出,在全球化理念推广之际,通识教育应涵盖更加广泛的语言和文化教学内容。[6]斯坦福大学在1994年颁发的《本科教育任务报告书》中再次强调了语言教学在培养全球化人才中的重要性。[7]2007年哈佛大学颁发的《通识教育实施报告》[8]、加州大学伯克利分校在同年颁发的《21世纪通识教育报告》[9]以及2012年斯坦福大学颁发的《本科教育报告书》[10]中均详细阐述了通识教育在培养全球化人才中的重要作用。

中国《国家中长期教育改革和发展规划纲要2010-2020》(以下简称《纲要》)明确提出,要提升中国教育的国际地位、影响力和竞争力。要适应国家经济社会对外开放的要求,培养大批具有国际视野、通晓国际规则、能够参与国际事务和国际竞争的国际化人才。但根据过去的研究,国际化方面的落后是中国名牌大学与美国一流研究型大学之间的突出差距之一。[11]本研究针对此问题,以大学培养本科学生全球化知识和技能研究为切入点,通过与世界一流大学的比较,进一步分析中国大学与世界一流大学在国际化方面的差距,旨在为中国提高本科教育质量,实现《纲要》提出的培养全球化发展亟需人才的战略规划提供参考建议。

二、研究问题与方法

1. 研究问题

此项研究采用问卷调查方法,对中美两国本科学生全球化知识和技能的自我评价程度进行比较研究。主要探讨的问题包括:(1)中国大学生对其参与全球化知识和技能活动的自我评价程度与美国大学生相比有何差距?(2)中国大学生对他们掌握全球化知识和技能的自我评价程度与美国大学生相比有何差距?(3)大学生参与全球化知识和技能活动的程度对他们掌握相关知识和技能有何影响?

2. 大学样本描述

这项研究共选取5所大学做样本。其中中国大学两所,包括南京大学和西安交通大学;美国大学三所,包括加州大学伯克利分校(The University of California—Berkeley)、洛杉矶分校(Los Angeles)和圣地亚哥分校(San Diego)。南京大学和西安交通大学均属国家教育部直属的重点研究型大学,也是我国"985"工程项目支持的建设世界一流大学的重点对象。南京大学2011-2012学年的在校本科学生数为14648,硕博研究生数为13581(其中博士生数为4149)。西安交通大学2011-2012学年的在校本科学生数为15909,硕博研究生数为13452。在上海交通大学的2012年"世界大学学术排名"中,南京大学排名在第201-300名,西安交通大学排名在第301-400名。[12]在以教学、科研、知识传承和国际化为综合评价标准的《泰晤士高等教育》2012-2013年的大学排行榜中,南京大学的排名在第251-275名,西安交通大学未进入400强。[13]

加州大学伯克利、洛杉矶和圣地亚哥三所大学隶属加州大学系统。加州大学是加州的三大公立大学系统之一,共有10所分校,是美国乃至全球最大的研究型大学。2011-2012学年,伯克利分校的在校本科学生数是25885,研究生数是10252;洛杉矶分校的在校本科学生数是27201,研究生数是12070;圣地亚哥分校的在校本科学生数是23046,研究生数是5547。伯克利、洛杉矶和圣地亚哥在上海交通大学2012年"世界大学学术排名"中分别位居第4名、12名和15名;在泰晤士高等教育2012-

2013年的大学额排名中分别名列第9名、13名和38名。从这两项排名看,加州大学的这三所分校均可视为世界一流大学。

3. 调查问卷

调查全球化知识和技能的问题是《加州大学本科学生就读经验调查问卷》(University of California Undergraduate Experience Survey, UCUES)的一部分。[14]该问卷最早是由加州大学伯克利高等教育研究中心的研究人员于2000年开发的,2002年春季在伯克利进行了首次网上调查试运行测试,并获得成功。十多年来,研究组成员对UCUES的信度和效度进行了多次检验,并随着时代与环境的变化,对问卷所包含的问题进行了多次深度修订、更新和充实。UCUES的主体架构包括核心问题和四个独立模块。核心问题由两部分组成:第一部分主要从时间分配、学术与个人发展、多元化的校园氛围、学术参与、个人规划、总体满意度和对专业的评价等维度测量学生对就读期间学术活动的总体评价;第二部分为学生的背景资料和个人特征。四个独立的模块分别是学生生活和发展模块、学术活动参与模块、社会活动参与模块、校园热点问题和大学的个性化模块(各自学校所关注的校园热点问题)。目前,除加州大学的9所分校使用此问卷外,参与研究型大学学生就读联盟(Student Experience in the Research University Consortium, SERU)的12所美国大学和8所非美国大学也使用此问卷调查学生的就读经验。[15]加入联盟的中国大学包括南京大学、西安交通大学和湖南大学。

表1 全球化活动及知识技能调查问题

全球化活动参与情况调查问题
1. 注册以国际/全球化问题为重点的课程(Enrolled in a course with an international/global focus)
2. 获得国际/全球化问题的证书/副专业/专业等(如拉丁美洲研究)(Obtained a certificate/minor/major with an international/global theme (e. g., in Latin American Studies))
3. 有和从事国际/全球化问题研究的教师共同工作的经历(Worked with a faculty member on a project with an international/global theme)

全球化活动参与情况调查问题
4. 参加有关国际/全球化为主题的讲座、讨论、培训、会议等（Attended lectures, symposia, workshops or conferences on international/global topics）
5. 在以国际/全球化为主题的会议上作过报告，或参加过类似的活动（Presented a paper at a symposium or conference or participated in a panel on international / global topics）
6. 和国外学生通过课程学习进行交流（如讨论、学习、班级项目等）（Interacted with students from outside the U.S. in class (e.g., through section discussions, study groups or class projects)）
7. 和国外学生通过社会活动进行交流（如俱乐部、学生组织、或其他非正式形式）（Interacted with students from outside the U.S. in social settings (e.g., in clubs or student organizations, or in informal settings)）
8. 与一所或者更多的外国大学的学生有关系（Developed a friendship with a student from outside the U.S.）
9. 参加过以国际/全球化为主题的表演（Attended a performance with an international/global focus）
全球化知识和技能调查问题
1. 对全球问题复杂性的认识和理解（Understanding of the complexities of global issues）
2. 将学科知识应用在理解和解决全球性问题的能力（Ability to apply disciplinary knowledge in a global context）
3. 除了自己的母语外，对至少一门外语具有语言能力和文化理解能力（Linguistic and cultural competency in at least one language other than my own）
4. 有能力与具有不同文化背景的人一起工作（Ability to work with people from other cultures）
5. 与具有不同文化背景的人一起工作，你感到很愉快（Comfort working with people from other cultures）

表1显示了调查学生全球化活动参与情况和学生掌握全球化知识和技能情况的问题。中文摘自中国大学的调查问卷，相对应的英文摘自加州大

学的调查问卷。在参与全球化活动情况的调查问题中，前两个问题的答案选择在两个国家的问卷中保持一致，包括"是"和"否"两项选择；但对其他7个问题，中国问卷仍然采用"是"和"否"两项选项，而美国问卷的答案选项包括六项，分别是"从不"（Never）、"很少"（Rarely）、"偶尔"（Occasionally）、"有时"（Somewhat）、"频繁"（Often）和"经常"（Very Often）。这六项选项的区别从英语的表述看还是比较清楚，但翻译成中文似乎较难区别，这也就是为什么中文问卷只用了"是"和"否"两项选选项。在调查学生全球化知识和技能的五个问题中，中美两国在答案选项上保持一致，包括"很差"（Very Poor）、"差"（Poor）、"一般"（Fair）、"较好"（Good）、"好"（Very Good）和"非常好"（Excellent）等六项选择。或许后三项选项分别用"好"、"非常好"和"优秀"来表述与英文选项的原意更加贴切。调查问卷在中国高校中使用前，南京大学进行了多次检验性测试。结果表明问卷具有很高的信度和效度。[16]

4. 数据收集过程与问卷回收结果

中国两所大学的数据收集是由 SERU 负责并通过网络进行。南京大学的调查始于2011年11月，西安交通大学的调查是在2012年春季学期，调查对象包括大二至大四的本科学生。两校共获得有效问卷9423份，其中男生回复的问卷是5881份，大约占62%，女生回复的问卷是3542份，大约占38%。若按照学科划分，在回复问卷的学生中，工程和自然科学专业的学生数是5915，占63%；社会学和人文学科专业的学生数是2403，占26%；医学、法学等学科的学生数是1105，占12%。

加州大学的数据收集是由加州大学总校院校研究办公室负责并通过网络进行的。收集时间是2012年春季学期。伯克利、洛杉矶和圣地亚哥的数据收集持续时间分别是106天、111天和130天。由于调查问卷所含内容宽泛，加州大学的调查是根据问题内容将问卷分成不同的"模块"。所有本科学生都得到邀请参加核心模块的问题回答。但对其他模块而言，学生按一定比例被任意划分成不同的组，并要求分别回答不同模块的问题。这种分配方法主要是为了缩短学生回复问卷的时间，保障问卷回收率。加州大学三所分校的调查对象包括所有的本科学生，共计73504人，其中女生占 53%，男生占 47%。但被邀请参加"全球化模块"的学生有 24310，占所有学生人数的 33%，男女生的比例与全体学生中二者之间的比例相同。完成所有"全球化模块"问题的学生数是 6139，问卷回收率是 26%，男女生人数分别为 2580 和 3559，各占 42% 和 58%。另外，从学生的专业背景划分，工程和自然科学专业的学生数是 3715，占样本总数的 61%；社会科学和人文学科专业的学生数是 2135，占样本总数的 26%；医学、法学等学科的学生数是 289，占样本总数的 5%。比较中美两国的学生样本，可以看到男女学生以及不同专业背景的学生所占的比例存在一定差异，所以在分析数据时需考虑这一特征可能对结果造成的影响。

三、数据分析结果与讨论

1. 中美大学生在参加全球化活动程度上的自我评价差距

表 2 显示了中美大学生参与有关全球化活动程度的自我评价结果。统计数据显示，美国学生在本研究所调查的各项全球化活动方面的参与程度显著高于中国学生。例如，在被调查的中国学生中，仅有 14.8% 的学生曾经注册以全球化问题为重点的课程；而被调查的美国学生中，这个比例为 32.8%，是中国学生的两倍多。获得全球化问题相关证书的中国、美国学生的比例都很低，二者的比例分别是 2.5% 和 8.7%。在中国学生中，没有和从事全球化问题研究的教师共同工作经历的学生占 93.5%；但在美国学生中，从来没有这一经历的学生比例仅为 62.3%。即便是包括有"很少"经历的学生在内，美国学生的这一比例也仅为 76.2%，仍然低于中国学生的比例。参加有关全球化为主题的讲座、讨论、培训、会议等经历的中国学生大约有三分之一，这个比例与"偶尔""有时""频繁"和"经常"参加这些活动的美国学生的比例差不多（约 36%）；但美国学生中，自我评价为"从不"的学生所占比例仅为 43.9%，远没有中国学生自我评价为"否"所占的比例高（约 67%）。同样地，在以全球化为主题的会议上作过报告或参加过类似活动方面，90% 的中国学生的回答"否"，而美国学生回答"从不"的比例是 74%、回答"很少"的比例接近 10%。中国学生拥有与国外学生通过课程（如讨论、学习、班级项目等）和社会活动

（如俱乐部、学生组织、或其他非正式形式）等进行交流经历的比例显著低于美国学生，中国学生的比例为22.1%，而美国学生中具有"频繁"或者"经常"交流经历的比例就高于三分之一，如果将具有"偶尔"或者"很少"经历的学生计算在内，这个比例会上升到90%以上。关于中美大学生与外国大学的学生之间建立关系的程度，统计数据显示：83.2%的中国大学生没有建立任何关系，而恰恰相反，大约80%的美国大学生"偶尔"、"有时"、"频繁"或者"经常"与一所或者多所国外大学的学生建立关系。中美大学参加过以全球化为主题的表演活动的程度都较低，只有大约8%的中国学生有此经历，美国学生中"有时""频繁"或者"经常"有此经历的学生也不到20%。最后需要说明的是，上面叙述的这些差异也存在于两国相同性别、相同学科专业的学生之间。通过NSSE问卷调查获得了相同的结论。[17]

表2 全球化活动参与程度

问题	中国大学 (%, $N=8138$)		美国大学 (%, $N=6139$)					
	否	是	是/从不	否/很少	偶尔	有时	频繁	经常
1. 注册以全球化问题为重点的课程	85.2	14.8	67.2	32.8	–	–	–	–
2. 获得全球化问题的证书等	97.5	2.5	91.3	8.7	–	–	–	–
3. 有和从事全球化问题研究的教师共同工作的经历	93.5	6.5	62.3	13.9	8.9	8.1	4.7	2.2
4. 参加有关全球化为主题的讲座、讨论、培训、会议等	66.8	33.2	43.9	20.2	16.5	10.1	6.3	2.9
5. 在以全球化为主题的会议上作过报告，或参加过类似的活动	90.0	10.0	73.9	9.4	6.8	5.3	3.4	1.3

续表

问题	中国大学 (%, N=8138)		美国大学 (%, N=6139)					
	否	是	是/从不	否/很少	偶尔	有时	频繁	经常
6. 和国外学生通过学习进行交流	77.9	22.1	6.9	12.3	23.2	21.9	22.9	12.8
7. 和国外学生通过活动进行交流	71.2	28.8	6.8	12.7	22.5	21.4	22.6	14.1
8. 与外国大学的学生有关系	83.2	16.8	8.4	13.9	22.4	20.9	21.0	13.4
9. 参加过以全球化为主题的表演	92.0	8.0	43.3	19.8	17.7	10.3	6.1	2.7

注：由于在美国大学问卷中，前两个问题的回答选择项是"是"与"否"，而其他问题则包括六项不同的选择，所以美国大学的前两项中的"是"和"否"是针对前两个问题，而"从不"和"很少"则是针对其他七个问题。

加州大学的教育理念以及给学生创造的全球化活动参与机会是其学生参加国际化活动程度较高的主要原因。伯克利要求占所有本科学生78%的文理学院的本科学生必须完成至少一门与国际关系有关的课程。2012年秋季，伯克利所开设的课程中与全球化相关的课程有44门（班）之多。这些课程涵盖内容广泛，包括少数民族社团、国际教育、全球贫困问题、人权、社会价值、法律、全球化经济时代国家的成败问题等。[18] 除此之外，3所学校都非常重视全球化校园文化氛围的建设。伯克利为此专门成立了全球活动参与办公室（Global Engagement Office），负责制定相关政策、协调校园活动、创造参与机会等。3所学校还通过招收国际学生、聘用国际教师来增强学校的多元文化结构。2011学年，3所学校的在校本科学生中国际学生的比例都在10%左右。在加州大学所有雇用的教师中，有23%的教师非美国公民。国外交流学习项目也为学生了解不同文化和社会价值提供了学习和实践机会，如加州大学系统的国外交流学习机构为本科生在40多个国家组织协调250多种不同的学习交流项目。显然，这些活动为学生参与全球化活动提供了良好的机会。

2. 中美大学生在全球化知识和技能上的自我评价差异

表3显示了中美大学生全球化知识和技能自我评价程度的平均值、标准误差以及t检验结果。平均值是将每个问题的六个回答选项分配一个分值,"很差"得1分、"差"得2分,依此类推,"非常好"得6分,然后将所有的分值相加,除以学生总数。t检验结果表明两所中国大学的学生的全球化知识和技能显著低于美国三所大学的学生(见表3),显著性均在0.001的级别。这些差异也存在于两国相同性别、相同学科专业的学生之间。另外,根据Cohen的效应量(Effect Size)结果,中美大学生在应用学科知识理解和解决全球性问题的能力、与不同文化背景的人一起工作的能力以及工作时的愉快感方面的差距尤其显著。两者最接近的是在外语方面的理解能力和对其文化的理解能力,中美学生的均值分别是3.46和3.79,显著性级别是0.001,效应量略高于0.2。

表3 中美大学生全球化知识和技能自我评价程度t检验结果

调查问题/性别/学科类别	中国大学		美国大学		差异	
	均值	标准误差	均值	标准误差	t检验[1]	效应量[2]
1. 对全球问题复杂性的认识和理解	3.21	1.29	4.05	1.12	-41.12***	0.69++
性别—男性	3.35	1.32	4.15	1.13	-26.59***	0.63++
女性	2.98	1.22	3.98	1.11	-35.37***	0.86+++
学科—工程/计算机/科学	3.23	1.28	3.93	1.13	-27.21***	0.57+
社会科学/人文/商学/管理	3.18	1.41	4.25	1.10	-28.08***	0.84+++
医学/法学/其他	3.22	1.05	4.09	0.95	-12.67***	0.84+++
2. 将学科知识应用在理解和解决全球性问题的能力	2.98	1.22	4.03	1.12	-53.19***	0.89+++
性别—男性	3.06	1.24	4.11	1.13	-36.59***	0.87+++
女性	2.85	1.20	3.96	1.10	-40.24***	0.96+++
学科—工程/计算机/科学	2.95	1.21	3.89	1.12	-37.74***	0.80+++
社会科学/人文/商学/管理	3.04	1.36	4.25	1.09	-32.52***	0.98+++

续表

调查问题/性别/学科类别	中国大学 均值	标准误差	美国大学 均值	标准误差	差异 t 检验[1]	效应量[2]
医学/法学/其他	2.98	1.01	4.08	0.97	−16.44***	1.10+++
3. 除了自己的母语外，对至少一门外语具有语言能力	3.46	1.37	3.79	1.34	−14.82***	0.24+
性别—男性	3.42	1.34	3.74	1.36	−9.76***	0.24+
女性	3.51	1.42	3.83	1.31	−9.66***	0.23+
学科—工程/计算机/科学	3.42	1.33	3.74	1.31	−11.17***	0.24+
社会科学/人文/商学/管理	3.52	1.55	3.89	1.37	−8.31***	0.25+
医学/法学/其他	3.50	1.12	3.78	1.29	−3.65***	0.24+
4. 有能力与具有不同文化背景的人一起工作	3.51	1.39	4.68	0.99	−56.16***	0.94+++
性别—男性	3.52	1.35	4.61	1.03	−36.36***	0.87+++
女性	3.51	1.45	4.72	0.96	−41.09***	0.99+++
学科—工程/计算机/科学	3.50	1.36	4.61	1.00	−42.52***	0.91+++
社会科学/人文/商学/管理	3.56	1.55	4.80	0.97	−31.52***	0.95+++
医学/法学/其他	3.51	1.17	4.69	0.95	−15.83***	1.05+++
5. 与具有不同文化背景的人一起工作，你感到很愉快	3.62	1.43	4.77	1.01	−54.50***	0.90+++
性别—男性	3.58	1.39	4.72	1.04	−36.97***	0.88+++
女性	3.67	1.49	4.80	0.98	−37.62***	0.90+++
学科—工程/计算机/科学	3.58	1.40	4.70	1.02	−41.98***	0.89+++
社会科学/人文/商学/管理	3.66	1.59	4.88	0.99	−30.59***	0.91+++
医学/法学/其他	3.70	1.19	4.77	0.98	−13.96***	0.93+++

注：(1)*** 表示显著性 $p < 0.001$；(2) 效应量是根据 Cohen 的效应量计算公式所得，即两国之间的均值差除以并合标准误差（Pooled Standard Deviation）。如果计算结果是 0.2，说明效应量较小；如果是 0.6 说明效应量中等；如果是 0.8，说明效应量很大。表中的 + 代表效应量小，++ 代表效应量中等，+++ 代表效应量大。

由于中美学生在性别和学科背景因素上的比例不尽相同（如前所述，样本的代表性可能受到质疑），所以为了进一步了解在其他因素控制的情况下，他们在全球化知识和技能上的差异究竟如何，并进一步探讨性别和学科背景对他们全球化知识是否存在影响，我们又做了回归统计分析（见表4）。和上面的 t 检验结果一样，回归分析Ⅰ显示在没有控制其他变量的情况下，国别对学生的全球化知识和技能的影响显著，美国学生显著高于中国学生。回归分析Ⅱ显示，在性别和学科类别控制的情况下，国别的影响仍然具有显著性，美国学生对所有问题的自我评价程度显著高于中国学生。

另外，回归分析Ⅱ也显示，当其他因素得以控制的情况下，男生对全球问题复杂性的认识和理解以及将学科知识应用在理解和解决全球性问题上的能力显著高于女生；而女生在外语方面以及与不同文化背景的人一起工作的能力显著高于男生。从学科背景来说，社会、人文、商学以及管理专业的学生在全球化方面的知识和技能最好，医学、法学等专业的学生居中，工程、计算机和自然科学的学生最差，特别是对全球问题复杂性的认识和理解以及将学科知识应用在理解和解决全球性问题的方面的能力显著低于其他学科的学生。

美国大学生的全球化知识和技能显著高于中国学生，这与美国多元文化环境和移民人口比例居高的特征是分不开的。另外，也与美国本身的教育模式有关。美国的教育向来重视培养学生的创新、合作和实践能力。这些特征都有利于学生将学到的知识融会贯通，并应用于解决交叉学科中的问题。两国学生对外语的学习及其相关文化的理解能力相对比较接近，这主要是由于我国对外语教学的重视程度一直很高，学生对他们在这一方面的能力有很大的信心。当然，美国学生的全球化知识和技能是否与他们有更多的参与相关活动的经历相关，下面一部分将详细分析。

表4 中美大学生全球化知识和技能自我评价程度回归分析结果

	回归分析Ⅰ ($N = 14819$)	回归分析Ⅱ ($N = 14819$)
1. 对全球问题复杂性的认识和理解		
美国（参照对象为中国）	0.84 (40.87)***	0.90 (42.95)***
女性（参照对象为男性）		-0.34 (-15.99)***

续表

	回归分析 I ($N = 14819$)	回归分析 II ($N = 14819$)
工程/计算机/科学（参照对象为其他学科）		−0.15（−4.22）***
社会/人文/商学/管理（参照对象为其他学科）		0.05（1.26）
	$R^2 = 10.13\%$	Adjusted $R^2 = 11.78\%$
2. 将学科知识应用在理解和解决全球性问题的能力		
美国（参照对象为中国）	1.04（52.94）***	1.09（53.64）***
女性（参照对象为男性）		−0.25（−12.27）***
工程/计算机/科学（参照对象为其他学科）		−0.16（−4.52）***
社会/人文/商学/管理（参照对象为其他学科）		0.12（3.24）**
	$R^2 = 15.90\%$	Adjusted $R^2 = 17.27\%$
3. 除了自己的母语外，对至少一门外语具有语言能力		
美国（参照对象为中国）	0.34（14.84）***	0.32（13.60）***
女性（参照对象为男性）		0.07（2.84）**
工程/计算机/科学（参照对象为其他学科）		−0.05（−1.24）
社会/人文/商学/管理（参照对象为其他学科）		0.05（1.27）
	$R^2 = 1.46\%$	Adjusted $R^2 = 1.66\%$
4. 有能力与具有不同文化背景的人一起工作		
美国（参照对象为中国）	1.15（53.95）***	1.14（51.79）***
女性（参照对象为男性）		0.06（2.48）*

续表

	回归分析 I ($N = 14819$)	回归分析 II ($N = 14819$)
工程/计算机/科学（参照对象为其他学科）		-0.10（-2.60）**
社会/人文/商学/管理（参照对象为其他学科）		0.01（0.25）
	$R^2 = 16.41\%$	Adjusted $R^2 = 16.62\%$
5. 与具有不同文化背景的人一起工作，你感到很愉快		
美国（参照对象为中国）	1.16（55.68）***	1.15（53.51）***
女性（参照对象为男性）		0.02（0.99）
工程/计算机/科学（参照对象为其他学科）		-0.03（-0.76）
社会/人文/商学/管理（参照对象为其他学科）		0.08（2.08）*
	$R^2 = 17.30\%$	Adjusted $R^2 = 17.43\%$

3. 学生参与全球化知识和技能活动的程度对他们所掌握相关知识和技能的影响

不可否认，造成中美大学生在全球化知识和技能方面的差异有很多原因。本研究的重点不是探讨形成这些差异的原因，但为了更好地帮助理解，或者为了将来进一步研究形成这些差异的原因。我们对学生参加活动的情况与他们的知识技能程度的相关性进行了分析。表5显示了全球化活动参与程度与其全球化知识和技能的相关性系数。中国大学的统计数据显示，除了他们获得国际证书与对全球化的认识和理解、与不同背景的人一起工作的能力以及愉快感之间没有达到 0.001 的显著相关性外，其他所有活动对他们的知识和技能都存在显著的正相关（$p < 0.001$）。同样的，对美国学生而言，除了他们在以国际/全球化为主题的会议上作过报告，或参加过类似的活动与他们与不同文化背景的人一起工作的能力以及愉快感

之间没有显著的相关性外，其他活动均与五项测量他们全球化知识和技能的指标呈显著性正相关，而且显著性级别均达到0.001。

表5 全球化活动参与程度与全球化知识和技能的相关性系数

全球化活动	全球化知识和技能				
	1.对全球问题的认识和理解	2.将学科知识应用在理解全球问题的能力	3.对至少一门外语具有语言能力	4.有能力与具有不同背景的人工作	5.与不同背景的人工作感到愉快
中国大学					
1. 注册以全球化问题为重点的课程	0.13	0.14	0.15	0.15	0.13
2. 获得国际/全球化问题的证书等	0.03*	0.07	0.04	0.03*	0.02*
3. 有和从事国际/全球化问题研究的教师共同工作的经历	0.07	0.13	0.10	0.10	0.10
4. 参加有关国际/全球化为主题的讲座、讨论、培训、会议等	0.14	0.13	0.16	0.14	0.14
5. 在以国际/全球化为主题的会议上作过报告，或参加过类似的活动	0.08	0.11	0.09	0.10	0.11
6. 和国外学生通过课程学习进行交流	0.12	0.18	0.20	0.22	0.18
7. 和国外学生通过社会活动进行交流	0.12	0.15	0.22	0.22	0.21
8. 与外国大学的学生有关系	0.11	0.15	0.21	0.21	0.18
9. 参加过以国际/全球化为主题的表演	0.07	0.11	0.10	0.11	0.09
美国大学					
1. 注册以全球化问题为重点的课程	0.24	0.25	0.09	0.16	0.16
2. 获得国际/全球化问题的证书等	0.15	0.17	0.13	0.08	0.08
3. 有和从事国际/全球化问题研究的教师共同工作的经历	0.20	0.22	0.20	0.08	0.05
4. 参加有关国际/全球化为主题的讲座、讨论、培训、会议等	0.30	0.32	0.22	0.15	0.12

续表

全球化活动	全球化知识和技能				
	1. 对全球问题的认识和理解	2. 将学科知识应用在理解全球问题的能力	3. 对至少一门外语具有语言能力	4. 有能力与具有不同背景的人工作	5. 与不同背景的人工作感到愉快
美国大学					
5. 在以国际/全球化为主题的会议上作过报告,或参加过类似的活动	0.15	0.16	0.18	0.00*	-0.03*
6. 和国外学生通过课程学习进行交流	0.26	0.26	0.16	0.28	0.26
7. 和国外学生通过社会活动进行交流	0.12	0.15	0.22	0.22	0.21
8. 与外国大学的学生有关系	0.11	0.15	0.21	0.21	0.19
9. 参加过以国际/全球化为主题的表演	0.07	0.11	0.10	0.11	0.09

注：（1）为了节省空间,表中的问题部分的文字略有删减,完整文字见表1。（2）*表示相关性的显著性大于0.001。

显然,参加全球化活动是学生获取相关知识和技能的重要途径。这也进一步为我们解释为什么美国的学生在所有全球化知识和技能指标上的自我评价高于中国学生提供了有力证据。"参与"是获取知识和技能永远不变的途径。所以中国大学要想帮助学生提高在这方面的知识和技能,必须考虑如何为学生提供更多的参与机会。

最后需要说明的是,虽然上面三项分析的统计结果均显示了中国学生在全球化知识和技能方面处于弱势,但由于数据本身的信度和效度问题以及中美学生的文化背景差异,特别是他们在回答问卷时所持有的不同态度等原因,这项研究的许多结果仍然需要通过更大范围的调查数据进行进一步验证。例如,两国在第一部分的问卷回答选项上的差异可能会降低问卷效度。又如,中国学生在回答六级选项的问题时,往往只选居中的第三项、四项,而很少有人选择第五项、六项。这种具有中国传统文化的"中庸现象"不仅不能如实科学地反映学生的真实状况,而且会给我们的分析造成误差。[19] 另外，由于中英文翻译的原因，学生对所问问题的理解不同可能也会造成数据的可靠性问题，并导致分析结果的误差。

四、总结与启示

综上所述，根据学生的自我评价，中国大学生无论在掌握全球化知识和技能方面，还是在参加相关活动的经验上，与世界一流大学的学生相比还有很大的差距。所以，为建设世界一流大学，提升人才培养的国际化水平，中国还需要对本科教育模式从理念、课程设置和校园多元文化建设等方面进行诸多实质性的改革。

首先，大学要重视学生全球化知识和技能的养成。将全球化知识和技能的培养纳入到本科通识教育的范畴，特别是将相关内容融入到课程教学中，是实践这一目标的有效途径。美国学院与大学学会自20世纪80-90年代就开始努力将全球化学习和教育纳入到大学的本科教育中。前面也提到伯克利2012年通识教育课程中有44门（班）课程与全球化知识和技能有关。2005年，亨利·芦丝基金（Henry Luce Foundation）提供专项资金帮助16所大学开发旨在提高学生全球化知识和技能的通识教育课程。其中一所学校所开发的核心课程就是"21世纪的全球化视角"，这门课程帮助学生通过将不同学科的知识进行融合，从不同的视角全面理解世界、人类及其未来的发展趋势。[20] 毫无疑问，这些努力为提高美国学生的全球化知识和培养国际化人才发挥了巨大作用。中国部分高校近几年也在这方面做了努力，如南京大学的通识教育课程中有六门课与全球化知识有关。但中国高校所做出的这些努力与伯克利等世界一流大学相比还相差甚远。

在全球化课程的开发和设置上可以借鉴20世纪末期哈佛大学商学院所实施的"插入"（Insertion）和"融入"（Infusion）模式，以及后来在这两个模式的基础上拓展形成的"交融"（Interlock）模式。[21-22] "插入"模式是指开设以全球化为主题的独立课程，而"融入"模式则指将全球化内容融入到所有的学科课程中。但二者都有不尽完美之处，前者缺乏与专业课程的交叉，后者则没有给全球化内容留有足够的独立空间。第三种模式正是为了弥补这两者的缺陷而设计的，它为探讨全球化和专业课知识之间的交叉功能提供了一个平台。

其次，高校要努力营造体现全球化教育理念的校园文化氛围。不可否认国际化早已是中国建设"世界一流大学"的重要议题，中国高校近年来在建设全球化教育理念的大学文化氛围上也做了大量的工作，并初见成效。如大学大幅度提升招收外国学生的力度；与国外大学合作培养本科学生；增加本科生国外学习和交流服务的项目；根据国家和地方政策招聘"千人计划""百人计划"学者，这些学者大都有国外留学经验，为学生与有国际经验的教师合作提供了条件；开展国际间课题合作研究等。但就目前的情况而言，一方面是高校为此付出的努力还不够，无法给学生提供足够的获取全球化经验的机会；另一方面，中国大学国际化举措多以项目为中心，以活动为表现形式，对办学形式的借鉴居多，但对国外先进的教育理念和体制等制度层面的借鉴仍然不足，[23]所以大学还没有形成"以学生为本"的足以激励学生获取全球化知识的文化氛围。当然，这也可能是我国高等教育长期以来以培养学生专业知识为核心的教育理念所致。我们期待大学在不放松专业知识教育的同时，能够愈加重视素质教育和合格公民的培养，而且将《纲要》提出的培养具有国际视野、通晓国际规则、能够参与国际事务和国际竞争的国际化人才的目标融入到大学校园文化的建设之中。

参考文献：

[1] Philip G. Altbach. The Costs and Benefits of World – Class Universities [J], Academe, 2004, 90 (1): 1.

[2] Jamil Salmi. The Challenge of Establishing World – Class Universities [R]. The World Bank, 2009: x.

[3] Robert Birnbaum. No World – Class University Left Behind [J]. International Higher Education. The Boston College Center for International Higher Education. Number 47, 2007: 7.

[4] 刘念才等. 我国名牌大学离世界一流大学有多远 [R]. 教育部科学技术委员会专家建议报告, 2001.

[5] Thomas L. Friedman. The Lexus and the Olive Tree [M]. Farrar, Straus and Giroux, 1999: 44 – 72.

[6] Harvard University. General Education in a Free Society [R]. 1950: 186.

[7] Stanford University. Report of the Commission on Undergraduate Education [R].

1994: 12.

[8] Harvard University. Report of the Task Force on General Education [R]. 2007: 5, 17.

[9] The University of California Berkeley. General Education in the 21st Century: A Report of the University of California Commission on General Education in the 21st Century [R]. 2007: 7, 20, 27.

[10] Stanford University. The Study of Undergraduate Education at Stanford University [R]. 2012: 12, 26, 27, 70, 77, 100.

[11] 马景娣,孙媛,陈海英,丁国玉,熊晓英,叶鹰. 世界一流大学研究引论 [J]. 评价与管理, 2004 (3): 24-30.

[12] 上海交通大学世界一流大学研究中心,世界大学学术排名 [OL]. http://www.shanghairanking.cn/ARWU2012.html. 2012-11-28.

[13] Times Higher Education's World University Rankings 2012-2013 [EB/OL]. http://www.timeshighereducation.co.uk/world-university-rankings/2012-13/world-ranking. 2012-12-28.

[14] 程明明,常桐善,黄海涛. 美国加州大学本科生就读经验调查项目解析 [J]. 清华大学教育研究, 2009 (6): 95-103.

[15] Student Experience in the Research University (SERU) Project and Consortium [EB/OL]. http://cshe.berkeley.edu/research/seru. 2012-12-28.

[16] 龚放,吕林海. 中美研究型大学本科生"学习参与"差异的研究:基于南京大学和加州大学伯克利分校的问卷调查 [J]. 高等教育研究, 2012 (9): 90-100.

[17] 海迪·罗斯,罗燕,岑逾豪. 清华大学和美国大学在学习过程指标上的比较:一种高等教育质量观 [J]. 清华大学教育研究, 2008 (2): 36-42.

[18] The University of California Berkeley. General Catalog [OL].

[19] 龚放,电子邮件交流信息.

[20] Kevin Hovland. Shared Futures: Global Learning and Liberal Education [R]. Association of American Colleges and Universities, 2009: 24.

[21] Raymond Vernon. Contributing to an International Business Curriculum [J], Journal of International Business Studies, Vol. 25, No. 2, 1994: 215-228.

[22] The Association to Advance Collegiate Schools of Business. Globalization of Management Education: Changing International Structures, Adaptive Strategies, and the Impact on Institutions [R]. 2011: 125-127.

[23] 袁本涛,潘一林. 高等教育国际化与世界一流大学建设:清华大学的案例 [J]. 高等教育研究, 2009 (9): 23-28.

大学教师发展的模式探析[1]

周海涛[2] 李 雯

大学教师发展（Faculty Development）的模式多种多样，按组织方式可将其统归为"自上而下"模式、"自下而上"模式和"上下融合"模式。"自上而下"模式是指大学教师发展的大部分决策权掌握在大学或院系层面级，由上层负责配置资源，当出现矛盾时也主要由上层进行协调。"自下而上"模式正好相反，大部分决策权下放给组织的中下层，由大学教师个人或由教师组成的一些基层组织负责决定大学教师发展的内容、形式等事宜，院、校级部门只负责把握大学教师发展的总体方向和长远战略。一般认为，自上而下模式是"指令式"的，具有一定的"强制性"；而自下而上模式则是"指导式"的，具有促使教师参与管理、提出计划、为大学管理层提供意见的"诱导性"；二者各有优势，可以相互补充，于是"上下融合"模式应运而生。本文对"自上而下""自下而上""上下融合"三种模式试作探析，以飨同人。

一、"自上而下"模式

当今世界各国的大学教师发展实践中，自上而下的行动方式较为流行。相比较而言，自下而上的方式非常灵活但较为零散，而自上而下的方

---

[1] 基金项目：教育部哲学社会科学研究重大课题攻关项目"民办学校分类管理政策研究"（11JZD043）；教育部新世纪优秀人才支持计划项目"后危机时期的大学生创业教育政策研究"（NECT-11-0045）。

[2] 作者简介：周海涛（1972—），男，陕西汉中人，教育学博士，北京师范大学高等教育研究所教授、博士生导师，主要从事高等教育政策与管理研究。

式虽然沉闷却秩序井然。自上而下地推动大学教师发展，力度大，操作性强；它通常是外部努力特别是上层意志的体现，其理论研究或政策制定多从促进学生发展和社会进步对教师需要的角度出发，主要取决于学校或学院上层管理人员的经验和判断。这些经验和判断可能来自于学校或学院领导者在其任大学教师期间的经历和体验，以及身处领导层时所听所闻的感受。

不少研究将"自上而下"模式称为"管理模式"，将"自下而上"模式称为"民主模式"，并对比两种模式的不同特点（见表1）。

管理模式为大学教师发展预设好流程，将"专家"认为大学教师需要的东西提供给大学教师。它以领导和专家为中心，大学教师像是被教导的对象，而不是被尊重的专业人士[1]。在这种模式中，上层做了所有的"思考"，并且期望下层全面"执行"。

由表1可以看出，自上而下模式在实践中常"以专家为中心"，即以管理者为主的"专家"根据个人经验和判断决定教师发展的需要，而教师本人无论同意与否，都要遵从这种决定。这种"强指令性"发展模式，有利于推动教师有针对性地思考，并且能够很快见效。导师制一直被看成"自上而下"的典型方式。导师制在实施过程中，不仅告诉年轻教师要找一个导师，也告诉他们为什么找一个导师对他们的发展是至关重要的，还告诉他们如何选择适合自己的导师，以及他们与导师要形成何种关系。另外，还要让那些可以当导师的老教师知道，指导年轻教师是他们的职责所在。但如果大学教师本身不主动接受这种指导，那么导师制几乎起不到任何作用[3]，因为"主动接受"不仅仅是口头支持，还要付诸实际行动。

表1 "自上而下"和"自下而上"的模式比较[2]

自上而下模式	自下而上模式
"专家"决定教师所需	教师决定自身所需
周密安排、预设流程	现场构建，日程安排灵活
传递信息——宣传	分享信息——互动
注重责任、标准和考核	注重同行评价和集体性

续表

自上而下模式	自下而上模式
有时候领导会让教师感觉在互敬、互惠的基础上,领导自己像个"大小孩"	将教师视为专业人员
上层想;下层做	上层鼓励下层想、下层做
鼓励服从	鼓励合作
以管理者、专家为中心	以每个教师为中心
形成直线的、等级制关系	建立多维关系

固然,管理者和专家的学术骨干作用可能为经验不足的教师提供明确的发展方向,但也可能导致教师的自主性不足,教师发展行动缺乏稳定的基层积极性和个体动力。此外,各级管理者和各类专家考虑问题和关注领域是有限的,而大众的思想和力量则是无穷的。因此,疏通自下而上路径,集中广大一线教师的智慧,才能发现并解决更多亟待面对的问题。

二、"自下而上"模式

"自下而上"的大学教师发展模式常被视为与"自上而下"模式相对的"民主模式",即大学教师可以公开辩论,以增进其对相关问题的理解;它以参与者为中心,旨在促进大学教师间的集体共享和合作。在这种模式下,作为主体的大学教师以民主方式解决教育问题上不可避免的争议,使与之有关的大学管理,如康德所言,"完全依赖于最有见识的专家"[4]。他们进行自我诊断,并联系实际建构自我发展规划。

该模式一般以"合作"的方式,促使参与其中的教师共同发掘集体知识、集体智慧、集体创造力和集体资源。它与"创新""变革"等概念密切相关。例如,新教师入职后,亟需了解如何获得升职、如何规划职业发展、如何获得终身教职。大多数自上而下的教师发展行动由学校管理层组织一些有经验的大学教师,集思广益,编成新教师《入职指南》,在新教师入职当天,发到他们的手中;学校领导、专家理所当然地以为,有了这样一本入职指南，再加以短期培训，新教师们就能不负期望。事实证明，这种方式并非普遍有效，一些有幸获得有效指导的新教师，更轻松、更有效地适应了学术职业；而那些按《入职指南》自己摸索的新教师就困难得多，可能走不少弯路，因为他们不了解书面资料背后所需要的日常工作策略。

下面以北美十分流行的大学教师专业发展活动——"麻辣教师行动"（The Great Teachers Movement，GTM）为例，分析"自下而上"模式的特点[5-6]。自1969年大卫·戈特沙尔（David Gottshall）开创"麻辣教师行动"，并发起"伊利诺伊麻辣教师习明纳"之日起，GTM模式在美国和加拿大各地得以不断地发展和壮大。GTM是一群怀揣教学热情的大学教师自由发起的行动，为大学教师提供了分享有价值观点的机会。"尽管这些观点曾被认为是微不足道的"，但却是来源于大学教师课堂教学实践的现实问题。之所以称之为"行动"，是因为它与任何组织或机构不存在预设性关联，不直接指向任何机构利益或商业目的。没有总部，没有地址，没有员工，没有管理者，也没有什么政策规定。它也没有手册，只有几条简单的指南。所有的事情都是经过口头传述，刻意避免形成固定、死板的程序。

GTM最初在社区学院的大学教师中展开，目前已影响了不同类型、层次院校的众多教师。GTM模式通过习明纳（4-7天）、教师休假（2-3天）、教学工作坊（1-2小时，或1整天）等活动，不同学科的大学教师齐聚一堂，共同探讨如何教学的问题。参与教师的多样性背景，造就了因思想碰撞而相互影响、相互受益的良性局面。为保证互动交流的机会和效果，一般将总人数限制在40人左右；再根据教师的不同背景，分为8-10人的小组。虽然习明纳、集体度假或工作坊等形式不同，却有一些共同的活动，如：（1）分享成功的教学；（2）讨论教学难题；（3）讨论热门主题（由主持人从前两个活动中记录下教师争论激励或教师感兴趣的话题）；（4）其他教师面对面分享观点的活动，如"书籍共享"（Book Talk）、"职业诀窍"（Trick of the Trade）、"新教师建议"、"即时调查"、"教师陈述"和"活动总结"等。

1999年，戈特沙尔在纪念"麻辣教师行动"30周年时写道："这些年来,这一行动的具体目标和前提假设基本保持未变"。其具体目标是:(1) 鼓励好的教学;(2) 鼓励教育者跨越专业和环境的限制,探索教学活动的共性和普遍规律;(3) 为教师提供一个宽松的环境和明确的方式,认真严肃地反思其作为教师的态度、方法和行为,促进自我反省和自我评价;(4) 对教学问题进行理性分析,找到切合实际、富有创造性的解决方法; (5) 建立不断扩大的大学教师沟通网络,激发信息沟通和思想交流[7]。

"自信与自我成长的感觉、实用性、安全性、人员多样性、团队合作和个人参与、教师共塑活动流程、休闲放松的环境、非正式的时间、持续时间以及结束欢庆等,是 GTM 的魅力之所在"[8];"刚性的、最小化结构"是 GTM 的关键之所在;真正的"草根性"是 GTM 的竞争力之所在。GTM 模式的原则,即不预设程序、不分发任何日程安排、不雇用教育专家、坚信任何讨论和行为都是积极有效的、解决问题的过程不求烦琐但求简化,体现了"自下而上"模式的特征和优势。它"简单就是美"的结构和理念,有利于形成较为灵活的活动议程;它将学习共同体、成人自我导向的学习、主动学习等理念应用其中,营造的是一种开放的、自由的、支持性的环境[9];它促进恰到好处的"业内交流",正是大学教师发展的最高形式。

三、"上下融合"模式

虽然"自下而上"模式有利于形成灵活的活动议程、快速地调整方向,但为保证最有效地利用时间,严格的活动规则仍必不可少。结合"自上而下"和"自下而上"模式的优势,一种融合的模式已经诞生。同时,大学管理者和大学教师的关系发生了改变。多年来,大学里形成了"行政人员"和"教学人员"两类不同的群体;在此之上的是"大学管理者",或称为"大学领导"。大学管理者与教师的关系可能是平等和谐的,也可能是失衡甚至是对立的。近年来,强化大学管理者的服务意识正成趋势,大学教师从大学管理者的管理对象变为服务对象。当他们有了创新性想法,管理者适时考查这一想法的可行性,为他们提供资源,赋予一定权利,帮助他们实现这一想法,就形成了大学教师发展的第三种模式——

"上下融合"模式。

得州大学健康科学中心休斯顿分校（The University of Texas – Houston Health Science Center）精神病理学院（The Department of Psychiatry）以"自上而下"和"自下而上"相结合的方式，将学院组织的教师发展活动与教师自发在基层所做的"草根努力"有效融合，将"学院规划委员会"和"教师发展持续质量改进小组"商议制定的（自上而下）《大学教师发展总体建议》，转化成为该校教师发展的一个正式的、具体得以实施的（自下而上）项目。

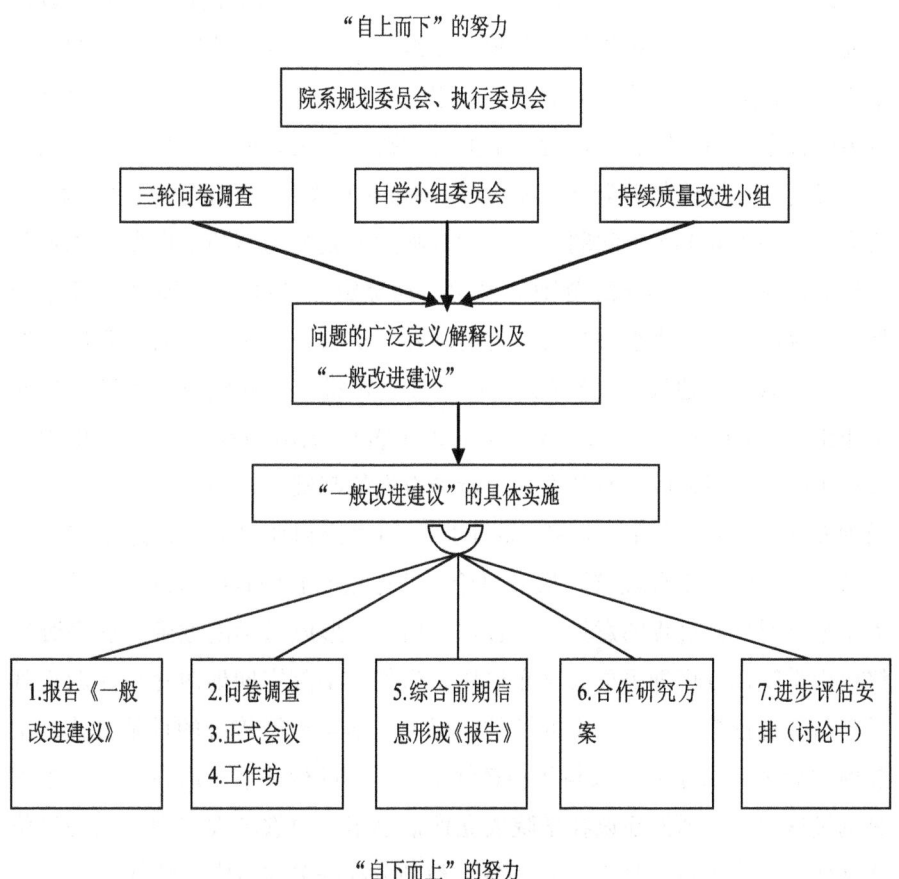

图1 精神病理学院"教师发展项目"的演进示意图

纳尔逊和洛林（Nelson & Lorraine）回顾这一"上""下"通力合作的过程，分析了改革大学教师发展项目的背景和原因，勾画了上层、下层的种种努力（见图1）。

精神病理学院共有73位全职和兼职教师，男教师44人，女教师29人。随着政府财政支持的减少，教师群体构成越发多样。同时，教师"门诊的工作量增加，而学术成果和教学产出量未有减少……科研经费和门诊经费的管理方式也有较大变化"，这对教师人际交往能力和商业技能的要求越来越高。种种因素促使精神病理学院改进大学教师发展的方式。

以往管理者（"自上而下式"）经常缺乏实时供给的信息，也缺乏教师层面多年经验和实践积累的"草根"策略（"自下而上式"）；上层制定政策不一定合适，下层实施执行不一定积极。1991年12月，面对这种上下脱节的大学教师发展、总耗费一定的人力财力却无果而终局面，学院院长首先发起的一场德尔菲调研（Delphi Exercise）发现，在涉及教育、服务、研究、管理等的115个问题中，大学教师发展是最为紧迫的问题。德尔菲调研的结论，为发起学院范围的自学活动奠定了基础。自1992年春季开始，学院成立自学小组委员会，每两周开一次会，在4个月研讨基础上形成了《正式发展建议》，并提交执行委员会审批。与此同时，持续质量改进小组（Continuous Quality Improvement，CQI）派出由资深人员组成的教师发展小组，在回顾以往教师发展经验和教训的基础上，形成详细的《大学教师发展建议》。随后，学院发起了广泛的讨论和评议活动，邀请广大教师就汇总后的"发展建议"展开讨论，并通过问卷调查的方式，广泛征求大学教师对晋升过程的意见；综合各方信息，形成《学院教师发展手册》。终稿由学院执行规划委员会宣布启用。另外，学院定期地对每位年轻教师进步与否进行综合的、客观的评估。以前，学院沿循传统的评估方式，主要由"导师"或学院院长与年轻教师定期见面进行评估。而在广泛征求意见的过程中，教师们建议在学院成立评估小组，由教师发展委员会为每位教师建立《个人进步档案》或为每位教师分配一名委员定期评估。

可见，在"自上而下"和"自下而上"各自发挥作用的双轨制下，自上而下的渠道较为通畅，但往往自主性不足；而自下而上的通道虽然存在，但并未发挥应有的作用。鉴于大学教师对国家繁荣、民族振兴、学校发展的重要影响，教师发展行动从一开始就有自上而下模式的印迹。指令性的模式有其优势，但从个人幸福、职业提升等"教师视角"出发的发展动力是教师发展活动取得成效的关键。就目前欧美高校的实践而言，大学教师发展的方式开始由"自上而下"的方式向"自下而上"与"自上而下"相结合的方式转变。因为越来越多的高校认识到，"自下而上"的发展活动需要"年轻教师主动以对自己有用的方式将学院的发展建议付诸实施"；"自上而下"的政策规定，必须由大学教师转化为其每日的专业活动方才有效。在教育民主日益深化的进程中，大学教师作为无可替代的专家群体，逐渐有了更多的发言权，对自身发展需求有了更迫切的需求和更深刻的认识[10]。大学教师发展的模式从以"强指令式"为主逐渐向以"指导式"为主过渡，最终向"服务式"转变，其内容更加多元，其合作、创新、民主、草根的特征更加显著，以更贴近日常学术生活的实际，真正助推提升大学教师的能力和水平。

参考文献：

[1] Sadker, M. P. & David M. S. 2005. Teahcers, Schools and Society (Seventh Edition) [M]. New York: McGraw – Hill, 2004. 转引自: Thomas H. C. & Gary L. P. Well Facilitated Shoptalk as Democratic Professional Development for Teachers of English Language Learners. [EB/OL]. http://forum on public policy.com/archivespring07/cunningham.snow.pdf. 2013 – 02 – 27.

[2] Thomas H. C. & Gary L. P. Well Facilitated Shoptalk as Democratic Professional Development Forteachers of English Language Learners [EB/OL]. http://forum on public policy.com/archivespring07/cunning ham.snow.pdf. 2013 – 02 – 27.

[3] Nelson P. G. &Lorraine M. C. The Evolution of a Faculty Development Program in an Academic Psychiatry Department [J]. Academic Psychiatry, 1997 (2): 114.

[4] Immanuel Kant. Kant on Education. Trans. by Annette Churton [M]. Boston: D. C. Heath and Co., 1990.

[5] The North Caroline Great Teachers Seminar (NCGTS). A Continuing Adventure in Staff Development [EB/OL]. http://ncgts.com/. 2012 – 12 – 20

[6] Gottshall, D. B. The History and Nature of the National Great TeachersMovement (In Observance of Its 25th Anniversary) [EB/OL]. http://www.ngtm.net/pdf/

HNGTM001. pdf. 1993 – 06/2012 – 12 – 26.

［7］Gottshall, D. B. The Spirit and Intent of the Great Teachers Movement (In Observance of Its 30th Anniversary) ［EB/OL］. http：//ngtm. net/pdf/DGSpiritIntent. pdf. 1999 – 03/2012 – 12 – 27.

［8］Baker, J. F. A Qualitative Investigation of the Iowa Great Teachers' Workshop：a Descriptive Study ［D］. The University of Iowa, Ph. D., 2001. 转引自：Thomas H. C. &Gary L. P. Well Facilitated Shoptalk as Democratic Professional Development for Teachers of English Language Learners.

［9］Smith, C. J. The Great Teachers Format：Why does It Work ［EB/OL］. http://ngtm. net/pdf/GTSPap er3. pd f. 2012 – 12 – 27.

［10］郑友训，张洁. 领导型教师的内涵及其实践意义［J］. 徐州工程学院学报，2011（2）：81 – 83.

第五章
国际高教研究

引 言

高教比较研究的重要特点就是关注的课题十分丰富多样，从本书选择的 10 篇论文看，涉及的课题包括区域高教发展研究、高教发展与公平问题研究、高教行业组织研究、高教质量保证研究、大学校长管理思想研究、新生入学教育以及高教发展历史因素分析，比较研究的特点是面广，内容丰富，常有推陈出新之感。

在美国，大学区域研究是丰富的，但是在我国，相关研究却却不多见。所谓区域研究，可以简单地概括为大学中旨在以国际上某一地区或某个国家的研究机构或智库。论文《美国大学区域研究：发展、影响及争论》概述了其历史发展脉络、提炼了大学区域研究的政治和外交价值，论述了美国大学区域研究的案例经验，对于我国大学发挥区域研究的作用和影响力，有借鉴价值。平权法案是比较教育经常涉及的研究内容，然而通过政策执行的案例来分析其失效的原因却不是很多。论文《加州大学平权法案危机的政策分析与组织模型》从研究的视角上具有一定的创新。论文研究框架十分清晰，从组织失效，到组织重塑，运用了适切的理论框架，寻找到了政策失效的根本原因，提供了解决问题的对策。加州大学的个案既重塑了大学组织模型，也证明政治学理论在理解高等教育组织及决策方面具有一定的优势，是对传统管理学理论和组织理论的有益补充。

政策研究与政策制定实现对接一直是一个难题。如何让更多的研究成果逐渐成为决策的内容，值得探讨。论文《智库如何影响教育政策的制定——以美国"教育政策研究中心"为例》，叙述了该中心如何有效影响决策的三种途径，对于我国政策研究机构和研究人员颇有启发价值。论文《全球化与高等教育的国际化——国际大学协会的立场、价值关怀与政策倡导》专访国际大学协会秘书长依娃埃格—波拉克女士（Eva Egron-Polak），访谈内容涉及"高等教育全球化"与"高等教育国际化"的概念厘清、国际化与高等教育的创新机制、国际化与高等教育的商业化和商品化问题、跨境教育的质量监管、高等教育的国际化与同质化问题、全球高等教育调研的分析等问题，进行了深入的探讨，对高等教育国际化研究无疑提供了更鲜活和直接的观点。作者通过国际大学协会的实践，探讨了该协会对推动高等教育国际化方面的理念、立场、价值关怀与政策倡导方面所做出的努力。

高等院校或机构分类研究具有很强的现实指导性，因为我国高校存在着较为严重的分类不清、定位不明的问题。论文《德国高等教育机构的分类与办学定位》以德国高校为例，探讨了德国高等教育机构的四大类别及其明确的差异性定位，论文分别从培养目标、办学层次、专业设置、教学、科研、师资、招生等方面，阐述了四类高校的分工负责。因为办学定位不同，所以形成了一个分类清晰、定位合理的现实模型，德国的实践对我国实现高等学校分类与管理的中长期改革和发展目标具有重要的参考价值。高等教育机构的均质性长期以来被视为德国高等教育体系的一个核心特征。在德国，人们用来区分高校的首要维度并非是个体高校的质量和声望，而是高校的类型（综合性大学 VS 应用科学大学）。论文《由均质转向分化？——德国高等教育的发展趋向分析》首先探讨了德国高等教育出现的改革和变化，这些变化以卓越计划、绩效拨款、高校排名、高校特色发展战略等为名。这些新政会不会影响德国传统的高等教育模式，如何影响，多大程度上影响，都是值得研究的。作者指出这些变化有可能让德国高等教育偏离维持高校均质性的传统，但是考虑到传统制度与结构的影响，德国高校不太可能出现类似我国与美国那种高度分化的局面（金字塔形分化），而更有可能实现一种在现有均质基础之上的温和型分化（凸形分化）。

自 20 世纪 80 年代起，欧美等国开展了声势浩大的质量保障运动。论文《反思欧美等国高等教育质量保障体系改革的成因及启示》通过总结改革的整体表现和原因对其全貌进行把握。最后，从现代性的角度对改革进行反思，认为是现代性所反映出的西方传统哲学思维方式的局限性造成了改革的困境，并通过此种反思对我国高等教育改革提供一点启示。大学新生入学指导如何实现标准化和可评估，一直是我国高校教学管理中的一个难题。论文《美国新生入学指导专业化评估探析》探讨了美国全美人事管理者协会的新生入学指南，及其对美国高校的影响。这种标准化评估方式对于我国新生入学指导的开展和评估都具有很好的借鉴意义。埃利奥特和吉尔曼是美国19世纪著名的高等教育思想家。埃利奥特成功引领哈佛由传统学院向现代大学转变，吉尔曼成功创建了美国第一所真正意义上的研究型大学——约翰·霍普金斯大学。论文《埃利奥特与吉尔曼大学思想比较》指出，两位伟大校长虽然生活在同一时代，有着相似的学习和教育实践经历，但性格迥异，交往密切，在工作中惺惺相惜，相互影响和扶持，系统分析了两人在大学目标、大学功能、课程思想和大学管理等方面对高等教育的理解与认识上的异同，对我们全面认识19世纪中后期美国高等教育转型的历史过程，颇有价值。

高益民在《战后日本历史教育中的逆流及其牵制因素》一文中，梳理了战后日本右翼和保守派三次对历史教科书与历史教育的攻击过程，并对相关的理论观点进行了评述。同时，作者也对日本学界和民间团体坚持正确历史观教育的抗争的事实和过程进行了分析，揭示了被删除的战争记述重新进入教科书的社会基础，揭示了日本战后和平宪法"尊重基本人权"、"主权在民"与"和平主义"等基本原则对坚持正确历史教育观和教育实践所提供的法律支持。

美国大学区域研究：发展、影响及争论

刘宝存　孙　琪[①]

美国审计总署2002年的统计显示，美国有70多个政府机构需要具有外语和区域专业知识的人才。其中，仅陆军、国务院、联邦调查局三个部门就有约2万个职位要求职员具备外语和区域专业知识[1]。而政府只是区域研究人才的主要雇主之一，可见美国社会对此类人才的需求相当可观。自第二次世界大战起，美国政府便已开始重视并支持大学中的区域研究。区域研究不仅为美国社会培养了大批专业人才，也在美国战略制定中发挥了极其重要的作用。本文拟从美国大学区域研究发展过程入手，探讨美国大学区域研究的特征、影响及争议，以期为我国大学区域研究发展提供有益启示。

一、美国大学区域研究的发展历程

美国大学的区域研究产生于20世纪30年代，其发展历程大致可以划分为三个阶段：初步发展阶段、立法阶段和扩充阶段。

1. 初步发展阶段（20世纪30年代-20世纪50年代）

密歇根大学是最早开展区域问题研究的大学之一。早在1930年，密歇根大学就成立了东方语言文学系，1936年，该大学从8个不同的系科抽调教师开设了跨系科的东方文明项目（Program in Oriental Civilizations），主要研究中国文明和日本文明。1938年，该项目得到扩充，发展成为硕士学

[①] 作者简介：刘宝存，北京师范大学教育学部国际与比较教育研究院教授；孙琪，北京师范大学教育学部国际与比较教育研究院博士生。

位课程和博士学位课程。加州大学的区域研究也开展得较早,在20世纪30年代就开设了拉丁美洲研究项目(Latin American Studies Program)。

在第二次世界大战期间,美国需要更多地深入了解世界,需要更多的国别和区域问题专家,而已有的大学项目已经不能满足这一需求。1943年,美军设立了一个为期3个月的专门训练项目(Specialized Training Program),希望能够将一部分军人培养成为区域问题研究专家。这一特殊项目原计划在227所高等学校中推广,但后来只在54所高校中推广,并且逐渐演变为一门基础课程,即区域研究和外语研究课程,使区域研究开始根据政府意图融合人文学科、社会科学等多方面的内容。

第二次世界大战结束以后,美国成为世界上经济和军事实力最强的国家,开始推行全球扩张政策。杜鲁门主义的提出,不仅是美国在全世界扩张势力的宣言书,同时也是冷战全面开始的标志。为了在冷战中取得优势地位,美国必须充分了解西欧以外不熟悉的国家,这为美国大学区域研究的发展提供了契机。1946年,美国出台了《富布莱特法》,开始支持海外教学与交流。同时,区域研究也得到了洛克菲勒基金会、卡耐基基金会和福特基金会的慷慨资助。如1950年,福特基金会设立了区域研究奖学金计划,开始资助人文社会科学博士在国外从事研究。这一阶段的区域研究是在战争背景下开展的,因此决定了最初驱动大学区域研究的主要动力即为美国的国际政治服务。

2. 立法阶段(20世纪50年代后期–20世纪90年代)

20世纪50年代后期至90年代,美国出台了几个重要法案,促进了大学区域研究的快速发展。

1958年,美国颁布了《国防教育法》,要求"形成政府与高等教育在科学、数学、外语和区域研究方面共同开发高质量研究生教学计划的伙伴关系,增加美国在外语、地区研究和国防事务问题方面的专家"。[2]这一法案有力地推动了美国大学的区域研究。其中第六条款明确提出要在大学建立语言和区域研究中心,在进行有关国家和地区语言教学的同时,还要提供诸如历史、政治、经济、社会、地质学和人类学等学科的教学,以使学生能够对使用该语言的国家或地区有全面的了解。该法还规定,联邦政府每年要为改进语言教学、区域研究以及相关的调查研究提供不超过 800 万美元的资助。

1961 年，美国出台《富布莱特—海斯法》，该法案的主要目的是促进美国与世界其他国家的相互交流，其中包括促进现代外语教学和区域研究。该法案支持在美国大学中广泛开展区域研究，并且为教师提供从事海外教学与区域研究的机会。1966 年，美国《国际教育法》出台，也提出要为国际问题研究项目提供资助。

1980 年，《国防教育法》第六款有关区域研究和语言学习的相关条文被并入《高等教育法》第六款，并做了相应调整。至此，《高等教育法》中有关区域研究的项目以立法的形式稳定下来。发展至 1992 年，该法包括七个相关项目，分别为国家资源中心项目、外语和区域研究奖学金项目、本科生国际研究和外语项目、语言资源中心项目、美国海外研究中心项目、国际研究项目、国际公共政策研究所项目。1998 年，《高等教育法》再次修订，第六章中又增加了一个区域研究项目，即获取海外信息的技术创新与合作项目。

3. 扩充阶段（21 世纪初至今）

2001 年的"9·11"事件也对区域研究产生了重要影响。自"9·11"事件之后，美国开始面临新形式的国际恐怖主义的威胁，国家安全又成了美国资助大学开展区域研究与语言训练的重要动力之一。因此，对《高等教育法》第六章中所涉及的区域研究项目与富布莱特—海斯项目的资助都显著增加。如 2001 年财政年度，对《高等教育法》第六章下面的项目资助增加了 8%，对富布莱特—海斯项目的资助增加了 50%；2002 年，前者增加了 27%，后者增加了 18%；2003 年，二者的资助又都增加了 10%。[3] 一般情况下，增加的资助主要用于一些特殊地区和语言的研究，增加外语和区域研究奖学金的人数和总金额，并在某些特定区域建立新的语言资源中心。

2003 年 9 月，美国众议院教育选择委员会通过了对《高等教育法》的附加法案《国际法案》（The International Bill）。该法案授权成立了咨询委员会（Advisory Board），并且由美国国土安全部部长任命其成员，用以监督《高等教育法》第六章外语和区域研究项目的实施,包括监督《高等教育法》第六章中获得资助的区域研究中心的课程,以使这些课程更好地满足国家安全的需要。

二、美国大学区域研究的特点

近一个世纪以来,美国大学区域研究呈现出以下几个特点:

1. 军事情报机构、大学、私人基金会构成了促进区域研究发展的三角结构

虽然美国大学在20世纪30年代便已开展了一些区域研究项目,但最初区域研究的中心在军事情报机构。1941年,罗斯福总统任命威廉姆·多诺万(William J. Donovan)为他的第一任情报协调员。多诺万在华盛顿成立了研究和分析处(Research and Analysis Branch),开始雇用美国的顶级学者对相关区域问题情报进行研究和分析。这个部门在珍珠港事件之后并入美国战略情报局(Office of Strategic Services,即中央情报局的前身)。后来,美国战略情报局局长威廉·兰格(William L. Langer)将各学科的学者组成一个跨学科的区域研究团队,成立了专门开展欧洲、非洲、苏联、亚洲和拉丁美洲地区研究的机构。曾任哈佛大学文理学院院长,后成为福特基金会主席的邦迪(McGeorge Bundy)曾说:"这个时期美国最好的区域研究中心不在任何一所大学之中,而是在华盛顿。"他认为美国战略情报局是"一个卓越的机构,一半是进行军事活动,一半是从事学术活动"。[4]除了美国战略情报局以外,其他军事情报机构也为战后美国主要大学区域研究中心的建立发挥了重要作用。

第二次世界大战后,由于区域研究对美国国防的重要性日益增加,军事情报机构要求高等学校帮助开展区域研究和相关领域人才培养。因此,大学成为开展区域研究和教学的主要场所。最初开展区域研究的主要是哈佛大学、宾夕法尼亚大学、普林斯顿大学、哥伦比亚大学等常春藤联盟名校,如哥伦比亚大学在战后不久便成立了几个重要的区域研究机构,如俄罗斯研究所、东亚研究所等,目标是培养国际和区域问题人才。战后美国设立区域研究中心的大学越来越多,很多综合性大学都通过国际研究中心或国际研究院下设区域研究中心或项目。如俄亥俄大学在其国际问题研究

中心下设有非洲研究中心、拉丁美洲研究中心以及南亚研究中心等。不仅如此,甚至教会大学杨百翰大学也同样关注区域发展,在其大卫·肯尼迪国际研究中心便设有古代近东研究、亚洲研究、欧洲研究、拉丁美洲研究和中东研究等项目。

美国私人基金会也开始关注区域研究。如洛克菲勒和卡耐基基金会在20世纪40年代帮助耶鲁大学、哥伦比亚大学和哈佛大学建立了俄罗斯研究中心。从1953年至1966年,福特基金会共向34所大学的区域研究提供了2.7亿美元的资助。[5] 对区域研究中心的资助很多来自福特、卡耐基或洛克菲勒基金会,但也有很多来自小型的专业基金会,如罗素·塞奇基金会(Russell Sage Foundation)、温纳格伦基金会(Wenner-Gren Foundation)等。他们通常会通过美国学术团体理事会、社会科学研究理事会等为区域研究提供奖学金,并且支持开展海外研究。与来自政府部门的资助主要服务于政治目的不同,社会科学研究理事会或卡耐基基金会鼓励区域研究领域的学术探索。

2. 美国大学区域研究的目的以国家政治军事利益为风向标

美国大学区域研究是随着美国的外交和军事战略的变化而不断进行调整的。从区域研究发展的历史可以看出,是第二次世界大战触发了美国对区域研究的重视,进而在大学中广泛建立区域研究中心。这也就决定了大学区域研究最初不可避免主要是为国家战略安全服务。战后,由于冷战、马歇尔计划、北约等原因,美国大学区域研究的主要目标便是欧洲和苏联。当冷战竞争逐渐转移至第三世界国家,区域研究的对象也随之扩展至拉丁美洲和亚洲。之后,美国在商业贸易方面遭遇了日本强有力的竞争,美国大学便加强对日本的研究。进入21世纪,为了增加对中东和中亚地区的自然资源、政治、宗教和种族等方面的影响力,美国大学又加强对这些区域的研究。除此之外,美国还对世界舞台上那些版图较大和国力较强的国家,如俄罗斯、日本和中国等进行研究。在一些大学的区域研究中心,同时还对另外一些新兴地区强国,如印度、南非、巴西、尼日利亚等开展研究。

美国大学区域研究领域不断扩大,研究目的也日益多样化。如哥伦比亚大学哈里曼研究所提出，他们的目的在于"促进学术知识的发展，加强公众对于欧亚大陆地区（西起易北河、东至太平洋、北起北极区、南至阿富汗）的政治、经济、社会和文化的理解"。[6]可见，大学区域研究的政治性和军事性目的减弱，研究性质逐渐向人文学科靠拢，更加强调对异域文化的理解。但从获得资助的大学区域研究中心和项目来看，大多仍是以与美国政治、军事战略利益密切相关的地区和国家为研究对象，国家政治军事利益仍然在发挥潜在影响。

3. 国家通过相关立法为大学区域研究的发展提供制度保障

美国大学区域研究自发展之初就受到了国家的干预，是基于政治需要的产物。从另一方面来讲，正是由于大学区域研究与国家政治军事利益密切相关，才得以获得立法的制度保障。从冷战时期开始，美国相继出台系列法案，通过立法方式对大学区域研究进行资助和支持。

2008年，美国再次对《高等教育法》进行修订，其中指出：在复杂的全球化背景下，国家的安全、稳定和经济发展都依赖于美国的专家和公民对世界区域、外语和国际事务的了解，也依赖于在这些领域所开展的深入研究；通信技术的发展和区域问题、全球问题的增加，使得对其他国家的了解以及用外语交流的能力对于促进国家间的相互理解和合作越来越重要；美国高校要培养一批具有区域、国际知识视野和具备外语能力的毕业生。[7]这使《高等教育法》所资助的大学区域研究项目涉及范围更广，分别从本科生、研究生、图书馆、海外研究机构、信息技术等方面对大学的区域研究给予支持，如为研究生进行区域或国际相关研究提供资助，并为他们提供在国内外学习的旅行津贴；资助图书馆等相关机构搜集世界其他地区信息，以满足区域研究和外语教学需要等。

三、美国大学区域研究的影响

美国大学的区域研究在多个方面产生了较大影响。

1. 壮大了"智库"，为美国战略发展和政策制定提供了智力支持

美国智库发展之初主要是为军事服务。20世纪60年代以后，智库涵盖范围更加广泛，"泛指一切进行未来规划性研究并为政府提供决策参考

的非政府研究机构,包括二战前建立的从事国际关系和战略问题研究的准学院式研究机构"。[8]为了能够为政府提供决策参考,智库所从事的国际与区域问题研究不可避免地涉及世界其他地区的政治、经济、社会等各方面问题。尤其是近年来,智库十分关注对新兴大国和热点地区的研究,如对"中国崛起"的研究、对中东地区的研究等等。而大学的区域研究作为区域知识的"蓄水池",无疑大大壮大了智库的力量,共同为美国实现战略目标献计献策。如哥伦比亚大学现在设有非洲研究所、巴西研究中心、伊朗研究中心、以色列和犹太研究所、哈里曼研究所、拉丁美洲研究所、中东研究所等,对这些热点区域甚至某些重要的战略地区的研究必然会对美国的战略决策产生影响。再如2001年"9·11"事件发生之后,美国相关部门便利用了来自《高等教育法》第六章所资助的大学区域研究项目中的阿尔泰语系项目(Central Asian Languages)提供的资料,并且将第六章所资助的项目及机构提供的资料作为常规资料来源。

2. 培养了一批专门人才,为提升全球竞争力铸造人才"蓄水池"

大学建立的区域研究机构,通过研究生教育为美国培养了一批区域研究领域的专门人才。例如,加州大学作为美国最具影响力的公立大学系统之一,有三个分校专门设立了区域研究项目或研究中心。伯克利分校设有国际与区域研究项目,分别招收亚洲研究、中东研究和拉丁美洲研究等方向的研究生,并在学生申请学位时考核以下几个因素,即必须掌握具有历史和文化多样性的某一个主要国家或者世界主要地区的经济、政治和历史状况;选课必须包含至少一门宏观经济学课程、两门社会科学课程及两门区域研究课程;必须熟练掌握一门与研究地区相关的现代外语。洛杉矶分校设有国际研究院,下设非洲和中东研究中心、亚洲研究中心、欧洲研究中心及拉丁美洲研究中心,开展上述区域问题研究,培养某一特定区域的专门人才。圣地亚哥分校设有伊比利亚半岛和拉丁美洲研究中心,中心成立至2012年共培养出200多名研究生。[9]大学区域研究通过源源不断地向国家输送专门人才,为提升美国全球竞争力建立了一个持续发展的人才"蓄水池"。

3. 促进了国际教育发展,为大学外语教学奠定了基础

区域研究与国际教育是密切相关的。如前文所说,区域研究鼓励教师

与学生进行国际流动,为他们提供海外学习机会。同时,区域研究的发展为国际教育课程提供了丰富的教学内容,让学生在国内课堂也可以了解到更多国家与地区的社会文化、政治经济等知识。区域研究所提供的海外学习与国内课程学习促进了国际教育的发展。

对世界其他地区的研究,必然要面对语言问题。因此,美国大学从获得资助开展区域研究开始,便一直强调外语教学的重要性。如俄亥俄大学在 2006 年获得美国教育部的资助,在四年里至少为 60 名研究生学习非洲语言和开展区域研究提供了共计 105 万美元的资助。[10] 在 2006 年至 2007 年度,俄亥俄大学共开设了 10 门外语课程:阿肯语(Akan)、阿姆哈拉语(Amharic)、阿拉伯语(Arabic)、基库尤语(Gikuyu)、富拉尼语(Pulaar)、索马里语(Somali)、苏丹阿拉伯语(Sudanese Arabic)、斯瓦希里语(Swahili)、提格里尼亚语(Tigrinya)和沃洛夫语(Wolof)。

四、有关美国大学区域研究的争论

进入 21 世纪后,面对新的世界形势和美国国内政治的变化,对于美国大学的区域研究也产生了一些争论。

1. 有关大学区域研究在和平年代的角色与作用的争论

区域研究是在冷战背景下发展起来的,为了对抗苏联及在国际竞争中取得领导地位而获得较多资助。在冷战结束后的今天,很多学者对大学区域研究的作用提出了诸多质疑。有批评者将矛头指向 1958 年的《国防教育法》第六款,因为这一法案资助当时主要的几所研究型大学增设了区域研究中心。同时他们也将矛头指向了富布莱特—海斯项目,这一项目主要资助博士生和学术人员开展海外研究。批评者质疑,这些研究中心和奖学金项目所创造的学问是否真的对国防部有用?他们认为,得到上述资助的大多数研究对于美国地缘政治利益没有直接作用,比如,近几年的富布莱特—海斯项目"马拉维日益增长的艾滋病发病率和死亡率对农村家庭的影响"和"赤道非洲地区的殖民主义发展"。批评者认为大学区域研究的重点是增进对世界其他地区的了解,进而对国防起到一定辅助作用,而联邦所资助的大多数区域研究工作对于国防并没有明显的作用。

2. 有关是否应该区分区域研究和国际研究的争论

在区域研究的发展过程中，很多学者就是否应当区分区域研究和国际研究争论不休。一方面，很多人认为应该严格区分区域研究和国际研究，因为区域研究强调文化差异的重要性，而国际研究则强调全球的一种均质化和集中化过程，二者是互相排斥的。另一方面，也有很多人把区域研究置于国际研究之下。综观美国一些大学的机构设置，区域研究中心大多是设立于国际研究机构之下的。如，俄亥俄大学的区域研究项目均隶属于国际问题研究中心，哥伦比亚大学的区域研究中心或研究所也是国际与公共事务学院（School of International and Public Affairs）的下属机构，区域研究与国际研究是紧密相连的。针对这一问题，美国学者威廉·G. 莫斯利（William G. Moseley）作出了解释，他认为区域研究专家和国际研究学者都是需要的，区域研究与国际研究的发展也是互相促进的，因为对国际问题的研究和对世界各个地区的理解共同构成了国际教育课程的两个方面。[11]

3. 有关美国大学的区域研究方法的质疑

大学开展区域研究的初衷是为国家提供世界其他地区的情报信息，以促进美国对他国和其他地区的了解。这也就决定了区域研究最初是一种重在描述的研究，区域研究者也因此经常被称作"不动产代理人（Real-estate Agents）",[12]他们研究的是某一块土地而不是理论知识。他们被批评为"沉溺于事实"，一味描述所研究国家的细节，而不是阐述他们的研究结果怎样适用于其他国家。其实，这种观点是过于片面的。大学的区域研究经过几十年的发展，吸引了政治、经济、地理等多个学科的人才，也引入了多种社会科学的研究方法，建立了丰富的理论体系，早已不是简单的描述性研究。也有一些对区域研究的方法提出质疑，哈佛大学罗伯特·贝茨（Robert Bates）教授就批评在区域研究过程中一些"政治学者将不重视定量研究的社会科学的缺点带进了人文研究",[13]因而怀疑区域研究是否能够创造科学的知识。

以上质疑和批评，确实也反映了美国大学的区域研究所面临的困境和问题，如何缓解大学的区域研究危机，如何引入更为科学的研究方法等，这些仍然是美国大学区域研究中亟待解决的问题。

参考文献：

[1][3] National Academy of Sciences. International Educationand Foreign Languages: Keys to Securing America's Future [EB/OL]. http://www.nap.edu/catalog/11841.html. 2013-02-27.

[2] 李爱萍. 美国国际教育：历史、理论与政策 [M]. 昆明：云南大学出版社，2005：25.

[4] The Chronicle of Higher Education. Scholars, Spies, and Global Studies, http://chronicle.com/article/Scholars-Spies Global/133459/ [EB/OL]. 2012-08-13.

[5] Heil6runn, J. The News from Everywhere [J]. Lingua Franca, 1996 (5)：49-56.

[6] Columbia University. Regional Institute and Centers [EB/OL]. http://sipa.Columbia.edu/institutes-centerslregional-insti-tutee/index.html, 2012-05-02.

[7] U. S. Department of Education. Higher Education Opportunity Act-2008 [EB/OL]. http://www2.ed.gov/policy/higherect/leg/hea08/index.html, 2012-04-30.

[8] 袁鹏. 美国思想库：概念及起源 [J]. 国际资料信息, 2002 (10)：1-5.

[9] Iberian & Latin American Studies. Academics [EB/OL]. http://cilas.ucsd.edu/academics/alumni/index.html, 2013-09-22.

[10] MYM1 Million Department of Education Grant Supports African Language, Area Studies [N]. US Stated News Service, In-chiding US State News [Washington, D.C]. 2006-05-25.

[11] Moseley, William G. Area Studies in a Global Context [J]. The Chronicle of Higher Education, 2009 (29).

[12][13] Shea, Christopher. Political Scientists Clash over Value of Area Studies [J]. The Chronicle of Higher Education, 1997, 18 (43)：13-14.

加州大学平权法案危机的政策分析与组织模型

林 杰[①]

1995年7月20日,美国加州大学(UC)历时12个月之久的组织冲突与政治危机达到了顶点:加州大学校董会投票决定在招生以及教师聘任与续约中不再将种族与性别作为优先考虑的因素。这一结果标志着加州大学成为美国第一所在学生入学与教师聘任上打破平权法案的公立大学,此举引起许多团体的抗议与抵制,也颠覆了对高等教育管理本质的传统看法。平权法案政策的存废之争激化了各方的矛盾,辩论的焦点最终都集中到了校董事会,外部政治压力也源源不断地汇聚到决策过程中来。而传统的大学组织模型均不能对此作出有效的解释,无论是学院模型中的学者还是科层模型中的官僚都不是决定平权法案存废的主导力量。加州大学平权法案的危机反映出政治学理论在理解高等教育管理问题上具有优势。

一、加州大学平权法案危机的缘起与过程

1. 加州大学:第一所执行平权法案的公立大学

20世纪60年代美国民权运动如火如荼。1961年肯尼迪(John F. Kennedy)总统签署10925号行政命令,随后1965年约翰逊(Lyndon Johnson)总统签署11246号命令,标志着平权法案(Affirmative Action)正式出台。这些行政命令主要是为了平息当时黑人的抗议、示威与暴乱活

---

① 作者简介:林杰,北京师范大学教育学部国际与比较教育研究院教授。

动,从理论与实践上消除全国范围内在教育机会、政治投票等方面对黑人的歧视与排斥。[1]平权法案意在帮助美国社会长期受到歧视的群体争取就业以及教育的平等机会。平权法案对当时高等教育的直接影响是大学应联邦政府的要求,在招生中采取配额制,黑人等少数族裔及社会弱势族群可以优先入学。只有当大学达到目标,政府才拨款,否则,要限期采取措施整改。①

加州大学是美国州立大学的样板。1960年由时任加州大学总校校长克拉克·克尔(Clark Kerr)主持的加州大学总体规划(Master Plan)确立之后,加州大学成为当时美国的州立高等教育系统中唯一提供博士教育和法律、医学学位的研究型大学。在20世纪60年代的民权运动中,加州大学扮演了急先锋角色,是美国第一所执行平权法案的公立大学。加州大学精英教育的地位使其获得州的大量拨款。因此,人人都想进入加州大学,竞争非常激烈。

2. 贝克案:反向歧视的入学政策

20世纪70年代早期,黑人等少数族裔优先入学政策被认为是对白人的歧视,在媒体上引发了广泛的讨论,出现了许多危言耸听的评论:配额制的回归、对合格者的歧视、拒绝个人的优势。平权法案入学政策使得黑人学生以低分优先入学,而得高分的白人学生却被拒于门外。这明显是不合理的。因此,在全国范围的大学内出现反平权法案入学政策的倾向,以解决反向歧视(Reverse Discrimination)的问题。

20世纪70年代发生了一些经典性案例。如1971年德夫尼斯(Marco DeFunis)状告华盛顿大学案,认为优先入学政策违反了美国联邦宪法第十四修正案的平等保护条款。州最高法院支持了学校,并呼吁联邦最高法院能受理此案作出最终裁决。最经典的案例当属贝克案。1978年,白人越战老兵艾伦·贝克(Allan Bakke)申请加州大学戴维斯分校的医学院被拒后,发现成绩不如他的少数族裔学生却被接收,于是一怒之下状告加州大学戴维斯分校,称自己是"变向中的种族主义"受害者。这个案子通过州

---

① 1964年美国医学院学生93%是男性,97%是非西班牙裔白人。少数族裔在入学方面处于极其不利的地位。

法院上诉至联邦最高法院，联邦最高法院的最终裁决是加州大学戴维斯分校必须接收贝克入学，大学不应该搞种族配额，但大学在招生时又需要考虑种族因素。[2]贝克案的直接后果是僵化的招生配额制被禁止。间接后果是，由于联邦最高法院裁定平权法案符合美国宪法，这使得平权法案之争暂时平息了16年。

3. 库克事件：平权法案危机的导火索

20世纪70年代以来，平权法案的入学政策引发了一系列申诉案件，美国联邦最高法院受理后，在终审裁决时都采取了打"擦边球"策略，主要倾向于维护大学的平权法案政策，直到1994年7月加州大学圣迭戈分校教师、统计学家库克（Jerry Cook）和他妻子致信加州大学校董、前国会议员伯格纳（Clair Burgener）反映加州大学在招生上存在的问题。起因是他们的儿子詹姆斯·库克（James Cook）从圣迭戈分校本科毕业后，年申请加州大学一些分校的医学院被拒，1993年再度申请戴维斯分校医学院，再次被拒。库克做了一个有关种族与入学率关系的小统计：1987至1993年间，申请戴维斯分校医学院的墨西哥裔学生只占申请者的5%，但却有18%的人申请成功，墨西哥裔学生的申请成功率比白人学生高5倍。这么大的差异只能说明种族成分在入学时成为主导因素。

库克教授经过研究得出结论：种族不是加州大学医学院招生的一个参考指标，而是主要因素。他致伯格纳的这封信为推翻依据贝克案而制定的法律奠定了基础，伯格纳的第一反应是致信校董会要求调查库克所举的事实，莫里森（Gary Morrison）受命与招生负责人及相关人员探讨了招生的程序与标准等细节问题，最后，他的调查报告显示，加州大学作为州公共服务机构之一，有义务为本州落后社区提供医学教育和培训，医学院少数族裔的学生毕业后更有可能回到所在社区，因此，少数族裔学生和医生对实现教育和社会目标的贡献更大，库克夫妇对莫里森调查反馈的结果相当不满。[3]

4. 博弈双方：分裂的校董阵营

库克事件发生后，沃德·康纳利（Ward Connerly）校董致信加州大学总校校长佩尔特森（Jack Peltason），要求将平权法案问题提上议事日程。而佩尔特森校长没有接受他的提议，因为支持现行平权法案政策的联盟异常强大。在校内，支持者包括加州大学总校校长、教务长、九所分校校长、九所分校教授会的代表、九所分校学生联合会的代表、教师组织的代表、校友会的代表、校董会里的教师代表。在校外，支持者还有时任总统克林顿、加州议会与民主联盟。另外，全国有色人种协进会（NAACP）、墨西哥裔美国人防卫和教育基金会（MALDEF）、美国公民自由协会（ACLU）、泛美学生组织、美国大学妇女联合会（AAUW）等劳工组织都陆续加入支持加州大学平权法案政策的阵营。而支持取消平权法案的阵营则相对较弱，包括加州州长、加州议会、共和党议员、获得共和党总统候选人提名的议员以及一些保守主义组织与利益团体。

由于平权法案政策的存废最终将由加州大学董事会投票抉择，故而外部政治力量和利益团体的压力通过各种渠道源源不断汇聚到加州大学董事会。董事会就此分裂成两大阵营并且都拥有影响决策的关键人物（Policy Entrepreneurs），前者是总校校长佩尔特森，后者是校董沃德·康纳利。① 而主张废除平权法案的阵营还有一个强大的同盟者，即当时的加州州长彼德·威尔逊（Pete Wilson）。

按加州宪法规定，州长可以直接影响董事会成员的提名与选举。由于威尔逊州长是共和党人，所以，加州大学董事会已成为一个具有高度党派性与保守性的委员会，极度忠诚于州长，关注州和国家的政治目标。1994年11月是威尔逊州长政治生涯的转折点，在当月全国中期选举中，共和党不仅在40年后重新控制了国会，还赢得了11个州长的位置，并在11年来首次在州议会获得大多数席位。这种风水轮流转的局面是大量社会和经济问题的驱动使然，大量白人男性投了共和党的票。在加州，威尔逊获得州长连任并获得1996年共和党总统候选人提名。因此，雄心勃勃的州长将加州大学当作他问鼎总统宝座的一个传声筒，当时的时机与环境已经非常适合挑战加州大学和加州民主党长期捍卫的平权法案。

5. 投票前的博弈：主导权的争夺

1995年1月19日，加州大学董事会应康纳利校董的要求召开会议，

---

① 康纳利是非洲裔美国人，有印度、爱尔兰、法国血统，1939年出生。1993年，威尔逊州长聘任他为加大校董会成员。

康纳利校董第一个发言,他认为加州和加州大学都在历史上起了表率作用:不同背景、语言、种族的人和谐共处,相互尊重,发挥了最大潜力。康纳利承认平权法案在历史上曾经起过一定的积极作用,但他话锋一转,指责加州大学平权法案政策却走向不公平,尤其对于白人和亚裔学生入学极为不公,对有才华的黑人学生也不公。

康纳利的立场获得一批校董的支持,日裔校董中岛(S. Stephen Nakashima)在发言中认为亚裔作为少数族裔,受惠于平权法案,但在教育领域,亚裔却没有被作为少数族裔,他们并没有依靠他们的成绩与表现而被录取。女校董伊斯汀(Delaine Eastin)在评论康纳利的讲话时说:加州大学要具备两样品质:卓越和公平。而在过去许多年里,实行所谓的平权法案,却没有做到对所有人的公平。[4]

1995年1月的校董会会议,没有公众介入,也没有引起传媒关注。3月的董事会会议过后,加州大学平权法案危机逐渐成为媒体和公众关注的热点。博弈双方针锋相对、旗帜鲜明,在伯克利分校,包括学生、教师、管理者和行政员工在内的3000名抗议者聚众示威,在洛杉矶分校,2000多名示威者阻断了校园里的主干道。[5]到了5月,学生已经组织起来,抗议反对平权法案的校董们。一些校董也签名支持学生的行动。加州大学的入学政策已然泛化为政治问题,成为左派或右派相互攻讦的口实。在7月董事会会议召开前夕,由于外部力量的介入,对平权法案进行公投的形势愈发明显。

6. 董事会投票:马拉松会议

1995年7月20日,关乎平权法案入学政策存废的加州大学校董会会议在旧金山召开。① 那一天如临大敌,警察遍布学校周围,各利益团体把守要道,蓄势待发,整个会议发言者达70多人。威尔逊州长第一个发言。他认为加州大学既然是加州纳税人支持的大学,就应该向加州所有纳税人负责,让他们的子女享有公平入学的机会,而不受种族与民族因素的限制,他的观点遭到一些校董的反驳,布朗(Willie Brown)作为第一个非洲

---

① 加州大学董事会成员共有26人,包括7名自然董事,18名由州长任命的董事。其中还有1名由董事会选举产生的学生董事。由州长任命的董事任期为12年。

裔校董，呼吁加州大学不能以牺牲自治品格而满足某些政客的野心和欲望，洛杉矶分校的校长杨（Charles Young）在发言中也肯定平权法案政策惠及全社会，多元化的学生群体有助于促进加州大学的发展。

学生校董戈麦斯（Edward Gomez）和4个学生代表的发言主要集中于种族与经济的不平等，平权法案在消除财富与收入差距的国家议程（National Agenda）上扮演重要角色，在消除本州经济不平等上起到重要的政治作用。学生代表发言后，发言的校董是反对派领袖康纳利，他首先肯定了平权法案在历史上所起的作用，尤其是纠正历史上针对黑人的不公平、不平等。但是，平权法案的大限已至。等待的时间越长，改变它的难度就愈大。

佩尔特森校长在发言中提醒大家。平权法案及其他多元化措施有助于加州的未来建设，各分校校长们、教务长们、副校长们及学术和学生事务主管者们应该联合起来，让校董们重新体认加州大学30年来孜孜以求的两大目标——多元与卓越，但他的鼓动被随后发言的州长颠覆。威尔逊反驳道：平权法案是基于这样一个错误基本假设，即特殊的种族需要特殊的保护，需要降低对他们的门槛，但事实充分证明，每个种族都是优秀的。[6]

会议中，两党之争异常鲜明。民主党的发言人支持保留平权法案，认为其有利于维护多元性，它是经长期斗争来之不易的成果。共和党的发言人则赞成废除现行平权法案政策，他们认为投票与政治没有关系，不存在特殊利益集团从中受益的问题。校董们的态度截然对立。[7]到晚上8点，经过12个小时的马拉松会议之后，董事会对SP-1、SP-2两个提案进行唱票表决，① 结果分别是以14:10和15:10票通过提案。这意味着加州大学成为美国历史上第一所废除在入学、聘用、签约中将种族与性别作为优先考虑因素的大学。

7. 投票后的反应：抗议与杯葛

1995年7月加州大学董事会投票通过SP-1、SP-2两个提案之后，各界的反应接踵而至。加州大学各分校的教师群体积极行动起来，共有

---

① SP-1提案是指在加州大学的招生过程中不再将种族和性别作为优先考虑的因素。SP-2提案是指在加州大学的聘用和签约过程中不再将种族和性别作为优先考虑的因素。

1800 名教师签名要求取消董事会投票的结果。九所分校的教授会在 1995 年秋季召开联合会议，以压倒多数的投票要求董事会取消这两个提案。1996 年 1 月的董事会会议上，20 位加州大学教师代表做了历时 3 个多小时的听证，同年 11 月，全美大学教师联盟（AAUP）组成一个专门委员会对加州大学董事会废除平权法案的决定进行调查。调查报告认为董事会违反了大学共同治理的原则，要求加州大学董事会取消投票结果。[8]

加州大学的学生们组织起来，在各个层面展开抵制董事会的行动。一些来自芭芭拉分校的学生与学生记者向州最高法院提起对校董的诉讼。在投票后的整个秋季学期，加州大学各分校的学生组织都掀起抗议运动。10 月伯克利分校大约 5000 名学生聚集起来举行名为"为平权法案罢课罢工"的抗议热潮。尔湾分校的学生举行了历时三周的绝食活动以期引起全国的关注。在董事会 12 月会议期间，59 个学生因封堵伯克利分校行政大楼而被捕。

在投票后的 18 个月内，包括伯克利分校的田长霖和洛杉矶分校的杨等 4 位加州大学分校的校长先后辞职。他们是出于未能在捍卫平权法案中扮演积极角色而主动请辞。圣地亚哥分校校长阿特金森（Richard Atkinson）则接替了佩尔特森校长的位置。新任校长在 1996 年 1 月宣布加州大学不可能制定新的入学政策，也无法按照康纳利校董设想的框架行事。因此，威尔逊州长和 10 位校董立即召集了董事会的特别会议，要求阿特金森要么遵循 SP-1、SP-2，要么辞职。州长非常强势，逼迫新校长就范。① 这场纷争体现了教师群体和州立法机关之间在大学治理权限上的争夺。

投票后，对加州大学产生最立竿见影效果的是招生状况。1997 年夏天，加州大学的专业学院宣布取消将种族与性别作为入学优先考虑的因素，少数族裔学生的入学率急剧下降，如伯克利分校法学院 792 个新生中，

---

① 阿特金森校长不仅反对 SP-1、SP-2，对 1960 年克尔主持的加州大学总体规划（Master Plan）也持批评态度。他认为，虽然这个规划建立起完整的公立高等教育系统（UC、CSU、CCC），并为其他州所仿效，但是由于四年制学士学位教育与两年制教育的失衡，导致加州获得学士学位的人数远低于受高等教育的适龄人口，在 50 个州中排名倒数。尤其是拉美裔和非洲裔等弱势人群的比例更低。参见 Saul G, Richard C. Beyond the Master Plan: The Case for Restructuring Baccalaureate Education in California. Center for Studies in Higher Education. UC Berkeley, 2012: 1-2。

14 个是非洲裔，23 个是墨西哥裔，分别下降了 81% 和 48%。这一变化引起更深层的政治辩论，立法机关要求对加州大学的招生过程进行调查。

加州大学董事会投票通过废除平权法案的入学政策，不仅对大学内部的管理和招生产生重要影响，也对外部的政治事务起到逆转性的效果，投票之后的短期内，威尔逊争取共和党总统候选人提名的活动一度受到关注，收到许多资金，1996 年 11 月，加州以公投的方式通过 209 法案（Proposition 209），推翻了平权法案，这标志着加州禁止在公共机构的聘用、签约及公立学校的招生中将种族和性别作为优先考虑的依据。这是加州州长和共和党暂时取得的重大胜利。但在 1998 年的选举中，那些支持 209 法案的政治人物都承受了始料未及的损失。民众在 16 年后首次选举了民主党人作为州长，在州议会、州检察院等重要部门，民主党席位也过大半。新任州长戴维斯（Gray Davis）曾经主张加州大学保留平权法案。因此，在民主党的政纲中，努力提高加州公立高等教育系统的多元性重被提上议事日程。

二、传统政策分析和组织模型的失效

1. 科层模型：非理性的决策过程

传统观点认为，公立大学具备公共组织的特征，因此公共政策分析的模型也适用于公立大学的决策过程。长久以来，高等教育组织的决策被理解成为一个排除个人偏见干扰而达到一致见解的过程，组织行为学的理性模型非常强调排除偏见这一点。

公共政策中的传统理性模型以逻辑性、程序化和模式化的方式寻求政策方案的最优解，它特别强调人的理性、认识能力的无限性和定量分析。后来西蒙（Herbert Simmon）提出的有限理性模型对之进行了适当修正，认为决策过程只能追求满意解。[10] 但是，加州大学反平权法案政策议案的通过，不仅是一个技术问题，还是一个意识形态问题，反平权法案政策与美国人有关机会均等、个人主义等观念是相契合的。因此，平权法案入学政策的争议不可能做到价值中立、排除偏见，也不存在决策的最优解或满意解。

科层制是大规模组织的必然归宿。加州大学作为美国州立大学系统的样板，可视为一个庞大的科层组织。科层组织遵从效率优先、理性决策的原则，决策者需要全面收集信息，集中权力进行相关决策。决策者的权威需要得到尊重。但在加州大学平权法案入学政策的争议中，无论是代表校董会的康纳利，还是州长威尔逊，都利用权力主导政策议程，压制不同意见，以吸引公众与政府的注意。加州大学总校校长的权威不断受到挑战，外部政治人物和力量的介入，导致理性决策的权威解体。

在这场旷日持久的争议中，所有利益群体和个人都站在各自立场，非理性因素占据上风。各方为达成有利于自己的决策，故意隐藏不利信息。典型的例子是1995年5月，加州大学董事会收到一份名为"大学招生中种族在社会经济地位中所起作用"的报告，揭示了拉丁与非洲裔美国学生入学率下降，美国白人学生入学率上升的现象。[11]由于董事会倾向于支持废除平权法案，为避免引起公众的关注，所以将这份不利报告隐藏起来。

在美国，高等教育管理与决策通常被当作一个组织问题，而非政治问题。高等教育组织研究通常关注组织自身，但复杂的组织，尤其是决策问题已不能经由经济与政治理论中的理性模型解释清楚。加州大学关于平权法案入学政策的争议充分说明了公立大学决策过程的"溢出性"、公立大学成为外部政治力量运作的工具和战场，而公立大学的决策结果反过来对州和国家的政治进程产生了深刻的反作用。公立大学及其管理机构都是政治组织，公立大学的决策是政治行动，管理机构的成员都是政治行动者。

2. 政治模型：外部的利益诉求

传统的高等教育研究忽略了高校组织变迁和决策过程中的两个重要方面，即权力及高等教育在国家资源分配中的角色。[12]从20世纪70年代开始，组织理论受到美国政治科学研究热潮的影响，开始将组织视为更广阔政治进程中的组成部分，一些政治学家尝试将政治理论运用于高等教育研究。从政治维度考虑高等教育组织决策，始于鲍德里奇（J. Victor Baldridge），他基于实证研究提出了"利益诉求模型"（Interest-articulation Model）来展现大学决策的动力机制。鲍德里奇认为，"政策"区别于日常性决策，而特指那些对组织将产生重大影响的行动纲领。既然政策那么重要，因此就易成为冲突的焦点，政策自然成为政治模型分析的焦点。组织理论家们倾向于选择政策作为研究组织冲突与变迁的工具，但在实际研究中不可能面面俱到，政治分析的焦点是政策形成，政策执行环节更多是与科层管理、常规管理相关。

鲍德里奇提出高等教育组织的决策模型包括五个阶段：组织结构、利益诉求、合法化、政策结果、政策执行。其中，利益诉求的表达是核心部分：不同利益群体为达到自己的目的必然要采取实质性的行动对立法机关产生影响力。一个有影响力的群体如何成为一个压力集团，将群体欲求转化为政治资本，即如何实现自己的利益诉求，有很多方法与途径。[13]

但是，在加州大学个案中，虽然围绕多元价值观形成不同利益群体（比如投票前，学生群体和教师群体抗议的声浪很大），但他们的利益诉求并未转化为压力而最终被纳入政策。加州大学董事会中虽然有教师和学生身份的董事，但力量微弱，并不能主导董事会的议题和议程。① 主导政策过程的是外部政治力量，尤其是政治关键人物。因此，外部政治力量在支持保留平权法案政策的个人和集团占多数的不利情况下，可以转败为胜。

另外，当利益集团数量较少，利益冲突可以协调和妥协时，利益诉求模型是有效的。鲍德里奇对纽约大学的个案分析仅局限于大学组织内部利益集团的冲突与妥协。而在加州大学个案中，有关平权法案的政策是在大学组织与州之间的决策，大学管理者需要在全国甚至国际背景之下进行决策，当平权法案危机扩散开来后，情况变得越来越复杂。大学的管理层和权威在协调各方关系时力量显得非常有限，利益诉求模型仅仅适用于冲突和权威较少的情况，公立大学决策的一个重要特征是大学组织与州立法机构之间的协商过程，因此，高等教育组织研究者必须将注意力转向大学的外部环境、议程控制、利益群体和合法权威。

3. 学院模型：共同治理的丧失

西方大学最传统、最古老的学院模型认为，大学管理是在大学自治的

---

① 师生作为大学董事会成员参与决策在美国比较少见。20世纪60年代，不少美国公众强烈要求政府任命大学部分师生为董事会成员（至少作为董事会不具投票权的成员），以加强大学民主决策和管理，部分大学和学院采纳了该建议，但仍属个别现象。

基础上由教师群体共同掌权、共同治理,学院模型强调不同群体的参与式决策,崇尚专业权威在决策中的作用。在美国传统中,大学校长、管理者及大学教授会主导着学校各项政策,而无须董事会的批准。但在加州大学有关平权法案入学政策的争议中,大学管理与决策中的自治问题却成为控辩双方争论的焦点。

有关平权法案入学政策的选择(Policy Selection)其实非常简单:(1)保留平权法案的政策;(2)取消平权法案政策;产生一个新的入学政策,在加州大学这场争议中,由平权法案政策的选择而产生另外一个关键性问题,即谁有权进行决策?这就引申出大学治理与决策权限的议题。关于这一议题,两派意见分殊,以康纳利校董为代表的反传统派认为,只有董事会才有权治理。加州宪法没有申明教师群体在加州大学管理中的角色。既然加州大学是公立大学,那么加州大学的政策就是公共政策。既然是公共政策,就应该通过公共的政治程序来决策,加州大学应该公开决策的过程。

而坚持传统的大学自治与治理的校董们则认为,大学是一种独特的公共组织,州的政策、法律和规则并不适用于大学。平权法案的争议表明,像加州大学历史上曾经发生过的忠诚宣誓和解聘克拉克·克尔校长事件一样,大学独立于立法机构,不应受到政治干预。[①] 但是加州大学的政治色彩愈来愈浓,在加州大学关于平权法案入学政策投票前的20年内,共和党州长将自己的亲信塞进加州大学董事会。加州议会虽由民主党控制,但也无法否决州长对校董的提名和任命。政党政治的攻伐在加州大学管理层演绎。

作为加州大学管理层权威象征的总校校长佩尔特森一直坚持保留平权

---

① 1947年,杜鲁门总统签署行政命令,在联邦政府各机构中实施"忠诚—安全计划",违令者一律辞退或交联邦调查局审查。这项计划后来也在一些大学推行。如在加利福尼亚州,数以千计的学校董事会和大学教授会要求教师进行忠诚宣誓并对他们进行安全审查,拒绝者将受到开除的处理。1964年加州大学伯克利分校的学生发起"自由言论运动"旨在反对限制大学政治活动的条款,提倡民权,反对越战。数百名静坐示威的学生被捕。克尔(Clark Kerr)校长不愿意开除闹事的学生。1964年末,伯克利校园的各种抗议运动逐步升级。因此,克尔受到了学生和保守派校董的指责。学生们认为校长没有满足他们的要求,校董们又认为校长太纵容学生。因此,克尔上了FBI的黑名单。1967年,克尔被加州大学董事会解聘校长之职。

法案入学政策的立场。但是,在投票日的董事会会议上,他避而不谈大学共同治理问题,只是单纯呼吁所有团体联合起来维持现行政策。本来,支持平权法案入学政策的力量相对强大,但随着 SP-1 的通过,对决策过程的控制发生了变化。在康纳利和威尔逊州长强有力的领导下,发生了决策的逆转:校董会有权设置政策议程,并控制决策的过程。大学校长、大学教授会被迫转入守势,主要精力用于捍卫平权法案,无暇再产生新政策。这导致加州大学总校校长与教授会未能获取足够充分的证据去证明平权法案政策的合法性,不能提供更多的政策选择方案。

平权法案之争表明,大学赖以维护自治的基础并非依靠州宪法,而是依靠其组织文化——共同治理。共同治理要求校董们在有关大学管理与决策上要征询教师群体与管理者的意见。大学治理的权力为大学内外部不同的利益相关者所分享。可是,加州大学平权法案政策的决策过程显示,校董会和大学教师群体及学生群体发生决策权的争夺,在外部强势政治力量和公众影响力介入的情况下,大学管理和决策丧失了共同治理的基础。[14]

三、新的解释理论和分析框架

在高等教育组织研究者看来。组织的决策过程最能突显组织冲突与变迁的特征。因此,在任何有关高等教育组织的模型中,政策分析都是重中之重。但是加州大学平权法案危机的发生,对高等教育组织中传统的科层模型、政治模型和学院模型都构成了挑战。为此,针对加州大学的个案,美国的组织研究者提出新的解释理论和分析框架。

1. 多源流分析框架

密歇根大学的政治学家约翰·金顿(John W. Kingdon)在"垃圾箱"模型的基础上,提出"多源流分析框架"(Multiple-streams Framework),重点是发现政策议题因何产生,如何产生,这一分析框架把政策产生过程看作由行动者和决策过程的三个源流(Process Streams)组成,由各种问题的数据和各种问题界定内容所形成的问题源流;涉及政策问题解决方案内容的政策源流;由各种选举活动和被选举官员组成的政治源流。当政策窗(Policy Window)打开时,即政策出台的恰当时机出现时,三股源流就交汇在一起。[15]

在加州大学个案中，第一是政治流，作为共和党人的州长威尔逊充当总统候选人要看白宫的风向，而且，挑起极富争议的议题可以给他在国人面前展示的机会。由于加州独特的气候，威尔逊州长支持加州大学取消平权法案的入学政策，继而为公民投票通过209法案创造条件，最终率先在加州取消了平权法案。

第二是政策流。坚信平权法案应该被取消的康纳利无疑是关键人物。1994年他收到统计学家库克夫妇的重要资料。1995年，康纳利成功说服加州大学董事会放弃在入学、雇用、签约等方面根据种族、民族、性别等因素的优先政策。康纳利继而在全州范围内发起投票，废除了加州宪法中的平权条款。因为在加州，法律允许公民提出议案。在获得足够的支持者签名和公民投票之后，提案即为合法。

第三是问题流。为使平权法案能够上升为国家关注的议程，一个最重要的理由是在种族问题上做文章，在美国历史上，但凡种族问题总会引起朝野的热议。平权法案上升为公共政策议程，种族主义，无论新旧，都在其中起着关键作用。在加州大学，SP-1由董事会投票通过，保证加州大学的招生不再以种族成分作为决定性因素。这也使得加州大学的这一政策上升到政治与社会问题的高度。

除了三股源流之外，多源流分析框架还关注两个前决策过程：议程的确定和可供选择方案的具体阐述。金顿通过实证研究发现，政治人物对政策议程的确定起决定性作用，而科层组织内外的专家则对可供选择方案的具体阐述方面起关键作用。利益群体对政策议题确定的影响力较弱，对备选政策方案影响相对较强。在加州大学个案中，虽然支持平权法案的利益团体和个人在董事会内外一直占上风，但却没有阻止反平权法案政策议题的出台，而恰恰是政治人物起了关键作用。

2. 间断平衡理论

按照金顿的多元分析框架，一个问题要成为政策议题，需具备三个要素：三股政策过程源流、政策关键人物和政策窗。[16]在加州大学平权法案危机中，具备了三股源流，州政府内外的政治人物不遗余力，又适逢政治选举的恰当时机。因此,金顿的理论似乎能够有效解释加州大学危机案例。

但是,还有一些细节问题是多元分析框架所解释不了的。比如加州大学危机为何在贝克案沉寂了几乎 20 年后才爆发?琼斯(Bryan D. Jones)和鲍姆加特纳(Frank R. Baumgartner)提出"间断平衡理论"(Punctuated Equilibrium Theory):政策变迁既不是渐变,也不是突变,而是渐变与突变交替进行的过程。长时间的政策停滞之后,就会产生危机。当一个问题从子系统上升到宏观政治系统时,必将引起大规模的政策变动。[17]在平权法案政策产生过程中,种族是一个决定性因素。20 世纪 60-80 年代,虽然有一些针对平权法案的上诉案例,但是鉴于美国历史上对于少数族裔的亏欠,所以,大多数白人容忍了反向歧视的政策。然而,反向歧视作为一种临时性的补偿措施,总有尽时。因为《民权法案》最基本的精神和民众对于"权利"的基本理解是"人人平等",而平权法案却将个体的种族成分而非个人能力和品质作为优先考虑的对象,从而为反平权法案的阵营获得政治支持赢得了基础。

金顿认为,一个议题要获得公众关注,进入议事日程,最后形成法律,必须是三股相互独立的同等重要的源流在起作用。然而在加州大学个案中,实际上是政治源流主导着议程设置和决策过程,其他两股源流的分量微不足道。康纳利推动 SP-1 通过,以威尔逊州长为代表的共和党政治力量推动 209 法案通过,这些都证明是政治源流,而非政策源流和问题源流使得反平权法案运动迅速成为公众和政府关注的焦点,顺利进入政策议程。

3. 制度实证理论

对于加州大学推翻平权法案入学政策的个案,传统的组织模型无法充分解释有关这一危机事件的决策过程。如鲍德里奇的政治模型只局限于学校内部的政治运作和决策过程,是一种微观政治模型[18],对高等教育组织的外部力量影响估计不足。而金顿等学者的理论更适用于州层面的决策。但是美国公立大学的一些重要政策已不是由大学和州政府决定,需要考虑州和国家政治导向的作用。

弗吉尼亚大学高等教育研究中心的学者普瑟（Brian Pusser）尝试着将政治模型传统的利益诉求分析框架与制度实证理论及国家理论视角结合起来解释大学治理与决策的政治动因。制度实证理论（Positive Theory of Institutions）是社会选择理论与新制度经济学的混合体，它关注制度在解决集体行动问题、降低交易成本、促成合作、减少投机行为的过程中，生了怎样的政治效果。制度实证理论相比政治模型，后者强调利益群体在决策中的作用，前者则更看重政党、国家在决策中的影响力。[①] 制度实证理论建立在有关公共组织管理的多元主义假设之上，即一个政治系统能够使得多数群体和少数群体都有表达合法权利的自由。而实际上，少数人或利益群体通过"谈判"驱使大多数群体作出决策。

制度实证理论模型包括如下要素：控制组织行动议程的努力、组织管理结构的预先设计、决策者在正式关系之外的私人关系、组织决策对于成本和收益分配的控制。普瑟基于制度理论并结合州和国家的政治理论，认为高等教育决策的政治模型除了外部利益集团对于内部政策形成的影响外，还包括外部行动者与利益集团参与高等教育决策的斗争，以期获得对公共利益的影响力，并在更广阔的政治进程中利用大学这种公共组织。因此，加州大学的个案证明，高等教育组织研究将转向关注在更为广阔的政治进程中，大学所具有的工具价值。[20]

四、加州大学个案对大学组织模型的重塑

早期公共管理专家都是组织领域的学者，他们认为公共科层组织如果按照企业组织的模式建立与运转，实现政治与管理相分离，就一定处于良好的工作状态。而现代公共管理理论摒弃这种"政治—管理"一分为二的观点，关注的焦点是政治环境如何塑造组织，将政治与组织结合起来分

---

① 作为一种理论范式，实证的制度理论（PTI）被西方学者普遍运用于公共机构的组织与管理上来。PTI主要借鉴了政治科学理论，关注政治组织的结构问题。也有学者认为制度实证理论是社会选择理论和新制度经济学混合的产物。其中，社会选择理论是重点，它集中于投票的研究。新制度经济学则关注科层组织的规则、程序、员工管理系统。这些组织的特性经实践证明是政治控制、策略方式的关键机制，也是政治人物寻求利益的途径。如此一来，组织与政治不再绝缘。这一理论将政治与组织整合来一体。

析。一个机构如何定位、结构如何建立、人员如何配置、如何控制等并不是由组织理论家说了算，而是由关注宏旨的政治家与利益群体决定的。公共管理理论的变迁，也深刻影响着对高等教育组织的研究与看法。公立大学作为公共组织，其重要政策并非是由大学校园内部结构决定的，而是受外部复杂的政治系统影响，取决于各层面的管理者、行政官员、立法者和利益群体。加州大学的个案有利于将政治学理论补充进管理学理论来审视大学的组织特征和行为，尤其是决策的过程。决策过程的重要性在于，一些重大的政策往往能够重塑大学组织的目标、策略、行动和使命。[21]

1. 大学的组织特性：作为政治实体的大学

美国高等教育研究者们几乎很少将大学置于更为广阔的州与国家的政治环境中，也极少将大学政策与种族、性别与政治权力联系起来。当公立大学越来越多参与到稀缺资源的竞争，当更广泛的政治控制力量在公立大学的决策过程中起工具与符号价值时，就必须在更广阔的政治背景中理解大学的角色，理解美国公立大学在州和国家层面所起的作用。

加州大学有关平权法案的辩论有助于理解当代美国大学的组织特征。二战后，加州大学在从事军事研究、言论自由权利及入学政策等方面扮演先锋角色。在平权法案议题上，加州大学是第一所实施平权法案入学政策的大学，也是第一所废除平权法案入学政策的大学。在这一重大政策的兴废之间，传统的大学自治正在消失，大学正在走出象牙塔。董事会的投票要考虑到科层理性、共同治理的理念、对组织文化和管理行为的影响、大学教师群体的权威及利益诉求的限度。此外，还必须将大学作为一个民主政治实体加以考量，它对于州和国家的权力与权威具有广泛的象征意义和工具价值。

2. 大学的组织目标：公立大学在教育公平中的角色

1995年7月加州大学董事会投票通过废除平权法案入学政策之后，引起各界巨大的影响和反弹。加州大学本科生及专业学院的少数族裔学生招生人数的急剧下降在州议会激起了强烈的反应。如果任由这种趋势蔓延下去，加州将成为一个种族隔离的社会，没有受过教育的黑人、拉美人处于社会最低层，中产和资产阶级则由白人和亚裔人构成。那么，这意味着美国 20 世纪 60 年代民权运动的成果也付诸东流。

因此，公立大学不能拒绝其在实现和保证社会公平和教育公平中扮演的重要角色。投票之后，加州议会和高等教育委员会迅速行动起来，就招生途径、资格、标准等问题举行了一系列听证会。州立法机构通过法律和财政杠杆来应对废除平权法案后所造成的问题。比如通过法律规定，基础学校与所在学区的高等教育机构建立起学术合作关系，以促进基础教育质量的提高、对升入公立大学的入学率低于州平均水平的高中学生予以经济资助。加州大学也获得州政府 3000 万美元的拨款，进行相关的补偿性项目拓展。

1998 年 5 月，加州大学招生委员会收到了据称是过去 30 年来最为激进的入学标准改革方案：加州每所高中排名前 4% 的学生可以进入加州大学。反对废除平权法案的戴维斯公开支持 4% 方案，并承诺当选州长后一定让这个方案通过。[22] 1998 年他当选州长。翌年 3 月，提案顺利通过。2001 年春天，加州大学董事会赞同招生双轨制：一方面从加州每所中学招优秀生源，另一方面从加州社区学院吸收优秀在校生。[23]

3. 大学的组织结构：从共同治理到外部影响

1868 年加州大学创建伊始，即实行教授治校，校长是在教授会和董事会之间起联络作用，并由这两个组织授权任命。校董事会自建校起，就是一个精英团体，董事会的成员可谓群英会集，许多校董都上过名人录。而加州大学的教授会（Academic Senate）主要负责加州大学的日常管理。由于加州宪法赋予了加州大学的自治权利，因此，形成董事会和教授会共同治理的管理格局。此外，这一格局也受到外部力量的影响。如 1919 年，加州大学教授会受 AAUP 学术自由宣言的影响，要求改善大学组织结构与程序，次年 6 月，加州大学董事会通过决议，赋予校长人事变动和政策变动的权力，但是变动之前必须与教师咨询委员会协商。教授会在经过校董会的同意后，有权决定入学条件、学位授予等政策。这些规定奠定了后来在平权法案争议中教授会和教师权威的法理基础。

因此，共同治理是加州大学管理与决策的重要特征：教师群体和管理层要分担大学管理的责任，而最终决策权属于大学管理委员会和董事会。

董事们拥有合法的最高决策权，但加州大学的历史记录表明，董事会并不使用强权，只在少数问题上和关键的历史时刻，情非得已，董事会才与其他校内力量一决高下。这在平权法案危机中表现得非常明显，校董们根据各自的政治立场，分化为两个阵营。强势的校董们在政治人物的支持下试图主导会议议程。校内外就"董事会是应该选举还是应该任命，大学应该保持自治还是应该处于立法与选举的控制之下"的问题产生激烈争执。在这场反平权法案运动中，州政府与州最高法院以实际行动对加州大学的决策产生深刻影响。

4. 大学的组织决策：社会选择理论

加州大学关于平权法案政策存废的争议，表明当前高等教育决策已超出了传统科层制专家治理、利益群体诉求和组织文化的范畴，其政策争议的范围已超出大学组织的界限。一个公共议题涉及多方利益，政治家、利益团体与州政府等外部力量介入决策过程，传统理性决策模型已经失灵。公立大学的重要决策是由校内外环境共同促成。有限理性，甚至非理性左右着大学的组织决策。

社会选择理论适用于理解平权法案政策的产生过程：反平权法案政策不是一个全新的政策。它根植于现行的有关种族、性别与民族的各项政策。一个人作出政策选择是与其价值标准密不可分的。因此，在加州大学个案中，就出现投票悖论：投票者受媒体发布的信息和总统候选人提名的影响，把票投给他们赞同的政治观点和政治党派的一方。所谓"最好"的政策，就是每一个政党能够在反平权法案政策这个问题上团结一致，同仇敌忾。只要自由的民主党反对平权法案政策，那么，保守的共和党就一定持支持立场。只要多数校董主张废除平权法案政策，那么，就意味着没有其他可选择或可完善的方案。

社会选择理论认为，社会整体偏好不一定能从个人偏好中推导而出，民主投票不一定产生符合多元利益主体的公共政策。加州大学关于平权法案政策的争议以及1995年的投票过程并未产生一个政策上的最优解或满意解，因为政策议程的主导和投票表决过程都倾向于个别政治人物的个人偏好。从投票之后几年内产生的负面影响可以看出，少数族裔生源连年大幅下降，州政府和加州大学必须采取一系列补偿措施，最后董事会还是不得不取消了反平权法案政策的 SP-1 和 SP-2 提案。

参考文献：

［1］Charles V. Federal Affirmative Action Law：A Brief History. CRS Report for Congress［EB/OL］.（2005-09-13）. www. au. af. mil/au/awc/awcgate/crs/rs22256. pdf.

［2］U. S. Supreme Court. University of California Regents v. Bakke［EB/OL］.（1978-06-28）. http：//caselaw. lp. findlaw. com/cgi-bin/getcase. pl? court = us&vol = 438&invol = 265. .

［3］［4］［6］［7］［14］［20］BrianP. Burning Down theHouse：Politics, Governance, and Affirmative Actionat the University of California［M］. State University of New York Press, 2004：49-52. , 74-75, 144-162, 225, 7.

［5］［9］Ula T. Proposition 209and the Affirmative Action Debate on the University of California Campuses［J］. Feminist Studies, 1999, 25：96, 101.

［8］American Association of University Professors. Report of Commission on Governance and AffirmativeAction Policy［R］. AAUP：Washington, D. C. , May 29, 1996：1.

［10］陈振明. 政策科学——公共政策分析悖论［M］. 北京：中国人民大学出版社, 2003：605-606. .

［11］John A. A Brief on the Events Leading to SP1［EB/OL］. Universitywide Office of the Academic SenateSubmitted to Panel 2. February 28, 1997：11.

［12］Brian P. Bringing Political Theory to University Governance：A Comparative Analysis of Governing Boards at the University of California and the *Universidad Nacional utónoma* de México［J］. J C Smart. Higher Education：Handbook of Theory and Research, 2001,（16）：2.

［13］Baldridge V. Power and Conflict in the University［M］. New York：Wiley Publishing, 1971：22-23.

［15］保罗·A. 萨巴蒂尔. 政策过程理论［M］. 彭宗超, 等译. 北京：生活·读书·新知三联书店, 2004：93-100.

［16］John W. Agendas, Alternatives and Public Policies［M］. New York：Harper Collins, 1995：20.

［17］James L, Frank R. Punctuated-Equilibrium Theory：Explaining Stability and Change in Public Policymaking［J］. Theories of the Policy Process, 2006,（4）：1-4.

[18] 林杰. 美国院校组织理论中的学院模型——以鲍德里奇的个案为原型[J]. 高等教育研究, 2007, (9): 98-99.

[19] Brian P. Beyond Baldridge: Extending the Political Model of Higher Education Organization and Governance [J]. Educational Policy, 2003: 126.

[21] Daniel J, Baldridge V. Power Failure in Administrative Environments [J]. Academic Leadership Journal, 2007, (1): 6.

[22] Pamela B. UC Leader Pushes Plan to Guarantee Places for Top 4% [J]. Chronicle Staff Writer, 1998, (2).

[23] President Atkinson's "Dual Admissions" proposal. OffIce of the President News Room [EB/OL]. (2000-09-21). http://www.ucop.edu/ucophome/commserv/2000/sept2100art1.htm.

战后日本历史教育中的逆流及其牵制因素[①]

高益民[②]

日本政界错误的历史认识向来为世人所诟病,近来日本首相安倍晋三(1954年生)对侵略战争的性质所做的暧昧表态引起了包括美国在内的世界各国的不满[③];大阪市长桥下彻1969年就慰安妇问题发表的错误言论则导致他所领导的政党"日本维新会"支持率的急遽下滑,甚至一贯持极右立场的该党"共同代表"石原慎太郎(1932年生)面对党势的严重受挫也责备桥下惹了"大麻烦"[④]。值得注意的是,安倍、桥下与石原等人不同,他们都生于战后、长于战后,接受的都是战后的历史教育,而他们却对那些非人道的自民族中心主义战争观情有独钟,这不能不引起人们对战后日本历史教育的怀疑。实际上,日本政界的战争观早已引起中国、韩国等亚洲国家和地区的强烈不满,人们忧虑这将严重影响日本的历史教育和

[①] 本文系教育部人文社会科学重点研究基地重大项目"国际组织及世界部分国家'全球公民'教育模式的比较研究"(项目批准号11_JJD 880012)的研究成果。

[②] 作者简介:高益民,江苏江宁人,北京师范大学国际与比较教育研究院副教授。

[③] 安倍晋三2013年4月23日在参议院预算委员会答辩时表示,对于承认日本殖民统治与侵略的村山谈话"安倍内阁未必原封不动地继承",并说,"侵略的定义在学术界和国际上都无定论,它是国与国的关系,因从哪一方看而不同"。4月26日,美国《华盛顿邮报》(电子版)对安倍提出明确批评,认为他"没有正视历史"。此间,中国等其他国家也对安倍进行了批判。5月15日,安倍又在参议院预算委员会上改口说,我"未曾一次说过日本没有侵略"。表示要继承村山谈话,对"给予中国带来的严重损害与痛苦怀有'痛惜之念'"。

[④] 桥下彻在2013年5月13日说:"'二战'期间日军的慰安妇制度是必要的",日本舆论对此一片哗然。日本维新会的政党支持率在一个月内由第二降至第四。桥下发言同时引发世界各国强烈反应,大阪市的友好城市美国旧金山市议会于6月18日对此通过谴责决议,提出桥下撤回发言和向慰安妇道歉等多项要求。石原慎太郎对桥下的立场表示理解,说:"军队与卖淫总是相伴的,这似是历史规律。我想他恐怕是基于这种认识而发的言。他没说多大的错话。"(5月14日)但石原慎太郎认为桥下应就给该党带来的不良影响而向党内同志道歉(6月18日)。

误导日本青少年，助长军国主义思潮的复活，对世界和平构成重大威胁。

战后日本对战争的态度一直是我国学界关注的焦点，并出现了很多有价值的研究成果，如苏智良的《日本历史教科书风波的真相》、土希亮的《战后日本政界战争观研究》、步平的《跨越战后：日本的战争责任认识》、李秀石的《日本教科书问题剖析（1868－2012）》等都是这一领域颇具分量的研究，此外还有大量论文对日本历史教科书问题的实质进行了分析，揭露了日本政界在战争观上的倒行逆施及其对历史教育的恶劣影响，此处恕不一一列举。本文对这些研究成果所得出的正确结论深表认同。

另一方面，我们也应该从右翼和保守势力的政治诉求中看到战后日本历史教育中的积极侧面，从针对右翼和保守势力的种种抗争中看到日本社会的进步力量，同时不能忽视和平宪法理念给战后日本历史教育带来的积极影响。当前，由于日本社会右倾化日益明显，历史教育迎来了比较困难的时期，短期内在抵御和消除错误战争观的恶劣影响方面恐将难有起色。在这一背景下充分认识和利用这些积极因素，有利于扩大和增强反对战争与爱好和平的力量。

一、右翼和保守势力对战后日本历史教育的"褒奖"

在战后近70年中，日本的历史教育从来没有缺少过敌人，那些要将它彻底颠覆的人怀着极端仇视的心理绝不放过任何一个攻击它的机会。这些来自右翼和保守势力的攻击，使战后日本历史教育多次反复，并时而出现严重的倒退。

一般认为，战后日本历史教科书所遭受的大规模的攻击有三次。第一次攻击大约开始于1955年，当时执政的民主党出了一本攻击历史教科书的小册子——《令人忧虑的教科书问题》，还向国会提交了"教科书法案"。受执政党政策的影响，日本于1956年确立了教科书调查官制度，颁布了对教科书进行严格审查的标准。这次攻击浪潮一直持续到20世纪70年代初，据称有80%的正确认识战争罪责的教科书先后被审定为不合格。对历史教科书的第二次攻击发生于20世纪80年代初。1981年，部分国会议员组成"教科书协议会"，要求对教科书进行全面修改，文部省则据此要求各个出版社对书中多达600多处的内容进行修改。[1]对历史教科书进行的第三次攻击始于20世纪90年代中期。1995年,东京大学教育学部教授藤冈信胜发起成立了"自由主义史观研究会"。1996年,电气通信大学教授西尾干二等人成立了"新历史教科书编纂会"。此外,还出现了"旧本历史修正协议会""旧本舆论会""纠正偏向教科书国民会议""青年学生座谈会""全国教育问题研究会""要求纠正历史教科书会""东京教育再兴网络""教科书改善联络协议会""广岛教育改革网络""日本教师会"等各种右翼团体,它们都要求修改当时的历史教科书。在右翼和保守势力的压力下,到2002年,曾经记载慰安妇问题的出版社由7家减少为3家;记述"南京大屠杀"的出版社由6家减少为3家,其他出版社回避了"屠杀"字眼(日语为"虐杀");记述"三光政策"的出版社由5家减少为1家;所有的出版社均删除了731部队人体实验的记述;用"侵略"表明战争性质的出版社由7家减少为1家[2]。特别是,明显将侵略战争正当化的1种历史教科书被审定通过,这标志着历史教科书的严重倒退。

需要顺便说明的是,日本右翼和保守势力之所以如此强大,与日本战后始终未能有效清除战争罪犯及相关责任人密切相关,这也是战后日本的思想舆论环境与德国大相径庭的重要原因。与纽伦堡审判相比,东京审判本身就存在很大的缺陷,中国社会科学院步平认为,没有把"反人道罪"作为独立的起诉理由、美国有意掩盖重大战争犯罪、免除天皇的战争责任等是东京审判的缺陷[3]。此外,与纽伦堡审判由四国共同协调行动相比,东京审判仅由美国一国主导;在四国对德国的占领区内,都将处罚纳粹战犯写进刑法,由德国人进行非纳粹化的国内审判,并一再延长追责时限,而盟总却早在1946年就全面禁止了对日本战争罪行的调查[4]。这都为后来日本右翼和保守势力的壮大准备了条件。从对战前反动势力的清洗情况看,冷战等国际因素使美国对日采取宽容乃至纵容政策,甚至使战争责任人在战后重新掌握了权力。如美国出于反共需要,早在1951年就取消了"公职追放令",当年年底就有201507名战后被解除公职的人员重返政坛甚至要害部门,其中包括战时在政府各机关担任职务的官员约两万人,还包括95名原代议士(即议员)。在战后初期的日本国会议员中有50%以上的人曾是旧政权的一员,这些人当中有的后来甚至担任首相等政府要职。[5]日本与美国单独议和以后,美国实际上也放弃了对战犯的应有惩罚,按照安倍晋三的解释，根据《旧金山和约》第11条，"在日本国内服刑的战犯，如若日本政府欲予以特赦、释放或减刑，只需报备联合国即可"[6]。日在这种情况下，甚至有甲级战犯得到赦免并成为国会议员。这与德国战后由被纳粹迫害的人掌握政权、战争责任者被有效清除的情况形成了鲜明对照。

那么，右翼和保守势力对历史教科书都攻击了些什么呢？仅从西尾干二和藤冈信胜两位右翼教授的对话录《国民的疏忽》中看，他们认为历史教科书在历史观上有重大错误，并为此扣了很多帽子，包括"无目的"史观、"反对一切"史观、"战争＝罪恶"史观、"独断史观"、"共产国际"史观、"片面"史观、"自虐"史观、"氛围"史观、"黑暗"史观等。很多帽子在概念使用上十分混乱，但大体反映了他们的诉求。如所谓"无目的"史观，是指历史教科书对明治维新以来日本面对西方列强的威胁而力图迈向现代化的努力和成就视而不见，而把各种问题都归为日本"恶劣的国家意志"；所谓"反对一切"史观，是指历史教科书"恣意"基于外国人的观点对日本的一切横加指责和进行负面叙述，其基本假设是"日本有恶魔"，是对东京审判结论极其忠实的遵守；所谓"战争＝罪恶"史观，是指完全无视"甲午战争"、"日俄战争"是在中国落后保守与西方列强侵略的情况下发生的这一"真正的历史原因"，看不到战争具有自存自卫的"历史意义"；所谓"独断"史观，是指"共产主义即为善，法西斯主义即为恶"，完全无视社会主义学说和社会主义国家的"犯罪"；所谓"片面"史观，是指把英美当作正义的代表却将日本作为罪恶的化身；所谓"氛围"史观，是指无视南京大屠杀和慰安妇等在历史上是否存在而用传闻和个人记忆一味地渲染其悲惨氛围……[7]总之，他们认为战后历史教育要么是受了马克思主义史学的影响而具有左翼"偏向"，要么是受了"东京审判"中英美战胜国史观的影响，是"黑暗"的、"自虐"的。右翼和保守势力的这些攻击，从坚持进步立场的人来看，正是对历史教育的"褒奖"，是对历史教育积极侧面的肯定。

实际上，在第一次历史教科书受到攻击以前，多数历史教科书的确记载了包括九一八事变、七七事变、南京大屠杀等日本侵略的史实[8]。日在第二次历史教科书受到攻击以前，部分中学和高中历史教科书中也恢复了对南京大屠杀的记载，多数教科书都记载了日本的战争罪行，并将日本发动的战争定性为"侵略"战争[9]。第三次攻击开始时，的确几乎所有的高中历史教科书中均记载了南京大屠杀，7种小学教科书中也有6种记载了这一暴行，高中23种日本史教材记载了慰安妇的内容，世界史教科书中有8种加以记载，多数高中日本史教科书和1种初中教科书中写入了731细菌部队的暴行。[10]

如果从受害国人民的立场来看，从和平与人道等价值观的要求来看，从历史科学与历史教育本身的规律来看，他们所"褒奖"的战后历史教育也并不非常理想。相反，日本的近现代史教学相当薄弱，在引导学生进行价值判断方面也有很大不足。但是，战后日本历史教育的确对右翼和保守势力的战争观、历史观形成了正面挑战和批判，使右翼和保守势力寝食难安。

二、进步力量为坚持正确的历史教育而进行的斗争

在右翼和保守势力向历史教育发动进攻的同时，另一股相对抗的力量也在开展着广泛的斗争，这股力量同样遍布历史学界、教育界、文学艺术界、思想界、新闻界等社会各界。进步力量的坚决斗争对坚持历史教育的正确方向做出了重要贡献。

战后日本历史教育领域最著名的抗争是家永三郎的历史教科书诉讼。家永三郎1952年独自编写的《新日本史》被审定通过后，曾在高中广泛使用。但此后不久便发生了对历史教科书的第一次大攻击，于是这本教科书的修订版不仅在送审过程中被要求反复修改，而且在1962年被文部省审定为不合格（但在1963年又被审定为有条件合格。1965年，家永三郎认为文部省的审定不符合宪法精神，造成他巨大的精神痛苦，要求赔偿损失。1974年，东京地方法院的一审判决（"高津判决"）认为，教科书审定是基于公共福祉而对表达自由的一种限制，不属于宪法第21条所禁止的检查制度，但文部省在行使该项权力时有滥用之嫌，因此命令国家向家永赔偿10万日元。家永不服这一判决而上诉东京高等法院，但遭全面败诉。家永再向最高法院上诉，结果东京高等法院的判决得到维持，这一诉讼1993年以家永的全面败诉而告终。在第一次诉讼还在审理时，家永于1966

年又提起了第二次诉讼,要求撤销文部省当年对《新日本史》所做的不合格决定。1970年,东京地方法院一审判家永全面胜诉("杉本判决"),被告上诉至东京高等法院,法院依然判决家永胜诉。被告继续上诉到最高法院,结果最高法院要求发回重审,东京高等法院于1989年才作出了"《学习指导要领》已经修改,原告已经不具有要求撤销(不合格)处分的利益,驳回起诉"的判决。1982年,家永第三次起诉,东京地方法院一审判决文部省部分审定违法,要求国家向家永赔偿10万日元。家永不服判决而上诉至东京高等法院,东京高等法院还认为文部省对南京大屠杀、慰安妇等的内容审定也不合法,判决国家向家永赔偿30万日元。家永继续上告,最高法院更于1997年判决国家赔偿40万日元,最终以家永三郎胜诉而告终。在这32年当中,家永三郎把法庭当作了宣传正确历史观、批判反动战争观的重要战场,使教科书诉讼成为社会关注的焦点,并在世界引起了巨大震动。家永三郎胜诉时,他已经84岁。

日本还有许多进步团体和个人长期参与了坚持正确历史教育的斗争,如"儿童与教科书全国组织21世纪""南京大屠杀60周年全国联络会""中国归还者联络会"(由中国特赦的原日本战犯组成的反战和平组织)"东史郎南京裁判支援会""支持中国被害者要求会"等很多团体通过出版、集会、街头运动等各种形式宣传承认侵略、反思战争、促进和平的重要意义。不少团体还进行战争研究,不断发掘新的史料,寻找战争证人,用严谨的学术工作回应右翼和保守势力对历史事实的抹杀与否定。如"中国山地教育支援会"是一个规模不大的民间团体,主体成员是中小学教师,前会长仁本富美子曾有在日本教职员工会("日教组")等多个团体工作的经验,她为宋庆龄的和平思想所鼓舞,长期投身于和平运动,并受到宋庆龄的接见。她所领导的"中国山地教育支援会"曾深入河北省兴隆县等地区寻访日军残酷实施"集家并囤"政策(即"三光政策")的证人,同时为幸存的老人和受害地区捐赠钱物,为当地修建校舍,做了大量的将历史与现实相结合的有益工作。仁本富美子还以85岁高龄研究和整理"中国归还者联络会"的历史手稿,兴建收藏相关资料的和平纪念馆,一直为和平事业战斗到生命的最后一刻。

进步力量的正义斗争为战后日本历史教育注入了积极因素,使右翼和保守势力的图谋难以轻易得逞——使被删除的战争记叙被重新写进教科书，使文部省审定通过的右翼历史教科书基本不被地方教委采用，使第一线教师自主开展正确的历史教育能够得到道义上的支持，使国际上的正义呼声在日本国内得到更多人的共鸣与赞同。

三、和平宪法理念在战后日本历史教育中的正面作用

右翼和保守势力的攻势经常无法得逞，进步力量能够坚持斗争，这与和平宪法理念的正面作用是密不可分的。

1945年，以美国为首的联合国军占领了日本。1945年10月至12月，联合国占领军总部（CGHQ）相继发出四个重要的教育指令，即《关于日本教育制度政策的备忘录》（10月10日）、《关于日本教育制度管理的指令》（10月22日）、《关于国家神道的指令》（12月15日）、《关于中止修身、国史、地理课程科的指令》（12月31日），要求废除战前的军事教育和训练，审查全部教学内容，立即中止修身、国史、地理课程，回收相关教科书和教师参考书等，以防止军国主义和极端国家主义思想的继续传播。1946年5月，美国教育使节团提交的报告批判修身等三门课程在军国主义教育中发挥的负面作用，建议参考美国的"社会研究"加以取代[11]。

在美国的主导下，日本战后体制逐步建立起来。1946年，提倡"尊重基本人权""主权在民"与"和平主义"三大理念的《日本国宪法》得以制定，并于1947年生效。《日本国宪法》一开篇就指出，"日本国民决心，通过正当选出的国会中之代表而行动，为我们及我们的子孙，确保与各国人民合作所取得之成果和自由为我国全境所带来之惠泽，避免因政府行为再次发生战争之惨祸，兹宣言主权在民，确立此宪法"，并进而宣示，"日本国民希冀恒久之和平，深刻领会支配人类相互关系之崇高理想，决心信赖爱好和平的各国人民之公正与信义，维护我们的安全与生存"。这里所说的"战争"，既指一般意义上的战争，也特指第二次世界大战中日本所发动的战争。2003年，日本众议院宪法调查会事务局提出的资料对宪法前言做了这样的解释："这里表达了对第二次大战的反省和不再进行战争的决心，表达了战争及战争之惨祸乃政府行为所引起，而我国在第二次大战中正是如此这一见解；为了避免战争惨祸，就要由国民控制政府，就要使

政府真正成为国民的政府……"[12]除了前言以外，《日本国宪法》第9条明确规定："日本国民衷心谋求基于正义与秩序的国际和平，永远放弃将以国权发动之战争、武力威胁或武力行使作为解决国际争端的手段。为达到前项目的，不保持陆海空军及其他战力，不承认国家之交战权。"

《日本国宪法》所确立的和平理念，为战后日本历史教育提供了指南。1947年日本战后教育体制确立以后，义务教育学校设置"社会科"课程，历史教育就在"社会科"中进行；高中阶段的历史则分为"东洋史"和"西洋史"（后来又改为"日本史"和"世界史"）。1948年，教科书制度由"国定"改为"审定"，民间编撰教科书的自由大大增加，战前政府对教学内容的控制被大大削弱。

"和平理念"常常与宪法所提倡的另一重要原则"主权在民"共同发挥作用。在20世纪70年代初，东京地方法院对家永三郎第二次历史教科书诉讼的一审判决（"杉本判决"判决认为，文部省对教科书内容是否合适进行的审定违反了《教育基本法》第10条的规定，甚至认为教科书审定即相当于宪法21条第2款所禁止的"检查"，并要求撤销对《新日本史》所做的不合格决定。判决虽然没有直接涉及和平问题，但秉承战后民主主义的教育原则，认为教科书的编撰属于"教育的自由"，属于国民的教育权范畴，不应受到国家干涉。"杉本判决"后，有1种高中日本史教科书和2种初中社会科教科书时隔20年重新表述南京大屠杀，历史教科书的状况得到了改善。[13]

20世纪80年代初，在右翼和保守势力对历史教科书的恶劣立场引发周边国家强烈抗议时，日本内阁官房长官宫泽喜一1982年8月26日就此发表了官方见解："日本政府和日本国民深刻认识到过去我国的行为曾给韩国、中国等亚洲各国的国民以极大的痛苦和损害，站在反省和决心不能让这类事件再度发生的立场上，走上了和平国家的道路。我国对韩国，曾在昭和40年的《日韩联合公报》中阐述了'过去的关系令人遗憾，对此进行深刻反省'的认识，对中国，则在《日中联合声明》中阐述了'痛感过去日本国通过战争，给中国国民造成重大损害的责任，对此进行深刻反省'的认识。这也就确认了上述我国的反省和决心，这种认识现在也没有任何改变。"同时表示，"《日韩联合公报》、《日中联合声明》的精神，在我国的学校教育、教科书审定之际，也当然应该受到尊重"。[14]这一官方立场，再度遏制了教科书的恶化倾向。

正如表1所示，由于宪法所确定的和平理念深入人心，那些坚持右翼或保守立场的日本政要也不能不逢场作戏地表达"反省"或"道歉"之意，那些有正义感的政治家也更能大胆明确地表达对战争的反思和对受害国人民的同情和歉意。这些体现和平理念的政治表达，也是右翼和保守势力无法忍受和极端仇视的，但却为战后日本历史教育提供了一条基线。不理解和平理念所发挥的这种重要作用，就无法理解保守的政治家何以一方面参拜靖国神社，另一方面却要同时表白反思战争，也无法理解日本人民何以能唾弃对慰安妇问题大放厥词的政党，更无法理解战后日本历史教育何以在右翼和保守势力的攻击下仍能坚持对日本侵略战争的叙述。可以说，战后和平宪法理念在客观上对右翼和保守势力的不轨图谋起到了一定的牵制作用，使他们投鼠忌器。同时，和平宪法理念在客观上也为进步力量的正义斗争提供了法律上的根据和道义上的支持，使这些斗争能够得到不断的坚持。

表1 日本政要反思战争的部分言论

时间	人物	言论	来源
1972年9月29日	田中角荣	日本方面痛感过去通过战争给中国人民造成重大的损害之责任，并进行深刻的反省。	日本国政府と中華人民共和国政府の共同声明 http：//www.mofa.go.jp/mo-faj/area/china/nc_seimei.html
1990年5月25日	海部俊树首相	在迎接大总统阁下之际，我对在过去一段时期内朝鲜半岛人们由于我国的行为而承受难以忍受的痛苦和悲伤表示谦虚的反省，并诚恳地表示道歉。	大韓民国大統領盧泰愚閣下夫妻歓迎晩餐会 http：//www.ioc.u-tokyo.ac.jp/~world-jpn/documents/texts/JPKR/19900525.S1J.html

续表

时间	人物	言论	来源
1992年1月17日	宫泽喜一首相	我们不能够忘记在几千年与贵国的交流之中，我国在一个历史时期内是加害者，而贵国是受害者的事实对朝鲜半岛人民因我国的行为而承受深重的苦难和悲伤，在此再次表达我诚心的反省和深深的歉意。近来从军慰安妇问题被提出来，我对这一事实深感痛心，并感到深深的歉意。	宮澤喜一内閣総理大臣大韓民国訪問政策演説，世界日韓関係 http://www.ioc.u-tokyo.ac.jp/~worldjpn/documents/texts/exdpm/19920117.S1J.html
1993年8月4日	河野洋平内阁官房长官	这是在当时军队的参与下，给很多女性的名誉与尊严带来深深伤害的问题。政府借此机会对于那些出身于各地的从军慰安妇所经历的众多痛苦和身心难以愈合的创伤表示真诚的道歉与反省。	慰安婦関係調査結果発表関河野内閣官房長官談話 http://www.mofa.go.jp/mofaj/area/taisen/kono.html
1993年8月23日	细川护熙首相	我们借这个机会向世界明确表达我们对过去历史的反省和新的决定十分重要。首先借此机会对因过去我国的侵略行为和殖民地支配等而遭受深重苦难和悲伤的人们再次表示深刻的反省和歉意。	第127回国会！特别会細川護熙内閣総理大臣所信表明演説 http://www.ioc.u-tokyo.ac.jp/~worldjpn/documents/texts/pm/19930823.SWJ.html
1995年8月15日	村山富市首相	我国在不久以前的一个时期，实行了错误的国策，走上了战争的道路，使国民陷入存亡的危机，还通过殖民地支配和侵略给许多国家特别是亚洲国家带来了很大的损害与痛苦。为使未来不再重犯，我表示毫无疑义地谦虚地接受这一历史事实，在此再次表示痛切的反省之意和衷心的道歉之情。	戦後50周年終戦記念日村山談話 http://www.mofa.go.jp/mofaj/press/danwa/07/dmu_0815.html

续表

时间	人物	言论	来源
1997年8月28日	桥本龙太郎首相	我确信,我国学习历史的教训,正所谓"前事不忘,后事之师"的观点已经深入人心。我自己与前年发表的村山前总理的内阁总理大臣谈话,谦虚地接受日本通过殖民地支配与侵略给很多国家特别是亚洲国家带来了严重损害与痛苦的历史事实,在此再次表示痛切反省之意,并衷心地表示道歉之情的想法是一致的。决定这一内阁总理谈话时我也是内阁成员。即使日本国内有一部分刺激中国方面感情的言论,但我想对我们日本人而言,日本这个国家将来不当军事大国而坚持走和平国家道路的决心是不言自明的。但是,即使自己是明白的,但也还是要毫不松懈地努力使中国等亚洲国家不生疑虑。	新对中外交国际经济懇話会 http://www.kantei.go.jp/jp/hasimo-tosouri/speech/1997/0829soriyomiuri.html
2005年8月15日	小泉纯一郎首相	我国曾通过殖民地支配和侵略给很多国家特别是亚洲国家带来严重的损害与痛苦,我对这一历史事实表示谦虚接受并再次表示痛切的反省与衷心的道歉,并对大战中所有的牺牲者表示哀悼。我们特别要与一衣带水的中国和韩国等亚洲各国携起手来,维护地区的和平和面向发展。直面过去,正确地认识历史,与亚洲各国建立基于相互理解与信任的面向未来的合作关系。	内閣総理大臣談話 http://www.kantei.go.jp/jp/koizumispeech/2005/08/15danwa.html

续表

时间	人物	言论	来源
2010年8月10日	菅直人首相	我想,要诚实地直面历史,要有直面历史事实的勇气和接受它们的谦虚态度,要坦诚地回顾自己的错误。给予他人痛苦的一方容易忘记,而受害一方却很难忘怀。	内阁総理大臣談話 http://www.kantei.go.jp/jp/kan/statement/201008/10danwa.html

充分认识和利用战后日本历史教育逆流中的牵制因素,有利于正确地区分敌我,团结一切可以团结的人,扩大和增强反对战争与爱好和平的力量,从而赢得反对右翼与保守势力的正义斗争。当然,在承认战后历史教育中这些积极侧面的同时,也不能忘记战后日本历史教育本身存在的严重问题(特别是近现代史部分的薄弱及价值判断的缺失),不能忘记和平理念的空洞化给历史教育带来的不良影响,警惕右翼与保守势力利用和平理念进行的欺骗,重视这些牵制因素的存在与保持国际社会强大压力之间的内在联系。

参考文献:

[1][8][9][10] 苏智良. 日本历史教科书风波的真相 [M]. 北京:人民出版社,2001:25-26,31,23,25.

[2] 步平,王希亮. 日本右翼问题研究 [M]. 北京:社会科学文献出版社,2005:389-390.

[3][4] 步平. 跨越战后日本的战争责任认识 [M]. 北京:社会科学文献出版社,2011:64-69.

[5] 王希亮. 战后日本政界战争观研究 [M]. 北京:社会科学文献出版社,2005:40-41.

[6] 安倍晋三美しい国へ,文春新书,2006:72.

[7] 参见西尾幹二、藤岡信勝国民の油断:歴史教科书が危ない!,PHP研究所,1996.

[11] 李哲. 战后日本中小学历史教育与公民素质及历史观的培养 [D]. 东北师

范大学硕士学位论文，2008：2.

[12] 衆議院憲法調查会事务局日本国憲法前文に関する基础的资料，2003 年 7 月第 3 页。http//www. shugi – in. go. jp/itdb_ kenpou. nsf/html/kenpou/shukenshi032. pdf/MYMFile/shukenshi032. pdf#search = % E8% AB% B8% E5%9B% BD% E6% B0%91 + % E6%84%8F% E5%91%B3'.

[13] 李秀石. 日本历史教科书问题剖析（1868 – 2012）［M］. 上海：人民出版社，2013：112.

[14] 田桓. 战后中日关系文献集（1971 – 1995）［M］. 北京：中国社会科学出版社，1997：370.

全球化与高等教育的国际化——国际大学协会的立场、价值关怀与政策倡导

曾晓洁　沈雪松[①]

面对全球化挑战，各国政府、许多国际组织和高等教育机构都将高等教育的国际化议题放在了优先的位置。在高等教育领域，国际化也正成为影响高等教育发展的一个重要因素及其发展的一个新方向。联合国教科文组织属下的非政府组织国际大学协会（International Association of Universities, IAU）多年来一直关注"全球化与高等教育的国际化"，并围绕此议题组织和举行了多次重要的会议和论坛，以推动高等教育领域对"全球化与高等教育的国际化"的讨论与研究，发布了一系列的文件和报告，进行了四次全球高等教育国际化调研。为此，我们特地访谈了国际大学协会秘书长依娃埃格—波拉克（Eva Egron - Polak）女士，就"全球化与高等教育国际化"的相关议题，包括"高等教育全球化"与"高等教育国际化"的概念区别、国际化与高等教育的创新机制、国际化与高等教育的商业化和商品化问题、跨境教育的质量监管、高等教育的国际化与同质化问题、全球高等教育调研的分析等问题进行了深入的探讨。

采访者：非常感谢您接受我们的专访，首先请您简要介绍一下国际大学协会（IAU）的概况和宗旨。

依娃埃格—波拉克：国际大学协会是一个全球性的、会员制组织，汇集了大学和其他高等教育机构、大学协会和其他各种高等教育网络机构。

---

① 作者简介：曾晓洁，北京师范大学教育学部国际与比较教育研究院教师，副编审；沈雪松，中国教育国际交流协会办公室主任。

它的总体目标是通过国际合作、经验和专业知识分享，通过信息传播和共享，通过研究和政策倡导，推动高等教育的发展和研究的开展。国际大学协会特别致力于创建一个"全球高等教育社区"的概念，强调在共同的目标和价值观之下，尊重不同的观点和方法。这也是在联合国教科文组织推动下，国际大学协会自1950年成立以来发展的动力和基础。

采访者： 国际大学协会多年来就"全球化与高等教育的国际化"议题，组织、举行了多次重要的会议和论坛，发布了一系列的文件和报告。您能就特别重要的一些会议和文件、报告作些介绍吗？

依娃埃格—波拉克： 作为国际大学协会多年优先研究的课题之一，国际化也许是国际大学协会之所以产生的最适切的一个理由了。国际化首先和最重要的是合作，彼此学习，增进人民之间的理解。因此，随着高等教育国际化的重要性不断增强，国际大学协会大量的工作也聚焦于此。回首过去，国际大学协会在高等教育国际化方面的第一个里程碑是为筹备1998年联合国教科文组织在巴黎召开的世界高等教育大会而起草的政策声明。这份声明题为《建立合作的世纪——高等教育的国际化》。随后，这份声明在国际大学协会2000年的大会上正式被通过。以此为开端，国际大学协会相继举办了一系列有关高等教育国际化的会议——首次会议2002年在法国里昂举行，2006年在中国举办了第二次会议。第二次会议恰逢中国教育国际交流协会举办的"2006年中国国际教育年会"期间，会议主题为"高等教育的国际化：新的方向与新的挑战"，这也是国际大学协会第二次高等教育国际化全球调研报告的篇名。这份调研报告的结果和分析也是在北京会议上首次发布。

从那以后，国际大学协会依据有关国际化研究的结果，就高等教育国际化进程的某些特定方面，与其他组织合作，制定了一些其他政策声明，主要包括：《共享跨界的优质高等教育：全球高等教育机构的声明》（2006年）——这一声明由国际大学协会联合加拿大大学和学院联合会（AUCC）、美国教育理事会（ACE）和高等教育认证委员会（CHEA）共同撰写。《高等教育国际化进程中学术价值的确定：呼吁行动》（2012年）——这是由国际大学协会在来自世界各地30多名专家组成的旨在重审国际化议题的特别专家小组支持下提出的声明。

另外，2011年国际大学协会也在印度举行了第四届协会会议讨论国际化议题。同时，国际大学协会还在定期举办的年度国际会议和四年一度的大会上就国际化问题展开学术研讨。国际大学协会秘书长和其他工作人员也经常在世界各地的国际会议上应邀发表有关高等教育国际化的演讲。

采访者：在2003年的报告中，国际大学协会明确提出了"全球化"与"国际化"两个概念的差异。在中国，教育研究者对这两个概念的使用也很混乱。IAU为什么要对这两个概念加以区分？它们各自的含义是什么？

依娃埃格—波拉克：有关"国际化"和"全球化"这两个概念的异同，相关的讨论仍在进行，在学术上也有相当丰富的文献。的确它们是不同的概念，但它们彼此又相辅相成。在国际大学协会的研究和报告里，"全球化"常用来描述与国家和社会经济相连的一种更普遍的现象，例如信息和通信技术、旅行的便利和英语作为通用语言等现象。因此，全球化涉及我们周围的一切，包括高等教育。而"高等教育国际化"则指经过教育家、学者和高等教育领导者的努力，增加教育和研究体系的开放，使之跨越国界而面向世界。或者，如简·奈特博士（Jane Knight）所定义的，国际化是将国际的维度整合进高等教育机构的使命与功能。"全球化"与"国际化"进程，二者有着明显的不同。

当然，显而易见，高等教育也正经历着"全球化"的进程，而不简单是开放。高等教育机构也正在扩展它们的分支机构，进军海外，建立国际联系，拓展与深化它们在外国的存在与伙伴关系，等等。

这两个概念是模糊的，但更重要的是二者相辅相成。劳动力市场的日益全球化使课程的国际化和学术流动机会的增加更加重要。首先是全球化维度，然后是国际化进程的维度。

采访者：2012年，在第二届南部非洲地区大学联合会上，您提出"国际化是一种创新机制"。您认为在全球化背景下，高等教育国际化给高等教育带来了哪些新的变化？哪些新的挑战？

依娃埃格—波拉克：的确，国际化是实现许多目标的一种手段。其中，最常提到的国际化的预期结果是学术经验质量的提高。然而，国际化也可以作为一种创新机制——它开创了新的思维方式，为合作创造了新的机遇，而且最重要的是它允许合作机构、研究人员和高等教育的领导者之间相互学习和相互借鉴。必须认识到，世界各地的全球化进程是明显不同的。在某些方面，世界变小了。例如，某一系统的改革通常很快就会被其他系统采纳或模仿。但与此同时，全球化又并没有成功地缩小国与国之间，或一国内不同人之间的差距。这些差距表现在任何一个国家的各个方面，从经济发展水平、创新能力、高等教育及科研投资到高等教育机会，等等。由于这些差距也给其他领域带来不平等，故努力弥合这种差距的高等教育国际合作能够成为一种变革的工具。认识到经济趋势、环境恶化及技术发展给不同人群带来的高度分化的影响，可以鼓励采用更重视利益公平分配的新方法。这样，高等教育的国际化可以被当作带来变化的强有力杠杆，带来深远的影响。

采访者：在全球化与高等教育国际化的讨论中，全球高等教育市场与高等教育的商品化、商业化是一个辩论很激烈的问题。有持批评意见的，如拉美学者，有持支持意见的，如澳大利亚政府及学者，您如何看？

依娃埃格—波拉克：的确，国际化带来了高等教育愈加商业化和商品化的现象，公共政策中资助高等教育的公共经费在减少。作为一种替代，为满足日益增长的高等教育发展需求，许多国家采取各种方式引入私人资本；有时通过收取学生学费，有时通过私立高等教育机构的扩张；第三个选项则是扩大对国际学生的招生，尤其是这些国际学生所支付的学费远高于本国的学生。大多数时候，高等教育机构混合采用这三种方式来增加经费，而纯粹由公共经费支持的高等教育系统越来越少。

国际大学协会一直所持的立场是，将高等教育作为一种公共产品，强调高等教育应服务于公共利益。在经济方面，我们认为，高等教育的回报并不是简单地只指向个人，而是整个社会。例如，更好的医疗保健、国家公民之间更多的民主和宽容。国际大学协会在许多场合，包括在所有的政策声明中都表达了这种关切。国际大学协会努力寻找一种适当的平衡，一方面既要满足维持、加强和扩大各种高等教育机构的经济需求；另一方面，又需要确保建立这样一个体制，不管人们的支付能力如何，都要保证每个人都可接受高等教育。

随着高等教育商业化水平的提高，国际大学协会另一个担忧是，一些学术项目的传播可能只能由公共政策和公众来支持。某些领域的毕业生

(计算机科学、工程、商业等)几乎是可以保证直接就业的,但另有一些学科则没有明确的就业途径。然而,一个社会的存在可以没有历史学家、哲学家、社会学家和艺术家吗?这些学科仅是略举几例,它们可能无法吸引那些一毕业就忙于找工作的学生。或者这些学科的学生为了偿还高额举债所付的学费,也不得不寻求与其专业不相关的工作。如此,高等教育的商业化也对教学、学习以及研究的优先领域都会产生非常大的影响,对学术课程的丰富性、高等教育的多样性以及毕业生培养方面也具有长期的、负面的潜在影响。

采访者: 在全球化的影响下,跨国教育的发展非常迅速。在中国,也出现了许多新兴的中外合作办学的大学,如上海纽约大学。您如何看待这一新的现象?您认为应如何管理和监督这些新兴的跨国教育机构,保证教育的质量?

实际上,国际大学协会非常高兴2013年西交利物浦大学成为我们的会员院校。高等教育跨境或离岸院校的发展确是一个相对较新的,同时又日益增长的现象。然而,到目前为止,离岸院校无论是其地理分布,还是开设的国家数量都还相对有限。但同时,创设这种离岸院校的模式及方法已越来越多,有些更注重合作,有些被更多不同的质量保障体制所规范。

很明显,质量问题是许多方面的中心议题,因为对一个开设离岸院校的大学而言,如果被指控在海外提供了低质量的课程或项目,那么对其母校的声誉将带来毁灭性的影响。同时,注册就读离岸院校的学生其最主要的动机是能接受高质量的(而不仅仅是高声誉)的高等教育。如果事与愿违,学生们的利益就会受到损害。

各国保证高等教育质量的能力各不相同。今天,大多数国家已经或正在建立质量保障机构来审查和提升本国高等教育机构的质量。这些机构也是审查和监控离岸院校质量最合适的相关机构。这非常重要,即使那些提供离岸教育服务的国家(离岸校园的"母校")也对其离岸院校进行定期的质量审核。即使这两个进程可能是类似的,也必须考虑当地的环境。当地的质量保障机构或许可以更好地判断合作项目的适切性。

关于这一点,国际大学协会、加拿大大学和学院联合会(AUCC)、美国教育理事会(ACE)和高等教育认证委员会(CHEA),2005年联合发布的有关跨境高等教育发展的声明清晰地指出了这一点。声明强调：有关跨境高等教育的国际协议及政策应当尊重所在国政府及主管机构规范其高等教育机构的权利和采取的监管措施，以实现其质量保障的目标。

另外，联合国教科文组织和经济合作组织2005年发布的《跨境高等教育质量保障的指导原则》（国际大学协会也参与文件的起草），在质量保障问题方面也提出了相似的政策建议。

采访者：在您的主持下，国际大学协会进行了三次关于高等教育国际化的全球调查。在全球范围内，不同区域、不同国家的高等教育国际化有不同的表现。比如，拉美、欧洲、亚洲、非洲高等教育国际化所面临的挑战和任务都有不同，请您介绍一下有关调查的结论。另外，从2003年的第一次调查到2010年的第三次调查，就高等教育国际化的趋势有什么新的发现与分析？

依娃埃格—波拉克：国际大学协会开展的高等教育国际化全球问卷调查，可能是协会在高等教育国际化相关的讨论、监测和政策制定方面最重要的贡献。鉴于国际大学协会独一无二的全球性地位，国际大学协会是进行这一研究和收集世界各地高等教育国际化数据的最佳机构人选。到目前为止，国际大学协会已经完成了三次调查（2003年、2005年和2010年）。第四次高等教育国际化全球问卷调查也已于2013年5月开始进行，预计将于2014年年中发布相关调研报告。

2003年的首次调研，只在国际大学协会的成员院校内开展。自那以后，调研的深度和广度均有所扩展。第一次调研的样本相对较小，结论虽然有趣，但不具有普遍性。第一次和第二次调研都是国际大学协会与著名的国际化专家简·奈特博士合作开展。2010年发布的第三次调研报告最为全面，收集了115个国家745个高等教育机构的问卷反馈。国际大学协会与国际化研究专家共同重新设计了调查问卷。在最后的报告中，这些专家撰写了一些具体地区的评析。分析和报告由我本人和协会项目官员罗斯·哈德逊撰写。尽管事实上，问卷已被译为中文并且是现成的，但遗憾的是，中国大学问卷的反馈率相对较低。

第三次调研显示，对于高等教育机构的政策制定和活动中国际化的重要性和核心性，人们逐渐达成共识。所有调查结果均表明，在追求国际化的行动中，推动学生流动已成为高等教育国际化的一个核心活动。第三次调研报告认为，这种学生流动被通过课程的国际化来提高学生学习成效的努力所强化。有许多其他的发现，在此只列举几点：其一，研究表明，随着时间的推移，阻碍高等教育国际化的因素也会随之变化。最近的报告指出，高等教育国际化的障碍最主要与高等教育资源的短缺相关。另外，一直存在的困难是，对国际经验的认可和学生海外求学的障碍（外部障碍还包括获得学生签证的手续过于复杂，时间过于漫长）。

第三次调研由于样本很大，故所获数据足以用来进行区域比较，研究也反映了高等教育机构之间一定的差异和相似之处。这使分析不同地区的高等教育机构如何回应学习问题成为可能。例如，通过比较不同地区高等教育机构对国际化的风险认知，可以发现不同地区高等教育机构的应对方式相当不同。这反过来也可以对国家、地区和高等教育机构未来发展所需的国际化政策进行更加细致的分析，以最大限度地减少风险，更加公平地分享国际化所带来的利益。

因此，国际大学协会的全球调研提供了一个独特的和高度分化的图景，从中可以看到与国际化相关的某些现象正在怎样影响高等教育的。其中，让我们以上海交大和《泰晤士报高教副刊》的大学国际排行榜为例。第三次全球调研表明，改进学校威望和提升学校声誉是高等教育机构国际化的重要驱动力。然而，正是这种驱动力也使高校之间的合作是高度选择性的合作。高校常常基于相近的排名名次，而不是基于学术的亲和力、文化或语言的多样性进行合作。这种趋势变得越来越普遍，这可能成为一些高等教育机构国际化的一种主要限制因素，特别是那些希望通过与更强的高校进行国际合作获得最大收益的院校。

第四次全球调研再次受益于顾问委员会对问卷的精准化。此外，这次调查结果也得到了几个非常重要的合作伙伴的协助，即英国委员会、欧洲委员会、美国的国际教育工作者协会（NAFSA）和欧洲国际教育协会（EAIE）。国际大学协会期望，这种合作将加强外联调查，增加样本量。

第四次全球调研专门集中于高等教育机构的国际化政策、活动和挑战。这次调研特别关注国际学生流动方面的问题（包括本国学生出国留学和外国学生入境留学两个方面），以全面分析其中的趋势。另外，与国际大学协会最近的行动呼吁相一致，第四次全球调研也调整了一些问题，以便更好地理解高等教育机构是如何将关键的学术价值整合进国际化政策，进一步探讨它们是如何看待这一过程的风险的。

当然，还有一小部分问题是国际大学协会持续关注的，以便可以从纵向的角度来进行分析与研究。

采访者：随着高等教育国际化的进程与发展，是否有必要建立一个质量保证和鉴定的国际框架，又该如何建立这样的国际框架呢？

依娃埃格—波拉克：的确，国际大学协会强调需要更多的关于质量保障方面的信息，以保证跨境高等教育的高质量，就读跨境高等教育院校的学生希望有机会获得所期望的学习。第三次全球调研中就有这一方面的专题。然而，国际大学协会并没有呼吁建立一个所谓的质量保障和认证的国际框架，而是促进质量保障机构方面的合作，提倡各高等教育机构高等教育服务信息的透明、准确和及时，以便为学生、学者、机构领导者和决策者提供选择。这是很必需的一个步骤。国际大学协会定期收集这些信息，并发布在国际大学协会的世界高等教育数据库。这些信息包括质量保障和认证机构、实施流程等相关数据资料，名列那些已获得当地相关部门授权提供高等教育服务的跨境高等教育机构。

同时，国际大学协会还一直积极支持在不同区域层面建立质量保证网络，使还没有这类框架或机构的国家可以相互协作，分享专业知识，并提高能力。

另外，国际大学协会强力推进建立一个价值体系框架，以巩固和建构国际化活动。这些价值体系在上述表述中已有所提及，并在2012年发布的报告《高等教育国际化进程中学术价值的确定：呼吁行动》中进行了阐释。报告呼吁需要纠正在不同地区高等教育体制和机构之间一直存在的资源和能力方面所存在的失衡，实施和推行符合当地需求的适切的国际化战略，以真正服务于提高高等教育的质量及研究水平。

采访者：您如何看待联合国教科文组织在推进高等教育国际化方面的作用？

依娃埃格—波拉克：联合国教科文组织对推动高等教育的国际化发挥了主要作用。联合国教科文组织最初强调高等教育的国际化是在1998年的世界高等教育会议上。2003年和2009年的后续会议也都关注这一议题。

事实上，2003年国际大学协会就应邀为大会撰写了有关高等教育国际化的报告。此外，如前所述，联合国教科文组织在跨境高等教育质量保障问题上发挥了核心作用，与经合组织（OECD）一起合作开发了相关指导原则。最后，联合国教科文组织还持续不断地一直致力于通过对学习和学术证书资格认证的地区性公约，例如《欧洲里斯本公约》，2011年《联合国教科文组织亚太地区学习、高等教育文凭和学位公约》（即《东京公约》）等，消除国际化进程中（尤其是学术交流）的主要障碍。近年来，主要由于财政困难，联合国教科文组织减少了对高等教育的资源投入。国际大学协会希望这只是一个暂时性的发展阶段。在世界范围内，高等教育仍被视为应对和解决一些世界上最紧迫的挑战性问题的关键。高等教育国际化的核心——国际合作，需要联合国教科文组织的大力支持，以推动各国积极开展和实现尽可能多的全球合作。

采访者：有人认为发展中国家高等教育的国际化就是美国化或西方化。您如何看待国际化与本土化？您对中国高等教育的国际化有什么了解？对中国高等教育的国际化有什么建议吗？

依娃埃格—波拉克：的确，国际大学协会的研究也认为在国际化中文化同质化是可察觉到的风险之一，特别是在某些地区，例如中东。这种关切集中在两个方面：一是英语的统治地位不利于语言的多样性；二是西方的思维方式取代了当地国家和地区的文化视角。那些推进国际化的国家（包括国际大学协会）都认为这是一个严重的问题，是国际化所带来的反效益。更大的同质化则是与国际化这一过程的目的完全相反的。对国际大学协会来说，国际化是对他者的开放，是尽可能的相互学习，是分享和尊重其他许多不同的观点和方法，是更关注知识的分享，而不是单向的知识传递。

在某些方面，在国际高等教育领域和国际化努力中，中国以及其他大国和地区重要性的提升或许能给这种趋势提供一种出路。人们日益认识到，新兴国家和地区在教育与研究的国际合作中已发挥并将继续发挥主要作用。因此，学习语言，如普通话，具有渊博的知识，熟悉不同认识论的方法，例如，理解在亚洲儒家文化对学习环境的影响已成为关键。因此，国际大学协会期望未来高等教育国际化的过程变得更加丰富和多样，例如，在学生和学者的流动方面更加多边化，更加平衡。

所有这些发展对中国大学国际化努力的意义 由中国的院校和政策决策者来决定。如果允许，国际大学协会能提出的唯一建议是，鼓励中国大学将高等教育国际化作为一个可以帮助它们实现其总体的教育和研究目标的过程，但不要忘记随着高等教育机构日渐融入全球高等教育的国际社区，其外展的或第三使命，既是本土的又是日益国际化的。

结论

对于大学所有的功能而言，国际化是重要的。它寻求拓宽学习的视野，拓展研究与合作的开放机会。因此，国际大学协会历来鼓励各个院校在院校层面采取综合的方式对待这一进程。国际大学协会也鼓励院校尽可能地与世界范围内的其他机构积极建立多样的协作伙伴关系。如此，知识和经验的创建和分享才拥有广泛的基础，也才能汇集来自众多国家和文化的思想与方法。

现在绝大多数的高等教育机构都在推行国际化进程。此外，许多国家也正在制定国家政策来支持其大学制定国际化战略。中国作为高等教育与研究领域的一个主要全球角色，世界上的院校对与中国大学成为国际化进程中的合作伙伴抱有极大的兴趣。国际大学协会希望通过中国大学参与全球高等教育国际化调研，通过与中国教育国际交流协会和其他机构的合作，增进目前有关中国高等教育国际化进程的知识。同时，国际大学协会也希望越来越多的中国大学成为协会的成员，积极参与项目和专题讨论。

德国高等教育机构的分类与办学定位

孙　进[①]

我国《国家中长期教育改革和发展规划纲要（2010－2020年）》提出了"建立高校分类体系，实行分类管理"的改革发展目标，强调要"引导高校合理定位，克服同质化倾向"，鼓励高校"形成各自的办学理念和风格，在不同层次、不同领域办出特色"。为了实现这一改革和发展的目标，除了立足本国实际、提炼本土经验之外，还有必要借鉴和参考世界上其他国家的成功经验。德国的高等教育机构因其具有分类清晰、定位合理的特点，为我国实现高等学校分类与管理的中长期改革和发展目标提供了一个现实模型，具有重要的参考价值。

一、德国高等教育机构的分类

依据高等教育机构的人才培养方向及其办学层次（可颁发学位的层次），德国的高等教育机构可分为以下四种类型。

第一，综合性大学（Universität）及与其同等级的高校如科技高校/科技大学、高等师范学校和高等神学学校。这些高校之所以被称作与综合性大学同等级的高校，是因为它们与综合性大学一样都具有博士学位授予权，担负着培养学术后备人才的任务。

德国当前境内最早的一批综合性大学成立于14世纪，如海德堡大学（1385年）、科隆大学（1388年）和埃尔福特大学（1392年），它们的榜样是12世纪成立于博洛尼亚与巴黎的中世纪大学[1]2。1810年柏林大学的

[①] 作者简介：孙进，北京师范大学比较教育研究中心、国际与比较教育研究院副教授。

成立标志着中世纪大学模式的结束与新型现代大学模式的诞生,其标志性特征有:教学与科研相统一、学术自由、大学自治和崇尚"为学术而学术"[1]3。

德国大学注重纯学术研究的导向致使应用科学在很长一段时期内都没能在大学找到立足之地,最初只是在独立的多科技术学校中慢慢发展。随着德国工业化进程的深入,自然科学与工程科学的重要性和地位逐步上升。到了19世纪中期,多科技术学校被升格为科技高校(Technische Hochschulen)。新设立的科技高校最初一直没能获得颁发博士学位的资格,一方面是因为其学术水准尚未得到普遍认可,另一方面也是因为大学出于地位竞争的考虑极力抵制科技高校获得博士学位授予资格。直到1899年,德国皇帝威廉二世(Wilhelm Ⅱ)才授予科技高校颁发博士学位的资格,科技高校从此获得了与大学同等级的地位[1]4。二战后,有些科技高校出于培养教师的需要而增设了人文学科和社会学科,也相应地改称为科技大学(Technische University)[2]237。

高等师范学校(Pädagogische Hochschule)在德国的发展历经起伏。中世纪时,德国文法中学的教师由大学培养,而国民学校的教师则是由教书先生行会(Schulmeisterzunft)培养。随着社会的发展、知识的进步和义务教育的普及,学校教育对教师素质提出了更高的要求。1810年,普鲁士通过法令规定只有通过国家考试者才能获得教师资格证书,得到聘用。此后,各种师范学校应运而生。魏玛共和国(1919－1933年)成立之后,不少教育家要求国民学校的教师应该和文法中学的教师一样由大学一级的师范教育机构来培养。从1926年开始,一批师范学院(Pädagogische Akademien)相继建立起来。纳粹统治时期,这些师范学院被取消。二战结束后,人们重新仿照魏玛时期的模式建立师范学院,并将其升格为高等师范学校[3]。在二战后的几十年中,高等师范学校陆续被并入综合性大学,由综合性大学承担教师教育的任务。目前,德国仅有巴登—符腾堡州还保留着独立的高等师范学校。高等师范学校具有颁发博士学位的资格,属于与综合性大学同等级的高校[1]4。

德国大多数神职人员和宗教课教师是由综合性大学的神学院(Theologische Fakultät)培养的。不过,教会也设有专门的、独立的高等神学学校

(Theologische Hochschulen) 来培养相关领域的人才。高等神学学校是国家认可的私立高校。除个别学校之外,德国的高等神学学校大多是在30年战争(1618－1648年)期间建立的。它们在纳粹统治时期被关闭,二战后又得到了重建。高等神学学校有授予博士学位的资格,是与综合性大学同等级的高校[2]240－242。

目前,综合性大学及与其同等级的高校构成了德国高等教育体制的主体。根据初步统计结果,在2010/2011年冬季学期,德国共有105所综合性大学(含科技高校/科技大学)、6所师范高校、16所神学高校,共有学生1444735名(其中23151人在师范学院,2557人在神学院学习),占德国全部在校大学生的比例为64.8%[4]3。

第二,应用科学大学(University of Applied Sciences)。应用科学大学即高等专业学院(Fachhochschulen,FH),最早成立于20世纪60年代末70年代初。这一时期是德国高等教育体制的重要变革时期。德国高等教育体制在二战后经历了一个快速发展的扩张时期。与高等教育扩张相伴而来的是学生群体的异质化,他们来自不同的社会阶层,有着不同的入学前提、求学动机和就业目标。另外,随着社会经济的发展和科技水平的提高,现代职业对就业者的素质提出了更高的、仅仅依靠中等技术学校已不能满足的要求。考虑到当时的大学已经人满为患、过于偏重基础理论研究而且学制也过长等问题,德国政府在1968年决定创建一种新型的、以培养应用型人才为目标的高等教育机构,即高等专业学院。于是,德国第一批高等专业学院在20世纪60年末70年代初相继成立。它们有的是新设立的机构,有的则是由以前的中等技术学校(如工程师学校、高级经济学校等)升级而成的。高等专业学院最初仅仅提供相当于本科层次的高等教育,并且仅开设少数应用性学科和专业。因此,在国外常常被视为一种高职院校。不过,高等专业学院此后所开设的学科和专业数目明显增加,而且自1998年开始,特别是在博洛尼亚进程中,它们除了提供学士层次的教育之外,也开始提供硕士层次的教育。它们虽然没有获得颁发博士学位的资格,但是可以和综合性大学一起联合培养博士。鉴于这些发展,德国文化部长联席会议(KMK)和高校校长联席会议(HRK)做出决议,高等专业学院自1998年开始统一对外使用英文称谓"应用科学大学"(University of Applied Sciences)[5]34。应用科学大学是德国高等教育体制中的第二大类高等教育机构。在 2010/2011 年冬季学期，德国共有 240 所应用科学大学（含 29 所行政类高等专业学院），在校学生人数为 716630（其中 29780 人在行政类高等专业学院学习），占德国全部在校大学生的 32.1%[4]3。

第三，高等艺术与音乐学院（Kunst - und Musik Hochschulen），包括高等艺术学院和高等音乐学院两类学校。它们负责培养艺术和音乐领域的人才以及中小学校的艺术和音乐教师。德国最早的音乐学院是莱比锡音乐学院（Conservatorium der Musik），成立于 1843 年。最早的高等音乐学院被认为是成立于 1869 年的柏林皇家高等音乐学院（Königliche Hochschulc für Musik in Bedin)[6]。德国最早的艺术学院是 1662 年由铜版雕刻家和出版家桑德拉特（Jocobvon Sandrart）在纽伦堡成立的绘画学院（Maler - Akademie）。此后，在 17 和 18 世纪，德国各邦国的王侯们纷纷在自己的统治辖区内成立艺术学院[7]。高等艺术和音乐学院主要提供学士和硕士层次的教育，部分院校也具有授予博士学位的资格。有些高等艺术学院因为开设的艺术专业方向非常全面，所以改称为艺术大学。在 2010/2011 年冬季学期，德国共有 51 所高等艺术与音乐学院（含艺术大学），学生人数为 33197 名，占德国全部在校大学生的 1.5%[4]4。

第四，职业学院（Bemfsakademien）。职业学院最初是在 1974 年作为改革试点在德国巴登—符腾堡州设立的。其前身为 1972 年斯图加特行政与经济学院（Verwahungs - und Wirtschaftsakademie，VWA）与戴姆勒—奔驰、罗伯特—博世和洛伦茨标准电气设备股份公司三家德国企业合作提供的双元制培训项目。职业学院将中等教育阶段的双元制培养模式提升至高等教育阶段，其产生的背景一方面是高等教育扩张所带来的教育需求的多样化发展；另一方面是科技的现代化对技术工人与职员提出了更高的要求。此外，设立职业学院也是为了利用双元制教育，吸引那些原本计划参加中等职业培训的学生接受高等教育层次的、以实践为导向的教育[8]。

职业学院提供双元制的高等教育，学业中的理论教学部分在职业学院里进行，而实践教学部分则在企业或其他社会机构（如基金会，社会救济机构等）完成。职业学院最初只颁发助理文凭（Assistent）和职业学院文凭（Diplom［BA］），其水平在学士学位之下。在博洛尼亚进程中，职业学院在其课程通过认证的前提下获得了开设学士专业和颁发学士证书（Bachelor - Abschluss）的资格。2009年3月，巴登—符腾堡州将该州的职业学院改制为"双元制高校"（Duale Hochschule）[8]。双元制高校是对职业学院的进一步发展，代表着此类高校未来的发展方向。

前述三类高等教育机构是在各州普遍存在，而职业学院/双元制高校则只是存在于部分联邦州[9]157。而且此类学校的总体规模仍比较小，在2009/2010冬季学期，约有10519名学生在职业学院[9]190、25295名学生在双元制高校学习，占德国全部在校大学生的1.6%[10]。

总的来看，德国高等教育机构是随着社会的发展、知识与科技的进步以及与随之出现的教育需求的变化而逐步产生和发展起来的。德国政府也一直致力于通过新设或改革高等教育机构来回应不同时代的教育需求，让每一类高等教育机构都能实现其特定的功能，保持各自的办学特色，由此形成了目前分类清晰、定位合理的高等教育体系。

从高等教育机构的规模来看，综合性大学和应用科学大学构成了德国高等教育体制的主体，近97%的德国学生在这两类高等教育机构就读。高等艺术和音乐学院以及职业学院/双元制高校因为规模比较小，而且前者是面向少数特殊学生群体、后者是仅在部分联邦州存在的高等教育机构，所以，往往被研究者在有关高校分类的分析中所忽略。例如，德国高等教育研究领域的权威学者泰西勒（U. Teichler）便在其对高等教育体系的分类中将德国的高等教育体系称为一种由综合性大学和应用科学大学组成的"双类型高等教育体系"（Two - type Higher Education System）[11]；另一位德国高等教育研究者科姆（B. Kehm）也将德国的高等教育体系称为一种由上述两类高校组成的"二元体系"（Binary System）[12]。笔者认为，高等艺术和音乐学院作为一种小规模的、面向特殊学生群体的院校，在高校分类分析中受到忽略尚可接受。不过，职业学院和双元制高校虽然规模比较小，但是若从高校分类的角度来看，它们确乎代表着一类在各个方面都独具特色的高等教育机构，因此，有必要将其当作一种独立的高等教育机构类型来看待和分析。

二、德国高等教育机构的办学定位

作为一个联邦制国家,德国各联邦州自主负责各州的高等教育事业。各州的《高等学校法》对不同类型的高等教育机构做出了不同的办学定位。例如,巴伐利亚州的《高等学校法》(2006年5月23日版)第2条规定:"高等学校致力于在一个自由的、民主的和社会福利性法制国家中通过科研、教学、学业、继续教育来维护和发展科学与艺术。高等学校为学生从事那些必须要应用科学知识和方法或具备艺术塑造能力的职业活动做准备。不同的高等学校通过承担不同的任务来促进这一目标的实现。综合性大学的首要任务在于科研和教学,同时通过将两者结合起来提供一种学术性的教育。艺术类高校的首要任务在于维护艺术、发展艺术能力以及传授艺术性知识和技能。应用科学大学通过以应用为导向的教学来培养学生掌握在职业实践中独立应用科学方法以及从事艺术活动的能力,并在这一框架之下从事应用性的科研和发展"[13]。职业学院和双元制高校均是由巴登—符腾堡州创立的。该州的《高等学校法》第76条对职业学院的办学定位为"职业学院同时提供科学性和实践性的职业教育和继续教育"[14]。在职业学院改制为双元制高校之后,该州新的《高等学校法》(2009年3月1日生效)第2条对双元制高校的办学定位为"双元制高校通过将学院的理论教学和合作培训单位的实践培训结合起来(双元制)向学生传授在职业实践中独立应用科学知识和方法的能力。根据双元制培训的需要,双元制高校与合作培训单位一起从事与此相关的科研(合作科研)"[15]。

与上述办学任务相适应,不同类型的高等教育机构在人才培养目标、办学层次、学科专业设置、教学、科研、师资结构和聘任要求、招生要求以及校企合作等方面均有明确的区分,形成了各自的办学特色。鉴于高等艺术和音乐学院只是一类面向特殊学生群体的高等教育机构,并且与其他高等教育机构在专业方向上不具有可比性,所以,下文重点对综合性大学、应用科学大学和职业学院三类高等教育机构进行分析。

从人才培养目标来看,三类高等教育机构的共同之处是培养能够在所从事的职业活动中应用科学知识和方法的人。综合性大学作为三类高校中唯一有资格培养学术后备人才的机构,更为偏重培养学术型人才,即能够从事科学研究以及其他科学性职业的人才。应用科学大学以培养高层次应用型人才为目的，即在掌握科学知识与方法的基础上能够胜任相关行业工作岗位要求的专门人才。职业学院培养的是兼具理论知识和实践操作能力的实践型/技能型人才。

就办学层次而言，综合性大学可提供学士、硕士和博士三个层次的教育，并且可以授予大学授课资格（即教授资格）。应用科学大学可提供学士和硕士层次的教育，也可以和综合性大学一起联合培养博士，但没有独立授予博士学位的资格。职业学院可提供学士以及低于学士层次的教育。双元制高校在其课程通过认证的前提下可提供学士和硕士层次的教育[16]。

在学科专业设置上，综合性大学学科专业设置的特点是多学科、综合性、文理兼顾。在这类高校内部，综合性大学与科技大学在学科设置上既有交叉、又有区别。综合性大学的重点在于人文科学、社会科学和自然科学，而科技大学的重点在工程科学[17]。除了个别的综合性大学（如波鸿大学）之外，德国的综合性大学通常不设独立的工程学院，而科技大学也很少设立哲学院。应用科学大学的专业设置主要集中在少数应用性比较强、也比较容易就业的专业领域，如工程科学、经济学/经济法、计算机科学、自然科学、塑造/设计、信息通信、健康/护理、社会教育[9]169。职业学院所设置的专业主要集中于经济、技术、社会事业三个领域[9]170。专业设置以应用为导向是应用科学大学和职业学院办学的特色，也是两类高校区别于综合性大学的一个根本标志。

在教学与科研方面，综合性大学强调科研与教学相结合，但是作为研究型大学而言更为偏重科研。就科研而言，综合性大学在方向和选题方面不受任何限制，不过，传统上更为偏重基础性科研[9]156。应用科学大学在成立之初主要是一种教学型的高等教育机构，科学研究并不属于其办学任务。这一点也反映在教授的授课时间上。应用科学大学教授每周授课时间为 18 小时，而综合性大学教授授课时间为 8 小时[9]236。不过，在此期间，各州高等学校法已相继赋予了应用科学大学从事科学研究的任务，并将其科研限定于应用性科研。正如德国联邦教育与科研部（BMBF）指出的那样："应用科学大学的科研是以应用为导向和贴近实践的。它并不是去寻求'最高真理'，而更多地是寻找马上可以得到实施的问题解决方案。"[18]

职业学院是一种纯粹的教学型机构,科学研究未被列入其办学任务。作为职业学院进一步发展的双元制高校也仅仅获得了从事合作性科研的任务,即与参与培训的企业或其他社会机构一起开展与教学内容相关的研究。

除了对科研与教学的偏重有所不同之外,三类高等教育机构在其教学的实践性方面也有明显的区别。尽管综合性大学的有些专业也非常重视实践性教学,不过,总的来看,理论性教学在综合性大学的教学中占较高的比重。与综合性大学相比,实践性教学在应用科学大学教学中所占的比重较大,包括实验教学、实践学期、项目教学、毕业设计和学术考察等环节。其中,实践学期是应用科学大学教学的一个特色组成部分[9]156。学生必须要在企业或其他组织机构中完成一个学期的实践学习,而且学校往往要求这些校外机构提供的实践教育和学校提供的理论培养能够有机地结合起来。另外,应用科学大学的学生多数选择在企业中完成其毕业论文。通常来说,选择在企业中完成毕业论文的比例占60%–70%[19]15,在有些学校这一比例达到了90%以上。职业学院采用双元制培养模式,理论教学和实践培训各占一半时间。所以,实践教学环节在这里所占的比重是三类高校中最高的。

从师资结构和教授聘任要求来看,三类高校亦有所不同。从师资结构来看,综合性大学的教师主要包括全职教授、青年教授(Junior Professoren)以及辅助教授教学和科研的中层学术人员(Akademischer Mittelbau)。应用科学大学没有中层学术人员,这里除了全职教授之外,还有许多兼职的校外特聘讲师。如,柏林经济与法律高校(HWR)有156名全职教授,495名校外特聘讲师[20]。特聘讲师来自实践,通过将实践中的知识、技术和问题带入学校的教学,有助于应用科学大学保证其教学的实践性。与应用科学大学一样,职业学院的教师主要包括全职教授和兼职的校外特聘讲师,特聘讲师来自校外的企业或其他社会机构、综合性大学或应用科学大学。

德国教授的聘任要求是:①高等学校毕业;②具有教学能力(Pädagogische Eignung);③具有科研能力,通常来说以博士论文的质量来证明,或者是有特殊的艺术性工作能力。这三项要求对三类高校来说是相同的。除此之外,不同类型的高校还有一些特定的聘任要求[9]221。综合性大学对教授候选人的学术科研能力提出了更高的要求。从 1819 年开始，一直到 20 世纪末，在综合性大学的绝大多数学科（除了工程学科和艺术学科之外）中，受聘为教授的一个前提条件是应聘者在取得博士学位之后，再完成一部规模更大的著作，在德国被称作"Habilitationsschrift"（"教授资格论文"）。通过这部著作，应聘者方能证明自己具有在某一学科的科研实力和在大学授课的能力（Facultas Docendi），并由此获得授课许可（Venia Legendi）。虽然德国自 2002 年以来逐步取消将此作为聘任教授的前提，但在实践中，特别是在某些学科中（如数学、自然科学、人文社会科学、法学和经济学），校方还是会将此作为聘任与否的一个重要参考指标。至少有一点是肯定的，在同样的条件下，有此资格的人获聘教授的机会更高[21]。

与综合性大学相比，其他两类高校更加重视教授候选人的实践工作经验。应用科学大学和职业学院聘任教授的一个前提条件是：受聘者须在科学知识和方法的应用或开发方面具有至少 5 年的实践工作经验，而且其中至少有 3 年是在高校以外的领域工作[14]。

在招生要求方面，三类高校既有共同之处，也有区别。德国没有类似我国那样的高考。高校招生都是依据学生在普通高中或职业高中毕业后所取得的各种入学资格。各州各类中学所颁发的同类资格在德国被视为是等值的。进入综合性大学的前提是取得以下两类高校入学资格：①"普通高校入学资格"（Allgemeine Hochschulreife），学生凭此资格可以申请在德国任何一所高校的任何一个专业学习；②"绑定专业的高校入学资格"（Fachgebundene Hochschulreife），学生凭此资格可以申请在所有高校中的特定专业中学习[9]159。

"普通高校入学资格"或"绑定专业的高校入学资格"同时也是进入应用科学大学学习的资格。除此之外，还有一种专门针对应用科学大学的入学资格，即"高等专业学院入学资格"（Fachhochschulreife）[9]162。学生通常是在专科高级中学或职业专科学校等职业教育机构获得这一资格。许多学生是在完成双元制培训之后才进入应用科学大学继续深造。除了上述要求之外，有些专业还会要求学生在入学前完成一个"学前实习"[19]11。这些要求体现出应用科学大学对实践和应用的重视。

职业学院的入学条件是：①"普通高校入学资格"，"绑定专业的高校入学资格"或"高等专业学院入学资格"；②与参与双元制培养项目的企业或其他社会机构签订培训合同[9]162。由此可见，学生除了具备综合性大学或应用科学大学的入学资格之外，还需要赢得企业的认可，获得培训合同。这一录取要求保证了职业学院所录取的是高质量的学生。

最后，从校企合作的紧密程度来看，三类高校亦有所不同。采用双元制培养模式的职业学院与企业的合作无疑是最紧密的。其次，应用科学大学与企业的合作也具有多渠道、全方位、立体式的特点，企业以不同的形式（如提供实习岗位，作为合作科研伙伴，设立基金教授职位，参加高校理事会）参与应用科学大学的教学、科研、管理等各个方面的活动，涉及学校、教师、学生等不同的参与主体。在这一方面，综合性大学与这两类高等教育机构相比，有所不及，紧密的校企合作仅适用于综合性大学的特定专业。

三、德国不同类型高等教育机构之间的关系

德国各州的《高等学校法》在对不同类型的高等教育机构做出分类和定位的同时，也明确要求高校之间进行合作。如，巴登—符腾堡州的《高等学校法》第6条规定："为了更好地完成其任务，不同的高校之间应该相互合作，包括与其他联邦州和其他国家的高校、国立师范学院、国立或国家资助的教学和科研机构以及科研资助机构进行合作。"与此相应，德国不同类型的高等教育机构在教学、科研和社会服务等方面有着紧密的合作关系。如，不来梅地区的应用科学大学、高等艺术学院和不来梅大学联合开设了"数字媒体"的国际专业，学生可以自由选修这三所学校的课[22]。图宾根—霍恩海姆地区的6所综合性大学与应用科学大学组成了"图宾根—霍恩海姆高等教育区"（Hochschulreeion Tübingen – Hohenheim），在招生、教学、科研、学生服务、共享基础设施（图书馆，实验室）等方面紧密结合[23]。此外，应用科学大学和职业学院因没有独立的博士学位授予权，而在这里担任教授又需要具有博士学位，所以，这两类高校的教授几乎都是从综合性大学获得博士学位，然后又在实践领域积累了多年实践工作经验的人。这说明应用科学大学和职业学院的教授均是由综合性大学

培养的。由此可见，德国不同类型的高等教育机构是一种分工合作的关系。

此外，需要指出的是，综合性大学、应用科学大学和职业学院主要是在办学定位上有所区别，它们之间的区别并非是等级式垂直分化，即并非是一流、二流和三流的等级区分，而主要是水平式的功能和特色分化。首先，从课程质量来看，在博洛尼亚改革之后，德国所有高校的学士和硕士课程均需通过国家承认的中立认证机构的认证方能开设。这保证了各类院校的课程质量具有一致性。

从生源质量来看，应用科学大学有50%多的学生持有高校入学资格。这说明，这些学生是放弃了去综合性大学读书的机会而选择了应用科学大学[9]162。另外，职业学院的学生一方面需要具有综合性大学或应用科学大学的入学资格，另一方面还要通过培训单位的严格筛选。所以，职业学院招收的也是优质的生源。最近，图林根大学（Universität Tabingen）的研究者对巴登—符腾堡州大学生的一项调查表明，该州成绩最优秀的中学毕业生更多地选择了双元制高校，而非综合性大学[24]。

从毕业生的就业前景来看，职业学院和应用科学大学丝毫不逊于综合性大学，甚至还要更胜一筹，这也与后两类高校设置的均是容易就业的专业有关。自1980年以来，应用科学大学毕业生的失业率便一直低于综合性大学毕业生的失业率[5]120。在巴登—符腾堡州，超过80%以上的职业学院毕业生直接被培训企业雇用，其他学生因为有在相关行业的培训经验也很容易在其他企业找到工作[81]。因此，从课程质量、生源质量和就业前景三个方面来看，德国三类高校均无明显的等级式质量分化，呈现出一种分工合作、均衡发展的局面。

四、总结与启示

以上分析表明，德国对高等教育机构的分类清晰、定位合理，由此为不同的高等教育机构之间的分工合作与均衡发展打下了基础。德国高等教育体系为我们提供了一个不同于美、日等国的高等教育模式，一种主要按照高校类型和办学任务进行水平式特色分化的模式，而非按照办学质量和排名进行垂直式等级分化的模式。不同类型的高校有着不同的办学定位，分别吸引具有不同学习兴趣和职业发展规划的学生，形成一种差异竞争的理性格局。与此相应，德国大学生的择校主要是对高校类型和专业的选择，而非是对特定院校的选择。德国经验可以为我国的高等教育改革与发展提供如下启示：

第一，构建清晰分类的高等教育体系，促进不同类型的高等教育机构在办学功能和特色方面的分化，将现有的高等教育机构（研究型大学，行业特色型大学，高职院校等）进一步分化成在人才培养目标、办学层次、学科专业设置、课程结构、学制与学位、师资结构和聘任要求、招生对象和要求、学校规模等各个方面均有明确区分的高校类型。这样才能更好地满足不同学生群体的需求，提供社会所需要的不同类型的人才，也为教育主管部门或社会中介机构按照不同的标准对它们进行分类管理或评估打下基础。

第二，提高同类高等教育机构的均质性，促进不同类型高校的均衡发展。为此，政府需要逐步做到均衡地配置教育资源，鼓励学生就近入学，并为此创设有利条件，通过实行"禁止本校博士直接被聘为本校教师"的规定，促进师资在全国范围内的流动，最终实现办学资源、生源和师资的均衡分布。

第三，鼓励和加强同一地区各类高校的分工合作，资源共享，通过搭建制度化的合作平台，避免学科、专业、实验室的重复设置，做到优势互补，最大化地利用现有的资源，最终形成一个合理的高等学校结构布局。

（此文原刊于《中国高教评论》2013年第1期）

参考文献：

[1] Hansgert Peisert, Gerhild Framhein. Das Hochschulsystem in Deutschland: Struktur und Entwicklungstendenzen [M]. Bad Honnef: Bock, 1990.

[2]［德］克里斯托弗·福尔. 1945年以来的德国教育：概览与问题[M]. 肖辉英，等译. 北京：人民教育出版社，2002.

[3] 李其龙，孙祖复. 战后德国教育研究[M]. 南昌：江西教育出版社，1995: 208-212.

[4] Statistisches Bundesamt. Bildung und Kuhur: Schnellmeldungsergebnisse der Hochschulstatistik zu Studierenden und Studienanfäinger/-innen [R]. Wiesbaden: Statistisches

Bundesamt, 2010; Statistisches Bundesamt. Anzahl der Hochschulen nach Hochschularten [EB/OL]. [2011-08-17] http://www.destatis.de/jetspeed/portal/cms/Sites/destatis/IntemetlDE/Navigation/Statistiken/BildungForschungKultur/Hochschulen/Hochschulen.psml.

[5] Wissenschaftsrat. Empfehlungen zur Rolle der Fachhochschulen im Hochschulsystem [R]. Köln: WR, 2010.

[6] Wikipedia. Musikhochschule [EB/OL]. [2012-11-27] http://de.wikipedia.org/wiki/Musikhochschule.

[7] Wikipedia. Kunsthochschule [EB/OL]. [2012-11-28] http://de.wikipedia.org/wiki/Kunsthochschule.

[8] Wikipedia. Bemfsakademie [EB/OL]. [2012-11-25]. http://de.wikipedia.org/wiki/Bemfsakademie.

[9] KMK (Hrsg.). Das Bildungswesen in der Bundesrepublik Deutschland 2009 [R]. Bonn: KMK, 2010.

[10] Duale Hochschule Baden-Wllrttemberg. Jahresbericht 2009-2010 [R]. Stuttgart: DHBW, 2010: 20.

[11] Ulrich Teichler. Hochschulsystem und Hoehschulpolitik [M]. Mtlnster: Waxmann, 2005: 74.

[12] Kehm Barbara M. Germany [M] //Forest James J F, Altbach Philip G. International Handbook of Higher Education: Part Two: Regions and Countries. Dordrecht: Springer, 2007: 737.

[13] Bayerisches Staatsministerium ruer Wissenschaft, Forsehung und Kunst. Hochschulgesetz [EB/OL]. [2012-05-21] http://www.stmwfk.hayem.de/l-Iocshehule/Hochsehttlrecht.aspx.

[14] Landestag Baden-Wtirttemburg. Gesetzblatt für Baden-Württemburg [EB/OL]. [2012-06-02] http://mwk.baden-wuerttemberg.de/fileadmin/pdf/gesetze/2_Hoehschul_Gesetzblatt010105.pdf.

[15] Landestag Baden-Württemherg. Gesetz über die Hochschulen in Baden-Wlirttemberg [EB/OL]. [2012-05-21] http://www.uni-heidelberg.de/imperia/md/content/einrichtungen/zuv/recht_u_gremien/gesetze/lhg_stand_02.03.09.pdf.

[16] DHBW. Erfolgreiche Akkreditiemng: DHBW startet zum Wintersemester mit dualen Masterstudiengängen [EB/OL]. [2012-05-27] http://www.dhbw-mannheim.de/aktuelles/details/id/1077/.

[17] Wikipedia. Technische Universität [EB/OL]. [2012-08-02] http://de.wikipedia.org/wiki/Technische_ Universit%C3%A4t.

[18] BMBF (Hrsg.). Forschung an Fachhochschulen [R]. Bonn, Berlin: BMBF, 2006: 6.

[19] BMBF (Hrsg.). Die Fachhochschulen in Deutschland [R]. Bonn: BMBF, 2004.

[20] HWR. DatenundFakten [EB/OL]. [2012-06-17] http://www.hwr-berlin.de/hwr-berlin/portrait/daten-fakten.

[21] Wikipedia. Habilitation [EB/OL]. [2012-06-20] http://de.wikipedia.org/wiki/Habilitation.

[22] Wikipedia. Hochschule Bremen [EB/OL]. [2012-05-29] http://de.wikipedia.org/wiki/Hochschule_ Bremen.

[23] Hochschulregion Tübingen-Hohenheim. über die Hochschulregion [EB/OL]. [2011-08-20] http://www.hochschulregion.de/index.php?id=5.

[24] Einstieg. Duale Studenten sind am klügsten [EB/OL]. [2011-08-29] http://www.einstieg.com/infos/studium/news/artikel/studie-zu-unterschieden-zwischen-studenten-von-uni-fh-und-dualer-hochschule/.

由均质转向分化？

——德国高等教育的发展趋向分析

孙 进

高等教育机构的分化是指不同类型的高等教育机构在培养目标、办学层次、质量、社会声望、培养模式和特色等方面形成差异的过程，也用来描述这一过程的结果，即高等教育机构的差异性。在高等教育扩张的过程中，伴随着高等教育机构数量与类型的增加，以及学生群体在能力、动机和就业取向等方面的异质化，高等教育机构的分化成为一个在世界各国普遍出现的问题。[1]不过，因为各国高等教育的历史传统和现实境遇不尽一致，各国高等教育决策者对待分化的态度有所不同，所以各国最终选择或者形成的高等教育机构分化的形式和程度亦有所区别。

德国高等教育研究者泰西勒（Ulrich Teichler）区分了两类分化，即垂直维度分化（Vertikale Differenzierung）和水平维度分化（Horizontale Differenzierung）。前者是指高等教育机构在质量、社会声望/知名度、就业市场的认可度等方面的差异，有高下之分。后者是指高等教育机构在办学特色、学科专业设置、学术流派等方面的差异，无优劣之别。[2]泰西勒将这两个维度组成一个坐标体系，用来描述不同国家高等教育机构分化的情况（见图1）。

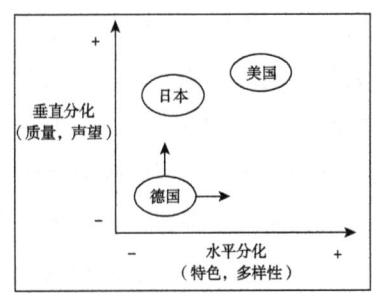

图1 高等教育机构的分化图

在他看来，美国是一个在两个维度上都高度分化的国家，日本是在垂直维度上高度分化的国家，而德国则属于是在两个维度上均低度分化的国家。一方面，德国同类的高等教育机构长期以来被视为是均质的，所提供的专业课程质量相当。不同类型的高等教育机构（如综合性大学和应用科学大学）若颁发同等层次的学位，则被视为是等值的。另一方面，德国高校在办学特色方面也缺乏多样性，虽然综合性大学和应用科学大学具有各自的类型特色，但是同类高校之间则比较相似。

德国高等教育决策者过去一直在追求和保持高等教育机构的一致性和可比性，努力避免高等教育机构之间的质量分化。[4]不过，近年来德国出台的一些高等教育政策似乎开始偏离维持高校均质性的传统，力图通过引入竞争来促进个体高校的分化，既包括垂直维度上的质量分化，也包括水平维度上的特色分化。本文旨在分析德国高等教育的这一发展趋向。为此，本文首先分析德国高等教育机构均质性的传统，随后介绍近年来旨在促进高校竞争与分化的高等教育政策，最后讨论德国高等教育发展的前景。

一、德国高等教育机构的均质性与等值性

德国的高等教育机构分为以下四类：综合性大学及与其同等级的高校（如科技大学、高等师范学校和神学院）、应用科学大学、高等艺术与音乐学院、职业学院。因为德国97%以上的学生就读于前两类高等教育机构，所以，泰西勒将德国的高等教育体系称作是一种由综合性大学和应用科学大学组成的"双类型高等教育体系"（Two - type Higher Education System）。[5]与偏重理论教学和基础科研的综合性大学相比，应用科学大学在教学和科研方面都以应用为导向，具有自己的办学特色。另外，应用科学大学目前仅能提供本科和硕士层次的课程，而所有的综合性大学除此之外，均有授予博士学位和教授资格的资质。[6]这两类高等教育机构之间的区别主要是办学层次和特色的区别，很难说在办学质量上存在优劣之别。两类高校所颁发的学士学位和硕士学位被高等教育决策者视为是等值的。"不同，但是等值"（Andersartig, aber gleichwertig）是德国多年来有关两类高校的调控政策所奉行的一个基本原则。[7]至于同类高校，尽管规模大小不同，人们通常认为它们所提供的同类专业课程具有大致相同的质量（即均质）。[8]

德国高等教育机构的这种均质性和等值性被高等教育研究者视为德国高等教育体系的一个核心特征。[9]它也明显地影响到德国学生的择校行为，既然高校的教学质量大致相当，那么，在哪所学校学习就变得不那么重要了。德国不同的调查都表明，德国学生在择校时并没有类似我国学生的那种名牌大学情结，而是具有"就近入学"的特征，有四分之三的大学生都选择在自己家庭所在地附近的高校就读。[10]在德国高校信息系统（HIS）的一项调查中，研究者请大学新生评价影响自己选择高校就读地的因素，调查结果显示，德国大学生考虑最多的因素便是"离家近"（47%）。"高校教学和科研的质量"在各项影响因素中仅排名第九，且只被9%的被调查者提及。[11]这自然并不表示德国学生不在乎高校教学和科研的质量，而恰恰反映出德国高校的教学质量大体相当，从而不再是需要学生首要考虑的问题。因为只有在高校质量参差不齐的国家，学生们才需要在择校时首先关注其教学质量。事实也是如此，对大多数德国学生而言，在上大学之前面临的首要选择并非是选择哪一所高校，而是选择哪一个专业以及在哪一类高校（综合性大学VS应用科学大学）修读这一专业。

德国高校的均质性还表现在德国企业在招聘员工时通常并不关注申请者的毕业院校。有一项针对大型企业人事主管的调查表明，只有16%的人在招聘员工时会重视其毕业院校。绝大部分人事主管看重的还是专业方向、毕业成绩、毕业论文的主题和质量（工程科学）。[12]此外，还有研究表明，德国大学生就读院校对其日后在事业上的成功影响非常小。[13]这些也是德国高校均质性的一个表征。

与我国和美国相比，德国高校均质性这一特征显得有些与众不同，甚至让我们觉得有些难以置信。那么，德国高等教育机构的这种均质性是如何形成的呢？笔者认为，主要有以下几方面的促进因素。

第一，法律方面的要求。德国宪法《基本法》第72条要求保证公民在联邦境内享有一致的生活条件，由此对各州在各个领域（包括教育领域）的均衡发展提出了要求。另外，《基本法》第12条要求保证公民在联邦境内享有选择职业和教育场所的自由。[14]为此目的，各州的教育质量需要具有可比性，以便于相互认可。具体到高等教育领域，《高等学校总纲法》在第9条第2款规定:"各州必须共同努力,确保各地的学业、考试成绩以及毕业证书具有等值性,保证学生有更换学校的可能。"[15]为了落实这一规定,德国文教部长联席会议(KMK)针对不同的专业制定了适用全国的框架性学业规章和考试规章,旨在将相同专业的学业内容和考试要求加以规范化,确保可比性。[16]

第二,教授在高校间的均衡分布。德国在聘任教授方面有"禁止内部聘任"(Hausberufungsverbot)的传统。[17]有些联邦州的《高等学校法》对此做出明确的规定。例如,北威州的《高等学校自由法》在第37条第2款规定,"在聘任教授时不能考虑本校毕业的青年教授(Juniorprofessoren),除非他们在博士毕业后变换了学校或者至少在其他学校从事两年之上的学术工作。本校的学术工作人员只有在合理的、例外的情况下并且在满足第1款规定的前提条件下才会得到考虑"。[18]因为有这一规定,德国教授很少是在自己博士毕业的母校工作,而是在获得博士学位或教授资格后分散到全国各地的高校任教。因为教授质量是高校质量的核心,所以,德国高校的均质性得益于教授的均衡分布。

第三,学生在高校间的均衡分布。德国没有类似我国全国统一的高考,因此也没有根据高考成绩将学生分流至不同高校的机制。通常来说,学生进入大学的前提是高级中学毕业,取得高校入学资格。高校入学资格分为三类:普通高校入学资格(Allgemeine Hochschulreife),持有者可凭此申请在德国任何高校的任何专业中学习;绑定专业的高校入学资格(Fachgebundene Hochschulreife),持有者可以凭此申请在所有德国高校中的特定专业(如化学)中学习;高等专业学院入学资格(Fachhochschulreife),学生有此资格可以申请进入任何一所应用科学大学学习。[19]高校入学资格是由各州颁发的,但凭此资格可以申请在全国的各类高校学习,这也反映出德国高校均质性这一特征。因为有这样的录取制度,再加上德国大学生有"就近入学"的传统,所以不存在全国的尖子生集中在少数重点大学的现象。

第四,高等教育资助方面的均衡。德国高校的均质性与德国的高校资助体制有关。德国是一个联邦制国家。各州基于文化主权的原则自主负责本州的文教事务。德国的高校是由各州政府资助的公法法人,国立高校大约80%（综合性大学79%，应用科学大学91%）的资金来自政府资助（在美国和英国均低于40%）。[20]传统上，各州对高校的资助基本上是按照各所学校历年来的需要来拨款，教授工资也由各州文教部按照统一的工资标准拨发。虽然各州社会经济发展水平不同，存在着东西德地区的差异，不过，在生均教育投入方面的区别却并不显著。原因是穷州并没有穷高等教育，富州也没有过多的投入，由此形成一种相对均衡的局面。[21]有政府的资助作为保障，德国高校既不依靠学生的学费，也不依靠校友捐赠，因此避免了依靠市场调节而可能形成的高校财力方面的校际差异。

最后，德国高校的均质性也有其特定的历史渊源。德国在1871年统一之前是一个由不同的邦国和骑士领地组成的松散的联合体。据统计，在30年战争（1618－1648）之后，德意志地区分裂为314个邦和1475个骑士领地。各邦国在自己的管辖领地内享有高度的自主权。[22]早在1495年，德意志皇帝马克西米利安一世（Maximilian I.）便在沃尔姆斯帝国会议上，要求各地诸侯在自己的领地内至少要建立一所大学。[23]在1500年以后的300年中，在德意志地区共成立了大约50所高等学校。和此前的德国大学一样，这些高等学校的创办者、维持者和保护者主要是各邦国统治者。[24]出于竞争的需要，各邦国诸侯都努力将本邦的高校办好，留住本邦的人才，同时吸引其他各邦的优秀人才。因此，德国高校的均质性在某种程度上也得益于德国历史上的这种地方分治主义（小邦割据主义）及其历史遗产——如联邦制及各州高等教育发展比较均衡的局面。

二、德国高等教育机构的竞争与分化

德国有关促进高等教育机构竞争和分化的政策建议或改革尝试，虽然是在近年来才引起人们的普遍关注，但若追本溯源则从20世纪70年代末80年代初便已开始。例如，仿效美国的高校排名在此时期便已出现。[25]德国权威的教育咨询机构——科学委员会（WR）在1985年便提出了促进高校竞争和分化的政策建议。[26]20世纪90年代以来的新公共管理改革更是明确地以引入竞争机制（如绩效拨款）作为改革的目标之一。[27]不过，这些政策讨论和改革尝试一直没能产生广泛的影响，未能动摇和改变德国高

校均质性的传统和政策导向。直到2005年"卓越计划"(Exzellenzinitiative)的提出,情况才开始发生改变。此前出台的政策——如高校排名、绩效拨款等——开始与卓越计划发挥互促效应,共同推动德国高校的竞争和分化。

(一)"卓越计划"

2005年6月23日,联邦政府和各州政府决定共同实施"卓越计划"。这是一项旨在提高德国大学的尖端科研水平以及科研后备人才培养水平的高等教育政策。"卓越计划"的主要内容是政府通过额外出资,重点资助一批严格按照学术标准筛选出来的、高水平的大学科研机构及科研项目,提高其国际竞争力和知名度。

"卓越计划"原本只计划重点资助10所左右的大学,打造德国的"精英大学"(Eliteuniversitaen)或"德国的哈佛"。因此,我国有人形象地将此计划称作"世界一流大学建设的德国模式"。[28]不过,这一计划公布后引发了来自政界和公共舆论界的激烈批评。一来,人们不能接受"精英"这一概念,因为它让人联想到特权和排他性,有悖于德国重视教育机会公平与均等的理念。二来,基于均衡发展的传统,人们不能接受将资助仅仅给予个别州的少数高校的计划。[29]作为妥协,该计划最终采用了"卓越"的概念,同时为了扩大资助范围,设计出三条不同的资助线。①博士生院:资助优秀的、结构化的博士生培养项目,培养科研后备人才。②卓越团队:主要是支持大学科研机构从事跨机构的、跨学科的、具有世界一流水平的科研活动,重点促进大学与校外科研机构、应用科学大学以及经济界的合作。③发展大学尖端科研的未来方案:未来方案指的是大学针对自己未来发展所做的长期的、总体性的战略规划。相关申请只有在大学至少有一个博士生院和一个卓越团队获得资助的情况下才有资格提出。[30]

"卓越计划"最初确定的执行期为5年(2006/07-2011/12),共投入资金19亿欧元。在这一阶段,卓越计划分别于2005/2006年度和2006/2007年度实施了两轮评选,先后共有39个博士生院,37个卓越团队,9所大学的未来方案得到了资助。2009年,德国联邦总理和各州州长决定继续实施卓越计划。第二阶段的执行期限仍为5年(2012-2017),共投入资金 27 亿欧元。第三轮评选的结果于 2012 年 6 月 15 日揭晓。这次共有 45 个博士生院，43 个卓越团队，11 所大学的未来方案得到了资助。[31]

"卓越计划"有望进一步促进德国高校的竞争和分化。获得资助的那些高校得到了额外的科研资金，竞争优势更为突出。那些在大学未来发展方案方面胜出的大学更是被公共媒体冠以"精英大学"的称号。除了额外的科研资金之外，获得这一称号的大学更有可能在获取优秀的学生和教授方面占据竞争优势。"卓越计划"即使不会加大德国高校的垂直分化，至少也会增强人们对高校差异的意识。因为在选择出 11 所卓越的大学之后，所有没有获选的大学则不得不面对自己被自动归入"非卓越大学"的现实。[32]这一影响也是"卓越计划"受到批评的原因之一。

（二）绩效拨款

传统上，各州政府对于高校的基本资助没有竞争性的成分，各州政府在拨款时并不考虑高校的办学成绩。不过，在新公共管理改革之后，情况发生了变化。在多数联邦州，给高校的拨款不再像以前那样根据各高校的负担和前一年的需求拨付，而是在基本资助之外引入了根据办学成绩进行拨款的浮动部分，即绩效拨款（Leistungsorientierte Mittelverteilung）。例如，北威州从 1993 年便开始引入绩效拨款机制，投入教学和科研的 10%（从 2007 年开始为 20%）的资金根据成绩拨发。在莱茵兰普法尔茨州，绩效拨款的比重甚至高达 80%。[33]各州在教学方面使用的绩效指标通常有：常规学习时间内的在校生和毕业生的数量、学生教学评估的成绩。科研方面使用的绩效指标有：博士毕业生的数量、教授资格获得者的数量、教师的学术发表物以及所争取到的第三来源资金的数量等。[34]

第三来源资金（Drittelmittel）指的是来自州政府常规拨款之外的科研资金，包括来自欧盟机构、联邦各部委（如联邦教育与科研部）、公共的科研资助机构（如德国科研协会）以及私有经济部门的科研资金。第三来源资金通常都是和科研课题联系在一起的，以竞争的方式来获取。[35]所以，获取第三来源资金的能力被视为一所高校的绩效指标。就制度设计本身来说，绩效拨款可以促进高校之间的竞争和分化，不过，前提是用于绩效拨款的额度要足够高、对高校具有吸引力，方能激发所希望看到的竞争。

(三) 高校排名

在德国，高校排名在20世纪70年代末、80年代初便已经出现。到90年代已有多个不同的排名，如德国著名的四个周刊——《明镜》(Spiegel)、《明星》(Stern)、《焦点》(Focus)和《时代》(Zeit)都公布了各自的高校排名。近年来，由德国高校发展中心（CHE）主持实施，并由《时代》周刊公布的高校排名影响大增，号称是"对德国综合性大学与应用科学大学最全面、最详细的排名"，[36]引起了国内外的关注。

高校排名并非是德国政府的官方行为，通常是各杂志社委托社会调查机构实施并公布的。不过，2003年，时任联邦教育与科研部部长埃德嘉德·布尔曼（Edelgard Bulmahn）曾公开表示支持这种对高校的全国排名。[37]高校排名并不会直接导致高校的垂直分化，但是会通过改变人们对高校差异的认知来间接发挥影响，如影响学生的择校行为或教授的应聘取向。因此，高校排名是否能发挥促进高校分化的效果，尚取决于人们是否重视高校排名的结果。

(四) 高校特色发展战略

高校的特色是指整所高校或者该校大部分机构所体现出的、对于高校的工作来说具有实际意义的、可视性的特征，例如，注重跨学科合作、根据地区特定的需要而确定的学科专业方向、重视对学生进行深入的辅导等。[38]与颇受争议的垂直维度的分化相比，水平维度上的分化——高校通过形成自己的特色来区别于其他高校——在公共讨论中一直被视为一个值得追求的发展目标。

德国一直以来并不缺少鼓励和追求高校形成办学特色的政策主张和改革尝试。例如，科学委员会（WR）在1985年便建议那些在声望和资源方面没有优势的综合性大学要形成自己的特色。有些高校也进行了这方面的尝试，其中既有成功的案例，也有失败的案例。[39]总的来说，与综合性大学相比，中小型的应用科学大学在这一方面做得更加成功，在其类型特色之外形成了不同的院校特色。[40]不过，因为人们历来更为关注垂直维度的分化，所以，水平维度的分化一直处于边缘化的位置。在"卓越计划"将人们的关注点再度聚焦于垂直分化之际，对高校办学特色的强调变得尤为重要了。在这一背景下,"德国科学资助者联合会"(Stifterverband der deutschen Wissenschaft)在2007年启动了一项名为"特色与合作中小型高校的卓越战略"的资助项目,用来鼓励和资助中小型高校提出自己的特色发展战略(Profilbildungsstrategien),充分利用高校现有的优势和强项,在教学和科研中形成自己的办学特色。与此同时,该项目还鼓励高校开展合作,形成优势互补之势。经过选拔,有5所高校的特色发展战略最终获得资助,资助额度为每所学校40万欧元。[41]对于德国的高校数量和需要来说,这个项目可谓是杯水车薪,因此并未引起社会公众的注意。

三、总结与讨论:德国高等教育发展的未来前景

从以上分析可以看出,德国高等教育调控政策出现了新的发展趋向,维持德国高校均质性的传统政策受到了新的旨在促进竞争与分化的高等教育政策的挑战。在"卓越计划"第一轮遴选结果的新闻发布会上,德国科学委员会的主席马克思·艾恩豪普尔(Max Einhaupl)甚至乐观地宣称,这里正在发生一个历史性的"范式转换"(Paradigmawechsel)",我们将就此告别均质性的理念,迎来分化的观念"。[42]问题是,德国的高校是否愿意以及能够分化至何种程度?

笔者认为,在传统制度与结构的影响下,德国高校不太可能会出现类似我国与美国那种高度分化的局面。原因是:第一,德国教授在全国高校之间均衡分布的局面短期之内不会发生改变。因为有禁止内部聘任教授的传统和规定,所以,即使考虑到各种例外情况,德国也难以形成顶尖教授集中在特定高校的局面。第二,德国学生在全国高校均衡分布的局面也不易改变。一来,德国学生就近入学的传统根深蒂固,难以在短期内得到改变。虽然高校排名有可能改变这一情况,但现有的调查一再表明,高校排名并没有得到德国学生的重视。只有极少数的学生(8%)表示在择校时参考了高校排名。[43]二来,德国没有全国统一的高考,因而缺少根据成绩对考生进行排序和分流的基础。各州各地授予的高校入学资格仍然被视为等值的,持有者可以凭相应入学资格申请全国的高校。第三,德国高等教育资助虽然引入了竞争机制,但其影响效果十分有限。截至2009年,虽然16个联邦州中有13个采用了绩效拨款,但其中有6个州用于绩效拨款

的比重低于3%。[44]所以,绩效拨款对于竞争的促发效果尚不明显。第四,"卓越计划"虽是促进德国高校竞争和分化的最有力的一项政策,但其最初计划的执行期限只有5年。虽然现在又被延长了5年,但之后是否会再度延长尚需联邦和各州协商,前景不明朗。另外,"卓越计划"的整体资助额度并不高,而且还要分配给众多不同的高校及科研机构,所以,"卓越计划"是否真能实现既定的目标,打造出德国的哈佛,也遭到人们的质疑。[45]第五,德国法律对高校办学质量均质性的根本要求并没有改变,由各州自主管理和资助其高校的联邦制结构也没有改变。所以,高等教育决策者即使想要促进高校之间的竞争和分化,仍有义务确保其教学质量的一致性和可比性。

另一方面,虽说"卓越计划"、绩效拨款、高校排名等政策难以发挥预期的影响,人们对其评价指标和评价程序也多有争议,但其评选结果却得到了媒体的广泛报道,引起人们的关注。这至少让人们认识到,德国大学并非像人们通常以为的那样没有差别,至少就科研实力和社会声望来说,有十几所综合性大学(如慕尼黑科技大学、慕尼黑大学、海德堡大学、哥廷根大学、图宾恩大学、弗莱堡大学、亚琛科技大学、柏林自由大学、柏林洪堡大学等)确实表现得更为优秀,赢得了国内外评审专家的认可。

综合考虑以上因素,德国高校虽然不太可能会出现类似我国与美国那种高度分化的局面(金字塔形分化),但却有可能实现一种在现有均质基础之上的温和型分化("凸"形分化)。一方面,少数大学获得了更多的科研资金和更高的社会声望和国际知名度,由此与其他高校形成区分。不过,它们相互之间仍然难分伯仲,谁也无法堪称是德国的哈佛。另一方面,对于剩余的超过90%以上的综合性大学和应用科学大学来说,这些政策几乎没有什么实质性的影响,它们仍将是均质的大多数。因此,就整体而言,特别是从国际比较的角度来看,均质性在很长一段时期内仍将是德国高等教育体系的一个核心特征。

笔者认为,高等教育机构的凸型分化甚至代表着一种比金字塔形分化更值得追求的发展模式,因为它更有利于保证教育公平和机会均等,也更有助于通过均衡的人才供应促进地区经济的均衡发展。对于包括中国在内的教育发展高度不均衡的国家来说，德国的发展模式无疑是一种值得借鉴，但颇难实现的发展梦想。德国的教育决策者真应该认真反思一下是否要去追逐以美国为榜样的国际趋同化模式，在放弃自身的传统制度优势之后陷入邯郸学步的困境，进一步丧失自己曾经作为世界教育理念、制度和模式输出大国的地位。

（此文原刊于《比较教育研究》2013年第8期）

参考文献：

［1］［9］［17］Ulrich Teichler. Hochschulstrukturen im Umbruch. Frankfurt amMain：Campus Verlag, 2005：12, 26, 26.

［2］［3］［5］［10］［12］［25］［26］［38］［39］Ulrich Teichler. Hochschulsysteme und Hochschulpolitik. Münster：Waxmann Verlag, 2005：25, 123, 74, 100, 106, 102, 117, 116, 117.

［4］［27］［35］Torben Schubert. New Public Management andeutschen Universit、ten. Stuttgart：Fraunhofer IRB Verlag, 2008：23, 30, 33.

［6］孙进. 德国高等教育机构的分类与办学定位［J］. 中国高教研究, 2013（1）：63.

［7］Claudius Gellert. Andersartig, aber gleichwertig. Anmerkungen zur Funktionsbestimmung der Fachhochschulen. Beiträge zur Hochschulforschung, 1991（1）：1.

［8］［16］Hans Merkens. Zur Wettbewerbsfähigkeit des Hochschulsystems in Deutschland. Ulrich Teichler, Rudolf Tippelt（Hrsg.）. Hochschullandschaft im Wandel. Weinheimund Basel：BeltzVerlag, 2005：34－35.

［11］Marian Krawietz, Christoph Heine. Wahlmotive und Bewertungen des Studienortes bei Studienanfängern im Vergleich der neuen und der alten Länder. HIS：Projektbericht, 2007：14.

［13］Harald Schomburg, Ulrich Teichler. Studium, Studienbe－dingungen und Berufserfolg. Ulrich Teichler et al.（Hrsg.）. Brennpunkt Hochschule. Frankfurt am Main：Campus, 1998：165.

［14］Bundesministeriumder Justiz. Grundgesetz［EB/OL］. http：//www. gesetze－im－internet. de/bundesrecht/gg/gesamt. pdf. 2013－04－04.

[15] BMBF. Hochschulrahmengesetz [EB/OL]. http://www.gesetze-im-internet.de/bundesrecht/hrg/gesamt.pdf. 2013-04-05.

[18] Die LandesregierungNRW. Hochschulrecht [EB/OL]. http://www.gb.uni-koeln.de/e2106/e2113/e5793/Hochschulrecht.pdf. 2013-04-04.

[19] KMK. Das Bildungswesen in der Bundesrepublik Deutschland 2009. Bonn: KMK, 2010: 159-162.

[20] Dominic Orr. More Competition in German Higher Education: Expectations, Developments, Outcomes. Jürgen Enders, Ben Jongbloed (Eds.). Public-private Dynamics in Higher Education. Bielefeld: Transcript Verlag, 2007: 160.

[21] Ute Lanzendorf, Peer Pasternack. Hochschulpolitik im Ländervergleich. Järg Bogumil, Rolf G. Heinze (Hrsg.). Neue Steuerung von Hochschulen. Eine Zwischenbilanz. Berlin: edition sigma, 2009: 14.

[22] 丁建弘. 德国通史 [M]. 上海: 上海社会科学院出版社, 2007: 80.

[23] Hans-Werner Prahl. Geschichte der Hochschule bis 1945. Ludwig Huber (Hrsg.). Ausbildung und Sozialisation in der Hochschule. Stuttgart: Klett-Cotta, 1983: 158.

[24] 周丽华. 德国大学与国家的关系 [M]. 北京: 北京师范大学出版社, 2008: 31.

[28] 张帆. 卓越计划世界一流大学建设的德国模式 [J]. 大学: 研究与评价, 2008 (2): 93.

[29][45] Nadine Merkator, Ulrich Teichler. Strukturwandel des tertiären Bildungssystems. Düsseldorf: Hans-Bückler-Stiftung, 2010: 47, 48.

[30] DFG. Exzellenzinitiative [EB/OL]. http://www.dfg.de/download/pdf/dfg_im_profil/geschaeftsstelle/publikationen/exin_broschuere_0809_dt.pdf. 2013-02-01.

[31] DFG. Exzellenzinitiative [EB/OL]. http://www.dfg.de/foerderung/exzellenzinitiative/index.html. 2013-02-01.

[32][42] Analyse & kritik. Die Konstruktion einer Elite: Hintergründe der Exzellenzinitiative an deutschen Hochschulen vom 16.11.2007 [EB/OL]. http://www.akweb.de/ak_s/ak522/22.htm. 2013-02-01.

[33][44] Stefan Lange. Die neue Governance der Hochschulen. Bilanz nach einer Reform-Dekade. Hochschulmanagement, 2009 (4): 93.

[34] Lydia Hartwig. Neue Finanzierungs- und Steuerungsstrukturen und ihre Aus-

wirkungen auf die Universitten. ZurSituation in vier Bundesländern. Beiträge zur Hochschulforschung, 2006 (1): 21.

[36] CHE. CHE – Hochschulranking [EB/OL]. http://www.che-ranking.de/cms/? getObject = 50. 2013 – 04 – 15.

[37] CarmenLebherzetal. Wiebrauchbarsind Hochschul – Rankings? Eine empirische Analyse. Ulrich Teichler, Rudolf Tippelt (Hrsg.). Hochschullandschaft im Wandel. Weinheimund Basel: BeltzVerlag, 2005. 188.

[40] 孙进. 德国应用科学大学的办学特色类型特色与院校特色分析 [J]. 比较教育研究, 2011 (10): 66 – 70.

[41] Stifterverband. Profil und Kooperation [EB/OL]. http:// www.stifterverband.info/wissenschaft_ und_ hochschule/hochschulen_ im_ wettbewerb/archiv/profil_ und_ kooperation/index.html. 2013 – 04 – 15.

[43] HIS. Hochschulrankings aus der Sicht Studierender. Hannover: HIS, 2003: 4.

反思欧美等国高等教育质量保障体系改革的成因及启示

姜星海　杨　驹[①]

引言

伴随着全球化的深化，一国通过在政治、经济以及文化等方面对整个社会系统进行调节，以期适应其或是主导这一进程。高等教育在知识经济时代扮演着重要的角色，高等教育大众化也使高等教育成为社会舆论的中心，社会投入更多关注与期望的同时也表达了对它的失望[1]。鉴于此，高等教育"质量"成为高等教育发展中一个亟待解决的问题，在20世纪80年代成为欧美等国高等教育改革的重点，广泛地开展质量保障运动是其应对危机的主要途径。相比之下，如今我国高等教育的发展在全球化以及高等教育大众化背景下与欧美等国有着相似性，诚然这种相似性不具有相同的语境，然而当我国谈论建立和完善中国特色社会主义现代高等教育体系时，不能忽视最先将"质量"观引入高等教育领域的西方国家的历史经验，只有深入分析其改革的历史根源，才能在反思中获得启发，以更好地促进我国高等教育的发展。

国内有关欧美等国的高等教育质量保障体系改革（以下简称改革）的已有研究如下：首先，在维度的选取上可分为两类，一是以国别为研究单位，对某一个国家，如英国或美国的改革进行研究[2]，或者是以几个国家

[①] 作者简介：姜星海，北京师范大学教育学部高等教育研究所副教授；杨驹，北京师范大学教育学部高等教育研究所硕士研究生。

的改革为主进行比较研究[3]；二是将一国的高等教育质量保障体系划分为内外两个维度，从内部保障[4]或外部保障[5]进行分析。其次，在内容分析上，有的从高等教育质量保障的历史沿革入手进行分析[6]，而有的则是对近年来欧美等国出现的改革最新动态进行介绍[7]。

最后，在改革的反思上，有的对高等教育质量保障过程中出现的问题进行考察，有的则肯定高等教育质量改革对高等教育发展产生的意义，总结值得我国高等教育借鉴之处[8]。国内关于欧美等国高等教育质量保障体系改革的研究不少，已有研究详细分析了改革的具体内容，但在某种程度上反映出研究碎片化的倾向，此外，在反思的高度上，仍然有进一步上升的空间。有鉴于此，本文并不采用上述的思路对改革的具体内容进行分析，而是在对改革的总体表现作出总结后，从历史中追溯改革的原因，最后从现代性角度反思这场改革运动，以对我国高等教育发展提出启示性视阈。

改革的总体表现

自质量保障的概念引入高等教育领域以后，欧美等国的高等教育质量保障体系改革运动一直持续至今。各国在改革过程中基于自身的环境形成各具特色的质量保障模式，据政府及社会在高等教育管理中的地位和作用的不同，欧美等国的高等教育质量保障体系大致可以分为欧洲大陆模式、英联邦模式、美国模式和日本模式等[9]不论何种模式，改革在整体上表现为：高等教育质量保障体系逐渐完善。

改革逐渐走向完善的倾向主要体现在以下几点：一是规范化。从高等教育质量保障理念的提出到高等教育质量保障机构的成立，以及更深层次地，通过法律来界定高校作为国家的公共部门或是一个法人主体应该要遵守的义务，使得高等教育质量保障体系更加规范化。其不仅有独立于大学的评估机构使评估客观化，而且还有套不断完善的法律体系使保障有章可循。二是多元化。这点主要体现在高等教育质量保障体系的主体、对象和方式上。高等教育质量保障体系的主体不再是学校自身、政府或是社会中的某一个，而是逐渐走向以某一主体为中心，多元主体参与评估的模式。此外，评估的指标也更加多元，从原先的学科评估、教学评估以及科研评估等转向以综合评估为主、分类评估为辅的结合，评估的标准更加灵活，同时也使得投资者对大学更了解。采取何种方式来对高等教育进行质量保障，则发展为外部评估与内部评估相结合，同时采取自愿问责制。三是人性化。一方面，将学生主体纳入高等教育质量保障体系之中，这点在最近英国的高等教育改革中有所体现，也会成为今后欧美等国改革的重点；另一方面，则表现为高校自主性的增强，大学在高等教育质量保障体系中的被动地位逐渐发生变化，更多的是以增强高校发展活力的质量观为追求，而不是以短期的利益为出发点要求高校作出质量回应。

改革的历史溯源

高等教育质量保障改革兴起和发展的历史根源是什么呢？

1. 大学功能的拓展为改革谱下前奏

现代意义的大学产生于12世纪的欧洲，大学承担着传播知识和传承文化的社会功能，深处黑暗中世纪的大学虽然是宗教神学的婢女，但也具有相当的自治权。在中世纪后期，随着欧洲民族国家的形成和教皇权力的式微，大学的功能发生了变化。尤其是受到文艺复兴运动、宗教改革运动以及科学革命等影响，大学已从最开始自在的社会功能发展为更具有政治功能，并逐步为国家所控制，成为实现国家利益的国家机构。[10]经过文艺复兴的洗礼后，大学将培养"绅士"作为培养目标，明确地具有育人功能。此外，兴起于18世纪的工业革命证实了科学技术对经济的发展起着重要推动作用，德国通过大学改革确立了科学研究功能成为大学的又一重要功能[11]。不仅如此，19世纪《莫雷尔法案》在美国的颁布使高等教育增添了社会服务功能，大学与社会愈发紧密地联结在一起。正是因为大学功能的扩展使大学从社会边缘走向社会大舞台，更贴近现实社会，发挥其被期待的功能，同时也更加受制于社会。

大学社会角色的转变，在某种程度上推动了社会各利益主体对高等教育的关注的增长，大学被赋予更多期望的同时也承担了更多的责任。对政府来说，在全球化背景下，大学成为其实现和维护国家利益的重要手段。对于整个市场而言，大学在成为许多资源与利益的集散地之后，应该被贯彻进更多"自由"的原则,以使资源在其中得到最合理的分配,从而充分协调各利益主体的利益。再到社会中更小的单位——家庭,大学承担着使其子女获取资本以更好地实现社会流动的责任。在此过程中,大学与其他社会组织之间的互动也自觉不自觉地变得更加频繁,它们之间的冲突也不可避免地在大学的内外部上演,而改革无疑成为缓和各利益主体间关系的主要途径。

2. 新自由主义思想成为改革的主要动因

始于20世纪80年代的改革,正处在西方资本主义国家发生重要转向的历史阶段。曾盛行于西方等国的凯恩斯主义,对于70年代西方经济所面临的"滞胀"问题,不仅无用武之地,还在某种程度上加重了危机。此外,经济全球化的发展使得资本主义国家想要寻求一种新的经济发展方式。在此环境下,新自由主义思想应运而生,其核心论点为反对国家对经济领域进行干预,强调由市场机制本身来处理经济关系。这一思想的兴起使欧美等对公共部门和社会福利部门进行私有化改革,政府与这些部门的关系不再是供给关系,而是将这些部门交给市场,自负盈亏,以减轻政府的财政负担,同时增强市场的活力,提高部门的效率[12]。教育部门作为国家的公共服务部门,在资源的获得上长期依赖国家来供给。自欧美等国开展以新自由主义为理论指导的政治、经济改革以来,政府实行紧缩的财政政策,将一些国有部门分离出来,这些部门的私有化使国家不再直接地分配资源,而是将自己的权利转交给有能力来提供资源的利益主体。对大学而言,为了争夺有限的经济等资源,就必须符合购买者的要求,展示出"物有所值"的一面;而对于购买者来说,为大学资源"买单"的企业或个人自然而然地拥有了获得利益的权利。换句话说,政府从最直接的供给者转换成守夜人的角色,以市场竞争原则来处理各利益相关者的关系,大学与社会的关系变为一种市场化的"卖"和"买"关系。也正因如此,大学为了争夺稀有的资源,就必须在社会最关心的"效益"上作出回应。

反思及启示

欧美等国开展的高等教育质量保障运动并不是脱离历史社会背景的自

发性产物,相反,其改革进程是与西方国家现代性谋划紧密相连的。现代性是一个多维度的概念[13],在最广义的尺度上可划分为精神性和制度性两个维度[14],其核心要素是理性和自由。西方哲学的传统从古希腊时始,是以某种超验的、终极的实体作为追求目标,并以由逻辑构造出来的概念实体来解释现象世界[15],这种思维方式直到近代笛卡尔"我思,故我在"哲学命题的提出才发生转变。此后,哲学关注点由客体转向主体,从"自我"出发,经过笛卡尔的理性反思、洛克的经验反思、莱布尼茨的逻辑反思、康德的先验反思、费希特的自我反思,再到黑格尔的思辨反思,理性获得了空前的和永久的自由。[16]可以说,与古代和中世纪哲学相比,近代西方哲学的研究重心从本体论转向了认识论,主要呈现强调主体性、理性至上主义、崇尚知识和科学等特征[17],近代哲学的特征也即是现代性的主要特征,这种理性批判和自由创作的精神使人们摆脱了历史的局限,西方社会也因此呈现出欣欣向荣的局面。然而在现代化进程的深化中,现代性逐渐走向了它的反面[18],对主体性的过分夸大使人与人之间、人与自然之间的关系不断恶化,使人们逐渐脱离现实的生活世界。

现代性困境深刻地反映出西方哲学传统中的"主—客"二元对立思维方式的局限性,虽然黑格尔按照"实体即主体"的原则,把旧有的本体论、认识论、逻辑学在主体论的基础上结合起来,建立起无所不包的哲学体系[19],但这种结合是建立在纯概念王国的优越性以及由此而决定主体吞噬客体的方法论基础上的。[20]鉴于此,现代西方哲学从不同路径对传统哲学进行批判,试图对现代性进行批判和重建,其中包括胡塞尔、海德格尔、福柯、阿伦特、哈贝马斯以及罗尔斯等人[21],在这一进程中,马克思无疑可看作开启现代性批判视阈的关键性人物。马克思在理论和实践中不断形成的历史唯物主义哲学,以历史现实为基础,从物质实践而不是从观念出发来解释人的实践强调"全部社会生活在本质上是实践的"[22],现实中的人是实践的主体,在实践中实现自己与对象的统一,强调历史"是生存生产中的时间,是现实存在在实践中的一体化或总体化过程,社会和历史是从时间维度和空间维度标志存在之历史性或实践性的总体性范畴"。[23]由此,马克思哲学真正超越了"主—客"二分的思维传统,开启了哲学回归生活世界的视阈。

无一例外的，在欧美等国开展的高等教育质量保障运动的局限性背后，深刻地反映出现代性所面临的困境，高等教育改革的现代性主要表征为被动地将市场原则和竞争机制[24]引入高等教育领域中。诚然，高等教育质量观是不可避免的，竞争在一定程度上可以提高高校的办学效率，有利于分配有限的社会资源，以更好地协调各利益相关方的利益关系，但过于偏向"工具性"而忽视其"价值性"的功利化改革也使得高等教育偏离其非功利性的宗旨[25]，出现了危机。总之，欧美等国在教育领域所进行的改革，想要达到的目标看似激励人心，所实施的方式也看似合理，但是改革的成效却令人担忧，这不仅反映在改革次数的频繁上，而且也体现在改革进程中所积累的各方矛盾的难以调和上。

有鉴于此，在我国高等教育改革过程中，需要批判性地看待欧美等国的改革，尊重其质量保障体系逐渐完善的事实，为建设有中国特色社会主义现代教育体系积极吸收经验，同时要正视改革所隐含的现代性困境，避免在发展过程中落入陷阱。虽然我国在《国家中长期教育改革和发展规划纲要（2010－2020年）》（以下简称《纲要》）中，明确提出"提高质量，是教育改革与发展的核心任务，是建设高等教育强国的基本要求"[26]，以肯定质量保障在我国高等教育发展中的重要地位，然而单从《纲要》所指定的政策措施出发进行改革远远不够。随着全球化的深入，我国现代化只是一个历史演进机制问题[27]，现代性无疑是西方的，但在全球化的背景下，怎样根据中国的具体的历史语境与全球化和现代化接轨，是超越高等教育领域改革需要探讨的问题，只有从这一高度上去反思，才能为高等教育改革保驾护航，才能真正地实现教育事业的发展。而在这一意义上，马克思的历史唯物主义，无疑是超越西方现代性困境的最重要的视阈之一。

结语

欧美等国高等教育质量保障体系改革在历史进程中逐渐显现出日益完善的倾向，通过对改革的原因进行历史溯源，可以发现大学由产生之时的自在的社会功能在历史中逐渐发展为兼具政治功能、科研功能以及社会服务功能的存在。正是大学功能的扩展给其自身带来了关注，正所谓"爱之深，责之切"，社会各利益主体对其提出了不同的利益诉求，为了进一步发挥大学的功能和协调各利益主体的利益，高等教育改革呼之欲出，而正是在新自由主义思想的主导下，高等教育质量保障体系改革的整体框架就已然确定了。欧美等国的改革对我国高等教育发展来说无疑提供了重要的借鉴意义，然而仅从具体改革事实中无法对其改革进行把握，对其经验的照搬也不可取。鉴于此，从现代性的角度，反思改革所隐含的西方哲学传统思维方式的局限性，而对于怎样突破"主—客"二元对立的思维方式，怎样避免改革的"功利性"倾向，怎样在全球化中发展我国教育和复兴中华民族，马克思的历史唯物主义无疑为我们提供了最根本的视阈。

参考文献：

[1] 以1985年荷兰的高等教育改革为开端，西方发达国家于20世纪80年代中后期对高等教育质量保障进行理论研究和实践探索，逐渐成为席卷全球的高等教育改革运动。

潘艺林. 从超越到世俗 西方高等教育的当代转型 [M]. 济南：山东教育出版社，2011：3-17.

[2] 杨瑛. 英国高等教育质量保证体系研究 [D]. 中央民族大学，2007；周廷勇. 美国高等教育评估的演变及其新发展 [J]. 复旦教育论坛，2009 (03)：21-26.

[3] 李兵. 国际比较视野中的高等教育质量评估与保障问题研究 [D]. 华东师范大学，2004；李亚东. 法、德、英高等教育质量保障体系考察分析 [J]. 教育发展研究，2010 (07)：66-70.

[4] 姬路璐. 美国高等教育内部问责制度探析 [J]. 外国教育研究，2009 (10)：69-75.

[5] 游柱然等. 英国高等教育外部质量保障组织体系及启示 [J]. 比较教育研究，2010 (1)：39-43.

[6] 高迎爽. 法国高等教育质量保障历史研究20世纪80年代至今 [D]. 华东师范大学，2010；刘凤云，刘永芳. 美国高等教育质量评估模式演变、特征及其借鉴价值 [J]，南京师大学报，2010 (4)：82-85.

[7] 喻恺，吴雪. 学生体验：英国高等教育质量保障体系的新内容[J]. 中国高教研究，2009 (5)：47；赵叶珠. 学生参与：欧洲高等教育质量保障中的新维度 [J]. 复旦教育论坛，2011 (1)：47-50；马彦利，胡寿平等. 当今美国高等教育质量评估的焦点：学生学习成果评估 [J]. 复旦教育论坛，2012 (4)：78-84.

[8] 高耀丽. 英国高等教育问责制度的新进展及启示 [J]. 复旦教育论坛, 2010 (3): 85-89; 刘爱生. 英国高等教育引入消费主义的背景、影响和启示 [J]. 高校教育管理, 2011 (1): 64-68.

[9] 安心. 高等教育质量保证体系研究 [M]. 兰州: 甘肃教育出版社, 1999: 87-98

[10] 黄福涛主编. 外国高等教育史 [M]. 上海: 上海教育出版社, 2008: 37-62.

[11] 朱新涛. 大学功能与市场化 [M]. 郑州: 黄河水利出版社, 2007: 40-42.

[12] 李其庆. 全球化背景下的新自由主义 [J]. 马克思主义与现实, 2003 (5): 4-18.

[13] 衣俊卿. 现代性的维度 [M]. 哈尔滨: 黑龙江大学出版社, 北京: 中央编译出版社, 2011: 12-13.

[14] 衣俊卿. 现代性的维度及其当代命运 [J]. 中国社会科学, 2004 (4): 14-16.

[15] 杨学功. 传统本体论哲学批判——对马克思哲学变革实质的一种理解[M]. 北京: 人民出版社, 2011: 133-134.

[16] 佘碧平. 现代性的意义与局限 [M]. 上海: 上海三联书店, 2000: 19-21; 马彦利, 胡寿平等. 当今美国高等教育质量评估的焦点: 学生学习成果评估 [J]. 复旦教育论坛, 2012 (4): 78-84.

[17] [18] 张世英 "后现代主义" 对 "现代性" 的批判与超越 [J]. 北京大学学报 (哲学社会科学版), 2007 (1): 43-48.

[19] 杨学功. 传统本体论哲学批判 对马克思哲学变革实质的一种理解 [M]. 北京: 人民出版社, 2011: 137.

[20] 王利军. 主客二分从自在到自为再到自在自为——兼论马克思对主客二元对立思维模式的超越 [J]. 马克思主义哲学研究, 2010: 89-95.

[21] 佘碧平. 现代性的意义与局限 [M]. 上海: 上海三联书店, 2000: 19-22.

[22] 马克思, 恩格斯. 中共中央马克思恩格斯列宁斯大林著作编译局编译. 马克思恩格斯选集 (第一卷) [M]. 北京: 人民出版社, 1995: 55.

[23] 罗骞. 论马克思的现代性批判及其当代意义 [M]. 上海: 上海人民出版社, 2007: 140.

[24] 陈嘉明. "现代性" 与 "现代化" [J]. 厦门大学学报 (哲学社会科学版), 2003: (5): 19.

[25] 潘艺林. 从超越到世俗——西方高等教育的当代转型 [M]. 济南: 山东教

育出版社,2011:267.

[26] 顾明远主编.国家中长期教育改革和发展规划纲要(2010-2020年)解读[M].北京:北京师范大学出版社,2010:149.

[27] 衣俊卿.现代性的维度及其当代命运[J].中国社会科学,2004(4):21.

美国新生入学指导专业化评估探析

魏 红 梁会青[①]

全美人事管理者协会（NASPA）评估和知识联盟对美国高等院校的新生入学指导进行的良好的评估，那么评估设计什么量表，采用什么方法，如何对具体高校产生有效影响，都是值得深入探讨的课题。

一、新生入学指导评估的重要性

美国新生入学指导（Orientation）发端于1888年[1]，是美国高等院校为帮助新生实现从先前的环境到大学的成功过渡所进行的一系列活动，是美国高校学生事务管理的重要组成部分。新生入学指导历经百年的发展和变迁现在已经达到了非常专业化的程度，不仅有全国性的专业协会组织——全美入学指导管理者协会（National Orientation Directors Association，NODA），而且有具体的评估目标。虽然入学指导项目在一个世纪前就已经成为高等教育的一部分，但是直到近几十年，这种类型的项目才受到欢迎并增多。Strumpf，Sharer 和 Wawrzynski 发现在1980年和2000年间越来越多的学生参加入学指导活动[2]，Hunter，Skipper 和 Linder2003年的研究估计美国有超过74%的高等教育组织设置有入学指导课程或者新生研讨课[3]。而 Matthew J. Mayhew 等人2010年的研究表明有超过96%的学院和大学都设置了不同形式的新生入学指导项目[4]，这应该归结于高等教育组织意识到这种类型的项目对于不同种类的学生在过渡期的积极作用。研

[①] 作者简介：魏红，北京师范大学教师发展中心副研究员；梁会青，北京师范大学教育学部高等教育研究所硕士研究生。

表明新生入学指导项目有利于实现新生到大学环境的良好过渡，还可作为传达组织期望和信息的工具；可提高学生对学校的归属感、对大学经历的满意度，不仅有利于学生个人、社会、学术方面的发展，还有利于提高学生保留率。[5] 既然新生入学指导对于学校和学生自身的发展都有着重要作用，那么评估新生入学指导在多大程度上满足了学生个人、社会、学术方面的需求，以及学生对新生入学指导经历的评价就显得非常必要。尽管新生入学指导的评估在满意度调查、学生就读经验、学生事务管理评估等多有涉及，但是标准化的新生入学指导专业化评估更有利于高等教育组织全面了解新生入学指导的质量并做出有针对性的改善。

二、NASPA 评估和知识联盟对新生入学指导的评估

（一）NASPA 评估和知识联盟

全美学生人事管理者协会（National Association of Student Personnel Administrators，NASPA）是全美高校学生事务领域最大的综合性专业协会，会员来自美国和全球 25 个国家约 2100 所高等教育组织、机构，多达 13000 人。NASPA 坚持完整性、创新性、包容性和实践性这四大原则，通过高质量的专业发展，强有力的政策支持以及实证研究为实践工作提供支持。NASPA 评估和知识联盟（NASPA Assessment & Knowledge Consortium）是全美学生人事管理者协会（NASPA）下的一个部分，主要关注学生事务领域，鼓励高等院校参与，形成评估联盟，为大学和学院提供可操作的、有重要参考价值的、可横向比较的数据，由此促进大学和学院设计、改善课堂内外的项目。NASPA 评估和知识联盟的评估领域包括校园活动、职业和专业发展、兄弟会和姐妹会生活、心理健康和咨询、新生入学指导项目、娱乐和健康、住宿生活、学生行为、学生社团活动等。

NASPA 评估和知识联盟对新生入学指导的评估，主要采取在秋季早期对第一年新生和转校生进行在线调查的方式进行。评估主要提供以下几方面的数据：1. 入学指导项目的效果；2. 学生大学适应程度；3. 学生与教职员和朋辈群体的关系；4. 学生了解和使用校园内可利用资源和参与课外活动的情况；5. 完善入学指导的建议。

NASPA 评估和知识联盟通过安全的网上调查获得实时数据，运用 Excel 和 SPSS 对数据进行分析，得出切合每一个学校情况的报告，再使用基准测试工具得出与其他平行机构和国家平均水平相比较的报告。

(二) NASPA 评估和知识联盟的新生入学指导评估工具

采用网上问卷调查的方法，给当年秋季学期录取的学生的个人邮箱发送邮件，邀请学生参与调查。比如对阿拉斯加安克雷奇大学（University of Alaska Anchorage, UAA）2010 年新生入学指导的评估就是在 2010 年 10 月和 11 月之间给已被录取的 2942 名学生发送邀请邮件，有效发送 2807 封邮件。总共有 465 名学生参与了调查，完成调查的有 426 名学生，占到总数的 91.6%，其中 345 名（74%）为第一年新生，119 名（26%）为转校生。

新生入学指导评估所用问卷总共有 78 题，主要包含以下几个方面。[6]

1. 基本信息，主要涉及录取身份（第一年新生/转校生）、专业、住宿情况、性别、年龄、种/民族、性向、是否是家族第一个大学生以及每周用在学习和赚钱上的大约时间等。

2. 参加入学指导的类型、时间、没有参与的原因等。

3. 学生对入学指导网站、注册过程、持续时间的评价以及对入学指导教职员的评价。其中对入学指导网站、注册过程、持续时间的评价是五级：1—非常好，2—好，3——般，4—不好，5—没有应用；对入学指导教职员的评价集中在教员的知识渊博层面、有效性以及服务态度上。

4. 入学指导在帮助学生过渡中所起的作用，主要涉及帮助学生了解学校的学术和社会期望，发展新的友谊，了解学生组织和俱乐部，了解可利用的学术资源、适应性帮助资源、校园技术、兼职资源等，给学生提供住宿咨询、课程注册、学费缴纳等方面的信息，以及与教职员交流的机会等。选项是五级：1—非常同意，2—同意，3——般，4—不同意，5—非常不同意。

5. 学生对入学指导经历的评价，包括对提供的学术咨询、信息搜寻、身心健康、校园活动、日常安全、校园设备、有效时间管理等信息的有效性的评价。选项是四级：1—非常有用，2—比较有用，3—不怎么有用，4—没有用。

6. 了解学生自我感知到的在学术、社会方面的过渡情况，选项是五级：1—非常容易，2—比较容易，3——般，4—不太容易，5—非常不容易。

7. 了解学生自己感知到的自从进入大学后在以下这些方面获得了多大程度的成功，即理解教授的学术期望、发展有效的学习技能、适应组织的学术和社会要求、有效管理时间、发展新的友谊、使用不同的学生服务等。选项是五级：1—非常成功，2—比较成功，3——般，4—不太成功，5—非常不成功。

（三）NASPA 评估和知识联盟的新生入学指导评估的特点

1. 运用专业化的工具有针对性地了解新生入学指导的现状

NASPA 评估和知识联盟对新生入学指导的评估采用的是标准化的问卷，信效度都比较高。不仅可以使学校有针对性地了解新生入学指导的现状，而且方便不同学校之间的横向比较，互相借鉴，取长补短。

此外，用于特定学校评估的问卷并不只是原来的标准问卷，NASPA 评估和知识联盟会根据各个学校新生入学指导的具体开展情况对问卷做出修改，使之更切合每所学校的需要。比如阿拉斯加安克雷奇大学（UAA）的入学指导主要是名为"Howl Days"的一天的入学指导，目的是帮助学生从中学过渡到大学，它包含新生成功所需要了解的重要内容。虽然每个学院有具体安排，但是都包括：为毕业做计划，与学术指导顾问会面，校园游览，了解 UAA 的网络系统，怎样参与到学校中这几项，此外还有网上虚拟指导。NASPA 评估和知识联盟根据阿拉斯加安克雷奇大学的具体情况，将标准化问卷的 78 题改为 87 题，增加 9 题，改动 2 题。比如增加的题目包括：你在入学指导之前见过学术指导顾问吗？你在入学指导过程中见过学术指导顾问吗？你见到的是哪一个学术指导顾问？你如何评价你的咨询经历等。

2. 用"基准对照"实现院校间的比较

NASPA 评估和知识联盟新生入学指导评估的一个很重要的优点就是设置了基准对照，可以使各高校与全国平均水平、大型的四年制非住宿院校平均水平、公立院校平均水平以及区域院校平均水平进行比较，这非常有利于高等院校认清自己项目质量的优缺点，做出相应改善。

以 2010 年秋季为例，全国参与的院校，有包括阿卡迪亚大学、科罗拉多大学、纽约州立大学宾汉姆顿分校、布法罗州立学院、加州州立大学多明戈斯山分校、丹尼森大学、阿拉斯加大学安克雷奇分校等 78 所大学/学院。大型四年制非住宿的院校，包括科罗拉多州立大学、东密西根大学、陶森大学、阿拉斯加大学安克雷奇分校、佛罗里达大学、芝加哥伊利诺伊大学、新墨西哥大学、北卡罗来纳大学威尔明顿分校、德克萨斯大学阿灵顿分校、犹他大学、怀俄明大学等 11 所院校。2010 年秋季参与的公立院校包括加州州立大学多明戈斯山分校、威斯康星州立大学普拉特维尔分校、北卡罗来纳大学格林斯博罗分校、北卡罗来纳大学教堂山分校等 37 所院校。区域（西北、加州）比较组院校包括南俄勒冈大学、阿拉斯加大学等 12 所院校。

基准对照的结果，以阿拉斯加安克雷奇大学（UAA）为例，比如入学指导在促进新生发展新的友谊方面，UAA 的新生表示了低于其他对等组的认同度，并且差异极其显著；在入学指导的类型上，UAA 学生参与最多的是一天的入学指导（59%），但是，除了西北和加州地区，其他组学生参与最多的是有过夜的多天入学指导；另外在新生入学指导质量评估方面，UAA 的学生对新生入学指导质量的评价高于区域比较组之外的其他对应组，并且差异极其显著；在学生自我感知到的使用不同学生服务的成功方面，UAA 的学生显著低于其他对照组。[7]这样的比较非常有助于 UAA 认清自己的入学指导项目的优点和有待提高的方面，以便做出有针对性的改善。

3. 针对学校的具体情况提出有针对性的改善建议

由于 NASPA 评估和知识联盟对高校入学指导工作的改善建议是建立在标准化的评估基础上，并且有多个对照组结果做参照比较，因此高校对其建议必然是给予重视，并加以着力改进的。例如，NASPA 评估和知识联盟对阿拉斯加安克雷奇大学（UAA）提出了以下四个方面的建议[8]：（1）提高新生入学指导宣传力度。虽然只有 15% 的学生表示不知道入学指导，但是可能不利于这部分学生被保留。入学指导不仅是帮助学生成功过渡，也是通过建立学生和有效资源间的联系来促进学生在学术和社会方面获得成功。提高入学指导和新生欢迎活动的宣传力度有利于增加新生入学指导的参与人数。(2) 强化入学指导和新生欢迎项目的价值和影响。这是因为有21%的学生认为入学指导不值得参加，学校应该让学生和家长知道入学指导是为了帮助学生了解学校的学术和社会期望，建立与学校的联系。参与入学指导和新生欢迎活动可以帮助学生认识新同学，获得学校支持服务的信息，感到自己是受学校欢迎的。这有利于缓解新生的焦虑，实现从中学到大学的良性过渡。(3) 帮助学生发展和维持朋辈关系。"在入学指导中我遇见了现在仍然是朋友的人"这一问题的回答上，UAA 也比其他对应组得分低。有将近50%的参与者选择了不同意，其中20%为比较不同意，26%为非常不同意。帮助新生发展新的友谊是入学指导活动的一个重要目标，入学指导和新生欢迎活动应为学生发展朋辈关系提供机会。(4) 重新审视入学指导服务的类型。学生未参加入学指导原因的前三位依次是：安排冲突 (21.87%)，必须工作 (21.28%)，没有足够的时间 (17.78%)，所以需要重新审视入学指导的时间和类型，为更多的学生参与提供便利。

三、对我国高校新生入学指导及评估的启示

（一）我国高校需要提升新生入学指导的专业化程度

美国大学新生入学指导历经百余年的发展已经达到了非常专业化的程度，这不仅体现在96%的院校有不同类型的入学指导，有全国性的专业的协会组织、工作人员、有明确的指导目标上，更是体现在院校根据新生特点和家长需求设计的多种入学指导项目，以及运用专业化的工具有针对性地进行评估上。以 NASPA 评估和知识联盟 2010 年的参与者北卡罗来纳大学教堂山分校为例，其新生入学指导工作主要由新生及家长办公室负责，实践内容有：(1) 建立新生入学指导专题网站，主要围绕新生询问最多的问题展开，旨在使新生和家长可以提前了解学校的信息，为学生适应大学生活打下良好的基础。(2) 丰富的新生入学项目，包括暑期适应项目、暑期阅读项目、新生集会项目、迎新周项目、服务学习倡导项目、北卡夏令营、预适应项目、野外探险项目等。[9] 此外，很多大学还会依据全美大学

新生调查（American Freshmen Survey）的结论设计和改善入学指导项目，使其更切合学生的需求，帮助学生适应大学。当我们都在关注学生能否适应大学生活的同时，很多美国大学更关注的是大学如何适应自己的学生。

我国大部分院校虽然也有入学指导活动，但专业化程度亟待提升。机构设置上既没有专门负责的部门，更没有专业的工作人员，只是在每年新生开学的时候由学生处临时负责。内容设置上大多关注学校规章、校史等思想层面，而学生切实关注的学习方法、心理适应、人际关系等却只是一带而过。新生没有可寻求帮助的资源可能会加重其过渡时期的焦虑，影响其健康发展。我国虽然起步比较晚，但还是应该努力关注学生需求，切实提高新生入学指导的专业化程度，帮助新生实现从高中到大学的成功过渡。

（二）重视新生入学指导的评估，着力建构入学指导的专业化评估

在美国，除了参与NASPA评估和知识联盟的院校，大部分院校为了检验入学指导的工作效果是否令人满意，作为校园迎新活动最后的收尾工作，也会让新生对入学指导经历进行评价。虽然很多时候，学生反馈的信息并不会马上在现实中表现出来，但等到低年级的学生入校时，学校可以根据之前所收到的反馈信息做出调整，使之更符合学生的需求，因为学生的兴趣目的往往具有共通性。同时这些信息与数据也能为学校的管理提供参考，不仅可以尽量照顾到更多学生的利益，还有助于提前洞悉哪些新生容易在第一学期的适应中出现问题，及时关注并予以解决。当前我国不仅没有全国性的入学指导评估，各个院校也并不重视对入学指导的评估。在高等教育质量评估与问责越来越受到关注并在学生择校中发挥越来越大作用的今天，高等院校应重视学生就读经历的感受，关注与学生相关的每一方面，促进学生在个人、社会、学术方面的发展。新生入学指导作为新生高等教育体验的开端，也应予以足够的重视。

（三）优化数据的整合与应用

在当今这个"大数据时代"，需要的是数据的整合与应用，在新生入学指导上这点也不例外。NASPA评估和知识联盟给我们提供了一个很好的例子，通过吸取众多不同类型的高等院校加入进来，评估搜集的数据可以作为院校横向比较的基准对照标准。不仅如此,在新生入学指导的设计上,美国高等院校也积极利用其他相关资源,比如很多院校会关注威斯康星州伯洛伊特学院整理的新生"心态表"(Mindset List)以及加利福尼亚大学洛杉矶分校主持的全美大学新生调查(American Freshmen Survey),从而相应地对入学指导作出调整。而我国现在既没有这种专业的全国性评估,也没有辅助性的调查数据,这应该是我们今后努力的一个方向。

尽管目前我国没有这种专业性的调查,但也涌现出一些第三方调查,比如麦可思研究。由麦可思公司发布的"中国大学新生心态表"显示入学指导对象——95后在心态方面已经发生了很大变化,新生入学指导的内容也应该做出适宜的变化。此外麦可思还对2013级本科新生进行了调查,调查显示2013级本科新生最期待学校提供的入学教育依次是专业认知教育、职业前瞻教育、校园生活介绍,近一半新生最担心遇到人际关系问题。[10]这些数据都可以作为各高校新生入学指导内容、形式设置等方面的参考资料,以促进入学指导与学生需求同步发展。高等院校应该在对本校新生入学指导进行评估的基础上,整合第三方可能提供的调查数据,制定出针对当代大学生特点的、有自己学校特色的、有效的入学指导策略。

参考文献:

[1] Rentz, Audrey L. & Saddlemire, Gerald L. Student Affairs Functions in Higher Education [M]. Spring Field: Charles C Thomas Publisher, 1988: 205.

[2] Strumpf G, Sharer G, Wawrzynski M. Years of Trends and Issues in Orientation Programmes [J]. Designing Successful Transitions: A Guide for Orientating Students to College, 20.

[3] Hunter M S, Skipper T L, Linder C W. The first - year Seminar: Continuing Support for New Student Transitions [J]. Designing Successful Transitions: A Guide for Orienting Students to College, 2003: 149 - 164.

[4] Matthew J. Mayhew, Kim Vanderlinden, Eun Kyung Kim. A Multi - Level Assessment of the Impact of Orientation Programs on Student Learning. [J]. Research High Education, 2010, 51: 320 - 345.

[5] Carl H. Boening, Michale T. Miller. New Student Orientation Programs Promoting Diversity. [J]. The Community College Enterprise, 2005, 11 (1).

[6] Consortium: Orientation and New Student Programs Student Survey [EB/OL] http://www.studentvoice.com/p/Project.aspx?q=4c42caad271d9e4ed917d20dda064443a629993f9eedbf46bbe2645c20002b914ab7dff5745289afb4033a3c42b875ad&r=23af74f3-b45d-4552-80da-18403abc557d.

[7] [8] ORIENTATION & NEW STUDENT PROGRAMS STUDENT SURVEY REPORT (2010) [EB/OL]. http://www.uaa.alaska.edu/studentaffairs/assessment/upload/Orientation-Report-0112_new.pdf.

[9] 张晓京. 美国高校学生事务管理——基于八所大学的个案研究 [M]. 北京: 中国传媒大学出版社, 2010: 169, 155, 89, 90-94.

[10] 麦可思2013中国大学生新生心态表-你所不知道的"95后"[EB/OL]. http://blog.sina.com.cn/s/blog_5a0151030101lewm.html.

埃利奥特与吉尔曼大学思想比较

刘春华[1]

埃利奥特和吉尔曼同为美国19世纪著名的高等教育思想家与实践家，然而两人的教育实践和思想却悬殊很大。如何准确把握两位思想家的教育理念，认识二者的不同价值取向，准确把握19世纪美国高等教育的发展和转型，具有很强的探讨价值。

一、个人成长经历

埃利奥特（Charles Eliot，1834-1926）出生于波士顿一个富于名望且与哈佛学院有着深厚渊源的神教家庭，先后就读于波士顿文法学校（The Boston Latin School）[2]和哈佛学院，以优异成绩毕业后留校任教，之后旅欧考察，任麻省理工学院（Massachusetts Institute of Technology，MIT）化学教授，1869年10月至1909年5月担任哈佛校长，成功引领了哈佛学院走向现代大学的改革。辞去校长职务后，埃利奥特致力于《哈佛经典》的编撰，代表卡耐基国际和平基金会（The Carnegie Endowment for International Peace）开始环球旅游，在世界范围内传播教育思想，最后于1926年在东北港湾（Northeast Harbor）[3]去世。在长期的教学实践生涯中，埃利奥

---

[1] 作者简介：刘春华，北京师范大学教育学部教育历史文化学院博士研究生。

[2] 创办于1635年，是北美最早产生并得以长期开办的第一个学府，以拉丁文为中心组织古典课程的教学。1636年，以培养牧师为目的的哈佛学院成立之后，波士顿拉丁学校不久便成为实质上的哈佛学院的预备学校。

[3] 东北港湾是美国缅因州远离海岸的一个小岛，著名的旅游胜地。1881年，埃利奥特在那里修建了一栋夏季度假别墅。

特形成了较为全面系统的高等教育思想，主要反映在他的以下著作和演讲集中：《美国人对文明的贡献：其他论文和演讲集》（1898）、《伟大的财富》（1906）、《大学管理》（1908）、《为了效率的教育和有教养的人的新定义》（1909）、《民主中的个人主义与集体主义的冲突》（1912）、《现代教育中的具体和实用倾向》（1912）。

吉尔曼（Daniel Gilman，1831-1908）出生于康涅狄格诺威奇一个富商家庭，祖上出过许多杰出人物，早年就读于诺威奇私立中学和耶鲁大学，之后游学旅欧，回国后参与耶鲁图书馆和谢菲尔德科学学院的管理事务，先后担任加尼福尼亚大学[①]和约翰·霍普金斯大学[②]的校长，辞职后任卡耐基研究所主席，总结著述，1908年在家乡诺威奇去世。吉尔曼的高等教育思想主要反映在其就职演说、个人演讲和论文中，其中有代表性的是加州大学就职演说和其他论文集《大学的启动》（1906）和霍普金斯大学就职演说及演讲集《美国的大学问题》（1898）。

从个人成长经历来看，埃利奥特和吉尔曼都出身于名门望族，家族地位显赫，受过良好的教育，都曾留学旅欧，受德国大学理念的影响，有着丰富的高等教育教学和管理实践经验，长期担任大学校长职务，肩负引领大学的重要使命。由于工作的关系，两人往来密切，相互扶持。吉尔曼担任霍普金斯大学校长得益于埃利奥特的推荐，而埃利奥特在哈佛创建研究生院开展研究生教育时也受到了吉尔曼在霍普金斯大学成功经验的启发。毫无疑问，这是双方共同的使命和责任，因为两位校长彼此互相尊重且信任，并且他们有大量交流的机会。1885-1907年的夏天，吉尔曼大部分时间都待在东北港湾度假，临近埃利奥特的假期别墅，他们几乎每天都见面。尽管在个人成长经历上，两位校长有着很多的共同点，但在性格特征方面，却有着天壤之别。埃利奥特由于右脸部有一块奇丑的胎记，给他的童年留下阴影，他个性孤僻、敏感、不合群，经常无法充分表达自己的情感，是个天生的个人主义者，这对其整个人生包括后来的大学教学和管理

---

① 今加州大学伯克利分校。吉尔曼于1872年11月至1874年11月任该校校长。
② 本文中简称为"霍普金斯大学"。吉尔曼于1876至1901年间担任该校校长职务，参与了其创建全程。

风格都产生了深远影响。H. P. 沃尔科特（H. P. Walcott）博士引用埃利奥特表哥的一段话来为他的孤僻性格作辩解，他说："你必须意识到，当他还是孩子时，因为脸部的胎记，就被整个波士顿公园嘲笑……他无法忘记这样的经历，换作是别的孩子，谁又能忘记呢？"[1]与埃利奥特不同，吉尔曼从小开朗活泼，积极上进，对新事物充满好奇心和求知欲，为人平易近人，热情好客，善于交际和沟通，在人际关系上可谓长袖善舞。这种练达的处事交往能力，在他为霍普金斯大学延聘师资和大学管理时体现得尤为突出，这也是其成功的校长生涯中的一个有利条件。

二、大学的目标

埃利奥特对大学的价值与目标的理解更多的是基于他对教育的新定义及对教育在民主社会中功能的认识。他认为教育的目标在于培养有教养的人，而"有教养的人"（Cultivated Man）的内涵应随时代变化而变化。埃利奥特深受爱默生思想影响，强调人心智机能的发展。他表示，"我应毫不犹豫地说，我所用的'有教养的人'一词的意义是恰当的，即爱默生理解的含义"[2]。爱默生在其《教育》（Education）演讲集中谈道，"教导自信，启迪年轻人对自己感到兴趣，培养好奇心来探索自然界，热衷于自己心智的资源，教导他领会心智资源才是自己可用的力量之泉"[3]。埃利奥特认为有教养的人应该是一个"感受敏锐，有广泛的同情心与很强的亲和力，负责、自立、独立又善于接纳意见，酷爱真理、正义又谦虚适度，勇敢又有绅士风度的人，他不是已完满的人，而应是一个正在不断走向完满的人"[2]。在人的培养过程中，埃利奥特还非常强调人的固有能力即天赋的作用。埃利奥特进一步指出，民主社会需要民主教育，民主教育应在民主社会中发挥三个基本功能：提高国民综合素质、开发人力资源、实行道德教化或培养宗教理想。埃利奥特对教育的新定义和教育在民主社会的功能的认识影响了他对大学教育的理解和认识。他认为大学教育是一种相对自由的教育，应先进行3-4年的文科与科学学科的教育，然后进行一段时间的专业训练。他希望在大学或研究机构中能促进年轻人潜心系统的研究与实践。"许多人认为接受教育与接受培训的人之间有明确界限，真正的教育就是指学生在指导下进行系统的研究与实践"[2]。

与埃利奥特不同，在大学的目标问题上，吉尔曼的论述要相对直接明确得多。吉尔曼在《美国的大学问题》中指出，"大学是永久且成长缓慢的机构"[4]，"是为年轻人提供高层次教育的场所。在这里，年轻人经过低一级学校的训练，已经为大学中的自由学习做好了准备"[4]。基于这样一个基本认识，吉尔曼将大学定义为一个提供高层次教育和追求高深学问的场所，并认为对真理自由客观地且不带任何功利目的的探索和追求是大学成立的初衷和使命。在霍普金斯大学的就职演说中，吉尔曼谈及大学的目标时明确指出，"大学的目标在于自由地促进一切有用的知识；弥补全国其他教育机构的不足；与其他教育机构保持紧密联系，避免干扰和竞争；鼓励研究；帮助学生个体成长，学生通过自己的努力进一步推动科学和社会的进步"[4]。与埃利奥特重视教育在民主社会中的作用不同，吉尔曼则非常强调大学在促进人类文明和进步中的作用。吉尔曼专门阐述了大学与人类文明之间的宏观关系，指出大学是个人接受自由教育的最佳场所，也是推动科学进步和人类文明的最佳机构。他认为"人类文明的每一点进步都是依靠知识的影响力实现的"[4]，大学作为追求高深学问的场所，其责任不仅在于保存文化，而且需要以现代的、及时的和清晰的解释方式来向外传播文化。他指出，无论在哪，"大学和文明都同时发生"[4]。"在任何一个文明社会里，必然会有一所高等院校，它和其他机构一起推进知识的进步"[5]。

由此可见，在大学的目标问题上，埃利奥特和吉尔曼都认为大学是培养人的机构，不同的是埃利奥特强调的是培养有教养的人，而吉尔曼侧重于为年轻人提供高层次的教育和追求高深学问。埃利奥特注重心智的培养和学生天赋的作用，着眼于人本身的发展，吉尔曼则更为强调真理的追求，注重的是知识的增进。当然，埃利奥特也强调研究和知识增进，而吉尔曼也关注学生的培养与发展，只是在人本位和知识本位的价值侧重上有所不同。埃利奥特与吉尔曼都非常关注大学的社会价值与功能，不同之处在于埃利奥特更为关注大学在民主社会中发挥统一影响的作用，而吉尔曼则更为强调大学在促进人类文明和社会进步中的价值。

三、大学的功能

埃利奥特认为相对自由的大学应具备三个基本的直接功能："首先是

教学；其次是以书籍等形式大量汇集已获得的系统知识；最后是调查研究，就是把目前的知识疆界向前推进一步，年复一年、日复一日地不断掌握一些新的真理。"[6]吉尔曼则更为明确地将大学功能分为教育、研究和服务社会。其中，教育是大学的一项基本职能，也是大学的义务和责任；研究和增进知识是大学的目标与使命；服务社会也是大学不可或缺的一大功能。由此可见，在大学的功能问题上，埃利奥特和吉尔曼都认为大学应具备三大基本功能，即教育、研究和服务社会，但在具体内容和内涵上又有所不同。

在教学功能上，埃利奥特扩展了大学自由教育的内容。埃利奥特指出，自由教育课程的扩展一方面指各学科本身的发展与完善，另一方面指新学科的形成与加入。在教学内容上，埃利奥特指出，大学除进行自由教育，还要进行专业教育，培养社会需要的各种各样的专门人才。"专业教育的扩张是过去 25 年所有文明国家教育进步的主要标志之一"[2]。除了专业教育，大学应进行高层次的文理教育，美国统称为研究生教育。吉尔曼更为明确地将教育视为大学的基本功能。他指出，不论大学承担其他什么任务，它首先且始终是一个为那些已经通过一定的学科训练并为高层次的学习做好准备的优秀年轻人提供最好的高层次和专业教育的地方。正如他在霍普金斯大学第一个年度报告中指出的一样，大学的主要工作就是对年轻人的教育。当他将大学与学术团体进行区分时，他将大学的教育功能摆在了研究功能之前，即"在大学里面，教育是基本的，研究是重要的，而在研究院里研究是必不可少的，教学是很少考虑的"[7]。

在研究功能上，埃利奥特非常重视大学作为知识储存场所和调查研究增进知识的作用，认为"储存知识的大学是国家智力进步的核心"[2]。埃利奥特认为寻求真理也是大学的一个重要功能。他认为，大学是学者的结合体，每位专家都有自己的研究领域，每个人都在原来知识的基础上开拓着知识的疆界，都希望廓清曾经模糊的东西，从而推进知识的不断进步。"因此大学是研究的场所，勤奋地探寻新的或被人们遗忘的真理。研究的功能与前两个功能一样必不可少"[2]。埃利奥特自就任校长之日起就认识到了研究的重要性。例如在早些时候，埃利奥特曾说起 G. H. 帕尔默（G. H. Palmer）教授考虑离开哈佛去一所不进行研究生教育的学院，"如果教师的主要责任是给本科生开几门课，他们在自己的学科追求到一定限度就可以了，没必要去超越。但是，如果是教研究生，他们在学科上的追求则是无止境的。为了更好地教学，他们必须进行持续不断的探索和研究"[8]。从这句话可以看出，埃利奥特对于本科教学和研究生教学是同等重视的。作为美国第一所研究型大学的创建者，吉尔曼也极为重视大学的研究功能，坚信学术研究可以造就优秀的教师，而教育又可以造就优秀的研究人才。吉尔曼不仅非常重视促进教师们科研能力和学术能力水平发展，还经常向人们重申科研有助于提升教学的原则。1885年，在大学周年纪念日发表演讲时，吉尔曼论述了通过科研增进教学的必要性，认为学生们掌握知识的过程可以通过教师们富于研究性的传授过程来加以提升。

在服务社会功能上，埃利奥特指出，除教学、保存知识与创造知识的直接功能外，大学还可以衍生出很多间接社会功能，如发挥统一的社会影响力，培养宗教宽容与相互尊重，培养公共精神和反对物欲的相互生活方式等。与埃利奥特有所不同，吉尔曼更倾向于从整个社区和国家的角度来分析和考虑大学服务社会的目标。他始终坚信，"大学的学习本身有利于精神生活的提升，有利于正直、无私和忠诚品格的养成，它与享乐主义和唯物主义是格格不入的"[4]。吉尔曼一直致力于通过培养善良、正直、高尚和博学的公民来为社会服务，指出"大学的目标是培养个性和品格——去塑造人才。如果它造就的是书呆子、无知的工匠、狡猾的诡辩家和自命不凡的医生，那大学就丧失了它的目标"[9]。在此基础之上，吉尔曼将大学服务于社会的功能划分为增进、保存、加工和传播知识四个方面。

四、大学的课程

在大学的课程思想上，埃利奥特和吉尔曼也有着众多的异同。首先，在教学自由问题上，埃利奥特和吉尔曼都有旅欧考察经历，都不同程度地受到德国大学理念、尤其是德国大学的教学自由思想的影响。因此，两人都是教学自由的提倡者，但在具体执行的度上又有所差别。这体现在他们的课程思想上，埃利奥特赞成选修制（Elective System），引领哈佛进行了轰轰烈烈的选修制课程改革，对美国高等教育产生了深远影响，而吉尔曼则由于担心"自由选修制"过分自由导致懈怠而在霍普金斯大学采取分组制（Group System）。

其次，在大学课程设置与实施上，埃利奥特集中强调了自由选修制的意义。他认为，大学教育不是按照一个可以想象的特定的学科顺序进行，也不可能为全部学生开具一个处方，"课程必须加以选择"[1]。"过去50年美国学院最好的做法就是拓宽教学以满足持续增长的多样化学生个体的需要，并将学生分散到日益增多的学科中"[10]。自由选修制虽不是他的首创，但却是其高等教育课程思想的核心，是其试图使学科数量与难易程度适应学生不同个体需要的唯一途径，也是启动哈佛大学改革的原动力。埃利奥特全力推行并认可这一制度对美国高等教育发展的意义。他在任职后期承认，"过去40年美国学院和大学发生了翻天覆地的变化，其中影响最大的就是或多或少地引进选修制"[11]。当然，埃利奥特天生是冷静的，自始他就清楚自由选修制存在的局限与不足。当在哈佛大学推进改革时，他不断完善自己的观点，客观看待选修制的不足。其一，为开设广泛多样的课程自由选修制需要大量的人力和物力支持，会给学校带来很大的财政压力；因新教师的聘用，尤其是优秀教师或学者，大学会尽可能给予优厚待遇吸引他们到本大学工作，这需要大量资金支持；新课程的开设需要新的预算或捐助，也会给财政带来压力。基于以上考虑，一般在实力薄弱的学院或大学，不管是学科课程的全面性、序列性与体系化，还是教师配备，选修制的开设会受到很大局限。其二，自由选修制要想在大学开设成功，必须在中学具有连贯的课程设置相配合，因此需加强大学与中学的联系。

与埃利奥特在哈佛倡导的选修制（Elective System）不同的是，吉尔曼在霍普金斯大学推行的是分组制（Group System）。在这种制度下，每个学生可以自由选择6-7门课程，或者称为组合课程，每个组合中都应包含两门主课，比如希腊语和拉丁语，或者拉丁语和数学、数学和物理、历史和政治经济，同时还规定了其他一些科目作为副修课程。这样主修课程和副修课程加在一起就形成了不同的分组，一些必修的科目包含在每个组合中，其他科目则允许学生自由选择。分组制曾是谢菲尔德学院的一个显著特点，其原型源于欧洲。吉尔曼在英国大学发现它"是一种十分多样化的学习计划"[7]，并将它引入加州大学，之后又在霍普金斯大学全面推行。分组制实际上是对埃利奥特在哈佛采用的选修制的一种折中处理，体现的是一种有控制的自由,虽然在当时遭到埃利奥特的极力反对,并且这一制度本身也多少有些缺陷,"但霍普金斯大学一直沿用它,并且这一制度后来为其他大学广泛采用,在当时不失为解决本科学生课程选择的一种相对明智的方法"[12]。

五、大学的管理

作为两所不同类型大学的校长,由于两人性格迥异,埃利奥特和吉尔曼在大学的管理风格和方式上也表现不同。埃利奥特重视校长的领导作用,强调校长的权威与效能,他经常自喻为船长,负责掌握大学改革的总体方向。埃利奥特在《大学管理》中专门论述校长的重要性,认为大学校长的重要性在于其高瞻远瞩与远见卓识,"大学校长是大学的行政首脑,但也应是一位领路人与预言家"[11]。但是,埃利奥特同时也强调"不管校长功能多么重要,千万不能忘记他是宪法的强调者与执行者,首要的不是其意见,而是性格与判断力"[1]。埃利奥特认为,校长在大学管理中的重要性要求其具有行政能力需要的特殊品质,"校长的首要工作是行政管理,要求校长始终保持勤奋、好脾气、耐心、身体强健,还要不时地展示勇气,提供解决问题的方案"[13]。在工作方式上,埃利奥特强调"大学校长永远不能运用独裁或个人权力,他应经常是一种发起和鼓舞的力量,经常是一位领导者,而不是统治者或独裁者,他的成功更多取决于阐明、说服力量与一贯的勤奋,而不是任何意志或习惯命令"[11]。

作为新建立的霍普金斯大学的校长,吉尔曼的管理理念和风格与埃利奥特有显著差别。虽然同为大学的领导者,吉尔曼则更致力于成为大学和谐平静的维护者。他是一名高效的组织和协调者,是校长、董事会成员和教师们沟通的桥梁和纽带。吉尔曼不断提醒自己必须时刻牢记大学是由人组成的,大学成员的团结与合作对于大学发展而言十分重要。吉尔曼不喜欢争论,认为这完全是在浪费智力。在当时,吉尔曼所能想到的避免争论的最好办法就是在一件事未得到全部权威人士的认可之前,他自己绝不付诸行动。尽管他对记者们都十分友好,"但对于他不想透露的事情,记者们也绝没有办法知道。吉尔曼写的信常常是冰冷而切入要点的,通过礼貌和模式化的措辞隐藏自己的真实情感"[7]。与埃利奥特一样,吉尔曼非常重视自由与规则在大学管理中的作用，都是学术自由的维护和提倡者。学术自由作为大学的一种本性在吉尔曼的思想中可以说是一种充满远见的无意识行为。他在就职演说中指出，"创建一所大学，需要同时给予教师和学生最大的自由。这包括教师选择教学方式的自由和学生自己选择课程的自由"。吉尔曼认为，自由是大学的本质，没有它就没有大学，但"自由是建立在规则之上的"[7]。然而，在自由的尺度上，埃利奥特似乎比吉尔曼放得更宽，在课程上一个赞成"选修制"、一个支持"分组制"即是一个很好的例证。

作为大学校长，埃利奥特孤僻的个性给他的管理带来了一些阻力，对比成功创建霍普金斯大学的吉尔曼而言，埃利奥特似乎欠缺了某些素质，那就是欠缺一种与师生主动交流的热情。尽管他具备足够的智慧，他的同事会向他咨询行政管理方面的问题，但他们（包括化学教师）从不和他谈论学术工作，也不会就学术问题向他咨询，遇到困难时也不会向他寻求鼓励，获得成功时也不会和他分享喜悦。他熟悉哈佛教师不断取得大大小小的学术成果，他将这些全部记录下来，但他从不去阅读它们，甚至装都不装着看一眼。如果在霍普金斯大学，哪位学者的著作发表了，吉尔曼总会非常及时地对他说一些亲和和鼓励的话。而在此之前，吉尔曼可能已经浏览了著作的序言，也许仅仅看到了目录，但是他会为这种友好的社交活动收集一些相关的信息。认识埃利奥特的人，没有人会期待他有所偏袒或推却责任，他从不轻易流露自己的感情。与吉尔曼的平易近人、热情好客和善于交际相比，埃利奥特显得不那么友善和可爱。所幸的是，人人都折服于他的公正和不怀个人怨恨的品性。对比而言，吉尔曼对他人的事业和目标的发自内心的关注则是他身上最为显著和重要的品质特征，这使得他赢得了朋友的友谊和信任，而不是孤单前行。

六、目的与启示

埃利奥特与吉尔曼作为19世纪中后期美国高等教育转型和大学化运动时代的领军人物，其大学思想与实践在美国高等教育史上具有举足轻重的地位，对美国高等教育的后期发展影响深远。埃利奥特成功引领了哈佛学院改革，以选修制为切入点激活了整个学院生活，使哈佛由一所殖民地学院向现代大学迈进，引发了美国传统学院的全面变革。吉尔曼作为美国研究生教育的奠基人，成功创建了美国第一所真正意义上的研究型大学，即约翰·霍普金斯大学，创建研究生院，设立博士学位、客座讲授制和助学金制度，进行制度化的研究生培养。在哈佛和约翰·霍普金斯大学的双重影响下，美国不仅先后创建了克拉克大学、芝加哥大学、斯坦福大学等一大批新型研究型大学，而且耶鲁、哥伦比亚和普林斯顿等美国传统学院也纷纷引入选修制，创建专业学院和研究生院，向现代大学转型。对埃利奥特和吉尔曼的大学思想进行比较，不仅基于两者在美国高等教育史上突出的历史地位和贡献，同时也是因为两人生活时代相同，有着相似的学习和教育实践经历，在工作中有着密切的交往和互动，彼此相互扶持和影响，在大学思想上也表现出值得关注的异同。对两人的大学思想进行比较，不仅可以深化对埃利奥特和吉尔曼大学思想的认识，而且有助于进一步厘清19世纪中后期美国高等教育转型时期的历史线索和脉络，全面认识美国传统学院改革与研究型大学创建之间的相互影响和促进的历史过程。

19世纪中后期是美国社会工业化和城市化的关键时期，也是美国高等教育由传统学院时代向现代大学时代过渡的重要时期。过渡时代所具有的古典与实用、宗教与科学、自由与规则之间的剧烈冲突和平衡在两位校长的大学思想中有着充分的体现，从而也反映了这一转型过程的复杂性。同为美国高等教育改革的先锋人物，基于大致相同的历史使命，埃利奥特与吉尔曼的大学思想有着很大的共性。这种共性表现为：在大学目标上对人的培养、知识增进和社会文明进步的大学目标的认同；在大学功能上对教学、研究和社会服务的肯定；在大学课程问题上对教学自由和科学教育的尊重；在大学管理中对校长的领导者和协调者角色的重视。这种共性实际上反映了19世纪中后期美国高等教育改革的主流和趋势，大学的目标和功能开始朝多元化方向发展，中世纪以来的教学自由原则得以保留，新兴学科开始被大学接纳，科学教育得到认可和重视，大学校长的角色和管理风格对大学发展影响深远。埃利奥特与吉尔曼大学思想中的差异性，除去两人的成长经历和环境、宗教思想和个性特征方面的因素之外，更多的源于两人所担负的具体工作任务的不同。埃利奥特所面对的是一所已有两百多年历史的殖民地学院，他的最终目标是将哈佛改造成一所现代大学，不仅要创建研究生院，发展专业教育，同时还要协调学院与研究生院之间的关系，传统和习惯的力量控制着这里的一切，每走一步都可能遭受保守派的反对和攻击。相比之下，吉尔曼是在全新的环境条件下创建一所真正意义上的研究型大学，发展研究生教育，增进知识和推进科学研究，他所要处理的内部矛盾和遭受的阻力相对要小些。两位校长大学思想中的主导理念是相同的，最终目标都是建立现代研究型大学，基于具体任务和工作环境的不同，形成了两人思想和关注倾向中的种种差异。

总体而言，埃利奥特和吉尔曼的大学思想是19世纪中后期，英国学院文化、德国科研理念与美国实用精神在美国高等教育转型过程中的进一步融合、协调和适应的反映。我国现阶段高等教育发展和一流研究型大学创建中一直存在着中国传统文化与西方大学制度相融合问题，对埃利奥特和吉尔曼大学思想进行比较，对于我们深化对该问题的思考和认识具有一定的借鉴意义。

参考文献：

[1] Henry James. Charles W. Eliot, President of Harvard University, 1869-1909 (Vol. I) [M]. Illustrated Boston and New York Houghton Mifflin Company, The Riverside Press Cambridge, 1930.

[2] Neilson William Allan. Charles W. Eliot, The Man and His Beliefs [M]. New York and London: Harper& Brother Publishers, 1926.

[3] 林玉体. 美国教育思想史 [M]. 北京：九州出版社，2006：153.

[4] Daniel Coit Gilman. University Problems in the United States [M]. New York: the Century Co., 1898.

[5] John Brubacher, Rudy Willis. Higher Education in Transition: A History of American College and Universities, 1636-1976 [M]. Harper & Row Publisher, 1976: 49.

[6] William Bentinck Smith. The Harvard Book (350 Anniversary edition) [M]. Harvard University Press, 1986: 22.

[7] Hugh Hawkins. Pioneer: A History of the Johns Hopkins University, 1874-1889 [M]. Baltimore and London: The Johns Hopkins University Press, 1960.

[8] Samuel Eliot Morison. Three Centuries of Harvard 1636-1936 [M]. Cambridge Massachusetts: Harvard University Press, 1937: 335-336.

[9] Francesco Cordasco. Daniel Coit Gilman and the Protean Ph. D. : The Shaping of American Graduate Education [M] . Leiden: E. J. Brill, 1960: 143.

[10] Charles W. Eliot. The Conflict between Individualism and Collectivism in a Democracy [M] . New York: C. Scribner's Sons, 1912: 44 – 45.

[11] Charles W. Eliot. University Administration [M] . Boston and New York: Houghton Mifflin Company, The Riverside Press Cambridge, 1908.

[12] Daniel Coit Gilman. The Launching of a University [M] . New York: Dodd, Mead &Company, 1906: 225.

[13] Henry James. Charles W. Eliot, President of Harvard University, 1869 – 1909 (Vol. II) [M] . Illustrated Boston and New York Houghton Mifflin Company, The Riverside Press Cambridge, 1930: 31.

智库如何影响教育政策的制定

——以美国"教育政策中心"为例

谷贤林[①]

智库又叫思想库、智囊团,是一种独立的公共政策研究机构。在美国被称为是继立法、行政、司法之后的第四种权力,或是继立法、行政、司法、媒体之后的第五种权力,对美国联邦和地方政府的行为、公共政策有着至关重要的影响。早在20世纪30年代,美国政治分析家欧内斯特·格利菲斯(Ernest S. Griffith)就指出,尽管研究正式制度、具体组织或机构很重要,但是,研究立法者、行政人员、智库等三者之间的旋涡关系更重要,这对理解美国政府行为,把握事情未来发展更有价值。[1]由于我国教育政策研究起步较晚,且一直偏重于对政策文本与背景的分析,导致对智库研究的缺失,因此,本文以教育政策中心(Center on Education Policy,CEP)为例,来说明智库对美国教育政策的影响。

一、教育政策中心的发展历程

教育政策中心创建于1995年,在2006年它被美国《教育周刊》(Education Week)评为"过去10年影响美国教育政策的十大机构之一"。作为一个关注初等与中等教育的智库,它致力于推动美国公立教育,促进公立学校的有效发展;帮助美国人更好地理解公立教育在民主社会中的作用、有关公立教育互相冲突的观点并创造推动公立学校改进的条件。因此,自创立以来,它的工作主要围绕《不让一个孩子掉队法案》(NCLB)

---

① 作者简介:谷贤林,北京师范大学教育学部国际与比较教育研究院教授。

及高中毕业会考和学业成就等来进行。[2] 从教育政策中心 17 年来的工作重心看，其发展历程大致分为以下三个阶段。

第一阶段（1995—2002 年）：以公立教育为重心。教育政策中心的创立者认为，要改善公立学校，首先必须推动公众对公立教育的本质及存在的问题进行讨论，提高公众对公立教育的了解与支持。为此，教育政策中心采取了两项行动。一是出版刊物。介绍美国公立学校的实际情况，讨论为什么要改善公立学校。如为什么要建立公立教育？公立教育的优势是什么？当前公立教育究竟面临着什么样的问题，如何改善？二是举办公共论坛。从 1996 年开始，教育政策中心在乔伊斯基金会（Joyce Foundation）等的资助下，与伊利诺伊州家长教师协会（Illinois PTA）等不同的教育组织合作，在全美共同举办了上百场的论坛。围绕上述三个问题鼓励公众进行广泛的讨论，征求并倾听他们的意见。这些论坛不仅给普通公众提供了参与讨论重大教育议题的机会，也为智库影响教育政策积累了民意。

第二阶段（2002—2006 年）：重点研究《不让一个孩子掉队法案》实施过程中出现的政策问题。智库不仅需要提升公众对教育问题的认识与理解，更需要通过客观扎实的研究清晰而简明地告诉公众和政策制定者，什么问题是亟待解决的、不同政策方案的利弊是什么、政策在实施过程中出现了哪些问题，为今后的政策修订提供智力支持。

2002 年 1 月，《不让一个孩子掉队法案》颁布，相对于以前的教育法案，该法案是美国历史上联邦政府参与程度最深、影响范围也最广的一部法案。从初等与中等教育的各个领域到学生的家庭、学校、学区及联邦政府的资源分配等无不在法案规定内。对这样一部里程碑式的法案，它在实施过程中的情况到底如何、能否达到预定的目标，在国会重新授权时需要对哪些条款进行修改或调整，等等。收集法案实施中的经验数据，研究并解答这些问题既是智库的分内工作，也是智库提升自身地位、扩大在公众和政策制定圈中影响的资本。为此，教育政策中心发起了一系列《不让一个孩子掉队法案》的影响研究项目，产出了"从首都到教室：NCLB 的第 X 年"（From the Capital to the Classroom: Year X of the No Child Left Behind Act）的系列报告。每一年的研究报告都从政策执行过程和结果两个方面入手，数据收集涉及联邦、州、学区和学校三个层面。研究的问题主要集中在以下几个方面：（1）对不同的州《不让一个孩子掉队法案》执行条件的分析；（2）对各州在绩效问责、学生学业成就标准与评价、公立学校选择、教师发展、英语学习者、额外教育服务等方面的执行情况全景式的研究；（3）各界对于法案执行的态度等（见表1）。如在第一年的报告中指出，"一些州、学区和教育学者认为，绩效问责把学校改进引向了错误方向，过于关注惩罚学校，而不是为它们提供有效的改进帮助"；在第四年的报告中提到，"结果显示，法案有利的一面在于对学生提出的高学习期望、对弱势群体的关注等，而不利的一面在于给州、学区和学校以过重的资金负担等"。[3]

这些成果不仅使教育政策中心成为 NCLB 实施过程研究的权威机构与信息源，同时由于在研究过程中大量地吸纳了政府部门和教育界的人士，也为其扩大在下一个阶段的影响奠定了基础。

表1 CEP 有关 NCLB 年度研究报告的内容（2003－2006）

2003 年	2004 年	2005 年	2006 年
主要发现	主要发现、目的、方法	概述、建议、资源等	概述与建议
1. 概述	1. 总的发展与概述	1. 学业成就与改进策略	1. 广泛的影响
2. 评价学生进步与保持学校绩效	2. 评价与绩效	2. 积极的影响与巨大的挑战	2. 学业成就
3. 提供公立学校选择和额外的教育服务	3. 公立学校的选择与额外的教育服务	3. 绩效问责	3. 绩效问责
4. 提高教师和教辅人员的素养	4. 教师与教辅人员的素养	4. 公立学校的选择	4. 提升绩效的策略
5. 使用基于科学的研究来改进教育	5. 其他问题（基于科学的研究、阅读第一、英语学习者）	5. 额外的教育服务	5. 公立学校选择
		6. 教师和教辅人员素养	6. 额外的教育服务
		7. 英语学习者	7. 教师和教辅人员的素养
			8. 英语学习者

资料来源：武云斐．NCLB 政策研究年度报告分析［J］．全球教育展望，2009（2）：56．

第三阶段（2006 年至今）：以举办政策论坛为重点，扩大成果的影响。通过举办论坛让公众、政策制定者、专业组织了解并分享自己的研究成果和思想是智库经常采取的做法。从 2006 年开始，教育政策中心频繁举办各种会议，围绕其研究成果进行讨论。2006 年 10 月，教育政策中心与 22 个教育组织一起举办了两次会议，探讨如何改进 NCLB 法案中的高质量教师条款（Improving NCLB's HighlyQualified Teacher Provisions），并就重新授权该部分条款的原则达成了共识，最后提交给了国会。2007 年 3 月，教育政策中心举办了关于重新授权 NCLB 法案中英语学习者的会议，共有 25 个教育组织与会。5 月又举办了关于 NCLB 中残疾学生条款的会议，同样有 25 个教育组织参加。2008 年，教育政策中心开启了"重新思考联邦政府在初等与中等教育中的作用"的计划，并围绕这一主题在 2008 年和 2009 年举办了一系列的公共论坛。其中有 6 个分论坛是在参议院、众议院内举办的。这些活动最终形成了一系列的旨在帮助新总统和国会重塑联邦政府作用的政策建议。[4]教育政策中心之所以这么做，一方面是借助专业组织的权威性与组织内的传播网络与媒介扩大影响，另一方面有利于与不同的行动者形成政策联盟，以获得更多的支持力量。因为"在大多数情况下，没有权力的团体很少能够对政策议程发生影响"。[5]

二、教育政策中心影响美国教育政策的方式

按照美国学者的观点，完整的政策过程包括问题界定、议程设置、政策形成、政策采纳、政策实施与政策评估阶段。从表面看，智库主要在"政策形成"和"政策评估"两个阶段发挥关键性的作用。但实际上，智库对政策的影响却贯穿于政策制定过程的始终。[6]因为在政策制定过程中，这些理论上划分出来的阶段，在实践中经常是同时发生，甚至是相互交织在一起的。在问题确认和议程设置阶段，智库以自己的研究就已经出现或行将出现的问题向政策制定者发出提示，告诉他们在众多的教育问题中，哪个问题应当成为政策问题，并帮助政府及公众界定问题；在政策形成和采纳阶段，智库为解决教育问题提出可接受的行动与政策建议，通过参与国会听证等方式推动政党领袖、议员和政治领导人采纳自己的备选方案；在政策实施和评估阶段，智库收集政策实施过程中经验性的数据，并对政策实施结果进行逐项评估，提出修改建议然后传递给政府。就教育政策中心来说，它对美国教育政策的影响主要有以下几种方式。

1. 在国会听证会上作证

按照卡罗尔·卫斯（Carol H. Weiss）的研究结论，事实上，并不是智库的一个或者一系列的研究直接影响了政策，确切地说，是智库的研究结论、概念、理论视角等渗透进政策的制定过程中，塑造着立法者分析教育议题的方式，从而产生了影响。[7]在国会听证会上作证不仅是智库将自己的观点渗透进政策过程最直接、最有效的方式，也是智库提升自己在同行和一些政策制定者心目中地位的有效途径。

国会听证会是美国政策过程中一个独特的设计，一项议案的通过需要经过众议院、参议院的各种委员会举行的听证会。在听证会上，国会议员们和不同的利益相关者基于选举考量、政治立场、价值观或利益阐述自己的意见和观点，支持或阻止议案进入下一个程序。在2007年，教育政策中心先后三次出席国会听证会，分别在参议院劳工、健康和人力资源、教育拨款小组委员会（The Senate Appropriations Subcommittee on Labor, Health and Human Services, and Education）、众议院教育与劳工委员会的幼儿、初等和中等教育小组委员会（the U. S. House of Representatives' Education and Labor Committee's Subcommittee on Early Childhood, Elementary and Secondary Education）和众议院教育与劳工委员会（The U. S. House of Representatives' Educationand Labor Committee）陈述自己有关 NCLB 的研究成果和政策主张。[8]智库的专家在听证会上作证不但会直接影响政策制定者，通过媒体的大量报道还能对公共舆论产生影响。

除在国会听证会作证外，教育政策中心还通过递交政策简报、给政要写信、发表评论等方式来吸引政策核心层的注意。2005 年后，针对 NCLB 法案，教育政策中心向总统、教育部等提供了 7 封信件，4 份政策简报（Policy Brief），让日理万机的政治领导人、两党领袖与国会议员能够在很短时间内看完自己的研究报告及政策建议。这些方式进一步强化了教育政策中心对美国教育政策的潜在影响。

2. 借助大众媒体影响政策

任何一个教育问题，无论它是由突发性的偶然事件、自然灾害、某种危机引起的，还是源于教育制度本身，如果没有得到大多数人的关注，它就不会成为教育政策问题。如果不能成为政策问题，它也就不会进入政策议程、最终成为政策。因此，在当今这样一个时代，媒体作为舆论的重要制造者、新闻事件的重要评判者、信息的提供者和传递者，不管怎样都会对政策制定产生影响。媒体的影响主要表现在三个方面：（1）充当民意塑造者，为政策议程设置创造有利的环境和条件；（2）对智库研究的问题进行宣传，形成强大的舆论力量，引起全社会和决策者的重视；（3）影响政府和社会在教育问题及其解决方案方面的偏好。教育政策中心借助的大众媒体主要有：报纸、杂志、电视与广播、网站、邮件和博客等。如 1995 年，在共和党时隔 30 年重新控制国会后，教育政策中心通过合作伙伴卡潘（Phi Delta Kappa）发行的《华盛顿快讯》（Washington Newsletter）发表了"美国教育部是否应该存在"的辩论材料，响应共和党撤销教育部的呼吁。从政策制定过程来说，尽管教育政策中心的提议没有获得足够的支持而成为政策问题，但是，借助该刊 12.5 万名左右读者的力量，它的观点却对美国联邦政府教育部产生了相当大的影响。

在舆论影响方面，位列美国十大最有影响力信息源第二位的《教育周刊》（Education Week）在 1995－2011 年间共引用教育政策中心创始人詹宁斯的言论 520 次以上。另外，根据美国学者的研究，从 2001 年到 2006 年，教育政策中心创始人詹宁斯的言论被美国报纸、电视和广播引用的次数在全国排在第四位。媒体的引用次数既是教育政策中心在美国一些教育政策问题上的话语权、实力与影响力的反映，也是教育政策中心作为美国教育一些政策领域意见领袖的体现。

3. 通过"旋转门"机制，实现智库研究与政府决策的对接

所谓的"旋转门"机制，简单地说，就是一个人在政府官员与智库工作人员两种角色之间的身份转换。以教育政策中心主席兼 CEO 约翰·詹宁斯为例，在创办教育政策中心之前，他在众议院教育与劳工委员会工作了 27 年（1967－1994），先后担任美国众议院教育与劳工委员会小组委员会办公室主任、法律总顾问（subcommittee staff directorand then as general counsel for the U. S. Houseof Representatives' Committee on Education and Labor）。期间他几乎涉入了每一个国家层面的重大教育辩论，包括 ESEA 法

案的重新授权、职业教育法（The Vocational Education Act）、残疾人教育法（The Individuals with Disabilities Education Act）、高等教育法（The Higher Education Act）、全国学校午餐法（The National School Lunch Act）、儿童营养法（The Child Nutrition Act）等。在离开国会山之后，他于1995年创建了教育政策中心，旨在建立一个客观公正的信息中心，为政策制定者和公众提供可靠、无党派的决策信息。

在教育政策中心与詹宁斯一样经历角色转换的还有：戴安娜·瑞特纳（Diane Stark Rentner）、托妮·佩特（Toni Painter）等人。国家项目主管戴安娜·瑞特纳曾于1988—1994年间担任众议院教育与劳工委员会立法委员。中心顾问汤姆·费根1998年从美国教育部卸任，任职期间他曾负责Goal 2000和Title I项目等。南茜·科博尔曾于1975—1987年在众议院教育与劳工委员会任立法专家。在教育政策中心的工作人员中，这种具有在国会和政府工作背景的成员占有相当大的比例。

在美国，一个人从政府之门进入智库之门，或从智库之门进入政府之门是一种非常常见的现象。例如，2009年3月被奥巴马总统任命为教育部负责民权事务的助理大臣（Assistant Secretary for Civil Rights）的洛斯里尼·阿里（Russlynn H. Ali），在入阁之前，是著名智库教育托拉斯的副主席；前总统克林顿的教育顾问安德鲁·罗瑟勒姆（Andrew Rotherham），卸任后担任了进步主义政策研究所的学校项目的主任，并创建了教育智库"教育界"（Education Sector）；而传统基金会的妮娜·里斯（Nina Shokraii Rees）和福特汉姆基金会的迈克尔·彼得里利（Michael Petrilli）则被布什总统招入教育部，由智库研究管理人员变成了政府官员。[9]

旋转门机制一方面给智库发挥影响力提供了一个便捷的方式，另一方面也增强了政府决策的实用性与准确性。其一，从决策来说，某项政策建议或备选方案是否能够被采纳，并不在于它是最优的，而是因为它在技术上、经济上、政治上是可行的。没有政府工作经历的人，尤其是学者，通常只注重研究结论与政策建议自身的完善，他们既不了解决策过程的复杂性，也缺乏让复杂问题在国会闯关的表述技巧。他们以吾爱吾师但更爱真理的方式生活在大学校园里，但决策过程却是一个妥协、博弈与退让的过程。相比而言，拥有政府工作背景的人，更懂得妥协的艺术、更擅长将自己的主张与利益诉求圆融地包裹在提案中，寻求决策者的支持。其二，旋转门机制所带来的政府官员与智库工作人员之间的人际关系网络，使得智库虽然在政府之外，但却与政府内部保持着密切的联系，随时对政府的要求作出回应。美国在教育等各领域能够成为世界上决策失误率最低的国家，旋转门机制发挥了独特的作用。

三、启示

尽管教育政策中心产生于20世纪末期，但是，美国智库却在"进步时代"就出现了。对于这个时代的特点，后来担任美国总统的普林斯顿大学教授、校长伍德罗·威尔逊和美国学者史蒂文·迪纳（Steven J. Diner）都有过精彩的描述。他们说："我们已经遇上了一个前所未有的时代。在这个时代里，它一边摧毁了传统的机遇，一边又展示了令人激动的新前景。人们颂扬开拓的成就和史无前例的丰裕，然而又悲叹自己丧失了独立、自主，甚至自由。进步时期的美国人目睹了大公司开发的新技术生产出空前的财富，提供成百万的新职位，出售数量惊人的生活消费品，还开放了以前意想不到的人生选择。人们目睹变革的威力横扫熟谙的经济生活模式，更改他们的生活和工作方式，重整习以为常的社会等级，还重新定义了他们和政府之间的关系。所有的规则似乎都变了。日渐身处一个由大机构组成的互助社会里，为了控制自己的生活，个体美国人作了许多选择，个人之间的相互竞争到了前所未有的地步。"环顾当下的中国，一切竟与那时的美国如此的相似。就教育来说，当前，中国教育改革与发展和其他社会的系统一样也进入了深水区，很多问题已经不再像改革开放初期那样，通过对发达国家发展模式的模仿或经验照搬就能够解决或找到解决问题的办法了。另外，中国教育发展面临的全球化、国际化的挑战及中国教育自身所固有的传统与现代交织的复杂性、地区发展的不均衡性、世界上独一无二规模所铸就的庞大性，也让继续沿用传统的决策方式——靠经验解决问题充满着越来越多、越来越大的风险和不确定性。时代的发展要求中国亟需培育、建立起真正的政策研究机构——智库，而不是秘书处、顾问或幕僚。

参考文献

[1] Ernest S. Griffith. The Impasse of Democracy . New York: Harrison – Hilton Books, 1938. 182.

[2][4][9][10] 邢欢. 美国教育智库研究 [D]. 北京师范大学, 2012. 46, 49, 39, 41.

[3] 武云斐. NCLB 政策研究年度报告分析 [J]. 全球教育展望, 2009, (2): 57-59.

[4] [美] 弗朗西斯·福勒. 教育政策导论 [M]. 南京: 江苏教育出版社, 2007. 171.

[6] Thomas R. Dye. Understanding Public Policyv. Pearson Education Inc. 2002: 32.

[7] MW Kirst. Bridging education research and education policymaking [J]. Oxford Review of Education, 2000: (3&4).

[8] [美] 史蒂文·迪纳. 非常时代: 进步主义时期的美国人 [M]. 上海: 上海人民出版社, 2008. 1.

感　谢

《北师大高教评论（2013 - 2014）》即将付梓出版，除了有一种释然外，我们要感谢各位作者的大力支持，对所有为本书做出贡献的作者们深表谢意。在本书的编辑和校对上，很多同学不畏酷暑，认真工作，很好地完成了论文精选和校对工作。他们是北师大高教所的孟彦、何义娟、丁岚和方菁。我们还要特别感谢本书的编委老师，他们对本书奉献了自己的智慧，并给予亲切指点。有了他们的关心，我们获得了莫大的勇气；有了他们的指点，我们对目标更加坚定。最后，我们要感谢学苑出版社的领导和编辑同志，没有他们的鼓励和支持，我们早已半途止步。

编　者
2014 年 10 月